ZHISHI CHANQUAN DIAOCHA YANJIU BAOGAOJI (X)

秀知识产权调查研究报告集X

国家知识产权局办公室政策研究处 编

知识产权出版社
全国百佳图书出版单位
—北京—

图书在版编目（CIP）数据

优秀知识产权调查研究报告集. Ⅹ/国家知识产权局办公室政策研究处编. —北京：知识产权出版社，2020.4

ISBN 978-7-5130-6588-7

Ⅰ.①优… Ⅱ.①国… Ⅲ.①知识产权—调查报告—中国 Ⅳ.①D923.404

中国版本图书馆 CIP 数据核字（2019）第 254017 号

内容提要

本书是国家知识产权局主办的第十届全国知识产权优秀调查研究报告暨优秀软课题研究成果征集活动评选出的部分获奖作品集，共收录 26 篇 2016～2017 年度完成的知识产权（含专利、商标、原产地地理标志等）相关的调查研究报告和软课题研究成果。报告作者来自国务院相关部委、地方知识产权局、高校和科研院所等单位，内容涉及知识产权创造、保护、运用等各方面，理论密切联系实际，对我国知识产权事业的发展状况、面临的热点问题以及关键技术领域的专利状况等进行了较为深入的研究。

责任编辑：卢海鹰　王祝兰　　　　责任校对：王　岩

封面设计：博华创意·张冀　　　　责任印制：刘译文

优秀知识产权调查研究报告集（Ⅹ）

国家知识产权局办公室政策研究处　编

出版发行：	知识产权出版社有限责任公司	网　　址：	http://www.ipph.cn
社　　址：	北京市海淀区气象路 50 号院	邮　　编：	100081
责编电话：	010-82000860 转 8555	责编邮箱：	525041347@qq.com
发行电话：	010-82000860 转 8101/8102	发行传真：	010-82000893/82005070/82000270
印　　刷：	北京嘉恒彩色印刷有限责任公司	经　　销：	各大网上书店、新华书店及相关专业书店
开　　本：	880mm×1230mm　1/32	印　　张：	13.25
版　　次：	2020 年 4 月第 1 版	印　　次：	2020 年 4 月第 1 次印刷
字　　数：	400 千字	定　　价：	68.00 元

ISBN 978-7-5130-6588-7

第十届全国知识产权
优秀调查研究报告暨优秀
软课题成果评选委员会名单

主　任： 廖　涛

副主任： 贺　化

委　员：（按姓氏笔画为序排列）

卜　方	王岚涛	白光清	毕　囡
朱　宇	刘　云	刘月娥	刘海波
李志军	李明德	吴　凯	吴汉东
宋河发	宋建华	张志成	郑慧芬
单晓光	赵志彬	胡文辉	郭民生
龚亚麟	韩秀成	雷筱云	

序

　　2019 年是新中国成立七十周年。七十年来，我国知识产权事业走过了非凡的发展历程，走出了一条具有中国特色的发展道路，取得了举世瞩目的巨大成就。从新中国成立初期的艰难探索、初步尝试，到改革开放初期的兼收并蓄、全面实践；从加入世贸组织前后的立足国情、接轨国际，到新世纪之后的顶层规划、战略实施，步步深入。特别是党的十八大以来，以习近平同志为核心的党中央从经济社会发展全局出发，将知识产权工作摆在更加重要的位置，赋予其新的时代内涵，提出新的更高要求，引领我国知识产权事业实现了大发展、大跨越、大提升。

　　纵观我国知识产权事业发展的历史进程，调查研究工作发挥了不可替代的重要作用。在党中央、国务院关心支持下，广大知识产权工作者始终不忘初心、牢记使命，紧紧围绕知识产权中心工作和事业发展大局，认真开展知识产权战略规划、法律政策、文化建设、人才培养、国际合作、分析预警等方面的调查研究，形成了一大批具有较高参考价值的优秀成果，为知识产权各项决策提供了重要参考和有力支撑。这些成就来之不易，值得珍惜并充分加以利用。

　　当前，科技发展日新月异，国际竞争日趋激烈，改革开放日渐深入，创新发展日益重要。面对世界百年未有之大变局，特别是对照党中央、国务院对知识产权工作的新要求，对照建设知识产权强国的新任务，对照人民群众对知识产权工作的新期待，我们还有许多新的问题需要破解，还有许多新的课题需要研究。习近平总书记深刻指出，"当代中国正经历着我国历史上最为广泛而深刻的社会变革，也正在进行着人类历史上最为宏大而独特的实践创新。这种前无古人的伟大实践，必将给理论创造、学术繁荣提供强大动力和广阔空间。"希望知识产权领域广大同仁能够树立起远大志向，担负起历史使命，继续深入挖掘中国尊重发明创造的优良传统，对比借鉴国外知识产权制度的先进经验，深刻总结中国创新发展的生动实践，提出知识产权强国建设新的思路，形成中国知识产权治理新的智慧，积极为党和人民建言献策，作出无愧于时代的新贡献。

为更好地推进知识产权调查研究工作，激励知识产权研究人员，传播知识产权研究成果，国家知识产权局办公室已组织开展了十届全国知识产权优秀调查研究报告暨优秀软课题研究成果征集活动，并汇编出版报告集十册。希望未来能进一步加大相关工作力度，努力营造更好的学术环境，培养更多的研究人才，形成更多的优秀成果，为知识产权强国建设提供更加有力的支撑。

2019 年 12 月

前　言

由国家知识产权局主办的"第十届全国知识产权优秀调查研究报告暨优秀软课题研究成果征集活动"于 2018 年底结束。本届活动共收到报送作品近 200 篇。经过评选委员会认真评审，共评出优秀作品 45 篇，其中一等奖 10 篇、二等奖 15 篇、三等奖 20 篇。

本次征集到的作品内容更加丰富，质量进一步提高。作品来自政府部门、企业、高校和科研院所等，内容涵盖专利、商标、著作权等多个类别，涉及知识产权理论探索、政策研究、统计调查、情报分析等多个方面，具有较好的参考价值。为更好地宣传、推广优秀成果，我们将部分获奖作品汇编成册，供社会各界参考。受篇幅所限，书中对原作进行了精简。

希望本书能够帮助各方面进一步加强知识产权调查研究工作，围绕我国知识产权制度运行、法律执行、政策施行、改革推行过程中的重点、难点问题，引导和支持各界深入开展调查研究，提出有针对性的对策建议，为加快推进知识产权强国建设提供更加有力的支撑。

参与本书编写工作的有胡文辉、衡付广、马宁、尹鹏、范崇飞、杨钟超、王浚丞等。因水平有限，书中难免有疏漏之处，敬请广大读者批评指正。本书选编过程中得到了各位原作者及其所在部门单位的大力支持，在此一并表示感谢！

编者
2019 年 12 月

目　　录

宏观政策类

I

专利分析类

宏观政策类

2017 年中国知识产权发展状况评价报告 [*]

郭　剑　刘　洋　邓仪友　王　淇　尹　鹏　刘　斌　刘　谦
杨国鑫　谷云飞　陈泽欣　周　正　胡　洁　谢　准　魏　然

一、前　　言

《国务院关于新形势下加快知识产权强国建设的若干意见》（国发〔2015〕71 号）提出要"建立以知识产权为重要内容的创新驱动发展评价制度""发布年度知识产权发展状况报告"。开展 2017 年中国知识产权发展状况评价研究的主要目的包括：一是综合、客观反映我国专利、商标、版权等各类知识产权发展水平和工作成效，展现知识产权对经济社会发展的支撑促进作用；二是逐步建立指导知识产权事业科学发展的指标体系，及时监测评价全国（不含港澳台地区，下同）和地区知识产权发展状况，反映地区差异，为国家知识产权战略实施以及知识产权强国建设提供决策参考和依据。

二、全国知识产权综合发展状况

（一）2017 年全国知识产权综合发展状况 ❶

1. 综合发展水平稳步提升

全国知识产权发展状况指数以 2010 年为基期年份，设置 2010 年综合及创造、运用、保护、环境发展指数为 100，并对 2010～2017 年的全国数据进行测算。如图 1 所示，2010 年以来，全国知识产权综合发展指数稳步上升，至 2017 年已达到 218.3。

---

　* 本文获第十届全国知识产权优秀调查研究报告暨优秀软课题研究成果评选一等奖。
　❶ 指标体系参见 http：//www.sipo.gov.cn/gwyzscqzlssgzbjlxkybgs/gzdt＿zlbgs/1126193.htm。

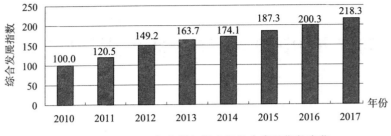

图 1　2010～2017 年全国知识产权综合发展指数变化

2. 创造发展水平提升加速

如图 2 所示，知识产权创造发展指数由 2010 年的 100 稳步上升至 2017 年的 216.5，特别是 2013 年以后，创造发展指数呈现出加快上升趋势。

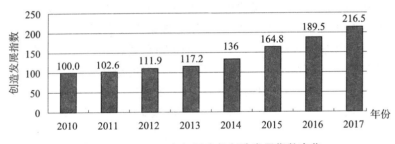

图 2　2010～2017 年知识产权创造发展指数变化

3. 运用发展水平增速趋缓

如图 3 所示，知识产权运用发展指数由 2010 年的 100 上升至 2017 年的 182.7，2013 年后增速有所放缓，但整体上呈现出平稳上涨趋势。

4. 保护发展水平稳中有升

如图 4 所示，知识产权保护发展指数由 2010 年的 100 上升至 2017 年 232.9，表明这期间我国知识产权保护有了大幅改善。该指数在 2012 年后超过 200，代表我国知识产权保护上了一个新台阶。

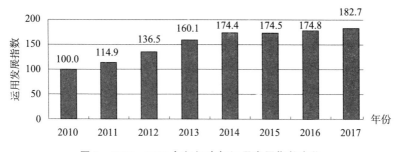

图 3 2010～2017 年知识产权运用发展指数变化

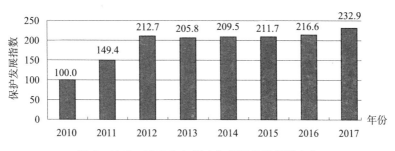

图 4 2010～2017 年知识产权保护发展指数变化

5. 环境发展水平进步明显

如图 5 所示，知识产权环境发展指数由 2010 年的 100 提升至 2017 年的 241.2，这主要得益于知识产权制度环境的不断优化，服务机构、人员数量逐年稳步提升以及全社会知识产权意识快速提高。

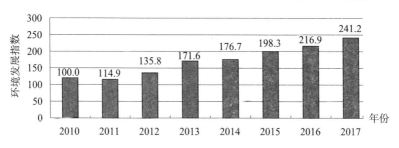

图 5 2010～2017 年知识产权环境发展指数变化

（二）2017 年地区知识产权综合发展状况

1. 区域间知识产权发展仍不平衡

根据知识产权综合发展指数，全国 31 个地区从东向西呈现阶梯状分布，具体可归为 5 个梯队。

具体而言，地区知识产权综合发展指数呈现出东、中、西部地区逐级递减的现象。知识产权综合发展状况的不平衡，反映了各地区经济发展和市场发育水平的不平衡，也反映了地区间产业分布的不平衡。

从经济区域来看，东部 10 个省市中，综合指数在 80 以上的有 4 个，分别是广东、北京、上海、江苏；介于 70 与 80 之间的有 3 个，分别是浙江、山东和福建。中部及东北地区的 9 省中，安徽和湖北综合指数超过 70，介于 60 与 70 之间的有辽宁、湖南和河南 3 个省。西部地区的 12 个省区市中，四川综合指数得分超过 70，陕西、重庆、云南的综合指数得分介于 60 与 70 之间，其他省区市的得分均在 60 以下。

2. 吉、湘两省发展状况位次上升较大

如图 6 所示，与 2016 年相比，2017 年地区知识产权综合发展指数位次并无显著变化，近半数地区位次未发生变化，位次提升较快的地区是吉林和湖南，名次分别上升了 5 位和 2 位。地区间知识产权发展排名出现一定的升降变化。

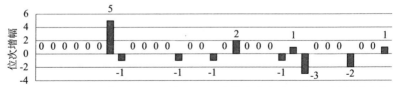

图 6 2017 年各地区知识产权综合指数位次变化情况

以位次提升较大的地区为例，吉林上升 5 位，该省在知识产权保护和环境方面提高显著。2017 年，保护方面，吉林省法院共新收各类知识产权案件 1 466 件，较 2016 年净增长 994 件，同比增长达 210%；制度环境方面，新出台《吉林省专利条例》；服务环境方面，知识产权服务机构数量达到 277 个，同比增长 19.9%；意识环境方面，每万人口商标申请量达到 19.3 件，同比增长 72.8%。此外，湖南上升 2 位，创造方面提高较为明显。2017 年，创造数量方面，湖南专利授权量 3.8 万件，同比增长 11.4%，商标注册量 6.7 万件，同比增长 27.8%；创造质量方面，发明专利申请比例较上年提高 2.6 个百分点，专利维持率提高 3.7 个百分点；创造效率方面，每万人口发明专利拥有量达到 5.1 件，同比增长 24.1%，每百户市场主体有效注册商标量达到 10 件，同比增长 10.5%。

3. 地区知识产权创造水平差异较大

从要素指数（4 个一级指标的得分）情况来看，各地知识产权创造、运用、保护和环境发展状况等 4 项要素指数与综合指数的变动趋势一致。相比其他因素，各地知识产权创造指数差别较大，后发地区知识产权创造更显薄弱，需要进一步加强知识产权创造方面的工作，夯实发展基础。

4. 领先地区知识产权发展更为均衡

各地区知识产权发展结构不均衡。从位居前列的地区来看，除湖北、陕西等个别省份外，知识产权创造、运用、保护、环境 4 条曲线的变动趋势表现得比较平滑，说明经过较长时间的发展，这些地区知识产权工作的成熟度越来越高，各方面的规划性、协调性更好。而居于后端区域的省份，如新疆、内蒙古、宁夏等，几条曲线表现出纵横交错的情形，表明这些地区不同年份知识产权工作重点变化较大，发展还不够稳定、均衡。

5. 保护和运用为知识产权发展短板

图 7～图 9 显示了各一级指数对知识产权综合发展指数的贡献度。绝大多数地区知识产权创造和环境对综合发展指数的贡献度超过 100% 的标准线，而几乎所有地区知识产权保护和运用对综合发展指数的贡献度均低于 100% 的标准线。这表明，我国知识产权发展的短板集中于保护和运用，而如何突破该制约瓶颈，将成为未来若干年的重要议题。

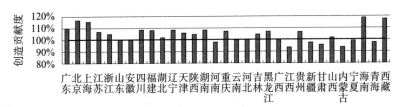

图7　2017年各地区创造对知识产权综合发展指数的贡献度

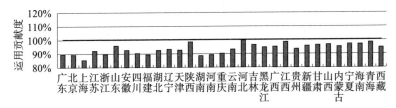

图8　2017年各地区运用对知识产权综合发展指数的贡献度

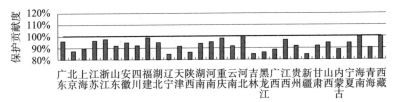

图9　2017年各地区保护对知识产权综合发展指数的贡献度

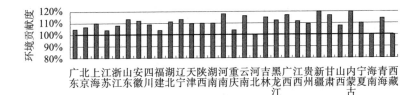

图10　2017年各地区环境对知识产权综合发展指数的贡献度

（三）2010～2017年地区知识产权综合发展趋势

图11展示了2010～2017各地区知识产权综合发展指数的位次变化情况。数据显示，存在5个类似分水岭的地区，包括山东、辽宁、云南、黑龙江、河北和宁夏。这些地区的综合发展指数位次连续多年保持稳定，从而自然地将其他地区分隔开来。

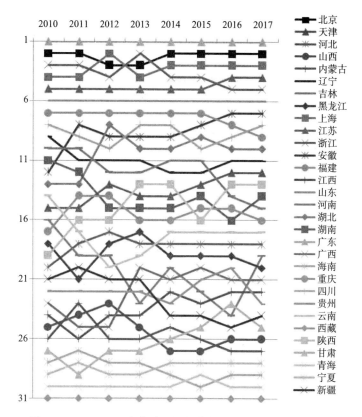

图 11　2010～2017 年各地区知识产权综合发展指数位次变化

（四）《国家知识产权战略纲要》实施以来重要指标变化

创造方面，2008～2017 年，我国知识产权创造数量大幅提高（参见图 12～图 14）。

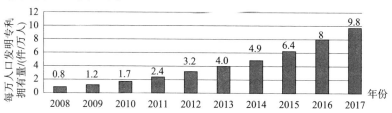

图 12　每万人口发明专利拥有量变化情况

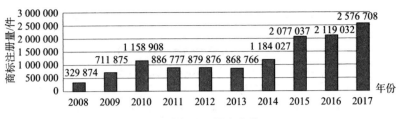

图 13　商标注册量变化情况

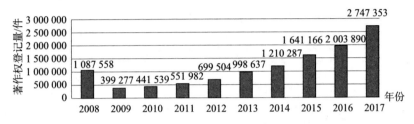

图 14　著作权登记量变化情况

运用方面，2008～2017 年，我国知识产权运用日趋活跃（参见图 15～图 19）。

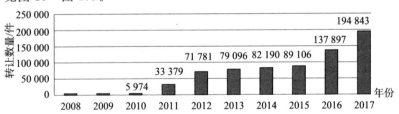

图 15　专利申请权与专利权转让数量变化情况

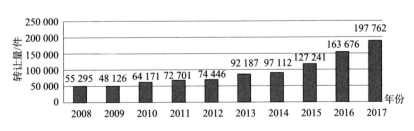

图 16　商标转让数量

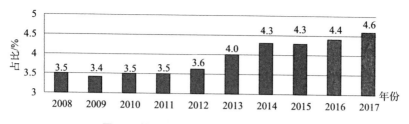

图 17　核心版权产业增加值占 GDP 比重

保护方面，2008 年至 2017 年，我国知识产权保护效果显著。

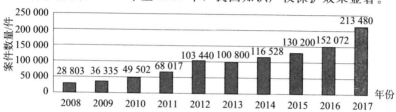

图 18　法院新收知识产权一审案件量

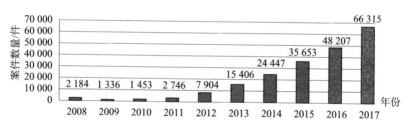

图 19　专利行政执法案件量

环境方面，2008～2017 年，我国知识产权环境持续改善（参见图 20～图 21）。

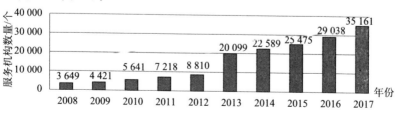

图 20　知识产权服务机构数量❶

---

❶　知识产权服务机构数量为专利代理机构与商标代理机构数量之和。

11

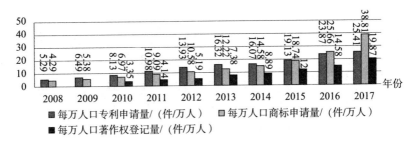

图21　每万人口拥有主要知识产权数量变化情况

三、地区知识产权创造发展状况评价

（一）知识产权创造区域分化明显

目前，我国知识产权创造的区域分布基本形成相对固定的格局，专利、商标、著作权等创造数量集中区域保持高度一致，而植物新品种权则有较大差别。总体而言，江苏、北京、广东、山东、四川、上海、福建和浙江8个省市创造数量指数得分超过90，安徽和河南两省得分超过了80，处于领先地位。从专利授权量、商标注册量两项指标来看，2017年与2016年相比基本上保持稳定，专利授权的领先地区为广东、江苏、浙江和北京，商标注册的优势区域主要是广东、北京、上海和浙江，其中广东的增幅最大；著作权登记主要集中在京、苏、沪三地，并且较上年更为活跃；植物新品种权授权量排在前列的包括北京、黑龙江、安徽、云南等地区；集成电路布图设计发证量与2016年相比有较大增长，集中区域仍然为上海、广东、江苏、安徽和北京。

（二）各地区创造质量有所提高

从创造质量指数得分来看，居于前列的地区是北京、上海、广东三地，得分均超过80。其他地区虽然与这3个省市存在显著差距，但整体水平普遍有所提升。综合来看，我国专利质量近年来稳步提升。在专利维持率方面，各地区与2016年相比均有所上升，其中安徽、广西、陕西、新疆等地区上升幅度较大。在拥有较多专利的地区中，北京、上海、广东的专利维持率相对较高。从发明专利平均维持年限来看，2017 年数据为 6.2 年，较 2016 年提高 0.3 年；超过 6 年的地区包括北京、天津、内蒙古、辽宁、上海、广东、海南、贵州、西藏。PCT 国际专利申请集中于广东、北京、江苏等地，与 2016 年相比，广东、江苏增长幅度较大，而北京略有下降。此外，马德里商标国际注册申请量增长迅速，主要增长集中在山东。

（三）各地区创造效率稳步提升

在知识产权创造效率指数得分方面，各地区与 2016 年相比均有所提升，其中北京、广东、浙江、上海、福建、江苏、陕西和重庆得分都超过 90。从创造效率指数的具体指标来看，每万人口发明专利拥有量地区分布与 2016 年无显著差别，各地指标数值均稳步提升；各地区每千万元研发经费发明专利授权量基本平稳，部分地区略有下降；每百户市场主体有效注册商标量与每万人口软件登记量普遍上升；每百亿元 GDP 专利申请量部分地区出现下降，这种下降主要由于 2017 年专利申请统计口径调整所致。

（四）创造质量贡献度有待提高

各二级指数对知识产权创造的贡献情况，显示创造数量、创造质量与创造效率对创造指数的贡献程度存在差别。数据显示，绝大部分地区数量与效率对创造指数的贡献度超过 100% 标准值，而质量对创造指数的贡献度并未达到此标准值。但是，与 2016 年相比，部分地区知识产权创造质量贡献度已开始有了一定幅度的提升，显示了市场主体知识产权创造水平的提高。应进一步加大质量提升的有关投入，努力提高质量对知识产权创造的贡献度。

四、地区知识产权运用发展状况评价

（一）不同地区知识产权运用活跃度各有侧重

根据知识产权运用规模指数得分，与 2016 年相比，各地区得分有升有降，地区间的差距有所缩小。其中广东、北京、上海、江苏、浙江、山东超过 70，居全国前 6 位。同时，在 50 分以下位段的数量与上一年度相比进一步减少。绝大多数省份集中在中间区位。就运用规模类指标而言，专利实施许可备案居于前列的是广东、江苏、浙江、北京4个地区；专利申请权和专利权转让数量各地区普遍上升，2017年的地区分布态势与2016年基本一致；商标使用许可备案主要集中在广东、上海、北京和浙江等地区；从技术市场成交合同数❶来看，北京、江苏、上海、湖北、山东、陕西较为活跃。从商标转让数量来看，2017年与2016年地区分布基本一致，总体略有上升，其中广东绝对数量增长最大。

（二）多数省份知识产权运用效益提升

从运用效益来看，与2016年相比，2017年整体呈现平稳的趋势。就知识产权运用效益具体指标而言，2017年，广东、河南、浙江、辽宁、江苏、安徽、福建等地的专利质押融资取得较好效果；从专利实施许可合同金额来看，山东、北京、上海上升明显，广东、江苏出现下降；商标权质押融资金额普遍出现下降；软件业务出口主要集中于广东、江苏、上海、辽宁和北京等地区，整体略有上升；技术市场成交额主要集中于北京，全国大部分地区呈现上升趋势。

（三）知识产权运用效益的贡献度增长稍快

各地区运用规模与运用效益对运用发展指数的贡献程度差别不大，运用效益贡献稍高于运用规模。这反映出在知识产权运用方面，规模与效益是密切相关的。

五、地区知识产权保护发展状况评价

（一）知识产权案件总体数量增长

数据显示，2017年全国专利行政执法办案量为6.7万件，同比增长36.3%；商标行政执法办案量3.01万件，涉案金额为3.33亿元；"剑网"行动检查网站6.3万个，删除侵权盗版链接71万条；海关查获进出口侵权货物1.91万批次，涉及侵权货物4 094万余

---

❶ 技术市场成交合同数采用的是2016年数据，并以2010年数据的中位数为基准。

件，案值 1.82 亿元。全国法院新收知识产权民事、行政、刑事一审案件 21.35 万件，审结 20.30 万件，同比分别增长 40.37%、38.38%。检察机关共批准逮捕涉及侵犯知识产权犯罪案件 2 510 件 4 272 人，起诉 3 880 件 7 157 人。公安机关共破获侵犯知识产权和制售假冒伪劣商品犯罪案件 1.7 万起，涉案金额 64.6 亿元。

（二）知识产权司法案件集中在经济发达地区

根据知识产权司法保护指数得分，与 2016 年相比，2017 年超过 70 分的省份略有增加，具体包括广东、江苏、浙江、山东、福建、上海、河南、四川、安徽、北京和湖北等 11 个地区。从省份分布情况看，知识产权司法案件仍然主要集中在经济比较发达的地区。同时，以河南、四川为代表的中西部地区，其司法案件数量也在快速上升。

（三）粤、浙、苏等地区行政保护工作突出

2017 年，从全国来看，各地区知识产权行政指数保护指数得分有所上升。按照知识产权行政保护指数得分，广东、浙江、江苏连续 4 年居于前 3 位，名次略有变化，福建、北京、山东、上海、安徽等省市领先于其他地区。就具体指标而言，2017 年大部分地区专利行政执法案件量呈现增长态势，主要集中于浙江、江苏等地区；商标行政保护指数不同地区有升有降，整体有所上升，广东、浙江两省基本持平；由于知识产权保护环境较好和外向型经济发达的因素，知识产权海关备案申请多集中在广东、浙江、福建、江苏、上海、山东和北京等地。

（四）沪、京、粤等地区保护效果明显

2017 年，从全国来看，各地区知识产权保护效果指数得分有所上升。按照知识产权保护效果指数得分，上海、北京、广东超过 70，居于前 3 位。知识产权保护效果如何，是衡量一个地区营商环境的重要因素。保护效果突出的地区，会直接激励投资者和市场主体开展创新活动。作为结果，该地区的研发投入强度会不断加大，参与知识产权活动的市场主体会逐渐增多。

15

六、地区知识产权环境发展状况评价

（一）地方知识产权政策法规不断完善

根据制度环境指数得分，山东连续 6 年居于全国首位，广东、上海、安徽、云南、河南、辽宁、浙江、湖北、新疆、甘肃、内蒙古、北京和吉林等地得分超过 80。与 2016 年相比，云南省上升显著。就制度环境类指标而言，2017 年，湖北实施了《湖北省专利条例》，河北出台了《河北省专利条例》，吉林通过了《吉林省专利条例》。云南、黑龙江、吉林、山东、安徽、四川、天津、广西、宁夏、内蒙古等省区市制定了本地区"十三五"知识产权发展规划。

（二）京、粤、沪地区知识产权服务水平领先

根据知识产权服务指数得分，北京、广东、上海、江苏、浙江和山东居全国前 6 位，且得分都超过 90。相比 2016 年，全国各地区没有明显的名次变化。从服务机构数量来看，北京、上海、江苏、浙江、广东和山东 6 个地区 3 年都保持在前列。与 2016 年相比，绝大部分地区均有不同幅度的增长。除北京、上海、广东以外，江苏、山东、浙江、福建、四川等地区的知识产权服务业也逐渐兴起。

（三）各地知识产权意识整体提升明显

根据意识环境指数得分，近年来，北京、上海、江苏、广东、福建、重庆、浙江、四川、山东和天津位居全国前 10 位，位次略有变化。2017 年每万人口专利申请受理量和每万人口商标申请量较大的地区仍然是北京、天津、上海、江苏、浙江、广东等地，与 2016 年相比保持稳定，只有个别省份有较小变动；每万人口著作权登记量中表现突出的是北京和上海。

（四）知识产权制度、服务、意识三者发展不均衡

从知识产权环境发展指数的构成来看，各地区制度、服务、意识对知识产权环境的贡献存在较大差异。较之制度因素，在发达地

区服务与意识等因素对环境发展指数的贡献更大。天津、山西、内蒙古、辽宁、吉林、安徽、山东、河南、湖北、云南、甘肃、青海环境发展指数更依赖于制度因素。

七、我国知识产权发展状况的国际比较❶

(一) 总体发展状况的国际比较

1. 我国知识产权发展水平稳步提升

从得分分布上看，与 2015 年相比，2016 年世界知识产权发展状况依然呈现梯队状分布，第一梯队美国、日本的总指数得分领先其他样本国家，美国所处优势地位明显；得分高于 50 的第二梯队国家排名相对稳定，得分与美国、日本的差距稍有拉大。我国知识产权发展水平位居世界中上游，排名世界第 10 位，与 2015 年相同（按照调整后的指标体系，2015 年我国排名实际应为世界第 14 位）。与 2015 年相比，我国的知识产权发展状况总指数得分从 57.73 提升至 61.91，进步显著，与知识产权强国的差距进一步缩小。

2. 我国知识产权发展状况世界排名提升迅速

从 2012 年到 2016 年的 5 年时间内，美国、日本、韩国 3 国得分稳居前 3 位，我国排名在 2012 年至 2016 年 4 年间从第 19 位提升至第 10 位，平均每年提升 3 个位次，知识产权发展的总体水平尤其是知识产权的保护运用水平快速提升。

3. 能力、绩效、环境所处位次不均衡的现象仍有待改善

2016 年，我国知识产权发展状况的 3 个一级指标即能力、绩效、环境分别处于世界第 4 位、第 3 位和第 29 位，3 个一级指标的排名不均衡的现象依然存在。

(二) 知识产权能力发展状况的国际比较

1. 我国知识产权能力进一步增强

2016 年，我国的知识产权能力指标得分达到 75.88，较 2014

---

❶ 指标体系与国家选取参见 http：//www.sipo.gov.cn/gwyzscqzlssgzbjlxkybgs/gzdt_zlbgs/1126193.htm。

年提升 5.42 分，排名较上年上升 1 个位次，超越荷兰，紧随美国、日本、瑞士之后，排名第 4 位。从得分上看，我国与美国、日本、瑞士的得分差距进一步缩小，缩小幅度分别达到 5.46 分、6.36 分和 0.46 分；同时，与排位于之后的荷兰、芬兰、英国等国家的差距进一步拉大，分差分别扩大 5.39 分、3.98 分、4.75 分。我国知识产权能力方面的世界排名在实质上得到进一步巩固。

2. 我国知识产权能力世界排名稳步提升

在 2012 年到 2016 年 5 年的时间内，我国在知识产权能力方面的国际排名稳步提升，从第 7 位提升至第 4 位。按照我国与美国、日本、瑞士能力指标得分差距缩小的趋势看，在可以预见的时间内，我国将在较长一段时间内继续处于相对领先地位。

3. 我国知识产权能力发展结构相对均衡

2016 年，多数样本国家保护和运用对知识产权能力指标得分的贡献相对较高，我国的知识产权能力指标发展呈现均衡发展的态势。从能力指标下 4 个二级指标的得分来看，我国创造、管理、保护、运用 4 个方面的得分分别为 68.06、84.14、78.51、69.94，较上一年度均有不同程度的提升。创造指标得分显著提升，比上一年度提高 10.78 分，增幅最大，达 18.79%；运用指标比上一年度提高 0.19 分，增幅最小，提高 0.27%。随着我国知识产权创造数量和质量的不断提升，知识产权保护和运用能力的提升需求也更为迫切。

（三）知识产权绩效发展状况的国际比较

1. 我国知识产权绩效显著提升，与美日差距不断缩小

2016 年，我国的知识产权绩效指标得分达到 60.45，较 2015 年提升 6.77 分。排名自 2014 年超越韩国后一直稳居第 3 位。从得分上看，我国与美国、日本差距依然明显，但得分差距快速缩小；与排位之后的韩国、瑞士、德国、荷兰等国家的差距进一步拉大，排名进一步稳固。

在 2012 年到 2016 年 5 年的时间内，我国在知识产权绩效方面的国际排名从第 6 位稳步提升至第 3 位。按照我国与美国、日本、韩国、瑞士、德国等国绩效指标得分差距的变化趋势看，在较长的一段时间内我国的绩效指标排名也将继续保持相对稳定。

2. 我国知识产权创新贡献度和国际影响力基本稳定

从 2016 年各国知识产权绩效指标项得分的贡献度来看，除美国外，其他主要国家的创新贡献度均高于国际影响力。美国国际影响力的贡献度与创新贡献度的比例接近 2∶1，体现了其知识产权较强的扩张性。我国的国际影响力和创新贡献度对绩效指数得分的贡献比例约为 1∶3，与日本较为接近。

从二级指标的排名看，2016 年，我国创新贡献度和国际影响力排名保持稳定，均位列第 3 位。从下设二级指数的得分看，2016年，随着我国有效发明总量的快速提升，我国创新贡献度指数得分较上一年度提高 10.96 分，增幅达 15.32％；国际影响力得分与上一年度相比提升 2.41 分，同比增长 8.80％，基本保持稳定。

（四）知识产权环境发展状况的国际比较

1. 知识产权环境持续优化

2016 年，我国知识产权环境指标得分 46.75，较上一年度提升 2.42 分，在样本国家中排名上升 2 个位次，位居第 29 位。与其他 2 个一级指标相比，世界领先国家得分与标杆差异明显较小，而其他国家与领先国家之间差异较大。从另一个侧面反映了发达国家和发展中国家在知识产权环境方面存在的差距，我国提升知识产权发展环境的长期性依然存在。

2. 知识产权市场和文化环境略有改善

从 2016 年各国产权制度、市场、文化环境指标对环境得分的贡献度可以看出，在我国知识产权环境中贡献度最高的依然是制度环境指标，市场环境和文化环境对得分的贡献明显较低。从得分看，2016 年，我国市场环境指数得分比 2015 提升 1.34 分，同比增长 4.28％；文化环境指数得分比 2015 年提高 3.66 分，同比增长 10.88％，表现出我国知识产权市场和文化环境逐渐得到改善。

2017 年全国知识产权保护社会满意度总体状况调查报告[*]

贺　化　张志成　武晓明　朱　瑾　姜　涛　夏淑萍

王维迎　杨永亮　朱　丹　许谅亮　刘　佳　牛自雄

一、前　　言

　　知识产权保护社会满意度调查旨在反映全国知识产权保护状况和社会对知识产权保护的诉求和期待，为各地区开展知识产权保护工作提供参考。2017 年是第 6 次在全国范围内开展大范围的社会满意度抽样调查，调查涵盖了知识产权权利人、社会公众、专业人士 3 类群体，执行有效样本共计 11 746 个，覆盖全国 31 个省区市（不含港澳台地区，下同），客观反映出目前我国知识产权保护的现状和问题。此次调查样本及所涉数据不包含香港、澳门、台湾地区。相关评价指标体系以法律与政策保护、执法、管理与服务、宣传教育 4 项一级指标为框架，包含 12 项二级指标和 40 项三级指标。

二、结论概述

　　调查结果显示，2017 年我国知识产权保护满意度得分为 76.69 分，较 2016 年提升 4.31 分，呈现持续提升状态，知识产权执法工作满意度大幅度增长。从纵向年度提升情况来看：一级指标中，最为重点的知识产权执法工作得到重点改善，满意度得分提升 5 分以上，增长最快；法律与政策保护保持了持续增长态势，提升超过 4 分；管理与服务提升 4 分以上；宣传教育有改善，提升 2 分以上，对总体满意度提升有积极贡献。二级指标中，行政和司法管理情况、行政执法、

---

　　[*] 本文获第十届全国知识产权优秀调查研究报告暨优秀软课题研究成果评选一等奖。

执法效果提升 5 分以上，除社会宣传提升不到 3 分之外，其余 8 项二级指标均提升 3～5 分。三级指标中，所有指标得分均有提升，配套政策的有效性、立法效果评估工作、职责分工合理性、工作效率、工作人员专业性、执法主动性、执法活动持续性、地方保护现象、执法资源情况、赔偿金合理性、侵权损害赔偿的及时性与足额性、侵权现象严重程度、获取维权救济的及时性与便捷性、海外维权机制建设情况、宣传力度 15 项指标提升 5 分以上，宣传效果、培训力度 2 项指标提升不到 3 分，其余 22 项指标提升幅度为 3～5 分。

从指标年度得分表现来看，一级指标中，法律与政策保护评价相对较高，宣传教育评价最低。二级指标中社会宣传满意度得分最低，得分为 72.75 分；其余二级指标中，除行政执法和执法效果外，地方政府对知识产权保护工作的落实情况、培训等 9 项指标得分均高于 75 分。三级指标中，侵权损害赔偿的及时性与足额性、侵权现象严重程度 2 项指标得分是所有 40 项指标中的最低值。其中：一级指标中，除宣传教育满意度低于 75 分以外，其余 3 项指标得分均高于 75 分；二级指标中，行政执法、执法效果及社会宣传 3 项指标得分低于 75 分，其余 9 项指标得分均高于 75 分；三级指标中，工作效率、执法主动性、执法活动持续性、地方保护现象、执法资源情况、侵权现象严重程度、侵权损害赔偿的及时性与足额性、宣传力度、宣传效果、培训力度 10 项指标得分低于 75 分，其余 30 项指标得分均高于 75 分。

从区域来看，东、中、西部及东北地区满意度比 2016 年均有提升，区域最高分与最低分之间相差仅 0.69 分，差异较小。西部和东部地区的知识产权保护社会满意度较高，东北和中部地区相对较低。各地区均有全国排名前 10 位的省（区、市），但排名高低并没有明显的区域分布特点。各省（区、市）当中，江西、西藏、北京居前 3 位，陕西、山西、云南相对靠后。各地区在政策与法律保护、管理与服务方面得分较高，而在宣传教育和执法方面得分则相对较低。

从不同的社会群体来看，专业人士对知识产权保护工作的满意度最高，权利人次之，社会公众满意度较低。从改善情况来看，各类人群满意度均有提升。其中社会公众满意度提升幅度最大，达到

7.24 分；其次是专业人士，提升 5.57 分；权利人满意度提升相对较少，提升 2.19 分。

总之，知识产权保护社会满意度得分持续提升，客观反映出我国持续不懈地通过行政执法和司法手段强化知识产权保护，在优势指标方面持续稳步提升，在相对劣势指标方面持续改善，尤其是知识产权执法工作提升比较明显。各区域近 6 年来整体呈持续提升的态势，尤其中部和东北地区的满意度连续 6 年上升，反映出各区域在落实知识产权保护工作方面都有积极的努力。权利人和专业人士满意度在较高水平的基础上持续提升，社会公众满意度有较大幅度改善。知识产权保护社会满意度在各个维度上的提升表明，中国知识产权保护工作成效逐步显现。

三、主要结论

（一）全国知识产权保护社会满意度为 76.69 分，较 2016 年提升 4.31 分，保持增长态势

2017 年全国知识产权保护社会满意度为 76.69 分，较 2016 年提升了 4.31 分，6 年来知识产权保护工作持续稳步改善，表现出了良好的发展态势，如图 1 所示。

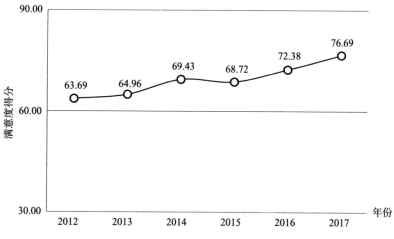

图 1　全国知识产权保护社会满意度 6 年对比

从构成评价指标体系的一级指标来看，2017 年提升幅度最大的为执法工作，满意度得分为 75.40 分，较 2016 年提升 5.58 分，说明近年来知识产权执法得到较大改善，并为未来进一步开展知识产权保护工作奠定了基础。受访各界人士对法律与政策的满意度得分最高，为 78.44 分，较 2016 年提升 4.25 分，说明相关法律与政策制定方面的工作持续得到社会认可。对知识产权管理与服务满意度得分为 77.99 分，较 2016 年提升 4.12 分，说明一年来，行政管理机构管理与服务水平得到持续改善。对知识产权宣传教育工作评价得分为 74.64 分，较 2016 年提升 2.85 分。

如图 2 所示，近 6 年来除宣传教育、管理与服务满意度得分有所波动外，法律与政策保护、执法满意度均呈现稳定提升的趋势。

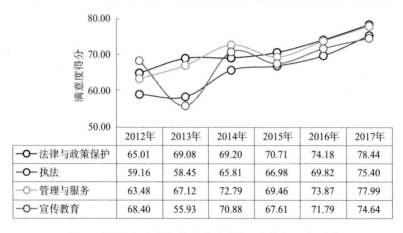

	2012年	2013年	2014年	2015年	2016年	2017年
法律与政策保护	65.01	69.08	69.20	70.71	74.18	78.44
执法	59.16	58.45	65.81	66.98	69.82	75.40
管理与服务	63.48	67.12	72.79	69.46	73.87	77.99
宣传教育	68.40	55.93	70.88	67.61	71.79	74.64

图 2　全国知识产权保护社会满意度一级指标 6 年对比

（二）法律与政策保护工作满意度最高，执法满意度大幅度提升，宣传教育评价相对较低

结合图 3 来看，目前知识产权保护工作亟须改善的重点集中在执法方面，其重要性较高，但满意度得分相对较低，还低于总体满意度。执法工作依然是影响知识产权保护成效的关键领域。而法律与政策保护则需要继续保持其优势地位，宣传教育需要积极改善。管理与服务重要性相对略低，但满意度得分相对较高。

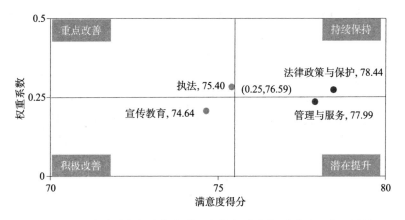

图3　2017年全国知识产权保护一级指标重要性-满意度四象限图❶

如图4所示，影响整体满意度的12个二级指标中，社会宣传满意度得分相对较低，下一步需要进一步加大力度，开展针对性宣传，使知识产权意识入脑入心；执法效果、行政执法、行政和司法管理情况、司法保护满意度得分也较低，低于总体满意度得分，这5项指标也是知识产权保护力度和成效的主要代表性指标，对提升总体满意度具有比较重大的意义。

三级指标中，知识产权法律制度体系健全程度、专门法完善程度、法律的可操作性、地方政府对知识产权保护工作的重视程度、培训效果等18项指标的满意度得分高于总体满意度得分，而侵权现象严重程度、侵权损害赔偿的及时性与足额性、宣传力度、宣传效果等4项三级指标得分最低。行政执法以及执法效果中的执法主动性、执法活动持续性、执法资源情况、地方保护现象、工作人员专业性、获取维权救济的及时性与便捷性等指标的满意度得分均相对较低，未达

---

❶　四象限图中横坐标表示指标满意度得分，纵坐标表示指标权重系数，交叉点为全国满意度与纵坐标平均值的交叉点位。第一象限表示指标满意度得分较高，权重系数较大，需要持续保持优势区域；第二象限表示指标满意度得分较低，但权重系数较高，需要重点改善区域；第三象限表示满意度得分较低，且指标权重系数较低，需要积极改善区域；第四象限表示满意度得分较高，但指标权重系数较低，是潜在提升区域。一般重点改善区域和积极改善区域是需要优先改善的指标。

到总体满意度水平，影响了行政执法和执法效果满意度得分。

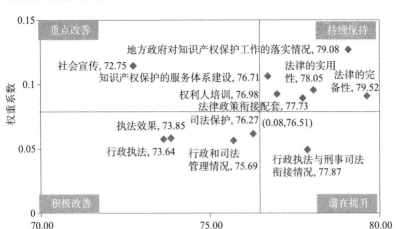

图 4　2017 年全国知识产权保护二级指标重要性-满意度四象限图❶

1. 法律与政策保护工作需关注知识产权立法效果评估及配套政策的有效性方面的改善

法律与政策保护项下三级指标中，知识产权立法效果评估工作得分相对较低，其余三级指标得分均高于全国总体满意度。这反映出如何考量知识产权法律制度与我国经济社会发展阶段的契合程度客观上也是知识产权法律与政策制定修订过程中的重点难点工作，工作中需要进一步加大知识产权立法效果评估，这也是知识产权立法修法工作面临的难点问题。需梳理当前的知识产权法律法规和政策，进一步加强金融、税收、产业等领域的政策与知识产权工作的衔接。

2. 侵权现象严重程度、侵权损害赔偿的及时性与足额性仍然是社会各界关注的重点

执法工作项下 22 项三级指标中，15 项指标得分低于全国满意度，需要努力改善。侵权损害赔偿的及时性与足额性、侵权现象严

❶　图中纵坐标表示 12 个二级指标对整体满意度的影响权重系数，其具体数值为原指标在一级指标中的权重系数乘以相应一级指标的权重系数。

重程度、执法活动持续性、执法资源情况等行政执法和执法效果相关指标得分相对较低，其中侵权损害赔偿的及时性与足额性、侵权现象严重程度满意度得分分别为 70.62 分、71.80 分。目前执法工作亟须改善工作效率和侵权损害赔偿的及时性与足额性，其重要性在执法工作项下三级指标的权重中较高，但满意度得分相对较低；侵权现象严重程度、执法主动性、执法活动持续性、执法资源情况、工作人员专业性等指标处于积极改善区域，改善此部分指标可有效提升执法工作满意度。

3. 地方政府知识产权保护工作得到落实，知识产权保护的服务体系建设得到认可

管理与服务工作项下三级指标中，知识产权预警应急机制建设情况，对代理、行业协会等中介机构的监管指导力度，海外维权机制建设情况等指标得分相对较低，分别为 75.25 分、76.47 分、76.65 分，均低于全国满意度水平，这 3 项指标处于积极改善区域，在未来的工作中需要进一步加强管理。地方政府对知识产权保护工作的重视程度以及地方对国家知识产权相关政策的落实执行力度表现较好，说明知识产权保护工作在地方得到很好的落实。管理与服务项下三级指标均高于 2016 年水平，说明各项工作得到改善，更大程度符合了社会各界对知识产权管理与服务的期望。

4. 需要大力加强知识产权宣传和培训力度

宣传教育工作项下三级指标中，宣传力度、宣传效果和培训力度得分相对较低，分别为 72.72 分、72.77 分、74.39 分，均低于全国满意度水平，需要重点改善。只有培训效果高于总体满意度，说明社会各界对知识产权宣传和培训有很大的需求和期望。在当前自媒体时代，需要找准宣传关注点，改进宣传形式，在培训内容和深度上下功夫，开展更广泛、更深入的宣传和培训。

（三）4 大主要区域满意度均有提升，差异较小，东北和中部地区得分低于全国

如图 5 所示，2017 年，全国 4 大主要区域知识产权保护社会满意度得分分别为：东部地区 77.11 分，中部地区 76.67 分，西部地

区 76.88 分，东北地区 76.42 分。从近 6 年的趋势来看，各地区知识产权保护社会满意度处于波动上升阶段，2015 年地区差异较大，2017 年差异较小。

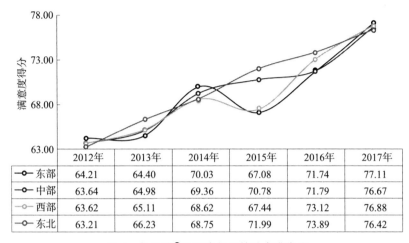

	2012年	2013年	2014年	2015年	2016年	2017年
东部	64.21	64.40	70.03	67.08	71.74	77.11
中部	63.64	64.98	69.36	70.78	71.79	76.67
西部	63.62	65.11	68.62	67.44	73.12	76.88
东北	63.21	66.23	68.75	71.99	73.89	76.42

图 5　各区域❶知识产权保护社会满意度

如图 6 所示，从 4 个地区指标对比来看，各地区执法满意度和宣传教育满意度得分相对较低。法律政策与保护方面，西部地区得分最高；管理与服务和宣传教育方面，东部地区得分最高；其他方面各地区差异较小。

1. 东部地区管理与服务满意度得分最高，专业人士满意度较好，权利人和社会公众满意度改善明显

东部地区 4 个一级指标中，管理与服务满意度得分最高，为 78.96 分；宣传教育满意度得分最低，为 75.34 分；法律与政策保护满意度为 78.40 分；执法满意度得分 75.59 分。二级指标中，地方政府对知识产权保护工作的落实情况 80.22 分，得分最高；执法

❶　参照国家的区域划分标准，将全国 31 个省（区、市）划分为东部、中部、西部和东北 4 个区域。东部地区包括北京、天津、河北、上海、江苏、浙江、福建、山东、广东和海南 10 省（市）；中部地区包括山西、安徽、江西、河南、湖北和湖南 6 省；西部地区包括内蒙古、广西、重庆、四川、贵州、云南、西藏、陕西、甘肃、青海、宁夏和新疆 12 省（区、市）；东北地区包括辽宁、吉林和黑龙江 3 省。

效果满意度和社会宣传满意度得分最低，均为 73.39 分。三级指标中，侵权现象严重程度、侵权损害赔偿的及时性与足额性得分最低，分别为 69.51 分、70.43 分。

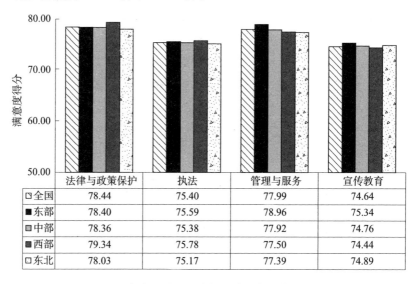

	法律与政策保护	执法	管理与服务	宣传教育
全国	78.44	75.40	77.99	74.64
东部	78.40	75.59	78.96	75.34
中部	78.36	75.38	77.92	74.76
西部	79.34	75.78	77.50	74.44
东北	78.03	75.17	77.39	74.89

图 6　2017 年各区域知识产权保护社会满意度一级指标

从东部地区各省（市）满意度情况来看，除北京、海南外，其余 8 个省（市）满意度得分均低于全国平均水平。尤其广东、河北、上海的满意度未达 75 分，影响了东部地区整体满意度得分。

从东部地区不同评价主体来看，专业人士满意度最高；从涨幅来看，社会公众满意度涨幅最大。

2. 中部地区法律与政策保护满意度最高，专业人士评价较好

中部地区 4 个一级指标中，政策与法律保护满意度得分最高，为 78.36 分；宣传教育满意度得分最低，为 74.76 分；执法满意度、管理与服务满意度得分分别为 75.38 分、77.92 分。二级指标中，社会宣传、行政执法、执法效果 3 项的满意度得分较低，分别为 72.45 分、73.36 分、73.99 分。三级指标中，侵权现象严重程度、侵权损害赔偿的及时性与足额性得分最低，分别为 69.25 分、71.10 分。

从中部地区各省满意度情况来看，除江西、湖南外，其余 4 省满意度得分均低于全国平均水平。其中山西、湖北、河南的满意度得分未达 75 分，影响了中部地区整体满意度得分。

从中部地区不同评价主体来看，专业人士满意度最高，权利人次之；从满意度得分涨幅来看，社会公众满意度得分涨幅最大，其次是专业人士。

3. 西部地区法律与政策保护满意度得分最高，专业人士评价最好

西部地区 4 个一级指标中，政策与法律保护满意度得分最高，为 79.34 分；宣传教育满意度得分最低，为 74.44 分；管理与服务、执法满意度得分分别为 77.50 分、75.78 分。二级指标中，社会宣传满意度和行政执法满意度得分相对较低，分别为 72.69 分、73.47 分。三级指标中，宣传效果、执法资源情况满意度得分最低，分别为 72.28 分、72.89 分。

从西部各省（区、市）满意度情况来看，西藏、宁夏、内蒙古、四川和重庆 5 个省（区、市）满意度得分高于全国平均水平。而陕西、云南、新疆、广西的满意度未达 75 分，影响了西部地区整体满意度得分。

从西部地区不同评价主体来看，专业人士满意度最高，权利人次之，社会公众满意度最低；从涨幅来看，社会公众满意度得分涨幅最大，专业人士次之，权利人满意度得分涨幅最小。

4. 东北地区法律与政策保护满意度得分最高，专业人士评价最好

东北地区 4 个一级指标中，政策与法律保护满意度得分最高，为 78.03 分；宣传教育满意度得分最低，为 74.89 分；管理与服务满意度得分为 77.39 分；执法满意度得分为 75.17 分。二级指标中，执法效果和社会宣传满意度得分最低，均为 73.24 分。三级指标中，侵权现损害赔偿的及时性与足额性满意度得分最低，低于 70 分。

从东北地区各省满意度情况来看，除辽宁外，黑龙江和吉林的满意度得分均低于全国平均水平，影响了东北地区整体满意度得分。

从东北地区不同评价主体来看，专业人士满意度得分最高，权利人次之，社会公众满意度得分最低；从涨幅来看，社会公众满意度增长最多，专业人士次之，权利人增长最少。

（四）北京居高人均 GDP 组首位，陕西、山西、云南排名相对靠后

2017 年度各省（区、市）知识产权保护社会满意度均高于 70 分。考虑我国地区发展不平衡的基本国情，以及各地知识产权工作基础的差异，按照国家统计局公布的人均 GDP 数据，将 31 个省（区、市）分为 2 个组，即"高人均 GDP 组"和"低人均 GDP 组"。"高人均 GDP 组"共有 11 个省（区、市），其中北京、内蒙古、重庆、江苏的满意度高于全国满意度。"低人均 GDP 组"有 20 个省（区、市），其中有 7 个满意度高于全国满意度，分别是江西、西藏、海南、宁夏、四川、湖南和辽宁。总体上看，"高人均 GDP 组"的最高满意度和最低满意度之间的分差较小，而"低人均 GDP 组"的最高满意度和最低满意度之间的分差较大。知识产权保护满意度调查开展 6 年来，北京排名首次进入全国 31 个省（区、市）前列，并居"高人均 GDP 组"首位。广东作为知识产权大省，在省级排名中持续处于靠后位置。

各省（区、市）三级指标中得分最高的基本都集中在地方政府对知识产权相关政策的重视程度和培训效果方面，三级指标中得分最低的基本都集中在侵权现象严重程度、侵权损害赔偿的及时性与足额性以及执法活动持续性方面。

（五）社会公众满意度提升最多，外资企业满意度高于全国水平

如图 7 所示，从 3 种不同受访群体类型来看，社会公众的满意度最低，与知识产权权利人和专业人士满意度有较大幅度的差距，反映了社会各界不同群体对知识产权保护工作的认知和感受存在较大的差别。与 2016 年的调查结果相比，各类群体对知识产权保护工作的满意度均有所提升。

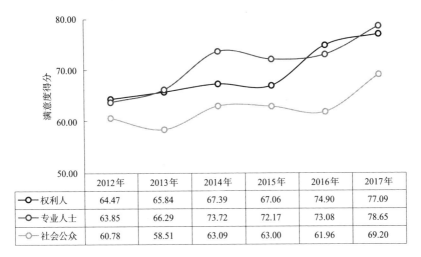

	2012年	2013年	2014年	2015年	2016年	2017年
权利人	64.47	65.84	67.39	67.06	74.90	77.09
专业人士	63.85	66.29	73.72	72.17	73.08	78.65
社会公众	60.78	58.51	63.09	63.00	61.96	69.20

图 7 全国不同群体的知识产权保护满意度 6 年对比

1. 三类权利人满意度均呈现持续提升态势，专业人士评价最好，外资企业、合资企业权利人满意度较高，民营企业满意度则相对较低

如图 8 所示，在各类不同性质企业的权利人中，外资企业权利人对知识产权保护满意度近 3 年均高于民营企业及全国满意度，合资企业权利人满意度持续向好，2017 年满意度高居首位。

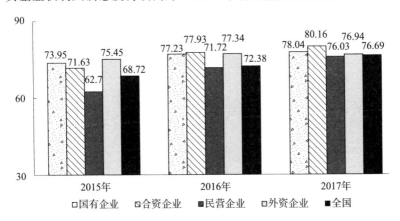

图 8 2015～2017 年全国不同类型企业的知识产权保护满意度对比

31

2015 年，各不同类型企业中，外资企业对知识产权保护满意度最高且高于全国满意度 6.73 分；民营企业满意度最低，且与满意度最高的外资企业相差 12.75 分。2016 年，各类企业满意度均有提升，其中民营企业、合资企业对知识产权保护满意度上升较多，但民营企业依然得分最低。2017 年，各不同类型的企业满意度得分差距进一步缩小，得分较高的合资企业与得分最低的民营企业之间的分差缩小到 4.13 分。从 3 年调查整体情况看，各类企业的满意度得分差距较小，外资企业、合资企业总体上稍高于民营企业，体现出中国政府一贯坚持的一视同仁、同等保护的知识产权政策理念。

如图 9 所示，从不同知识产权类型的权利人满意度来看，2017 年专利权权利人满意度略高于商标权权利人和著作权权利人满意度，且较 2016 年提升较多。同时，商标权权利人和著作权权利人满意度较 2016 年也均有所提升，满意度得分均超过 75 分。权利人整体满意度的提升得益于专利权权利人满意度的大幅提升。从近 6 年的趋势来看，商标权权利人满意度大多时候高于专利权权利人和著作权权利人，但专利权权利人和著作权权利人满意度在近 6 年一直呈现持续提升的态势，且专利权权利人满意度于 2017 年首次超过商标权权利人满意度，表明近年来相关部门针对专利工作的落实比较到位，提升了相关利益者的满意度。

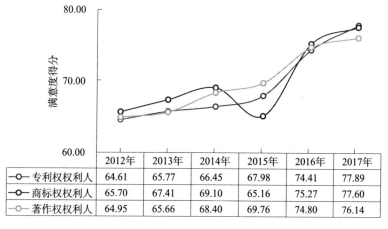

	2012年	2013年	2014年	2015年	2016年	2017年
专利权权利人	64.61	65.77	66.45	67.98	74.41	77.89
商标权权利人	65.70	67.41	69.10	65.16	75.27	77.60
著作权权利人	64.95	65.66	68.40	69.76	74.80	76.14

图 9 全国不同知识产权类型权利人的满意度 6 年对比

而从不同知识产权类型的权利人一级指标满意度来看，如图 10 所示，专利权权利人对法律与政策保护、管理与服务两个方面满意度较高，商标权权利人对法律与政策保护的满意度较高，著作权权利人对法律与政策保护的满意度相对较高。

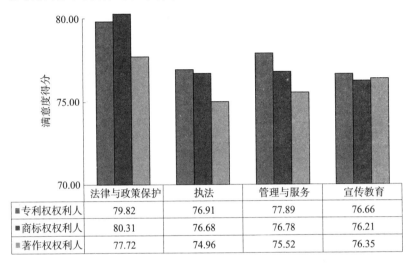

	法律与政策保护	执法	管理与服务	宣传教育
■专利权权利人	79.82	76.91	77.89	76.66
■商标权权利人	80.31	76.68	76.78	76.21
▨著作权权利人	77.72	74.96	75.52	76.35

图 10　2017 年全国不同知识产权类型权利人各一级指标的满意度

从专利、商标、著作权三者的共性来看，三类权利人对宣传教育和执法工作的满意度相对较低，具体表现在对侵权现象严重程度、侵权损害赔偿的及时性与足额性、赔偿金的合理性满意度较低，对培训力度和宣传效果满意度较低，说明知识产权执法力度不足、执法效果有待提升等问题尽管相比之前有较大的改善，但仍是知识产权保护工作最关键的问题。同时，在当前知识产权保护意识越来越强烈的背景下，各类人群对知识产权有迫切的学习需求，需要政府提供更多的知识产权公共服务。

2. 专业人士各指标满意度均有提升，对执法工作满意度提升最多

专业人士在 4 个一级指标满意度得分方面均有提升，一级指标满意度得分均高于 75 分。其中，宣传教育满意度得分最高，为 80.31 分；其次为管理与服务和法律与政策保护，满意度得分分别为 79.28 分、78.77 分；执法满意度得分为 76.81 分。具体来看，二级指标中除执法效果满意度得分低于 75 分以外，其余 11 项指标的满意度得分均高于 75 分。三级指标中侵权损害赔偿的及时性与足额性满意度得分最低，仅为 69.86 分。

在不同职业的专业人士中，律师满意度得分最高，为 82.24 分；法官满意度得分最低，为 74.58 分。调查结果显示法官这一群体具有更强的问题意识，对知识产权保护工作有较高的期待；而律师这一知识产权服务提供者群体的满意度最高，可能与其在市场第一线所感受到的知识产权工作改善有直接联系。

3. 社会公众对宣传教育、管理与服务的满意度提升明显

2017 年，社会公众满意度较 2016 年大幅提升，主要受益于管理与服务满意度的大幅提升。

从受访者不同性别来看，男性对知识产权保护工作的满意度要高于女性，尤其在法律与政策保护方面，男性满意度得分高于女性 8.02 分。

从不同年龄社会公众来看，35～49 岁的群体对知识产权保护满意度最高，15～34 岁群体最低。

从不同学历社会公众来看，高中及以下群体对知识产权保护满意度最高，大专学历群体对知识产权保护满意度最低。宣传教育方面各学历层级公众满意度得分均未超过 65 分，体现了知识时代公众对知识产权保护认知有更高的期待和需求。

从不同的行业受访者来看，医疗保健行业的社会群体对知识产权保护的满意度最低，建筑业和电力热力行业的社会群体对知识产权保护满意度较高。

2017 年中国专利调查专题报告[*]

毕　囡　　刘菊芳　　韩秀成　　杨国鑫　　李凤新　　刘　磊
高　佳　邓仪友　刘　谦　郭　剑　雷　怡　徐　慧

2017 年中国专利调查涉及国内 23 个省、自治区、直辖市。抽取各类专利权人样本共计 13 500 个，其中企业 11 207 家、高校和科研单位 1 293 所、个人 1 000 名。实际发放专利权人问卷 13 500 份，最终回收问卷 11 813 份，回收率为 87.5％，最终有效问卷 11 320 份（其中企业问卷 9 615 份，高校和科研单位问卷 971 份，个人问卷 734 份）。发放专利信息问卷 43 249 份，最终回收问卷 36 105 份，回收率为 83.5％，最终有效问卷 34 893 份。调查表明，我国专利保护和运用出现新趋势，重要产业和创新主体呈现新特征。

一、专利保护环境整体向好，
严保护成创新主体迫切需求

（一）我国专利保护环境整体向好

1. 专利权人维权意识明显提升

总体来看，2016 年，遭遇专利侵权后，专利权人采取维权措施的比例超过 7 成，达 73.3％，较 2015 年大幅提升 10.5 个百分点。其中，"发出要求停止侵权的律师函"占比最高，达 30.3％，较 2015 年提升 5.7 个百分点；采取"既请求过行政机关处理，也向法院提起过诉讼"措施的专利权人比例由 2015 年的 7.9％上升至 14.2％；"请求行政处理"的比例与 2015 年基本持平，为 13.3％。

2. 专利侵权判赔力度有所加大

2016 年专利侵权诉讼案件中选择无赔偿的比例由 46.7％下降

---

* 本文获第十届全国知识产权优秀调查研究报告暨优秀软课题研究成果评选一等奖。

至 25.5％，下降幅度明显。赔偿额度在 50 万元以上的比重显著提升，其中，赔偿额度 50 万～100 万元的占比由 3.8％上升至 15.3％，赔偿额度在 100 万元以上的占比由 1.7％上升至 10.7％。

3. 专利侵权比例有所下降

数据显示，2016 年，被调查的专利权人中遭遇过专利侵权的比例为 10.7％，较 2015 年下降 7.4 个百分点。历年调查数据显示，遭遇专利侵权的比例总体呈现下降态势，从 2011 年的 28.4％下降至 2014 年的 14.5％，2015 年略有回升，2016 年继续下降至 10.7％。

不同类型专利权人遭遇侵权情况存在显著差异。企业遭遇侵权比例最高，为 13.4％，明显高于高校、科研单位及个人。

分登记注册类型来看，港澳台商投资企业遭遇侵权的比例最高，为 18.3％；内资企业相对最低，为 13.1％。不同规模的企业遭遇过专利侵权情况并没有显著差异。

4. 企业认同加强保护能够激励自主创新

调查显示（参见图 1），7 成以上企业专利权人认为加强专利保护更能"激励企业进行创新"和"提高企业的创新收益"，与 2015 年水平基本相同。按企业规模来看，规模越大的企业认同专利保护能够"激励企业进行创新"的比例越高。

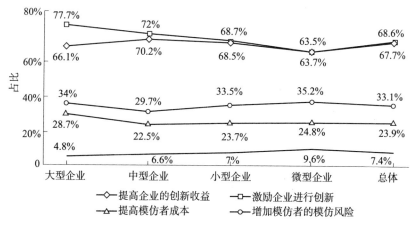

图 1 不同规模企业对于专利保护对所在行业发展影响的评价

（二）严保护成创新主体迫切需求

1. 专利权人最为重视专利侵权损失

数据显示，有 41.3% 的专利权人认为专利权受到侵犯所造成的损失相比侵犯其他类型知识产权更严重，该比例较 2015 年提高 7.9 个百分点，该选项首次超越商业秘密，成为占比最高的选项。

2. 强化知识产权保护呼声不断提高

调查显示，2016 年有 88.2% 的专利权人认为目前国内对知识产权保护的水平需要逐步或大幅强化，较 2015 年进一步提升 1.1 个百分点，其中认为需要大幅强化的专利权人达到 24.5%，较上年显著提升 6.2 个百分点。

分企业规模来看，小微企业对强化知识产权保护的需求较大中型企业更为强烈，23.5% 的微型企业和 16.7% 的小型企业认为需要大幅强化保护水平，明显高于大型企业的 11.9% 和中型企业的 12.1%（参见表 1）。对于大中型企业来说，更倾向于逐步强化知识产权保护水平。

表 1　不同规模企业对国内知识产权保护水平的评价　（单位：%）

评价	大型企业	中型企业	小型企业	微型企业	总体
需要大幅强化	11.9	12.1	16.7	23.5	17.0
需要逐步强化	75.0	72.8	68.2	61.8	68.1
需要适当地降低	2.9	3.8	4.1	4.5	4.1
现今水平比较适当	10.2	11.3	11.0	10.2	10.9
合计	100.0	100.0	100.0	100.0	100.0

（三）专利保护需进一步推动从严保护

1. 严保护应进一步强化专利行政保护

专利行政保护能够有效弥补专利司法保护短板。调查显示，专利司法维权的成本和结案速度仍然是制约司法保护的最重要因素，专利权人对专利司法维权的"成本"和"结案速度"不满意或非常不满意的比例分别为 15.0% 和 12.6%，位于所有选项排名前 2 位，明显高于对专利行政执法成本 10.6% 和结案速度 7.7% 的不满意或非常不满意的比例。

专利权人希望行政部门增加权限，提高行政执法效率。总体来看，专利权人对专利行政执法各项措施的需求程度均较高，选择"需要"或"非常需要"的比例都达到60％以上。其中，针对专利行政部门"调查取证"以及"采取相应手段及时制止专利侵权行为"的需求最为强烈，选择"需要"或"非常需要"的比例分别达到73.0％和72.7％（参见表2）。

表2　专利权人对当前专利行政保护相关措施的需求程度（单位:％）

专利权人需求	不清楚	非常不需要	不需要	一般	需要	非常需要
希望专利行政部门采取相应手段及时制止专利侵权行为	5.7	0.2	0.7	20.7	48.4	24.3
希望专利行政部门主动查处重复侵权行为	6.1	0.1	1.1	21.5	48.7	22.5
希望专利行政部门对重复侵权人处以罚款	6.3	0.1	1.4	19.8	49.1	23.3
希望专利行政部门主动查处群体侵权行为	6.5	0.2	1.0	21.4	47.5	23.4
遇到专利维权取证困难，希望专利行政部门调查取证	6.0	0.4	1.1	19.5	48.6	24.4
遇到有重大影响的专利侵权和假冒专利案件，希望由国家知识产权局查处	6.4	0.2	0.8	20.8	46.5	25.3
遇到电商销售涉嫌侵权产品，希望网络服务提供商提供涉嫌侵权人的信息	6.7	0.1	1.2	21.8	45.8	24.3
希望将查处假冒专利的职能下放至县区级专利行政部门	8.1	0.2	3.4	25.3	44.4	18.5
希望将处理专利侵权的职能下放至县区级专利行政部门	8.1	0.2	3.3	25.1	46.0	17.2

此外，在问及哪项职权缺失导致行政执法效率下降时，44.0％的企业认为，"询问调查侵权情况"的职权缺失，使得专利管理机关执法效率不高；其次是"现场检查涉嫌侵权场所"（39.9％）和"查阅复制侵权有关资料"（38.9％）。解决此类问题恰恰可以成为

提高专利行政保护效率从严推进专利保护的着手点。

2. 小微企业维权状况需受关注

从企业规模来看，在遭遇侵权后，企业规模越小，越倾向于不采取任何措施。其中，超过半数的微型企业不采取任何措施，比例达 55.5％。从"向法院提起诉讼"的比例来看，小微企业较大中型企业有明显差距，相对而言，小微企业"请求行政处理"的比例与大中企业未拉开明显差距。强化专利行政保护更有利于加强小微企业专利保护工作（参见表3）。

表 3   不同规模企业采取的维权措施情况　　　　　　（单位:％）

维权措施	大型企业	中型企业	小型企业	微型企业	总体
请求行政处理	12.7	17.1	14.4	7.0	13.1
向法院提起诉讼	27.7	23.9	14.3	10.7	15.8
既请求过行政机关处理，也向法院提起过诉讼	21.1	14.0	10.2	4.5	10.0
发出要求停止侵权的律师函	26.9	27.3	26.6	22.3	25.8
没有采取任何措施	11.6	17.5	34.4	55.5	35.4
合计	100.0	100.0	100.0	100.0	100.0

3. 严保护应重点关注专利网络侵权

电子商务领域网络侵权行为已经成为"互联网＋"发展道路上的巨大隐患。调查显示，网络侵权涉及的专利申请多为核心专利，同时，有 54.7％的专利权人认为电子商务领域的网络侵权行为严重。

从浙江省的经验来看，政企联合治理网络侵权能够利用大数据等企业资源及时发现侵权现象，弥补政府机构人力资源的不足，具有一定的可行性。应将网络侵权作为全面推进从严保护专利的重点，建立健全相关法律体系，深入研究政企联合治理模式，搭建信息共享平台，开展政企联动作战，共同推进网络侵权治理，保护知识产权。

二、核心专利引领我国专利质量提升，
发挥专利价值需强化全方位意识

调查显示，2017 年我国核心专利在研发投入方面体现了高标准，在运用水平方面体现了高质量，在专利质量提升中发挥了强有力的引领作用。然而，在如何认识核心专利，不同技术领域核心专利分布，核心专利遭遇重复、群体和网络侵权，以及企业核心专利管理机制等方面，还存在不全面、不平衡、不完善的情况。

（一）企业核心专利占比超 5 成

技术创新是增强企业核心竞争力重要路径，核心专利数量则是企业核心竞争力的重要表现。经调查专利权人自身对于核心专利的认识，企业认为其核心专利占所拥有专利的比重达到 52.8%，其中，中型企业、小型企业和微型企业分别达到 52.9%、53.7% 和 53.0%，大型企业为 41.3%，相对较低。

（二）核心专利运用水平较高

1. 核心专利实施率高于全国整体水平

调查显示，核心专利的实施率为 76.0%，显著高于全国专利总体实施率（50.3%）。核心专利的运用能力达到了相对较高的水平。

2. 核心专利自行实施专利收益相对较高

自行实施是专利实施的最主要方式。调查显示（参见图 2），采取自行实施的核心专利收益金额趋向高金额分布，收益在 10 万元以上的核心专利占比与全国专利总体相比更高。自行实施核心专利的收益达到了相对较高的水平，反映了核心专利的高价值特征。

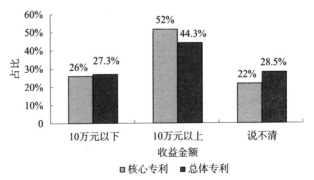

图 2　核心专利自行实施专利收益占比分布及与总体对比情况

（三）专利价值的全面意识有待提高

1. 认为高质量专利取决于市场收益因素的企业仅占 3 成

在高质量专利的认识方面，各大技术领域的企业都集中在"技术水平高，具有开创性意义，处于同行业领先地位"，总体占比达到 91.3%。关于申请文件撰写水平和法律稳定性的认同度占比在 50% 左右，市场收益的认同度仅为 33.1%（参见图 3）。

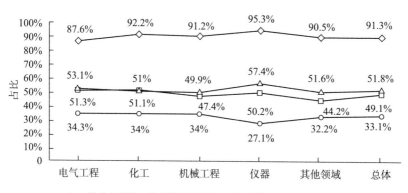

—◇— 技术水平高，具有开创性意义，处于同行业领先地位

—□— 专利申请文件撰写水平较高，能够清晰地描述技术现状与权利要求范围

—△— 具有较强的法律稳定性，被宣告无效的可能性小

—○— 技术水平不一定很高，但能够带来较大的市场收益即可

图 3　拥有核心专利的企业对高质量专利的认识

2. 核心专利分布存在明显技术领域差异

从核心专利的技术领域大类分布来看，机械工程类核心专利数量最多，所占比重达到 34.4%；仪器类产业核心专利数量最少，所占比重为 11.2%。从技术领域小类来看，"电机、电气装置、电能"类核心专利数量最多，占比达 9.7%。上述差异在一定程度上表征了我国相关产业整体竞争力的差异。我国应加快培育能够引领产业发展、有较高市场价值的高质量、高价值专利或者专利组合。

3. 核心专利遭遇重复、群体和网络侵权较多

当前，专利侵权案件重复性、群体性和网络化的特征逐渐显现。调查数据显示，核心专利和上述被侵权专利的重合度可达

85.0％。这一方面体现了核心专利的市场价值，另一方面也反映了我国针对核心专利的保护水平需提升的现实需求。

4. 企业间专利价值认识和管理机制存在明显差异

调查发现，在不同行业领域，由于技术壁垒高低不同、技术更新速度不同，企业对核心专利的认知也不尽相同。部分企业从专利技术先进度、是否容易回避、是否容易识别被侵权等多维度综合认定核心专利；部分企业则是简单认为只要是发明专利、方法专利或者写入标准的专利即为核心专利。相应地，不同程度的认识形成了不同的核心专利内部管理机制，部分企业采用动态、定期调整定级等综合管理机制，部分企业仅采用一次性奖励、延长维持年限等简单做法。企业之间无论在专利价值的认识方面还是在管理机制方面均存在明显差异。

三、战略性新兴产业重视创新研发，企业知识产权战略需继续加强

战略性新兴产业作为经济发展的战略重点，对我国经济有着全局性和战略性的影响。调查显示，拥有有效专利的战略性新兴产业的企业重视研发和专利活动，依靠专利取得竞争优势，专利运用更为高效。在企业知识产权管理方面，战略性新兴产业的重视度也普遍高于其他企业，但是基于我国企业知识产权管理的整体水平，战略性新兴产业企业仍需继续加强企业知识产权战略。

（一）拥有有效专利的战略性新兴产业企业分布情况

拥有有效专利且属于战略性新兴产业的企业，主要分布在高端装备产业、新材料产业、新一代信息技术产业、节能环保产业4类产业中，企业数量合计占总量的比重超过8成。分布在生物产业、新能源产业、新能源汽车产业和数字创意产业4类战略性新兴产业的企业数量合计只占不到2成。

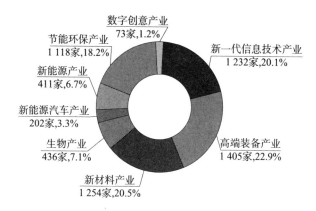

图 4 拥有有效专利的战略性新兴产业企业数量及分布情况

(二) 战略性新兴产业更重视研发与专利活动

1. 战略性新兴产业自主研发能力更为突出

调查显示(参见表4),自主研发是我国拥有有效专利的企业的主要技术来源,其中,战略性新兴产业更为突出,比例超过90%。此外,超过3成的企业认为合作研发也是主要的技术来源。战略性新兴产业技术来源选择模仿、模仿基础上改进、技术购买等的比例均低于非战略性新兴产业。

表 4 战略性新兴产业企业与其他企业技术来源情况 (单位:%)

技术来源	战略性新兴产业	非战略性新兴产业	总体
自主研发	92.8	89.7	91.7
合作研发	36.8	34.9	36.2
模仿基础上改进	12.0	16.9	13.6
技术购买	7.4	8.5	7.8
模仿	1.6	3.3	2.2
公司支持	0.1	0.1	0.1

调查显示,拥有有效专利的战略性新兴产业企业的研发经费投入略高于其他企业(参见表5)。同时,战略性新兴产业企业的研发经费投入强度在3%以上的比例明显高于非战略性新兴产业。其中,

投入强度在10％及以上的战略性新兴产业企业占比为24.1％，较非战略性新兴产业高出9.2个百分点。

表5　战略性新兴产业企业与其他企业研发经费投入情况　　（单位：％）

研发经费投入金额	战略性新兴产业	非战略性新兴产业	总体
10万元以下	19.1	29.0	22.5
10万～100万元（不含100万元）	49.9	45.0	48.2
100万～1 000万元（不含1 000万元）	24.0	16.6	21.5
1000万元及以上	1.9	1.2	1.6
说不清	5.1	8.2	6.2
合计	100.0	100.0	100.0

2. 战略性新兴产业专利活动投入更高

从研发经费投入中用于专利活动支出比例大于10％的企业占比来看，战略性新兴产业达到56.6％，明显高于非战略性新兴产业的46.0％（参见表6）。战略性新兴产业企业在创新活动中对专利活动的投入力度更大。

表6　战略性新兴产业企业与其他企业
研发经费投入用于专利活动的比例　　（单位：％）

占比	战略性新兴产业	非战略性新兴产业	总体
10％以下	43.4	53.9	47.0
10％～20％	21.6	19.3	20.8
20％～50％	21.6	16.0	19.7
50％以上	13.4	10.7	12.4
合计	100.0	100.0	100.0

（三）战略性新兴产业企业更为依靠专利取得竞争优势

1. 战略性新兴产业企业参与市场竞争更加依赖专利

战略性新兴产业企业中有80.9％的企业选择更多依靠专利取得或维持竞争优势，超出非战略性新兴产业企业近10个百分点（参见表7）。其中，更多企业认为"在本行业中，单件产品中所需的专利数量并不算多，但是专利对于产品的市场份额维持极其重要"，体现了战略性新兴产业在重大技术突破和重大发展需求方面，少数的核心技术的高价值专利对于企业发展更具有突出作用。

表 7 战略性新兴产业企业与其他企业对是否
依靠专利取得或维持竞争优势的看法　　　（单位：%）

企业看法	战略性新兴产业	非战略性新兴产业	总体
是，在本行业中，单件产品中所需的专利数量并不算多，但是专利对于产品的市场份额维持极其重要	66.8	61.9	65.1
是，在本行业中，单件产品中所需的专利数量极多，缺乏足够数量专利基本上无法在本行业生存	14.1	10.6	12.9
不是，在本行业中，其他知识产权类型，如商标、版权等才是至为重要的，有无专利无所谓	4.3	6.7	5.1
不是，在本行业中，有无知识产权意义并不大，主要靠其他方面的竞争优势	14.9	20.7	16.9
合计	100.0	100.0	100.0

2. 更多战略性新兴产业企业认为专利能激励企业创新

调查显示（参见表 8），战略性新兴产业企业对专利激励企业创新的看法更为积极正面。其中，更多的战略性新兴产业企业认为加强专利保护更能"激励企业进行创新""提高企业的创新收益""提高模仿者成本"以及"增加模仿者的模仿风险"等。

表 8 战略性新兴产业企业与其他企业
对专利激励企业创新的看法　　　（单位：%）

企业看法	战略性新兴产业	非战略性新兴产业	总体
提高企业的创新收益	69.3	64.7	67.7
激励企业进行创新	70.7	64.6	68.6
提高模仿者成本	25.6	20.6	23.9
增加模仿者的模仿风险	34.1	31.1	33.1
说不清	5.7	10.7	7.4

（四）战略性新兴产业企业专利运用更为高效

1. 战略性新兴产业企业专利运用能力高

战略性新兴产业企业专利实施率、产业化率、许可率、转让率均明显高于非战略性新兴产业企业的相应比率。其中战略性新兴产业企业专利实施率达到 62.1%，高出非战略性新兴产业 8.9 个百分点；产业化率达到 47.3%，高出非战略性新兴产业 8.5 个百分点（参见表9）。

表 9　战略性新兴产业的专利实施、产业化、转让及许可情况 （单位:%）

产业分类	专利实施率	专利产业化率	专利许可率	专利转让率
战略性新兴产业	62.1	47.3	7.4	6.1
非战略性新兴产业	53.2	38.8	6.8	5.0
全国总体	59.2	44.5	7.2	5.7

分八大战略性新兴产业来看，高端装备产业专利实施率和产业化率最高，分别达到 66.8% 和 52.8%；新材料产业的专利许可率最高，为 7.8%；生物产业的专利转让率最高，为 7.1%（参见表10）。

表 10　八大战略性新兴产业的专利实施、
产业化、转让及许可情况　　　　（单位:%）

产业分类	专利实施率	专利产业化率	专利许可率	专利转让率
新一代信息技术产业	61.4	45.8	7.7	6.4
高端装备产业	66.8	52.8	6.9	5.9
新材料产业	63.3	47.4	7.8	6.2
生物产业	60.9	44.9	6.5	7.1
新能源汽车产业	63.4	52.6	7.6	6.0
新能源产业	57.0	40.2	7.0	4.5
节能环保产业	57.7	43.5	7.5	6.0
数字创意产业	42.6	30.9	7.3	6.5
全国总体	59.2	44.5	7.2	5.7

2. 战略性新兴产业企业收益水平高

从对于专利的预期收入来看，战略性新兴产业企业略高于非战略性新兴产业，其中选择 50 万元以上的比例比非战略性新兴产业高出 8 个百分点。分八大战略性新兴产业来看，生物产业预期收入较高，预期收入在 50 万元以上的比例超过 50.0％，数字创意产业预期收入相对较低，50 万元以上的仅有 26.7％。

（五）战略性新兴产业企业需继续加强知识产权战略

1. 战略性新兴产业企业知识产权管理优势不明显

开展知识产权管理是优化企业知识产权资源、促进形成知识产权竞争优势的重要手段。战略性新兴产业企业设立专门知识产权管理机构的占比为 47.0％，高于其他企业的 40.5％。战略性新兴产业企业具有统一知识产权管理规章制度的占比（63.2％）也高于其他企业（54.4％）。但是，整体来看，战略性新兴产业企业在管理机构设置和规章制度制定方面并没有明显优势，并且设立专门知识产权管理机构的比例整体均未超过半数，知识产权管理仍具备很大提升空间。

2. 购买知识产权服务仍集中在代理服务

专业化知识产权服务是促进企业创新的重要因素之一。战略性新兴产业企业购买各类知识产权服务的比例上均高出其他企业，购买不同类型知识产权服务的分布情况和其他企业基本相同，购买最多的代理服务的占比为 68.9％，但法律、培训和商用化服务的购买比例仍处于较低水平（参见图 5）。综合、专业的知识产权服务是提升企业知识产权战略的重要手段，战略性新兴产业企业可通过与专业知识产权服务机构合作，加强企业知识产权战略的提升。

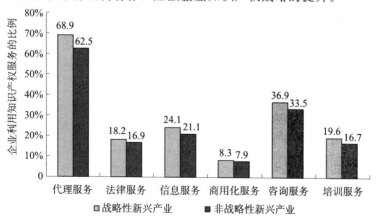

图 5 战略性新兴产业与其他企业利用知识产权服务的比例

四、高校专利创新能力较强，
专利运用水平亟待改革提升

当前，我国高校专利创新产出不断增长，在科技成果转化中对专利的作用也开始逐步重视。高校知识产权管理具备良好基础，但专利实施水平维持低位，缺乏可行体制机制、缺乏技术转移专业队伍成为制约其专利运用的最大障碍。

（一）我国高校专利创造能力强、潜力大

统计数据显示，2016 年全国高校发明专利受理量占三种专利受理量的 55.0%，高于我国国内 36.5% 的平均水平；高校发明专利授权量占三种专利授权量的比重达到 41.6%，远高于我国国内 18.5% 的平均比例。我国高校发明专利受理量、授权量及有效量占国内总量的比重依次为 2.9%、4.3% 和 18.2%。总体来看，我国高校发明专利申请占比相对较高，有效发明专利占总量比重超出申请、授权所占比重，我国高校专利创造和获权能力较强。

调查数据显示，高校科技成果申请专利比例为 22.6%，远低于企业的 62.4%，其中近 5 成高校的科技成果申请专利的比例在 10% 以下；同时，我国高校科技成果转化率仅为 11.4%。在我国高校科技成果转化率较低的现状下，专利作为对接创新与市场的桥梁作用并未得到高校的充分重视，其专利创造和运用的巨大潜力仍有待进一步发挥。

（二）我国高校知识产权管理具备良好基础

调查数据显示，我国高校已经建立了相对较为完善的知识产权管理体系。

1. 高校设立知识产权管理机构比例相对较高

从管理机构设置来看，近 8 成高校已设立知识产权管理机构，其中 28.5% 设立了专职管理机构，50.2% 设立了兼职管理机构。在设有知识产权管理机构的受访高校中，87% 的知识产权管理人员人数为 2 人或以下。

2. 高校普遍设有知识产权经费支持

从经费支持来看，71.5% 的高校有专门经费支持知识产权的申

请、维持和保护（参见图 6）。

图 6　高校是否有专门经费支持知识产权的申请、维持和保护情况

3. 高校权属和利益分配制度基本健全

从权属和利益分配制度来看，74.6％的高校有防止将专利、技术及相关技术资料、信息对外泄露的规定，有 68.3％的高校的职务发明人参与专利权的权益分配，61.7％的高校有签署协议约定在单位学习或工作期间完成的发明归属。

针对以个人名义申请获得财政资助项目成果的知识产权归属，高校主要采取"归申请者所在单位所有"的处理方式，比例为 49.5％。

（三）高校专利运用需加强改革创新

1. 我国高校专利实施水平仍位于低位

调查显示（参见图 7），2016 年我国高校专利实施率仅为 12.7％，明显低于企业的 59.0％，同时，高校专利产业化率、许可率和转让率也大幅低于企业的相应水平。与 2015 年相比，高校专利的实施率和转让率有小幅增长，产业化率和许可率略有下降。

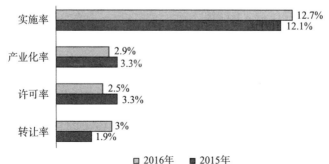

图 7　2015～2016 年高校专利实施率、产业化率、许可率和转让率对比

从高校在专利运用中遇到的问题来看，76.1％的高校存在"具有市场前景的专利处于闲置状态"情形；39.9％的高校发生过"申请专利前以发表论文等形式公开技术成果导致无法获得专利保护"情形；此外，"单位人才对外交流造成专利或有关知识产权流失"和"单位专利被外部公司低价收购"的情形也均超过1成。

2. 缺乏技术转移专业队伍成为专利转移转化最大障碍

数据显示（参见表11），近6成高校认为"缺乏技术转移的专业队伍"是专利转移转化的最大障碍。接近4成的高校认为专利技术水平较低、产业化经费支撑不足是高校专利转移转化的最大障碍。只有10.9％高校认为"缺乏专利收益分配机制"是制约高校专利转移转化的最大障碍，但结合有6成以上高校职务发明人参与利益分配的现状，可见利益分配机制并非制约专利转移转化的最主要因素，专利权混合所有制改革应另有着重。

表11 拥有不同专利数量的高校专利转移转化最大障碍（单位：％）

障碍	1～2件	3～9件	10～29件	30～99件	100件及以上	总体
专利技术水平较低	39.5	40.8	43.9	39.5	37.3	39.9
缺乏技术转移的专业队伍	50.0	55.1	56.1	65.1	68.0	58.0
发明人（教师或员工）缺乏积极性	25.0	16.3	22.0	34.9	28.6	24.9
专利管理人员缺乏积极性	2.6	0.0	2.4	2.3	5.0	2.6
专利技术产业化经费支撑不足	40.8	32.7	48.8	32.6	36.6	38.2
缺乏专利收益分配机制	11.8	14.3	4.9	11.6	9.8	10.9
其他	0.0	2.0	0.0	2.3	0.7	0.9

具体数据显示，有专门经费支持知识产权申请、维持和保护的高校比没有专门经费支持的高校更加认为"缺乏技术转移的专业队伍"是专利转移转化的最大障碍，占比达到63.3％。此外，高校有效专利数量越多，越认可"缺乏技术转移的专业队伍"是专利转移转化的最大障碍。从调研情况来看，较先试水专利权混合所有制改

革的西南交通大学也认为"缺乏技术转移的专业队伍"是专利转移转化的最大障碍。而专利产业化率、专利许可率等数据相对较高的上海交通大学已具有较强的技术转移专业队伍。

3. 专利作价入股比例低,体制机制仍需创新

调查显示,我国高校专利权人最常采用自行实施的方式运用专利(56.5%),其次是转让(47.6%)和许可(42.6%)。目前,高校较少利用专利作价入股,比例仅有 2.5%。

从法律政策角度来看,我国《促进科技成果转化法》的修订已在法律层面解决了关于高校转化成果的自主权等问题,四川、西南交通大学作为地区和高校也分别制定了首次触及科技成果权属和利益分配问题以及其他具体问题的相关政策。但从实地调研来看,高校科技成果转化尤其是作价入股方式的转化仍受到《教育部直属高等学校国有资产管理暂行办法》以及国务院国有资产监督管理委员会和财政部 2016 年 6 月发布的《企业国有资产交易监管管理办法》等具体规定的限制,高校专利权混合所有制改革应更加关注相关行政主管部门的规章制约,进一步简政放权,推进改革创新向纵深发展。

2017 年专利事业发展战略年度推进计划专项督查报告[*]

雷筱云　李　昶　于　光　刘娴娴　刘　杰　耿德强　谷云飞

王　润　陈泽欣　葛凯凯　冯　吉　刘婷婷　刘诗颖

督查是政府完善事中事后监管、提高政策执行力的重要举措。为加快推进知识产权强国建设，推动各地贯彻落实《国务院关于新形势下加快知识产权强国建设的若干意见》的战略部署，确保《2017 年全国专利事业发展战略推进计划》各项重点工作有效、扎实推进，国家知识产权局于 2017 年 7 月印发《关于开展 2017 年专利事业发展战略年度推进计划专项督查的通知》，围绕《2017 年全国专利事业发展战略推进计划》确定的专利制度创新、专利制度运行保障体系建设和专利支撑经济社会发展三大主体任务，重点围绕统筹推进知识产权强省建设、深入实施关于严格专利保护的意见、加快构建知识产权运营服务体系、大力提升专利质量 4 项重点任务，确定了 24 项重点督查指标，部署开展 2017 年专利事业发展战略年度推进计划专项督查工作。

此次督查旨在推动各地的工作机制有效运转和政策措施加快落地，解决影响政策落实的突出问题，及时发现总结基层创新举措和鲜活经验，逐步构建起年初任务部署、年中督导评价与年底绩效考核相衔接的专利事业发展战略协同推进机制，确保全年目标任务顺利完成。

此次督查评价强化问题导向，将 24 项重点督查指标梳理细化为 43 项督查任务，对照上年度专利事业发展战略绩效考核完成情况，采取了定性评价与定量评价相结合的方式对 31 个省份（不含

---

* 本文获第十届全国知识产权优秀调查研究报告暨优秀软课题研究成果评选一等奖。

港澳台地区，下同）的政策落实情况、各项重点工作完成质量进行督查与评价。

一、工作进展

2017 年上半年，专利事业发展战略推进情况良好，43 项督查任务中，10 项任务已基本完成，21 项任务正在全面推进，12 项任务正在逐步铺开，督查任务落实率为 69.47%，31 个省（区、市）各项督查任务开展有力、有序，实现了"时间过半、任务过半"的良好局面。

从各省（区、市）工作的落实情况看，引领型、支撑型试点省份的示范作用明显增强，在全国范围起到了示范带动作用。广东、江苏、上海、四川、福建、重庆、河南 7 个试点省份的督查任务落实率达 70% 以上，高于总体落实情况。

（一）知识产权强省建设工作有序推进

此次督查中，建立强省建设工作推进机制、制定强省建设相关配套和支持政策、推进落实知识产权领域改革等 13 项任务被列为知识产权强省建设工作的重点督查指标。2017 年上半年，督查任务落实率达到 66.8%。从各地方工作推动情况看，广东、江苏、上海、四川等省份工作开展情况较好，落实比较到位，引领示范作用明显。河南、甘肃两省的督查任务落实率为 69.23%，上半年工作推动扎实有效。

自知识产权强省建设工作启动以来，试点省份强化组织实施，加大工作力度，各试点省委、省政府普遍予以重视，全国 18 个省份的省委、省政府召开了 30 次专题会议专题研究知识产权相关工作。在工作机制建立方面，7 成试点省份建立了较为完善的工作推进机制。除湖南、江西两省外，11 个试点省份均印发了强省建设年度工作要点或工作计划。多个未列入试点的省份参照《加快推进知识产权强省建设工作方案（试行）》（国知发管字〔2015〕59 号）的要求积极推动强省建设，浙江、天津、湖北、内蒙古、安徽、海南 6 个省份印发强省建设实施意见。在政策落实程度方面，近 6 成试点省份已于上半年启动实施一批支持项目和配套工程，推动强省建设各项任务落地实施。试点省份对全国专利事业发展战略年度推进计划中涉及专利保护、强省强市强企建设、专利导航、专利运营平台建设等方面的分工任务的落实率达到 89.22％。在体制机制改革方面，15 个省份已在不同层面研究并探索开展区域性知识产权综合管理改革，11 个自由贸易区和 10 个全面创新改革试验区所在省份知识产权管理部门均依照其总体方案有关要求制定并推动落实涉及知识产权的改革任务，7 成试验区所在省份建立了专项工作协调和推进机制。

（二）严格专利保护工作扎实有力

此次督查中，落实严格专利保护意见、制定细化方案及配套政策、组织开展执法专项行动、建立执法协作调度机制等 11 项任务被列为严格专利保护工作的督查重点。2017 年上半年，任务落实率达到 74.22％，是 4 项重点督查任务中落实情况最好的。从各地方工作推进情况看，一、二类省份督查任务落实率的平均值在80％以上，严格专利保护工作有序推进。浙江、广东、四川 3 省严格专利保护相关工作推动有力，执行力强，督查任务落实率均超过 90％。

严格专利保护工作落实到位。各省份积极研究和制定《关于严格专利保护的若干意见》细化方案，7 成省份稳步推进严格专利保护意见的落实。26 个省份印发执法维权专项行动方案，各省份均组织开展了专利行政执法专项行动，专利行政执法办案效率明显提升，督查任务落实率达到 72.9％。2017 年 1～6 月全国专利行政执法办案总量 15 411 件，同比增长 23.3％。其中，专利纠纷办案8 837 件（包括专利侵权纠纷办案 8 666 件），同比增长 26.3％；查处假冒专利案件 6 574 件，同比增长 19.5％。据不完全统计，各省份组织集中检查、整治共计 2 258 次，参与人员 4 380 人，检查商品 110 余万件，立案项目 10 494 件，专利执法力度进一步提升。超半数省份进行了跨区域协作执法，案件移交数量超过 5 500 件。维权援助工作推进情况良好，2017 年上半年，各快速维权中心协助执法办案量达 2 076 件。专利行政执法办案条件明显改善，29 个省份建立了案件口审室，30 个省份为执法人员配备了必要执法装备和便携式设备，便携式装备占比达 55％以上。

（三）知识产权运营服务体系稳步推进

此次督查中，高效运用重点产业知识产权运营基金、建立运营基金试点工作统筹协调机制、推广实施专利导航项目、完善知识产权质押融资工作机制等 14 项任务被列为知识产权运营服务工作的督查重点。2017 年上半年，督查任务落实率达到 63.84％。从各地方工作推进情况看，运营服务试点所在省份工作落实率约为非试点省份的 2 倍，试点示范效应较为明显。广东省开展知识产权运营服务各项工作落实情况及质量相对较好，知识产权运营服务工作的督查任务落实率达 92.85％。

知识产权运营基金工作初见成效。2017 年上半年，全国 22 个省份深入推进了国家知识产权运营服务试点工作建设，对试点运营机构的投入运营等建设工作予以指导和支持。目前 14 个省份设立重点产业知识产权运营基金 20 支，建设规模达 50.2 亿元。其中，截至 2017 年上半年，中央、地方各级财政实际投入约 19.7 亿元，吸引社会资本逾 44 亿元。运营机构 66 家，运营机构服务人员 4 842 人，上半年经营业绩总计 88 亿元。专利导航项目工作开展有序。上半年，全国 13 个省份已经推动开展产业规划类专利导航项目 48 个、企业运营类专利导航项目 35 个。专利导航实验区发展情况向好，根据 17 个专利导航实验区报送的产值数据，广东佛山国家专利导航产业（机械装备制造）发展实验区、北京中关村科技园区等 11 个专利导航产业实验区 2016 年产值增速均在 10％以上，高于全国平均水平，❶ 专利导航促进产业发展作用逐步显现。专利质押融资工作稳步推进，26 个省份出台政策措施，加强绩效考核，创新知识产权质押融资模式，不断完善知识产权质押融资工作推进机

---

❶ 根据 2016 年 12 月 8 日同济大学发布的《2016 中国产业园区持续发展蓝皮书》，2015 年国家经开区和高新区这两大类园区的 GDP 较 2014 年增加 4.2％，两类国家级园区经济增速明显放缓。

制。2017年上半年，全国新开展质押融资的县区达到116个，全国新增专利质押贷款金额突破318亿元，同比增长92%，惠及1365家企业。广东、四川等11个省份已设立风险补偿基金，基金数额逾16亿元。

（四）专利质量提升工作导向形成

此次督查中，调整和优化专利资助政策、建立各级专利资助和奖励政策工作台账、培育高价值核心专利、加强代理行业监管5项任务被列为专利质量提升工作的督查重点。2017年上半年，任务落实率达到63.87%。其中，一类省份整体工作落实情况较好，督查任务落实率均在75%以上。

2017年上半年，各地方扎实部署和推进各级专利奖助政策向质量导向转变。在资助政策调整优化方面，各地统筹推进质量导向政策修订工作情况平稳，26个省份的124个地市已经完成专利申请资助政策调整工作，54个地市正在调整政策过程中。超8成省份建立了省市地政策资金工作台账，逾6成的地方符合"授权在先、部分资助"的工作要求，北京、上海、四川等6个省份通过印发和调整政策的方式，明确将进入国家阶段作为PCT申请资助的重要依据。5个省份开展了高价值核心专利培育相关工作。16个省份开展专利代理行业专项整治工作。

二、主要做法

（一）知识产权强省建设工作推进机制逐步构成，政策措施落地有序

强省建设试点近一年来，各试点地方加快研究，主动探索，强省建设工作已全面启动，提出了一系列的工作举措，在部分领域和环节取得了一些相对成熟的经验，知识产权在支撑产业经济发展等方面的作用明显增强。

一是地方加大统筹认识，强省工作推进机制基本形成，配套措施加速落地。13个试点省份全部落实实施意见。试点省份领导对知识产权工作作出了40次批示，对发挥知识产权在经济工作中的

重要性更加重视。在组织保障方面，13 个试点省份均以工作领导小组、联席会议制度等形式建立了跨部门合作协调机制，其中，河南、安徽等地以省政府分管领导担任联席会议召集人进行强省各项工作推进和部署。在政策落实方面，各试点省份通过专题研究，细化出了工作措施方案。其中，9 个试点省份已印发实施方案，进一步以印发工作计划及年度工作要点的方式明确时间表和路线图。在配套措施方面，各试点省份积极研究制定各类政策措施，增强配套政策的纵向系统性和横向协调性。江苏、福建等 6 个试点省份先后出台 17 项专门配套政策。在非试点省份推进强省建设方面，浙江、天津等 6 个省份通过专题研究，制定出台了实施方案及工作计划。

二是重大政策、重大项目和工程建设扎实推进，支撑经济创新发展的作用更加显现。13 个试点省份紧扣强省建设相关要求，立足地方发展需求，在产业促进、人才培养、转化运用等领域形成了一系列知识产权重大政策、重大项目和重大工程。在产业促进方面，广东、江西、浙江、天津等地出台相关政策，支持当地重点产业转型发展；广东、江西等省份印发出台知识产权促进产业发展相关政策，推动重点产业健康良性发展，助力新兴产业研发水平的提升。在转化运用方面，江苏省成立规模 10 亿元的江苏聿泉知识产权服务基金以拓宽融资渠道，释放市场活力；浙江省出台专利密集型产业发展目录，探索建立知识产权交易指数发布制度，加快促进产业培育。在人才培养方面，吉林省安排 300 万元专项资金用以推进中小学知识产权教育试点学校建设；河南省举办知识产权战略研究班、中小学知识产权创意大赛等活动，多层次强化知识产权人才培养。

三是深化知识产权领域改革，着力破除制约创新发展的体制机制障碍，形成了一批支持创新的重大改革举措。6 成省份在综合管理改革、"放管服"改革、军民融合等重点领域进行了有益探索与尝试。在知识产权综合管理改革方面，有 13 个省份对知识产权行政管理改革进行了有益尝试。其中，四川在区县层面（成都郫都区）、广东在园区层面（中新知识产权城）率先实现知识产权综合管理改革落地。在"放管服"改革方面，四川在 20 家国有高校院所试点推进职务发明知识产权归属和利益分享制度改革。四川、重庆等地启动先照后证改革，放宽专利代理行业市场准入条件。在知识产权军民融合方面，陕西、广东、福建等地在知识产权军民融合创新领域取得了新进展。陕西省积极推动国家军民融合知识产权运营工作，国家知识产权运营军民融合（西安）特色试点平台大数据中心上线运行。

四是促进大众创业、万众创新，加大对于"双创"基地和中小微创新型企业的帮扶力度。过半数省份积极对接当地"双创"平台资源，促进创新协同保护体系的形成。在政策扶持方面，上海市知识产权局开展知识产权服务双创基地建设试点工作，对"双创"小微企业予以重点支持。在环境营造方面，江西省加快省级知识产权（专利）孵化中心建设工作，陕西西安高新区创业园瞪羚谷创业社区设立知识产权维权援助工作站。在配套服务方面，浙江省、安徽省推行了知识产权服务券模式，探索将专利分析评估、专利质押、专利保险纳入创新券支持范围。在培训宣传方面，陕西省组织开展高校知识产权志愿者活动和宣传活动，培养大学生"尊重知识，崇尚创新，诚信守法"的知识产权保护理念。

（二）深入实施关于严格专利保护的意见

一是地方认真落实严格专利保护意见，专利行政执法体系持续完善。在政策细化落实方面，26个省份贯彻落实了《关于严格专利保护的若干意见》，研究并制定细化方案，四川、天津等15个省份已制定并印发了细化方案。在政策措施配套方面，16个省份出台了地方政策措施，包含行政管理机制、行政处罚标准、专利信用公开体系、电子商务保护规则等多方面内容。浙江出台了全国第一个电子商务领域专利保护意见，广东、青海、甘肃等6个省份通过健全执法管理、考核等措施带动建立规范化执法体系。

二是专利行政执法办案力度持续提升，跨区域专利执法机制探索推进有力。在执法办案工作方面，各省份在2017年上半年积极组织开展集中检查、整治，并对电子商务、大型展会等重点领域进行了专项执法，持续保持了打击专利侵权假冒行为的高压态势。执法办案条件逐步改善。各地通过补充和完善执法设备、设立口审室等措施，改善专利执法条件。案件口审室、执法装备和便携式设备配置已基本全面覆盖，便携式装备可占到装备配置总量的 55％以上。在执法保护协作机制方面，加强跨区域联合执法，京津冀 3 省市区域执法协作、"丝绸之路"经济带 9 省区市执法协作、北京等10 省市执法协作、沿长江经济带 11 省市执法协作、西部 12 省区市多边执法协作等跨区域执法协作调度机制初步形成，进一步提升了跨地区执法协作水平；加强跨部门业务对接，天津、江苏、浙江等省份推动建立跨部门协作机制，建立健全信息共享、纠纷处理等对接渠道。

三是知识产权协同保护工作加快推进，知识产权维权援助机制不断完善。知识产权协同保护工作有序，知识产权维权援助与快速维权工作进一步深化，快速维权及维权援助机制持续强化，专利保护公益服务的渠道不断拓宽，为当地优势产业提质增效提供了有力支撑。在快速协同保护方面，各快维中心积极开展快速授权和快速维权工作。2017 年上半年，分布于 11 个省份的各快速维权中心的协助执法办案量为 2 076 件。各地积极申建知识产权保护中心。广东、四川、浦东、佛山、烟台、长沙、常州等地的知识产权保护中心建设工作有序推进。在维权援助服务方面，积极构建多网点、多层次的维权援助服务体系。结合重大产业需求，积极在产业园区、创业孵化器、高校院所、大型商业区等建立分中心和工作站。完善维权援助举报投诉工作责任制和奖励制度。在知识产权信用体系方面，浙江、广东等地依据地方法规授权，大力推进重复专利侵权等信用信息采集工作，探索建立跨部门信用信息共享机制。重庆、浙江等省份运用大数据主动发现可能侵犯专利权的信息和线索。

（三）知识产权运营服务体系建设取得重大进展

总体来看，知识产权运营工作成效显著，全国已初步构建了平台、机构、资本、产业四位一体的知识产权运营服务体系，知识产权运营业态正在逐步发展。

一是知识产权运营机构规模逐年提升。四川依托省内 7 家国家知识产权运营试点单位，推进重点产业知识产权运营基金和风险补偿基金发展；山东重点面向高校院所推动高价值专利转移转化。

二是重点产业知识产权运营基金运作初具规模。北京、四川两地投出 3 个项目，投出金额 3 500 万元。在机制建设方面，12 个省份出台或正在制订实施方案。广东建立工作季度报送制度，跟踪各运营基金运行进展；福建、河南两地实施基金理事会制度，规范基金的协调运作机制；上海、重庆等 5 个省份建立多部门议事协商机制。在配套保障方面，6 个省份正在制订或已出台配套政策。其中，福建省出台《厦门"一带一路"知识产权运营引导资金管理暂行办法》，对引导资金的管理、运作、退出等事项作出了相应规定。

三是专利导航项目推广实施全面铺开。自 2013 年启动专利导航试点工程以来，我国已经培育国家专利运营试点企业 115 家，专利导航产业发展工作机制已基本形成，产业核心竞争力明显提升，实验区产业规模和集聚效应不断扩大。在完善专利导航创新发展工作机制方面，山东省大力开展专利微导航，试点建设知识产权密集型产业集聚区和产品示范基地。海南省积极搭建产业专利导航服务平台，主动整合省内重点产业领域的企业、服务机构、知识产权联盟、知识产权协会等各方资源。在专利导航促进产业规模提升方面，从产值规模看，广东省佛山市建设的国家专利导航产业（机械装备制造）发展实验区，选定产业领域 2016 年度销售收入达 6 629亿元，同比增加 11.7%。从增长速度看，山东省专利导航实验区发展速度呈明显增长态势，潍坊高新区 2016 年工业总产值达到 73.9亿元，2017 年上半年已达 76.37 亿元。在产业联盟方面，引导重点企业牵头推动联盟建设，江苏省引导昆山、南通等地行业龙头企业组建了光电产业知识产权联盟、海洋工程装备和高技术船舶产业知识产权联盟。运用专利导航成果推动联盟建设，广东省依托专利导航成果，成立了东莞市工业机器人产业专利联盟等一批产业知识产权联盟。

四是知识产权质押融资规模再创新高，质押融资＋政府风险补偿的融资机制业已形成；贷款＋保险＋财政风险补偿的专利质押融资模式被国务院明确为推广支持创新改革的举措之一。26 个省份能够结合地方实际，深化和拓展知识产权质押融资工作，加快培育和规范专利保险市场，各地纷纷推出具有本地特色的知识产权金融产品，北京"智融宝"、江苏"苏科贷"、四川"天府知来贷"等知识产权金融产品逐步获得资本市场认可。在完善知识产权质押融资工作机制方面，建立健全项目跟踪服务机制。广东、重庆、陕西等省份逐步构成项目考察、储备、遴选、评定的工作闭环，有力促进了重点产业的技术储备和运用。加强财政资金引导。各地方深入推进设立知识产权质押融资风险补偿基金工作，截至 2017 年上半年，已有 12 个省份设置风险补偿基金 40 支，基金总规模达 16 亿元。在构建知识产权质押融资政策体系方面，强化政策供给。各地纷纷出台支持知识产权质押融资扶持政策，2017 年上半年，17 个省份出台或修订了知识产权质押融资相关政策。深化便民服务，目前共有 32 个省会及中心城市专利代办处全部开设专利质押登记服务窗口，免费提供登记服务，并在 41 个知识产权示范城市开展专利质押登记咨询服务，方便专利权人就近、及时办理。在创新知识产权融资市场机制方面，完善政策引导机制。知识产权质押融资试点示范工作全面开展，各地因地制宜出台贷款贴息、风险补偿、担保资助、专项奖励和中介费用补贴等政策措施。创新保险"助融"机制。广东在全国率先以保险撬动贷款的模式推进专利质押融资，已在中山市等多地落地运营，初步实现贷款门槛和融资成本双降。探索风险分担机制。浙江温州构建"银行＋企业＋评估＋担保＋政府"的模式，杭州建立"联合天使担保"模式，为符合条件的科技型初创企业提供贷款。

（四）各地完善专利资助政策，加强市场监管，专利质量提升工程实施初见成效

一是专利质量提升政策导向更加凸显。专利质量提升工程实施以来，各地加快对本地专利资助奖励政策的修订工作。截至 2017 年上半年，80％的省份修订并指导下辖市调整了资助政策的申请条件。在政策制定方面，上海市于 2017 年 6 月修订发布了《上海市专利资助办法》，坚持贯彻"授权在先，部分资助"。安徽省制定出

台了《专利质量评价规范》地方标准。在措施落实方面，内蒙古、辽宁等地开发了专利资助"查重"系统，杜绝"重复资助"。此外，北京、上海等6个省份通过印发和调整政策，明确将进入国家阶段作为PCT申请资助的重要依据。

二是高价值专利（池）培育稳步拓展。各地通过建设培育示范中心、高价值专利培育示范企业，建设高校高价值专利培育体系等措施，积极培育高价值核心专利。江苏省积极实施高价值专利培育示范中心建设工作，累计联合组建27家省级高价值专利培育中心，全省各级高价值专利培育示范中心总数达到53家。浙江省、四川省推进知识产权密集型产业发展，编制并发布重点产业专利分布情况、高价值专利目录、专利密集型产业统计报告。

三是加强专利代理机构监管。在落实专利代理行业监管责任方面，内蒙古、黑龙江、上海等地组织开展了"专利代理专项整治活动"，针对专利代理资格证书挂证、虚假宣传等行为开展集中治理，进一步规范专利代理市场。在规范专利代理行业措施方面，甘肃省制定了《关于集中治理专利代理资格证书挂靠行为的工作方案》。湖南省制定了《专利代理行业事中事后监管检查工作方案》。

三、存在问题

（一）资源投入不够，统筹能力有待提高

一是统筹协调力度不够。各试点省份落实实施意见要求，设立了专项领导小组推进机制，但在落实督导、统计渠道、资源保障等方面未给予足够的支撑，有碍于工作推进。

二是体制改革推进不力。部分地方在区县层面开展综合管理改革，但改革层级不高，跟进地方较少，示范效应有限。各试点省份在强省建设总体方案中均对知识产权管理体制改革作出部署，但工作进展迟缓。

三是资源整合能力不强。囿于知识产权系统机构建制不一致、隶属关系复杂等历史原因，容易造成沟通机制建而不畅、部门间的联动效率不高，强省建设资源投入仍显不足，组织实施保障需要进

一步加强。

（二）执法力量不强，机制建设有待加强

一是地方执法力量需进一步加强。各地政府对专利行政执法保护认知与举措不到位，多个地方普遍存在人员经费保障不足、执法硬件条件差、执法队伍人员不稳定等问题。

二是跨区域协作调度机制有待完善。各省份对案件立案标准存在差异，立案标准有待进一步细化和统一，当事人由于递交的案件信息不规范、不齐全造成的多次提交材料问题依然存在。

三是维权援助举报投诉奖惩机制有待改善。实名举报少，群众举报投诉的积极性不够高；部分地方存在领奖人高度集中的情况，打假信息来源不畅通，职业打假人的现象屡见不止。

（三）市场效益不明显，体系建设须加快推进

一是知识产权运营服务规模小，业务类型单一，且尚未形成行业服务标准（规范），行业处于发展初期阶段。部分地方运营机构规模偏小，服务能力有待加强。运营项目主要针对专利权和技术秘密等进行交易，较少涉及其他知识产权类型。

二是知识产权运营基金投资运营进度缓慢，投出效率低，成熟的运营模式尚需摸索。知识产权运营基金项目筛选、投资洽谈等沟通时间较长，项目协调跟踪机制尚未理顺，投出效率不高。吸引社会资本投入知识产权运营基金有困难。

三是配套措施不完善，相关部门支持力度不够，知识产权运营业务与金融创新密切相关，需要财政、金融等部门鼎力支持，部分地方由于尚未得到金融主管部门批复，难以推进工作。部分地方专利保险试点工作仍处于数据积累阶段，且难以推进。

（四）专利质量问题突出，政策措施须多管齐下

一是专利数量区域差异仍存在不平衡现象。亟待研究和探索均衡专利质量与数量政策导向的精细化管理模式。一些地方专利申请工作仍然存在"重数量、轻质量"的倾向。专利申请质量与区域经济发展水平、产业发展需求和科技创新能力不匹配。

二是提升专利质量的政策措施不够系统。以调整奖助政策、提高申领条件的方式引导专利质量提升的效果尚待检验。目前各省份普遍缺乏知识产权运用环节对专利质量的评价反馈机制。以政府主导、科研院所主要参与的高价值专利培育项目产业化效果不明显。

三是专利代理行业的市场监管不到位。代理机构"挂证"行为仍然存在，无证代理、无资质机构推波助澜，恶意抄袭、编造专利申请套取财政资助资金等违法违规行为时有发生。各省份对专利代理行业缺乏有力的市场监管手段，工作主动性不强。

四、下一步措施建议

（一）加强机制设计，继续采用战略推进模式

引领型试点省份和一类省份应充分发挥引领示范作用，全面深化知识产权管理体制机制改革，培育发展知识产权密集型产业，营造更好的市场营商环境，尽快形成一批可复制、可推广的经验。支撑型试点省份和二类省份应加快政策措施落地，在知识产权重点环节上的改革率先取得突破，促进地方产业转型升级。特色型试点省份和三类省份应注重加强知识产权市场的培育与引导，强化知识产权基础能力建设，营造激发创新活力的知识产权环境。

（二）突出工作重点，强化知识产权保护工作

引领型试点省份和一类省份要将严格知识产权保护作为强省建设的核心任务，结合"互联网＋"、电子商务、大数据等特色优势产业发展需求，加强新业态、新领域创新成果的专利保护与运用，加强信息公开与社会信用体系建设。支撑型试点省份和二类省份应在严格保护等方面积极制定政策扶持文件。增强与其他部门的工作联动性，促进各项配套政策落地实施，切实强化电子商务、民生以及海外展会、进出口等重点领域关键环节的保护。特色型试点省份和三类省份应落实分类综合执法改革要求，加大对知识产权领域执法人员、资金、政策等的投入力度，营造良好知识产权保护氛围。

（三）创新工作模式，推进知识产权运营

引领型试点省份和一类省份要研究培育专利密集型产业，引导和鼓励搭建区域性知识产权交易平台和产业运营基金，共建一批高

价值专利培育中心，完善知识产权质押物价值动态评估机制，为资本市场提供实时、有效、可信的知识产权评价信息。支撑型试点省份和二类省份应建立专利导航产业发展工作机制，积极培育知识产权运营服务机构，制定知识产权运营等服务行业规范标准（指南），加强产业知识产权联盟建设，扩大知识产权质押融资规模。特色型试点省份和三类省份应实施一批产业类和企业类专利导航项目，采取有效措施提升专利质量，提升创新主体发明创造与专利申请水平，加强知识产权标准化管理，建立健全创新创业服务工作机制。

（四）强化责任担当，深化知识产权领域改革

引领型试点省份和一类省份应力争在省级层面试行知识产权综合管理改革试点，全面整合知识产权行政资源，在经济社会发展中发挥更大的作用。支撑型试点省份和二类省份要在有条件的地区推动知识产权综合管理改革试点，加快推进知识产权"放管服"改革，更好地支撑地方创新发展。特色型试点省份和三类省份要加强部门联动，加大人、财、物的投入和保障，做好知识产权领域的资源分析与配置，建立便民利民的知识产权公共服务体系，营造良好的发展环境。

四川省深化高校院所职务发明知识产权归属和利益分享制度改革对策研究[*]

谢商华　陈　泉　杨早林　李　杰　王健民　王　江

党的十九大报告强调，创新是引领发展的第一动力，是建设现代化经济体系的战略支撑。保护知识产权就是保护创新，运用知识产权就是激励创新。深化职务发明知识产权归属和利益分享制度改革，推动形成以产权制度改革为核心的制度创新，从源头上破解制约创新驱动发展的关键症结，对于最大限度激发科研人员这个"关键因素"创新创业的主动性、积极性、创造性，具有重要意义。

一、四川高校院所职务发明知识产权归属和利益分享制度改革试点现状分析

2016年1月，西南交通大学出台了"西南交大九条"，率先在全国开启了"职务发明知识产权归属和利益分享制度改革"试验。为深入实施创新驱动发展战略，四川省科技厅、省知识产权局在总结西南交大试点做法基础上，出台了《四川省职务科技成果权属混合所有制改革试点实施方案》《关于支持我省高校院所职务发明知识产权归属和利益分享制度改革试点的十五条措施》，在全省选择20家国有高校院所，围绕"破解职务发明知识产权所有权归属、促进创新成果转化为现实生产力、调动科研人员创新创业积极性、探索可复制推广经验做法"四方面重点推进改革试点，积极探索产权制度改革，最大限度激发创新创业活力，取得阶段性成效。

（一）围绕破解职务发明知识产权所有权归属这个"核心问题"，推动了一批职务发明知识产权共享确权

支持国有高校院所开展职务发明知识产权所有权改革，明确

---

* 本文获第十届全国知识产权优秀调查研究报告暨优秀软课题研究成果评选一等奖。

"除涉及国家安全和国家秘密外，支持国有高校院所与发明人之间通过协议约定方式共享职务发明知识产权，发明人可享有不低于70％的知识产权，发明人为团队的，其内部分配比例由团队内部协商确定；对既有职务发明知识产权通过权利人变更、对新的职务发明通过共同申请知识产权，明确国有高校院所与发明人共享职务发明知识产权"。职务发明知识产权所有权改革实现了由"国有高校院所单独所有"转变为"国有高校院所、职务发明人共同所有"，由"先转化转移，后确权"转变为"先共享确权，后转化转移"，给予职务发明人明确的知识产权预期，有效激励职务发明人从立项到科研全过程重视职务发明知识产权转化转移价值。改革试点以来，20家试点单位实现职务发明知识产权共享确权400余项，转化转移知识产权600余项。比如，西南交通大学完成180项专利共享确权（占学校专利总数的12％），四川大学完成30多项专利共享确权，成都理工大学共享确权专利13项，攀枝花学院共享确权专利60项。

（二）围绕促进职务发明知识产权转化为现实生产力这个"最终目标"，促进了一批职务发明知识产权转化转移

支持国有高校院所开展职务发明知识产权处分权改革，促进科研成果产业化，明确"国有高校院所自主决定职务发明知识产权以转让、许可或者作价投资、入股等方式向企业或者其他组织转移转化，除涉及国家安全、国家秘密外，不需审批或备案；支持国有高校院所职务发明知识产权在转让、许可或者作价投资等过程中，通过协议定价、挂牌交易、拍卖等方式确定价格"。改革试点以来，一批职务发明知识产权成功实现了转化转移和产业化。比如，西南交通大学通过专利分割确权成立20多家高科技创业公司，知识产权评估作价超过13亿元，带动社会投资8亿元，特别是"磁悬浮二代"工程样车与中车集团大连机车股份有限公司联合设计，形成40余件专利组合，在不到一年时间内完成设计、制造、调试、下线；李群湛教授团队成功研制电气化铁路"同相供电装置"，形成30余件专利包，签约1亿元在成渝复线高速铁路中推广应用。又如，四川大学通过专利共享确权创办科技企业20多家，其中魏于全院士领衔的四川大学生物治疗国家重点实验室研发团队抗肿瘤药物、基因治疗技术等7项专利作价

3.6 亿元入股，吸引 7 家公司投资 8 亿元进行产业化开发，预计研发新药品种超过 50 个，后期投资超过 100 亿元。再如，成都理工大学裴向军教授的黏度时变岩土体加固材料与工艺技术的核心专利获 2013 年中国专利金奖，通过专利共享确权成立注册资本为 1 亿元的公司，预计 5 年内应用工程 100 余项，新增产值 50 亿元。

（三）围绕激发创新主体活力这个"关键因素"，调动了一批科研人员创新创业的积极性

支持国有高校院所开展职务发明知识产权收益权改革和建立有关评价机制，明确"国有高校院所职务发明知识产权转化转移所获得的收益，全部留归单位，纳入单位预算，实行统一管理，不再上缴国库；职务发明知识产权转移转化收益应首先按不低于 70% 的比例，用于对职务发明知识产权完成人和为知识产权转化转移做出贡献的人员进行奖励；国有高校院所应在评定职称、晋职晋级时，同等条件下优先考虑参与职务发明知识产权创造、转移转化的科研人员；高校院所获得国内外授权发明专利的发明人可凭专利证书作为科研成果纳入科研绩效考核和职称晋升依据之一；高校院所职务发明获得中国专利金奖、中国专利优秀奖和四川专利奖，可作为发明人破格申报相关专业技术职称的依据之一"，最大限度地调动科研人员运用知识产权创新创业的积极性。改革试点以来，科研人员创新创业积极性日益高涨。西南交通大学校长徐飞说："改革试点以来，科研人员核心技术研发不再是奔着发论文、评职称、报奖等短期利益，职务发明知识产权不仅是学校的也是自己的，极大地激发科研人员放开手脚进行二次创新。"四川大学副校长许唯临表示："改革前是校长想方设法推动教授转移转化学校的科技成果，改革后是教授想尽千方百计促进学校和个人共有的科技成果加速转化转移。"成都理工大学党委副书记黄涛表示："改革试点充分调动了科研人员积极性，加速实现高等学校创新资源、创新人才、创新成果优势向社会溢出，促进全社会创新力和区域竞争力的提升。"调研反映，试点国有高校院所很多科研人员重新审视自己研发项目的市场价值，以市场需求为导向来确定研发项目，也更加注重创新成果

的知识产权保护，专利申请量质大幅增长，有利于形成产学研用协同创新机制。部分试点高校的大学科技园收到的以科研人员为主导的初创公司入园申请大幅增加。

（四）围绕探索可复制推广改革举措这个"重要使命"，形成了一批典型经验做法

坚持边试点边总结，注重总结提炼职务发明知识产权归属和利益分享制度改革试点的好经验好做法，力争上升为可向全省、全国复制推广的经验做法。改革试点以来，各试点单位积极探索，不断总结，形成一些各具特色的经验做法。比如，西南交通大学通过改革试点形成了"先共享确权，后转化转移"的"西南交大九条"共享确权模式和技术经理人促进职务发明知识产权成功产业化的有益尝试；四川大学提出了"科学确权，早期分割，权益共享，责任共担"的改革举措，形成了科学的精准分割、规范的确权流程、严格的会议评定和透明的结果公示；四川农业大学新组建了 10 个专业研究所，采取固定编制、流动编制与聘任科研（财务）助理相结合等办法，让教师有更多的精力从事科学研究与成果转化工作。目前，职务发明知识产权权益分配改革作为四川全面创新改革试验的亮点，成为省政府首批推广支持的改革举措，并初步纳入国务院第二批推广支持的改革举措。同时，浙江、上海、陕西等地先后学习借鉴四川省职务发明知识产权权益分配改革成果，积极推进职务发明知识产权转化转移。中央电视台《新闻联播》先后两次头条播报，《经济半小时》给予深度报道，《光明日报》《经济日报》《科技日报》等媒体相继报道，全国人大，全国政协，中财办，多家中央部委、高校院所等单位先后赴四川调研考察。

二、四川推进高校院所职务发明知识产权归属和利益分享制度改革的主要问题分析

（一）缺乏有效的容错纠错机制，改革推进者和参与者顾虑重重，存在相互观望的情况

目前，对改革的容错纠错机制尚未真正落实。虽然中央《关于

在部分区域系统推进全面创新改革试验的总体方案》明确"支持和允许改革试验过程中试错、容错和纠错"，但由于相关部门未出台具体的试错、容错、纠错机制和办法，客观上容错纠错机制未能落地落实。一方面，作为改革推进者，由于没有有效的容错纠错机制，担心因决策失误或非主观故意原因造成风险，相关部门不能给予其免责，没有为其卸下包袱，因此推进改革的力度不大，担当不够。调研中不少试点单位负责人表示高校院所的有关管理部门没有为改革者站台撑腰，替担当者担当，普遍担心"秋后算账""不改革会被批评，改革可能担刑责"。另一方面，作为职务发明完成人，怕事后清算或被举报。比如，某位教授发明了一项专利技术，与有关部门成功签署金额 500 万元的专利许可合同，刚开始实施就被举报，该教授坦言"早知道这样，宁愿不搞专利技术转化，也不想被别人误会和举报"。

（二）多方协同推进改革机制尚需完善，改革合力尚未形成，试点单位瞻前顾后，左顾右盼

职务发明知识产权归属和利益分享制度改革，纵向上需要中央授权支持，省、区、市实施，高校院所作为主体，形成纵向联动的推进格局；横向上需要监察、组织、财政、科技、国资、人社、教育等相关部门的共同参与，形成横向协作的支持局面。一是纵向上四川省获得国务院授权在职务发明知识产权归属及利益分享制度改革方面先行先试，但在改革过程中遇到了一些政策障碍，为此专门向相关部委沟通汇报，但有关部委态度不一，说法不一，有的支持，有的观望，有的反对，对四川省推进职务发明知识产权归属和利益分享制度改革中缺乏明确有力的支持和指导。二是横向上四川省职务发明知识产权归属及利益分享制度改革试点工作目前主要由省科技厅、省知识产权局两家单位共同发文，联合推进，监察、组织、财政、国资、教育、人社等高校院所的有关主管部门尚未参与，对该项改革试点工作亦未作明确表态，更没有提出具体支持意见，有的试点单位左顾右盼，顾虑重重，不能放开手脚开展改革，极大地影响了改革工作推进。三是改革经验的提炼总结、复制推广

不够。一方面，省全创办、省科技厅、省知识产权局、成都市、郫都区、西南交通大学等相关部门和单位分别就四川省职务发明知识产权归属及利益分享制度改革试点经验进行总结，但不够全面，不够深入。另一方面，四川省还没有专门研究制定多部门协同复制推广职务发明知识产权归属及利益分享制度改革试点经验的具体措施，改革经验在省内尚未有效复制推广，但为上海、浙江、陕西等省份广泛借鉴，存在"墙内开花墙外香"的情况。

（三）推进改革的激励机制尚未建立，"一把手""操盘手"获得感不强，改革推进的动力不足

当前，推进职务发明知识产权归属和利益分享制度改革尚缺乏有效的激励机制，特别是按照现行有关规定，改革推进者特别是国有高校和科研院所的"一把手"不能同等享受改革应有的实质性红利。一是从试点单位"一把手"看，作为改革的决策者和负责人，承担的风险最大，如果不是职务发明知识产权的主要完成人，不能享受到改革的任何红利；即使是职务发明知识产权主要完成人，因受教育部、科技部《关于加强高等学校科技成果转移转化工作的若干意见》关于"担任高校正职领导以及高校所属具有独立法人资格单位的正职领导，是科技成果的主要完成人或者为成果转化转移作出重要贡献的，可以按照学校制定的成果转移转化奖励和收益分配办法给予现金奖励，原则上不得给予股权激励"规定限制，不能享受股权激励这一主要激励方式，极大地影响了其推进改革的积极性。二是从改革的具体操盘手看，目前普遍存在对科技、知识产权部门和高校院所改革推进部门的具体操盘手重任务安排、轻激励鼓励，更多时候是通过下任务的方式安排部署工作，缺乏有效的激励机制，具体操盘手"干与不干一个样""干多干少一个样""干好干差一个样"，既缺少精神鼓励，又无物质奖励。

（四）现行政策法规对改革的支撑不够，相关法律法规不配套甚至存在冲突，高校院所"三权"实施说法不一，阻碍重重

从国家层面看，法律制度上存在障碍。《专利法》第 6 条和

《促进科技成果转化法》第 19 条对职务发明知识产权归属和利益分享改革构成制度障碍。同时，有关法律法规不配套甚至存在冲突。一是对《专利法》第 6 条的诠释意见存在分歧。《专利法》第 6 条共有 3 款，按照第 3 款的理解，职务发明知识产权所有权可以由单位和发明人共同所有即混合所有。但按照第 1 款的理解，职务发明知识产权所有权由单位所有。第 3 款与第 1 款之间的关系究竟是平等关系还是包含关系，不同的部门、法学研究者和律师、法官等理解是不同的，甚至是完全相反的。二是国有高校拥有的职务发明知识产权所有权不完整。由于国有高校属于事业单位，《科学技术进步法》规定了国有高校职务发明知识产权所有权的国有性质，因此，国有高校职务发明知识产权处置仍然受到国有资产处置规定的一些限制。同时，《促进科技成果转化法》在职务发明知识产权的所有权、处置权、收益权方面"不变更职务科技成果权属的前提"的规定，没有触及最根本的所有权。这使得国有高校虽然拥有《科学技术进步法》赋予的所有权和《促进科技成果转化法》赋予的处置权，但是却没有对所有权进行处置的权利。三是国有高校拥有的职务发明知识产权处置权在实施过程中存在制度障碍和现实困难。因职务发明知识产权处置权与高校国有资产管理办法存在政策冲突，《促进科技成果转化法》赋予处置权的实施难以落地，为职务发明知识产权归属和利益分享制度改革设下了障碍。

（五）高校院所对"三权"改革的诉求各有不同，改革试点存在"一刀切"现象，改革推进的精准施策不够

职务发明知识产权归属和利益分享制度改革，由于高校和科研院所的情况不一样，每个单位的具体实际不一样，不能适用同样的政策，不能搞"一刀切"，需要区分高校与科研院所的职能职责。一方面，高校的研发团队更多是通过向国家、地方申报课题获取科研经费支持，从事的主要是基础研究或实验室技术创新，往往课题完成或验收通过后课题组即解散，科研活动即告一段落，研发成果知识产权作为高校国有资产"沉睡"，极少转移转化和产业化。调研反映，针对这些问题，高校的职务发明改革应聚焦所有权重点突

破，同步推动处分权和收益权改革。另一方面，科研院所特别是军民融合科研院所主要服务国家战略进行科技攻关，部分科研院所主要面向市场需求开展技术创新。调研中了解到，科研院所职务发明知识产权主要由单位推进转化转移和产业化，对职务发明研发团队的激励需要在优先做好职务发明知识产权利益分享改革的基础上，积极稳妥探索所有权改革。从目前 10 家科研院所改革试点的进展看，科研院所职务发明知识产权所有权改革尚未破题，更多的是在收益权、处分权方面作了一些有益的探索。

三、四川深化职务发明知识产权归属和利益分享制度改革的对策建议

（一）打造职务发明知识产权归属和利益分享制度改革品牌，建立"制定—实施—评价—调整—深化"的改革闭环

一是完善改革工作闭环，改变之前改革仅注重前期研究、政策制定、过程实施的做法，建立完善推进改革的"研究、制定、实施、评价、调整"工作闭环，对重大改革事项、重点改革任务，不仅注重前期研究、政策制定和过程实施，更应注重后期评价和调整，形成"实施—调整—深化"的工作推进体系，将改革工作"进行到底"，最大限度激发改革活力，释放改革"红利"。二是加强经验成果的总结提炼，深入总结四川省职务发明知识产权归属和利益分享制度改革的成功做法，形成向全省、全国复制推广的经验成果，迅速在更高层次、更大范围复制推广，让更多的高校院所获得改革"红利"，聚力打造职务发明知识产权归属和利益分享制度改革这张四川改革的"金字招牌"，进一步扩大四川省改革影响力。三是充分发挥报纸、电台、电视台、新媒体等各类媒体作用，加强对典型案例、改革先进人物事迹的宣传，尤其是对率先在全国取得突破的改革，通过召开推广现场会、专题研讨会等提升影响力。加大对推动改革成效大的先进人物典型事迹和容错纠错典型案例的宣传，营造鼓励创新、宽容失败的舆论氛围。

（二）建立健全鼓励改革、崇尚创新、容纠并举的容错纠错机制，为改革者担当，切实解除改革者的最大痛点

研究完善深化职务发明知识产权归属和利益分享制度改革的容错纠错机制，明确具体的容错纠错情形和场景，制定出台具有可操作性的容错纠错办法，最大限度解除改革者的后顾之忧。一是结合中共中央办公厅《关于进一步激励广大干部新时代新担当新作为的意见》有关"三个区分开来"的精神，明确在职务发明知识产权归属和利益分享制度改革中有关容错纠错的具体情形，提出具体的免责程序、免责办法。二是重点突出对单位"一把手"、改革推进者、科研人员等三类重点对象的免责，制定出台具体的容错纠错和免责规定，明确将其因非主观故意造成的失误纳入免责范围，减少其在改革中的决策风险、推进风险、实施风险，让其卸下思想包袱投身改革，纵深推进职务发明知识产权归属和利益分享制度改革，为创新驱动转型发展提供有力支撑。

（三）建立健全纵向联动、横向协作的统筹协调机制，加速形成推进改革的强大聚合力

一是在纵向协调争取上，积极争取国家监察委、中央改革办、国家发展改革委、科技部、国资委、国家知识产权局等相关部委的支持，赋予四川在职务发明知识产权归属和利益分享制度改革方面先行先试改革更大权限，为国家探索科技成果更好转化为现实生产力积累经验，探索路径。二是在横向统筹推进上，提高四川省职务发明知识产权归属和利益分享制度改革的组织领导层级，由省委、省政府领导牵头，省知识产权局、科技厅具体负责，建立涵盖监察、国资、教育、组织、人社、财政等有关主管部门共同参与的工作推进机制，联合研究出台支持四川省职务发明知识产权归属和利益分享制度改革的政策文件，或者由省委、省政府制定印发职务发明知识产权归属和利益分享制度改革的政策文件，最大限度整合有关资源，形成推进改革工作的强大合力。

（四）建立政治激励、精神鼓励、物质奖励相结合的改革激励机制，为改革者撑腰鼓劲，最大限度地调动改革者的积极性

研究制定针对职务发明知识产权归属和利益分享制度改革的有效激励机制和政策措施，充分调动单位"一把手"、改革推进者、科研人员等各类改革者的积极性。一是对单位"一把手"，应将其纳入改革范围，允许依法合理享受职务发明知识产权归属和利益分享制度改革的股权激励，使其能享受到改革带来的实质性红利，调动其主导改革、支持改革的积极性。二是对改革推进者，应比照脱贫攻坚"头等大事"有关政策，制定出台具体的激励政策，提拔重用敢于改革、善于改革、推进改革工作成效明显的干部，在干部提拔、职位晋升、评优评先、学习培训等方面优先考虑，给予其一定的政治激励和精神鼓励，同时辅以适当的物质奖励。三是对科研人员，进一步完善职务发明知识产权归属和利益分享制度改革的政策措施，在合法合规合理条件下，放宽职务发明知识产权转化转移的条件限制，尽可能提高科研人员分享比例，调动科研人员转化转移科研成果的积极性。

（五）瞄准高校院所对"三权"改革的不同诉求，区别对待，有所侧重，力争做到精准施策

一是明确主攻方向，国有高校职务发明知识产权归属和利益分享制度改革应进一步突出职务发明知识产权所有权分享这个重点，大力推动处置权、收益权改革。国有科研院所职务发明知识产权归属和利益分享制度改革应进一步夯实职务发明知识产权收益权分享这个基础，积极探索所有权、处分权改革。二是扩大改革试点范围，在原有 20 家国有高校院所试点的基础上，逐步将改革试点范围扩大到全省符合条件的国有高校院所，让更多的高校院所创新资源溢出，激发更多科研人员创新创业的热情，最大限度将职务发明知识产权转化为现实生产力。三是着力提升改革试点实效，强化国有高校院所职务发明知识产权归属和利益分享制度改革的市场化导向，促进国有高校院所面向市场需求，整合创新资源，提升职务发

明知识产权质量和市场价值，优化科技成果供给侧结构，解决可转移转化职务发明知识产权有效供给不足的问题。做好改革"绣花"功夫，精准施策，压茬推进，找准各试点单位的具体困难和问题，实行"一校、一院（所）一策"，分类分层制定具体指导办法，力争改革试点单位逐个取得实质突破。

（六）加快完善有关政策法规，着力破除推进改革的制度障碍，不断强化改革最大的支撑和保障

一是涉及法律法规，属于中央和全国人大权限的，建议以四川省名义，向中央和全国人大提请修法释法，着重解决职务发明知识产权归属和利益分享制度改革上位法的障碍问题。二是属于省级权限的政策文件的，省全创办应牵头对改革中涉及的相关政策文件进行全面清理，对于该废止的尽快废止，该重申的及时重申，该完善的进一步完善；同时研究制定支撑改革的统一的政策文件，以省委、省政府（或办公厅）名义印发，切实解决部门政策文件各自为政、互相打架等问题。

高校复合型高层次知识产权人才培养情况调查报告[*]

董新凯　徐升权　韩　兴　钱建平

冯　锋　聂　鑫　周志聪　邓雨亭

一、复合型高层次知识产权人才之界定

从现实需求看，知识产权人才应该是复合型人才，其在知识结构上不仅要掌握知识产权法律知识，而且还要掌握或了解相关管理学、经济学、技术科学、政策科学、政治学、社会学、伦理学等多个学科的知识；知识产权人才应具有将相关不同学科知识进行融合创新的独特能力，以适应各类复杂的知识产权工作的需要。

高层次知识产权人才应当是能充分利用好知识产权法、知识产权管理等方面知识与技能，既能促进知识产权工作向前发展，又能充分实现以知识产权解决经济社会发展问题的人才。从高校的人才培养体系看，高层次人才应当是处在学历教育中的高端地位，即一般应当是取得相关学科硕士、博士学位的人才。

二、调查工作情况介绍

本次调查选择了 70 所高校，其中"985"高校 24 所、"211"高校 21 所、其他高校 25 所。为了保证数据的真实性，所有被调查高校均为实名。本次调查共收回 70 份调查表，有效调查表为 69份，其中硕士 42 份、博士 27 份。

对高校培养硕博两类研究生分别设计了调查内容。对知识产权硕士生培养情况的调查内容包括研究生培养途径、师资队伍情况、

---

[*] 本文获第十届全国知识产权优秀调查研究报告暨优秀软课题研究成果评选一等奖。

培养方案的制定以及课程体系的设计、实验条件建设及实践能力训练情况、研究生出国学习交流的情况、毕业生掌握多方面知识与技能的情况、对复合型高层次知识产权人才培养的主要条件和问题的认识、对设立独立知识产权一级学科的态度等。对知识产权博士生培养情况的调查内容包括博士生的培养途径、导师情况、管理博士点的学位分委会情况、导师指导博士生的形式、博士点课程设置的总体情况、各个学科博研究生的原有学科背景、博士生的主要学习方式、目前博士生培养的主要困难等。

三、高校培养高层次复合型知识产权人才的情况

（一）知识产权硕士研究生培养情况

一是知识产权硕士生的培养途径。从各高校的实际情况（参见表1）看，学术型法学硕士点和法律硕士专业学位点分别以83.33％与52.38％的比例遥遥领先，是大部分高校选择的培养途径；其他类型硕士点所占比例均低于总体的10％。国内大部分高校的硕士点设立在法学院或知识产权学院。

表1　知识产权硕士研究生培养途径

选项	高校数量/个	比例
学术型法学硕士点（如民商法）	35	83.33%
法律硕士专业学位点	22	52.38%
工商管理类硕士点	3	7.14%
管理科学与工程硕士点	3	7.14%
其他类型的硕士点	3	7.14%

二是知识产权硕士点的师资情况。从各高校专职师资数量（参见图1）看，各硕士点的专职师资"不足5人"与"5人以上不足10人"的比例分别占35.70％与33.40％，约3成高校知识产权硕士点的专职师资在10人到20人之间。从专职师资的学科背景（参见图2）看，拥有法学师资的高校比例超过90％，拥有管理科学与工程学科背景的专职师资的高校约占40％，而拥有其他相关学科背景专职师资的高校仅占20％左右。

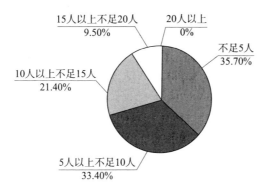

图1　知识产权硕士点专职导师人数

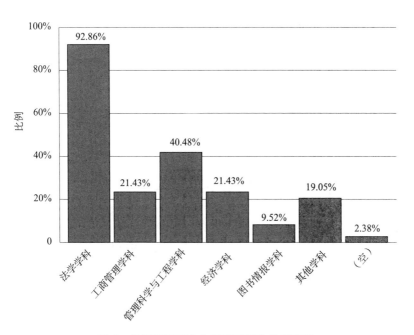

图2　知识产权硕士点专职导师的学科背景

　　大部分高校的知识产权硕士点聘请了兼职教师，但兼职师资人数差别较大（参见图3）。至于各高校知识产权硕士点的兼职师资来源（参见图4），从司法机关、政府部门与律师事务所聘请兼职师资的高校分别占 71.43%、54.76% 与 45.24%，从企业和知识产权服务机构聘请兼职师资的高校所占比例较低。

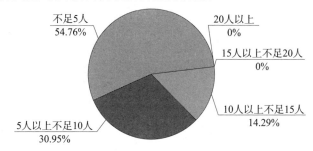

图3　知识产权硕士点兼职导师的人数

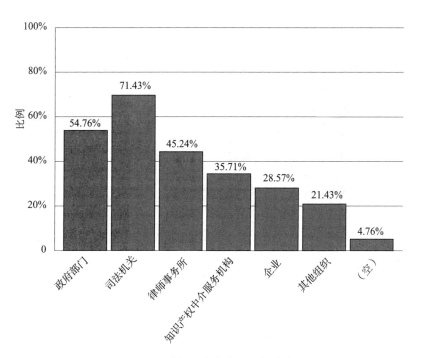

图4　知识产权硕士点兼职导师的来源

三是知识产权硕士生的培养方案与课程体系。从培养方案制定情况（参见图5）看，不同背景人员参与培养方案制定的情况在各个高校有很大差异。约95％高校的培养方案都由法学专业教师参与制定，约40％高校的培养方案由管理学教师参与制定，由其他学科背景的教师参与培养方案制定的高校仅占约7％。吸纳政府部门、知识产权服务机构、企业等实务单位人员参与培养方案制定的高校很少，比例不到20％。

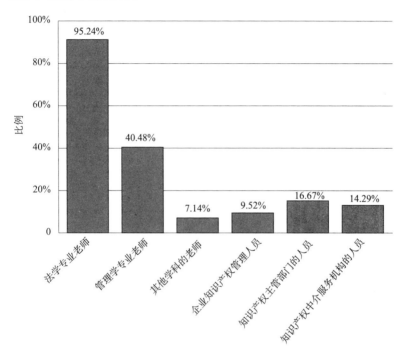

图5 参与知识产权硕士研究生培养方案制定的人员的来源

在课程设置方面，更多的高校重视法学类课程的设置，法学类课程的比例占60％以上的高校近2/3（参见表2），管理学类课程受到重视的程度明显不够（参见表3），超过60％的高校的课程体系中管理学课程的比例不足20％。科技知识类课程更加不受重视（参见表4）。

表 2　法学课程占比

选项	高校数量/个	比例	
A.不足20%	6		14.29%
B.20%以上不足40%	0		0%
C.40%以上不足60%	9		21.43%
D.60%以上不足80%	9		21.43%
E.80%以上	18		42.86%

表 3　管理学课程占比

选项	高校数量/个	比例	
A.不足 20%	26		61.90%
B.20%以上不足40%	7		16.67%
C.40%以上不足60%	5		11.90%
D.60%以上不足80%	3		7.14%
E.80%以上	0		0%
(空)	2		4.76%

表 4　科技知识类课程占比

选项	高校数量/个	比例	
A.不足 20%	33		78.57%
B.20%以上不足40%	5		11.90%
C.40%以上不足60%	2		4.76%
D.60%以上不足80%	0		0%
E.80%以上	0		0%
(空)	2		4.76%

　　四是知识产权硕士点的实验条件建设及实践能力训练情况。就知识产权实验室建设情况看（参见图6），模拟法庭和知识产权信息检索实验室受到很多高校的重视，建有这两类实验室的高校分别达到75％左右和40％左右。以知识产权模拟申请、模拟审查、模拟交易等为内容的实验室则没有受到关注，设置这三类实验室的高校均不足15％。

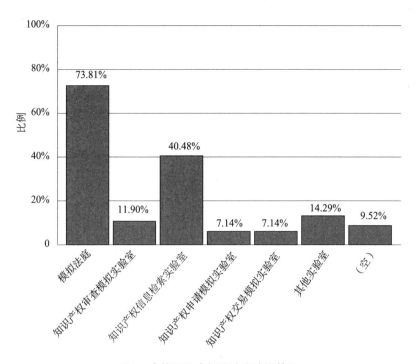

图 6　高校知识产权实验室建设情况

至于实务人员参与知识产权硕士点教学的情况，也不够理想，由实务人员授课的课程比重较低（参见表 5）。

表 5　校外实务人员授课的课程占比

选项	高校数量/个	比例	
A.不足 10%	17		40.48%
B.10%以上不足 20%	16		38.10%
C.20%以上不足 30%	3		7.14%
D.30%以上不足 40%	3		7.14%
E. 40%以上	0		0%
（空）	3		7.14%

五是知识产权硕士研究生出国学习交流的情况。高校知识产权研究生出国交流比例普遍较低（参见图 7），近半数高校知识产权研

究生出国交流比例低于研究生总数的 5%，出国交流比例较高的院
校多为"985"高校和外国语院校。

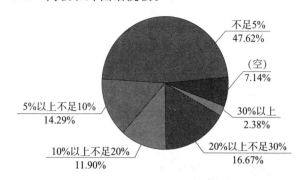

图 7　知识产权硕士研究生出国交流比例

　　六是知识产权硕士毕业生掌握多方面知识与技能的情况。从调
查情况（参见图 8）看，国内知识产权硕士毕业生熟练掌握法律、
理工、管理、外语、经济等多方面知识与技能的比例相对较低，超
过 70% 的高校认为其知识产权硕士毕业生能够熟练掌握前述多学科
知识和技能的比例不足 20%，认为其知识产权硕士毕业生能够熟练
掌握前述多学科知识和技能的比例达到 60% 的高校不到 5%。

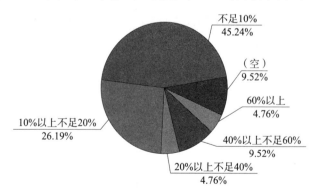

图 8　知识产权硕士毕业生熟练掌握多学科知识与技能的情况

　　七是高校对复合型高层次知识产权人才培养问题的认识。对于
高校培养复合型高层次知识产权人才的条件（参见图 9），高校认识

的差异性较小，超过 80％ 的高校认为需要有足够的法学师资、管理学师资、经济学师资。对在校内建设多方面的知识产权实验室、要有足够的课时安排多方面的课程这两方面的条件，也都有超过 45％ 的高校表示认同。

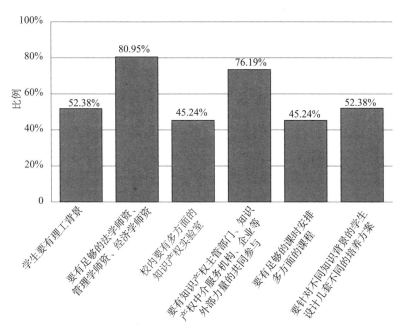

图 9　复合型高层次知识产权人才培养的主要条件

就当前高校培养复合型高层次知识产权人才所存在的主要问题（参见图 10），高校认识的分歧较大。多学科背景师资队伍的不足被超过 60％ 的高校作为主要问题。相应实验条件的缺乏也被近 30％ 的高校列为主要问题。

八是对设置独立知识产权一级学科的态度。对是否设置知识产权一级学科的问题，高校的态度基本上较为统一（参见图 11），认为不需要设置独立知识产权一级学科的高校不到 10％，只不过是对知识产权一级学科的设置进程有不同看法，更有近 60％ 的高校希望尽早设置独立的知识产权一级学科。

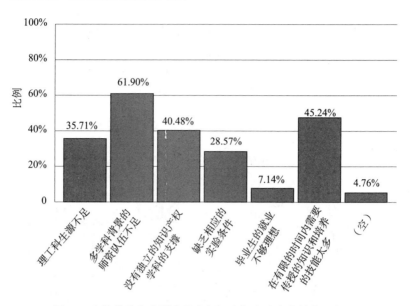

图 10　高校培养复合型高层次知识产权人才存在的主要问题

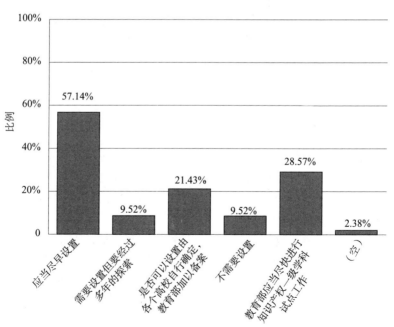

图 11　高校对于是否设置知识产权一级学科的态度

对设置独立知识产权一级学科应具备的先决条件，高校的看法具有多样性（参见图 12）。超过 85％的高校认为知识产权一级学科应有多门自己的核心课程，近 75％的高校认为知识产权一级学科应有独立研究内容，超过 65％的高校认为知识产权一级学科的设置需要有确定的专业人才需求；对其他选项各大高校也有不同看法。

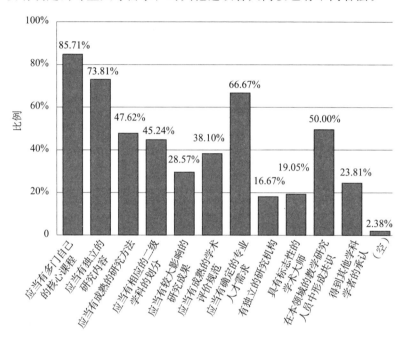

图 12　设置独立知识产权一级学科的条件

对当前设置独立知识产权一级学科所面临的主要困难（参见图13），超过 60％的高校将教育行政主管部门未予足够重视作为最大困难，而各高校对其他选项的看法较为分散且平均。另外，很多高校将知识产权人才培养和科学研究还不具有足够影响、知识产权教学研究人员内部未形成共识、没有稳定的二级学科、未形成自身核心课程体系、未获得其他学科学者认同、没有自身独立的研究内容和研究方法等情况作为主要困难。

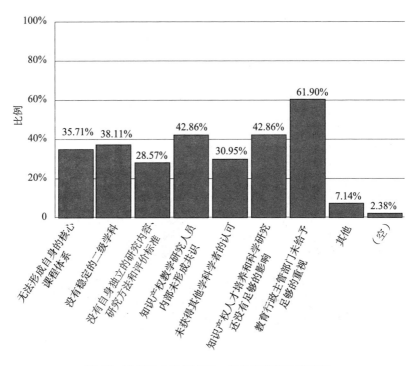

图 13　设置独立知识产权一级学科所面临的困难

（二）知识产权博士研究生培养的情况

一是知识产权博士生的培养途径。就知识产权博士生的培养所依附的学科平台看（参见图 14），绝大部分高校通过法学学科进行，其中在法学学科中设置知识产权方向的模式占比近 45％，在法学学科自主设置知识产权二级学科的模式占比 33.33％，而通过管理学、其他学科以及在相关管理学一级学科下自主设置知识产权二级学科等模式培养知识产权博士生的情况分别占 18.52％、11.11％和 3.70％。

二是知识产权博士生导师情况。从博士生导师数量（参见图 15）看，不能满足快速培养较多复合型知识产权博士生的需求，近 63％的高校招收知识产权博士生的专职导师人数在"3 人以下"，专职导师数量在"3 人以上 5 人以下"的高校占比近 20％，也就是说超过 80％的高校的专职导师数量是很少的。专职导师的学科背景也难以令人满意（参见图 16），具有法学学科背景的专职导师占比超过 85％，具有管理科学与工程学科背景的专职导师占比近 30％，而具有工商管理学科、经济学科、图书情报学以及其他学科背景的专职导师的比例均很低。

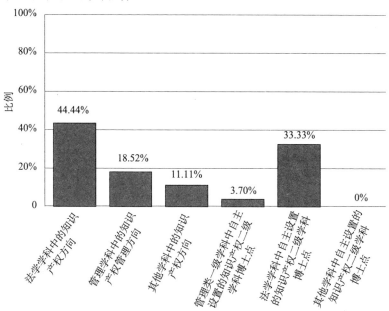

图 14 知识产权博士研究生培养路径

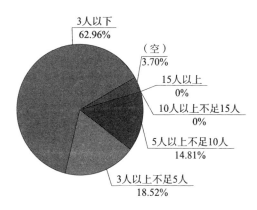

图 15 专职博士生导师人数情况

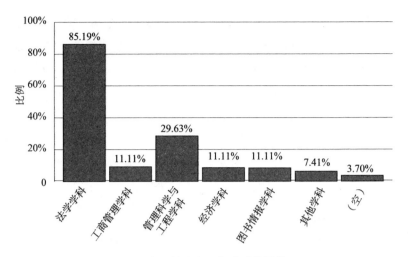

图 16　专职博士生导师学科背景情况

三是管理知识产权博士点的学位评定分委会情况。学位评定分委会的设置情况在高校之间有一定差异（参见图 17）。超过 55％的高校由法学学科学位评定分委会管理，由管理学科学位评定分委会管理和由学院综合性学位评定分委会管理的两种情况各占近 15％的比例。个别高校建立了独立的知识产权学位评定分委会。

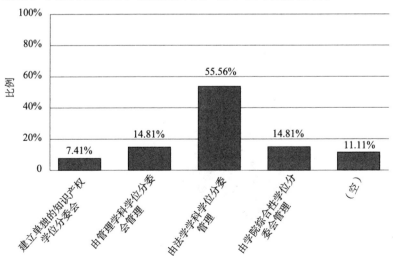

图 17　管理知识产权博士研究生培养的学位评定分委会的情况

四是博士生导师指导知识产权博士生的形式。复合型知识产权博士生最好由具有不同学科背景的博士生导师共同指导，但现实并不理想（参见表6）。近75％的高校采取单个博士生导师对博士生进行单独指导的形式。由若干导师组成导师组共同指导的形式在部分高校得以采用，其中由同一学科背景的导师组成导师组进行共同指导的高校占比近19％，而由不同学科背景的导师组成导师组进行共同指导的高校占比约11％。

表6　博士生导师对博士生进行指导的形式

选项	高校数量/个	比例
A.由每个博士生导师单独指导	20	74.07%
B.由不同学科背景导师组成导师小组进行指导	3	11.11%
C.由同一学科背景的导师组成导师组进行指导	5	18.52%
D.其他指导方式	0	0%
（空）	1	3.70%

五是博士生的课程设置情况。从被调查高校情况（参见图18）来看，博士生的课程设置与硕士生的课程设置存在着一些类似情况。近60％的高校所设置的课程主要是法学课程，以管理学课程为主和以其他相关学科课程为主的高校分别占比约15％，而法学类课程、管理类课程和其他相关学科类课程均占必要比例的高校明显偏少，仅占约11％。

六是知识产权博士生的原有学科背景。调查情况表明：在法学学科中培养知识产权博士生的高校，博士生的原学科背景为法学的比例近75％，博士生的各种学科背景比例差不多的高校不到19％；在管理学学科中培养知识产权博士生的高校，博士生的原学科背景为管理学的比例近42％，原学科背景为法学的比例为25％，原学科背景为其他学科的比例约17％；在其他学科中培养知识产权博士生的高校，博士生的原学科背景为法学的比例近45％，学科背景为

"各学科比例差不多"的高校占1/3，原学科背景为管理学科与其他学科的高校仅占11％。

七是知识产权博士生的学习方式。在60％的高校，绝大部分知识产权博士生采取脱产学习形式；在另外40％的高校，采取脱产学习方式与采取委培学习方式的博士生的比例相当。

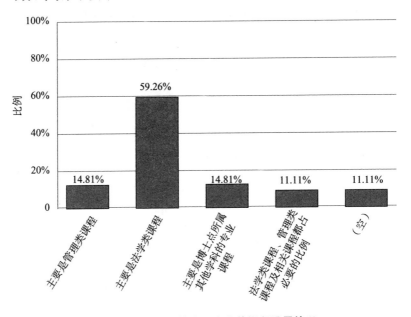

图18　知识产权博士研究生的课程设置情况

八是目前高校培养知识产权博士生的主要困难。不同高校所面临的主要困难有差异（参见图19），近52％的高校将缺乏独立知识产权学科的支撑列为主要困难之一，超过40％的高校将缺乏具有复合型知识结构的博士生导师列为主要困难之一，将其他情况列为主要困难的高校也占一定比例。

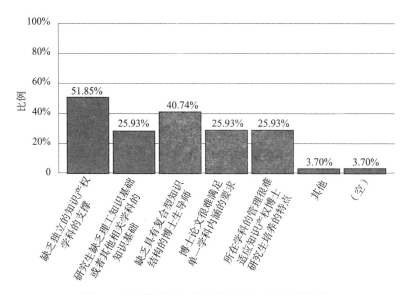

图 19　高校培养知识产权博士研究生的主要困难

四、高校培养复合型高层次知识产权人才的问题

（一）缺乏独立的知识产权一级学科的支撑

目前，在我国高校复合型高层次知识产权人才培养中，无论是相关硕士点还是相关博士点，都面临着"缺乏独立的知识产权一级学科支撑"这一严峻问题。国内高层次知识产权人才的培养方式主要是在法学学科或管理学学科下设立知识产权方向或二级学科硕士点、博士点，在这种培养方式下研究生能够掌握法律、理工、管理、经济、外语等多方面知识与技能的比例很低。受限于知识产权人才培养活动所依附的某单一学科内涵的限制，无论是培养方案及课程体系的设计，还是师资配置及实验条件的建设，抑或是学位论文的评审及学位评定分委会的设立，往往迁就于该学科的要求，很难兼顾高层次知识产权人才对于多学科知识的需求及其培养活动的特殊性，最终输出的毕业生大多不具有集多学科知识与技能于一身的特质。

（二）缺乏复合型导师队伍的有效支撑

从目前知识产权硕士生导师和博士生导师队伍看，具有多学科知识的导师明显缺乏，在法学学科下培养知识产权人才，导师主要是以法学背景的老师为主，具有经济学、管理学以及理工科知识背景的老师参与度不高，甚至还可能是零参与；在管理类学科下培养知识产权人才，导师队伍主要由具有经济学、管理学知识背景的老师组成，具有法学、理工科背景的老师明显不足。不同学科背景导师的组合可以在一定程度上解决具有多学科背景师资短缺的问题，但从调查情况看，这种组合在目前还存在很大问题，实行由来自不同学科的导师联合指导知识产权研究生的制度的高校极少。

（三）具有理工科专业背景的生源较为缺乏

复合型高层次知识产权人才应当集多学科知识与技能于一身，最好是研究生在入学前就能具有某些学科的专业知识，尤其是具备需要较长时间培养的科技知识和技能。从调查情况看，近40％培养知识产权硕士生的高校将理工科生源的缺乏列为培养复合型高层次知识产权人才的主要困难之一。在法学学科培养知识产权博士生的高校，在其博士生中有一定比例具有法学以外学科背景的高校不到20％，具有主要学科背景是含理工科在内的其他学科的博士生的高校还不到9％。

（四）人才培养方案和课程体系不够合理

高校知识产权硕士研究生培养方案通常由法学教师和管理学教师参与制定，由其他学科教师参与制定培养方案的高校仅占7％。在课程设置方面，受到学位授权点所依附的法学或管理类学科的内涵限制，高校硕士生或博士生的课程安排在满足了法学或管理学知识或技能培养的需求后，很难再有必要的空间满足研究生学习和掌握其他学科知识和技能的需求。

（五）知识产权实践能力的训练未受到应有重视

高校在知识产权实验室建设方面普遍存在的问题是实验室类型比较单调，没有兼顾到多方面知识产权技能训练的需要。知识产权研究生多样化实践能力的训练对实务类课程的设置依赖较大，而这一点又恰恰是目前高校在知识产权课程体系设计方面存在的重要问题：实务性课程的类型较少，实务人员参与的课程比例较低。

（六）高层次人才应有的一些素质较为缺失

外语交流水平远远不如人意，近50%的高校有过出国交流与学习经历的研究生不到5%；通过管理类学科培养知识产权研究生的高校在这方面的情况更差，2/3 高校的知识产权研究生出国交流学习的比例在5%以下。绝大多数高校所培养的大多数研究生不具备综合运用多学科知识与技能处理知识产权事务的先决条件。

五、加强高校培养复合型高层次知识产权人才的对策

（一）尽快设置独立的知识产权一级学科

建议国务院教育行政主管部门积极推动知识产权学科建设工作；就知识产权学科建设问题加强与国务院知识产权行政主管部门的沟通与交流，认真听取进行知识产权人才培养和科学研究的教学科研单位的意见和建议，研究分析设立知识产权一级学科的必要性和可行性；抓紧明确复合型高层次知识产权人才培养的学科路径，加快知识产权学科建设的进程，先在法学、管理学等若干相关学科中确定知识产权二级学科地位，同时选择部分知识产权人才培养工作较好的高校进行知识产权一级学科建设试点。

建议国务院知识产权行政主管部门组织和指导进行知识产权人才培养的高校和相关人员就我国知识产权学科建设状况进行调研，分析当前学科设置情况对复合型高层次知识产权人才培养所产生的不良影响，论证知识产权强国建设对知识产权学科地位提升的需求，在此基础上加强与国务院教育行政主管部门的沟通和协调，推动国家设立知识产权一级学科的进程。

承担复合型高层次知识产权人才培养任务的高校应当加强研讨和交流，为国务院教育行政主管部门和知识产权行政主管部门的决策与行动提供理论支撑和实践依据。具备条件的高校可以利用已有的相关一级学科自主设置知识产权二级学科，进行独立知识产权学

科建设的尝试，并不断总结相关经验和问题。

（二）加强多学科背景的知识产权师资队伍建设

对高校来说，一是加大师资引进力度，着重引进能够与现有师资在知识技能或学科背景上形成互补的师资；二是选择部分现有师资进行培训，使现有教师接受一些原有学科以外知识的教育；三是对现有师资进行有机组合，主要是将不同学科背景师资进行整合，对研究生进行联合指导；四是切实发挥兼职师资作用，着重聘请与专职师资在知识和技能上具有较强互补性的兼职师资；五是高校之间可以结成知识产权人才培养联盟，实现师资和其他知识产权教育资源共享。

教育行政主管部门应当在特聘教授聘任、出境进修教师选拔、各类高校人才工程教师遴选、优秀教学团队选拔等方面充分考虑高校构建复合型知识产权师资队伍的需要，给予适当倾斜。知识产权行政主管部门应利用其信息资源和人才库，梳理一批知识产权业务水平高、有一定教学能力的人选，向高校进行有针对性的推荐；在制订和实施知识产权培训计划时，专门为高校培养复合型知识产权师资队伍作相应安排；有效利用主管部门的优势和便利，促进高校师资与企业、知识产权服务机构的沟通交流。

（三）大力拓展具有理工背景的知识产权生源

高校在硕士生招生宣传时应当出台吸引理工科学生报考的政策，对理工科学生进行必要引导以提高其应试能力；在博士生招生时可以将理工背景作为报考的必备条件或优先录取条件。将知识产权基础知识作为理工类本科生通识教育内容，通过双学位或辅修方式加强对在校理工科本科学生的知识产权专业知识教育，借此吸引更多理工类本科生毕业后报考知识产权研究生。

政府知识产权行政主管部门应针对理工科学生加大知识产权事业发展前景的宣传力度，特别是宣传知识产权强国建设对具有理工背景知识产权人才的迫切需求。政府教育行政主管部门应为高校招收理工科生源提供必要支持和更多的招生自主权；加强研究生招生调剂的信息提供和引导，使更多具有理工背景的学生能够调剂到知识产权相关专业。在增加招生指标时，尽可能考虑高校接受理工背景学生的需求。

（四）优化知识产权研究生培养方案与课程体系的设计

高校在制订知识产权研究生培养方案和设计课程体系时应尽可能吸收与特定高层次知识产权人才培养相关的法学、管理类学科、经济学、理工类学科的专家参与，并吸收具有这些学科背景的知识产权实务人员参与。在课程体系中根据各种知识产权人才的实际需求对普通法律类课程、知识产权课程、理工或科技类课程、管理类课程及其他关联课程进行合理配置；将知识传授类课程和技能训练类课程进行恰当安排；应当注意层次区分。课程体系的设计不应局限于学校现有师资力量和其他教育资源。

政府知识产权行政主管部门应利用其主管部门的地位和影响力积极组织相关知识产权实务部门的专家参与高校课程体系论证和制定过程，认真收集并及时向高校提供各类知识产权人才在实际工作中所需要的知识和技能等信息。政府教育行政主管部门及相关的教育行业组织应给予高校在课程体系设计方面更大自主权，聘用第三方对高校知识产权相关专业的研究生课程质量进行评估，通过研究生教育教学改革课题设置、专项研讨会的举办、精品课程或优秀课程遴选等方式帮助高校设计科学的课程体系。

（五）创造支撑有力的知识产权实验实践教学条件

高校应当改变传统文科实验室建设的思维，从法律实践、管理实践、科技训练等多个角度构建培养复合型知识产权人才所需的完善的实验实践教学体系。针对复合型高层次知识产权人才对文、管、经、理、工等多种实践技能的需求，高校应创新实验室管理机制，实现文科实验室和理工科实验室的有机融合。加强与知识产权相关实务部门的沟通与交流，在校外建立若干能够提供不同训练条件、满足不同实践能力训练要求的实践教学基地。应当对知识产权研究生校内实践技能训练体系进行科学安排，根据每门专业课程的性质设计合理的课内实践训练内容和时间安排，同时根据综合训练或专项训练的需要设置专门的实验课，在此基础上梳理和制订整个专业的实践能力训练计划。

政府知识产权主管部门应收集并及时向高校提供知识产权工作对知识产权研究生实践技能的要求，组织或联络知识产权实务部门专家对高校构建和运用知识产权实验室进行必要指导。政府教育行政主管部门应通过重点实验室或实验实践教学中心的遴选和评估验收等方式指导和推动高校知识产权实验实践教学体系的建设；在遴选重点或品牌专业、重点学科时将实验实践教学体系的建设情况作为重要的考察内容，促进高校加强知识产权实验实践教学体系建设工作。

（六）提高知识产权研究生应对涉外知识产权事务能力

高校应尽可能地通过多种形式增加知识产权研究生出境交流学习的比例。教育行政主管部门在遴选出国留学或交流的研究生时，应充分考虑培养高层次知识产权人才的急迫需求，进行适当倾斜。知识产权行政主管部门应充分利用其与境外政府知识产权部门和民间机构的合作关系，为高校知识产权研究生出境交流与学习提供更多机会。

以知识产权为核心的资源配置导向目录：
理论、方法与应用[*]

马荣康　王姣娥　孙玉涛　刘凤朝　张志成　崔海瑛

李　伟　焦敬娟　姬　翔　张　晨　韩燕芳　王延晖

金　鹤　宋邦富　张一帆　王艺棠　孙晶晶　杜德林

一、以知识产权为核心的资源配置导向目录基本理论

（一）导向目录的概念

以知识产权为核心的资源配置导向目录是特定区域依据全球价值链分布格局及其演化，承接区域科技和产业分工的国家战略需求，以支撑本区域产业健康协调发展、引导区域产业结构升级、促进我国知识产权活动的区域间协同为目标，以优化知识产权资源的空间布局和产业布局为手段而编制的面向区域产业创新发展的资源配置方案。

从功能模块的角度看，导向目录由三个功能模块构成。一是区域知识产权与产业发展关系的诊断功能模块。导向目录通过对区域知识产权与产业发展关系的全景扫描和全方位会诊，提出基于数据分析的综合判断，是开展区域知识产权规划和产业发展规划编制的重要依据。二是优化知识产权资源配置促进产业发展的行动方案功能模块。依据综合判断，运用路线图方法，提出从大类产业到企业的知识产权资源配置引导方案，是区域相关政府部门制定知识产权政策和产业发展政策以及企业制定发展战略的参考方案。三是知识产权区域布局基础资源数据库、知识库、模型库、方法库功能模块。通过基础数据、公共知识以及模型方法的编码集成，为知识产权布局现状分析和规划决策提供全方位智力支撑。

＊　本文获第十届全国知识产权优秀调查研究报告暨优秀软课题研究成果评选二等奖。

（二）导向目录的基本特征

1. 操作性

以知识产权为核心的资源配置导向目录以促进区域知识产权与产业协同发展为主线，不仅要通过技术发展趋势、市场竞争格局以及区域知识产权资源优势及短板的综合分析，提出区域促进产业创新发展的资源配置方案，提示区域产业发展和资源配置方向，还要从创新组织、区域发展战略和政策等角度，提出优化区域知识产权资源配置的具体实施方案。这些方案能在区域产业发展和知识产权管理的规划和政策层面切实落地，因此，其具有丰富的操作内涵。

2. 时效性

以知识产权为核心的资源配置导向目录具有鲜明的时效特征。它在技术发展趋势分析、市场需求分析、区域分工分析以及价值链分工和治理机制分析的基础上，从时间维和行动维的二维视角，提出面向产业创新发展的知识产权及相关资源的优化配置方案。其时空界限清晰，产业对象具体，发展目标明确，行动方案具有可操作性，因此，导向目录能更好地与区域产业发展和知识产权管理的相关规划接轨。

3. 前瞻性

以知识产权为核心的资源配置导向目录基于运行关系分析、市场预测、技术预测等编制而成，因此，它不是现状的简单描述，而是综合运用市场预测和技术预测等方法，并结合知识产权管理和产业经济的专家意见、政府部门意见、企业管理人员意见等形成的综合解决方案，是面向未来市场竞争和产业创新发展的具体操作路径。该方案对于地方政府面向未来产业发展和知识产权管理的政策制定具有重要参考价值。

4. 综合性

以知识产权为核心的资源配置导向目录由面向大类产业发展的资源配置引导目录、面向细分产业的资源配置引导目录、基础数据库构成。各个组成部分相互支撑，形成一个有机整体。面向大类产业和细分产业发展的资源配置引导目录提出优先发展产业的总体框架及资源配置方案，可适当优化调整。基础数据库是支撑决策的重要工具，可定期更新，信息可视化动态图谱集能直观展示知识产权资源的配置状况，因此，能更好地满足地方政府的决策需求。

（三）导向目录的定位

1. 导向目录在知识产权区域布局中的定位

根据知识产权区域布局试点工作的总体方案，布局试点工作由三大任务构成：一是布局现状分析，二是导向目录编制，三是相关政策完善。这其中，导向目录要承接知识产权区域布局现状分析的成果，结合区域产业发展实际，从大类产业、细分产业、主要技术模块以及重点企业层面，分析资源配置与产业发展的关系，提炼资源配置与产业发展匹配关系模式。这样，导向目录既从纵向深化了现状分析的内容，也从横向提升了研究结论的普适性。在此基础上，提出优化资源配置、促进产业发展的资源配置解决方案。面向区域产业升级发展的资源配置解决方案，是制定区域知识产权发展政策和产业发展政策的基础。因此，导向目录在知识产权区域布局工作中处于承前启后的重要地位。

2. 导向目录在区域知识产权和产业发展中的定位

导向目录以知识产权与产业发展的关系为主线，探索促进产业升级发展的资源配置方案。因此，从产业发展的角度看，它是基于资源配置视角的产业创新发展解决方案。从知识产权的角度看，它又不是仅限于知识产权资源的配置，而是探索如何以知识产权为核心优化区域资源配置。因此，导向目录的本质是资源配置解决方案，价值目标是产业升级发展，着力点是知识产权。对于区域知识产权工作而言，导向目录打造了知识产权与产业融合的全新工作载体。对于区域产业发展而言，导向目录为区域产业升级发展提供了全方位的资源配置解决方案。

3. 导向目录在区域政府宏观决策中的定位

区域宏观经济决策是一个复杂的系统，既涉及科技、教育、产业、社会等诸多因素，也需要考虑区域间的分工合作乃至有序竞争。这样，就需要找到合适的规划和工作载体，既能统筹科技、教育、产业以及社会资源的合理配置，也能通过该工作载体，理顺区际分工，形成特色和独占优势。就目前的区域知识产权或产业发展规划的编制机制和实施模式看，尚未形成对知识产权和产业发展运行关系的动态监测和政策反馈效应。导向目录不仅提出区域以知识产权为核心的资源配置解决方案，而且建立了跟踪监测区域知识产权与产业发展关系的数据收集和集成分析系统，形成知识产权区域布局数据库、知识库、模型库以及方法库等，可对区域知识产权与产业发展的动态关系以及资源配置的效应进行分析评估，进而提出咨询建议。从这种意义上说，导向目录是区域宏观经济和知识产权的智能决策支持系统。

二、产业发展与资源配置导向目录的理论与方法

以知识产权为核心的资源配置导向目录编制从国民经济行业分类的产业大类和小类（细分产业）两个层面分别展开。在国民经济行业大类层面，形成"区域大类产业发展与资源配置导向目录"。在国民经济行业小类（细分产业）层面，形成"区域细分产业发展与资源配置导向目录"。

（一）区域大类产业导向目录理论与方法

1. 产业与知识产权发展分析

在收集整理数据的基础上，运用熵权法得出宁波市各产业的科教资源密集度、知识产权支撑力和产业竞争力指标值，并进行排序，以明确各产业在科教资源、知识产权资源和产业资源方面的发展现状和相对水平。

2. 以知识产权为核心静态匹配模型

静态匹配分析是从资源与产业发展关系视角，选择具体测度指标，研究产业发展与资源配置的关系。这种分析能从一个侧面反映区域产业发展的科教资源支撑力和知识产权资源支撑力，并可据此进一步分析产业发展对科教资源和知识产权资源的未来需求。也就是说，静态匹配关系分析要提供一幅区域产业发展-科教资源-知识产权资源静态分布关系的全景图。

3. 以知识产权为核心动态协调模型

区域产业发展与科教资源以及知识产权资源的关系不仅表现为静态数量上的匹配以及结构上的对应，还表现为运行过程的协调。从投入产出的角度看，科教活动培养的人力资源是知识产权创造运用的基础，而知识产权活动形成的专利、商标等是产业发展的技术支撑，产业发展又对科教活动和知识产权创造提供需求拉动，其间存在紧密的关联机制和投入产出关系。因此，可以通过耦合分析，揭示区域产业发展与科教资源以及知识产权资源的动态机制。耦合分析只是揭示对象之间的投入产出关联，但不能全面反映对象之间的运行是否具有同步特征，因此，本目录编制规范建立了区域产业发展与科教资源以及知识产权资源的耦合协调分析模型，能够更全面深刻地反映其间的动态关系。

4. 静态匹配与动态协调综合模型

静态匹配侧重的是数量关系的比较，耦合协调度分析则重点分析不同资源聚集水平与产业发展的协同性。单纯从某一个侧面进行分析都存在局限性。将二者有机结合则能更好地评价产业发展与资源聚集的关系，进而识别产业发展资源需求的规模、结构乃至布局模式等。

5. 重点规划产业发展与资源配置引导目录

明确区域重点规划产业，从产业主导属性、优势属性对产业进行分类，并进一步从产业规模、产业利润、产业比较优势、科教资源密集度、知识产权支撑力和产业竞争力等方面分析产业发展现状，结合产业静态匹配、动态协调及综合导向分析结果，形成重点规划产业发展与资源配置引导目录。

6. 重点发展产业优化资源配置导示

以产业发展与资源配置综合引导目录为基础，基于产业发展现状与规划以及对科教资源、知识产权的需求特征，结合全国产业发展需求和知识产权布局特点，确定产业发展目标，明确市场定位，扬长补短，有针对性地提出区域行业优化资源配置的相关建议和导示。

（二）区域细分产业导向目录理论与方法

1. 分析方法

导向目录分析中主要采用二维象限分析法，对知识产权创造环节的"科技投入-知识产权水平"匹配关系，以及知识产权运用环节的"知识产权水平-毛利率水平"匹配关系进行分析，将分析的技术模块、区域以及企业分别划分为高-高、高-低、低-高、低-低4种类型，如图1、图2所示。

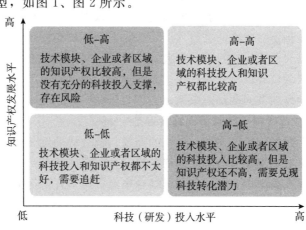

图1　科技投入-知识产权水平匹配类型

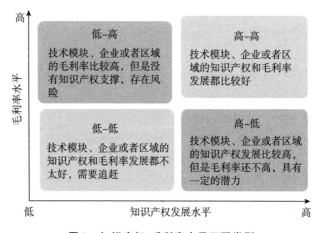

图2　知识产权-毛利率水平匹配类型

2. 分技术领域（模块）知识产权行动引导目录

在明确产业知识产权行动基本原则的基础上，根据产业各技术模块的"知识产权水平-毛利率"匹配类型，以及产业各技术模块的技术发展趋势，确定产业各技术模块的优先发展等级、知识产权行动方向以及具体的知识产权行动方案，如表1所示。

表 1　分技术领域（模块）知识产权行动引导目录

"知识产权水平-毛利率"匹配类型	技术行动总体策略	优先发展等级	知识产权行动方向
高-高	提前布局	A+	提升知识产权价值，发挥优势
	转型升级	A+	
	梯次淘汰	A-	
高-低	提前布局	A+	加强知识产权运用，兑现潜力
	转型升级	B+	
	梯次淘汰	B-	
低-高	提前布局	A+	促进知识产权创造，规避风险
	转型升级	C+	
	梯次淘汰	C-	
低-低	提前布局	A+	补足知识产权劣势，实施追赶
	转型升级	D+	
	梯次淘汰	D-	

3. 重点区域知识产权行动引导目录

基于产业知识产权行动基本原则，根据目标产业各区域的"科技投入-知识产权水平"和"知识产权-毛利率"匹配类型，以及产业各区域的技术发展定位，确定产业各区域的优先发展等级、知识产权行动方向以及具体的知识产权行动方案，从而形成的产业重点区域知识产权行动的引导目录（参见表2）。

表 2　重点区域知识产权行动引导目录

"科技投入-知识产权水平"匹配类型	"知识产权-毛利率"匹配类型	区域优先发展等级
高-高	高-高	A
	高-低	B
	低-高	B
	低-低	C
高-低	高-高	B
	高-低	C
	低-高	C
	低-低	D
低-高	高-高	B
	高-低	C
	低-高	C
	低-低	D
低-低	高-高	C
	高-低	D
	低-高	D
	低-低	E

4. 资源配置战略组织路线编制

基于产业发展知识产权行动引导目录，针对高-高、高-低、低-高以及低-低等不同类型技术领域，从人才、资金、平台、技术等方面给出促进不同产业类型领域创新发展的资源配置方案，形成引导产业创新发展的战略组织路线。根据不同类型技术领域优先发展等级和知识产权行动方向，分别确定高-高、高-低、低-高和低-低技术领域发展目标及功能定位，如表 3 所示。

表3　不同类型技术领域发展目标及功能定位

技术领域类型	高-高	高-低	低-高	低-低
发展目标	抢占核心技术知识产权制高点	加速知识产权产业化	规避产业发展的知识产权风险	提高知识产权创造和运用功力
功能定位	基于核心知识产权引领产业向价值链高端发展	基于核心知识产权挖掘产业发展潜力，向"高-高"匹配型转型	提高产品知识产权含量，由"低-高"匹配型向"高-高"匹配型转型	依托知识产权提升实施产业追赶

二、产业发展与资源配置导向目录宁波应用

（一）宁波大类产业发展与资源配置导向目录

1. 科教资源-知识产权资源-产业资源静态匹配目录

基于科教资源、知识产权资源、产业资源之间的静态匹配关系分析，提出宁波市主要国民经济行业的科教资源-知识产权资源-产业资源的静态匹配目录，用于引导宁波市产业的发展，具体如表4所示（仅显示前10位）。该目录共分为8类，其中，宁波市的两大主导行业汽车制造业、电气机械和器材制造业属于高-低-高行业，即知识产权资源发展有所欠缺的行业；石油加工、炼焦和核燃料加工业，纺织服装、服饰业属于低-低-高行业，即科教资源和知识产权资源对产业发展的支撑力均不足；化学原料和化学制品制造业属于低-高-高行业，即科教资源有所欠缺；计算机、通信和其他电子设备制造业，通用设备制造业，有色金属冶炼和压延加工业属于高-高-高行业。

表4　宁波市科教资源-知识产权资源-产业资源静态匹配目录

产值排名	行业名称	科教资源-知识产权资源-产业资源
1	汽车制造业	高-低-高
2	电气机械和器材制造业	高-低-高

产值排名	行业名称	科教资源-知识产权资源-产业资源
3	石油加工、炼焦和核燃料加工业	低-低-高
4	化学原料和化学制品制造业	低-高-高
5	计算机、通信和其他电子设备制造业	高-高-高
6	电力、热力生产和供应业	低-低-高
7	通用设备制造业	高-高-高
8	纺织服装、服饰业	低-低-高
9	有色金属冶炼和压延加工业	高-高-高
10	专用设备制造业	高-低-高

2. 科教资源-知识产权资源-产业资源动态协调目录

根据科教资源-知识产权资源、科教资源-产业资源、知识产权-产业资源之间的动态协调分析，可以将宁波市的产业分为5种不同的类型：高水平协调阶段、中等水平协调阶段、中低水平协调阶段、低水平协调阶段，可用于引导宁波市产业的发展。总体而言，宁波市缺乏科教-知识产权-产业三者均处于高水平协调阶段的产业，其中虽然汽车制造业、电气机械与器材制造业的科教资源处于高水平协调阶段，但知识产权资源产出不足，从而导致对产业发展的支撑能力有所欠缺。此外，宁波市有10个行业处于科教-知识产权-产业资源三者中等水平协调阶段的产业，包括：化学原料和化学制品制造业，计算机、通信和其他电子设备制造业，通用设备制造业，有色金属冶炼和压延加工业，橡胶和塑料制品业，金属制品业，黑色金属冶炼和压延加工业，文教、工美、体育和娱乐用品制造业，仪器仪表制造业和其他制造业。而烟草制品业，酒、饮料和精制茶制造业，非金属矿采选业表现为低水平协调阶段。其他产业则两两之间的关系表现不一，但总体上均主要为低水平协调和中低水平协调。

表5 宁波市科教资源-知识产权资源-产业资源动态协调目录

产值排名	行业	科教-知识产权协调类型	科教-产业协调类型	知识产权-产业协调类型
1	汽车制造业	中低水平协调	高水平协调	中等水平协调
2	电气机械和器材制造业	中等水平协调	高水平协调	中等水平协调
3	石油加工、炼焦和核燃料加工业	中低水平协调	中低水平协调	中等水平协调
4	化学原料和化学制品制造业	中等水平协调	中等水平协调	中等水平协调
5	计算机、通信和其他电子设备制造业	中等水平协调	中等水平协调	中等水平协调
6	电力、热力生产和供应业	中低水平协调	中等水平协调	中等水平协调
7	通用设备制造业	中等水平协调	中等水平协调	中等水平协调
8	纺织服装、服饰业	低水平协调	低水平协调	中低水平协调
9	有色金属冶炼和压延加工业	中等水平协调	中等水平协调	中等水平协调
10	专用设备制造业	中等水平协调	中等水平协调	中低水平协调

3. 科教资源-知识产权资源-产业资源综合导向目录

基于科教资源、知识产权资源、产业资源之间的静态匹配关系与动态协调分析，提出宁波市科教资源-知识产权资源-产业资源的综合匹配目录，用于指导形成以知识产权为核心的产业发展，具体如表6所示。

表6 宁波市科教资源-知识产权资源-产业资源综合导向目录

产值排名	行业	科教-知识产权-产业静态匹配水平	科教-知识产权-产业动态协调水平			综合导向类型
			科教-知识产权	科教-产业	知识产权-产业	
1	汽车制造业	高-低-高	中低水平协调	高水平协调	中等水平协调	知识产权需求型
2	电气机械和器材制造业	高-低-高	中等水平协调	高水平协调	中等水平协调	知识产权需求型

续表

产值排名	行业	科教-知识产权-产业静态匹配水平	科教-知识产权-产业动态协调水平			综合导向类型
			科教-知识产权	科教-产业	知识产权-产业	
3	石油加工、炼焦和核燃料加工业	低-低-高	中低水平协调	中低水平协调	中等水平协调	科教资源-知识产权需求型
4	化学原料和化学制品制造业	低-高-高	中等水平协调	中等水平协调	中等水平协调	科教资源需求型
5	计算机、通信和其他电子设备制造业	高-高-高	中等水平协调	中等水平协调	中等水平协调	中等水平协调型
6	电力、热力生产和供应业	低-低-高	中低水平协调	中等水平协调	中等水平协调	科教资源-知识产权需求型
7	通用设备制造业	高-高-高	中等水平协调	中等水平协调	中等水平协调	中等水平协调型
8	纺织服装、服饰业	低-低-高	低水平协调	低水平协调	中低水平协调	科教资源-知识产权需求型
9	有色金属冶炼和压延加工业	高-高-高	中等水平协调	中等水平协调	中等水平协调	中等水平协调型
10	专用设备制造业	高-低-高	中等水平协调	中等水平协调	中低水平协调	知识产权需求型

4. 宁波重点产业发展资源优化配置导示

总体上，宁波市科教资源-知识产权-产业发展的总体关联协调水平一般，缺乏三者之间高度协调的行业。结合宁波市产业发展现状与规划以及对科教资源、知识产权的需求特征，结合全国知识产权资源布局特点，给出宁波市重点行业发展优化资源配置导示。

（1）汽车制造业

汽车制造业具有较好的竞争力，也是宁波市未来重点发展的行业之一，科教资源较好，但知识产权支撑不足，属于知识产权需求型。结合全国汽车制造业创新发展趋势与宁波市发展基础，建议宁波市围绕新能源汽车发展方向，打造以知识产权为核心的价值链。未来应在重点加强本地知识产权产出率的同时，加大对全国知识产权资源和人才的引入力度，提高知识产权对产业发展的促进作用，支撑汽车制造业发展。

（2）电气机械和器材制造业

电气机械和器材制造业在长三角地区具有一定的竞争力，同时也是宁波市未来发展的重点行业之一，科教资源较好，但知识产权的支撑力不足，属于知识产权需求型。随着国内经济发展转型与产业结构的升级换代，宁波市未来必须推动电气机械和器材制造业的高端化和智能化发展。根据该行业发展需求，有针对性地培育和引入知识产权资源，提高本地科教资源知识产权产出率。

（3）石化行业

石油加工/炼焦和核燃料加工业、化学原料和化学制品制造业的上游原料均主要以石油为主，因此合并简称为石化行业。石化行业是宁波市工业经济的三大支柱产业之一，在长三角地区具有明显的竞争优势，规模体量较大，同时也是宁波市未来重点发展的行业之一，但其科教资源和知识产权的支撑力略显不足，且对延长产业链和提高盈利能力具有较大需求，总体上属于科教资源-知识产权需求型。宁波市要想延伸产业链条，提升在全球价值链中的地位，必须加强科教资源与知识产权资源的投入与产出。建议宁波市加快推进石化产业绿色改造升级，加快推进生产清洁化、产品绿色化、排放无害化建设。未来应根据该行业发展需求，有针对性地培育和引入科教资源和知识产权资源。

（4）计算机、通信和其他电子信息制造业

计算机、通信和其他电子信息制造业具有较大的产业规模、较高的产业竞争力和良好的科教资源，但其在长三角地区比较优势不突出，知识产权支撑力相对一般，且知识产权支撑力排名远远落后于产业竞争力与科教资源，属于中等水平协调型。因此，结合全国计算机行业发展方向与宁波市发展基础，宁波未来应重点培育本地知识产权资源，加大对其他地区知识产权资源的引入力度，提高知识产权产业化水平，提升其在长三角地区的地位。

（5）纺织服装业

纺织服装业是宁波市的主导产业之一，其经济总量及产品总体水平在全国和相关地区均具有明显优势，也是宁波市未来重点发展行业之一。但其科教资源相对较差，知识产权的支撑力也明显不足，属于科教资源-知识产权需求型。建议未来以时尚创意与科技创新为驱动力，以技术创新与智能制造为手段，继续保持纺织服装产业的优势地位。此外，未来应重点加强对科教资源和知识产权资源的培育和引入。

（二）宁波汽车零部件产业发展与资源配置导向目录

从核心技术模块、重点区域以及重点企业等方面对宁波市汽车零部件产业科技投入、知识产权以及附加值进行两两匹配分析，从而分别形成宁波市汽车零部件产业技术模块"知识产权-附加值"引导目录以及宁波市汽车零部件重点区域和企业"科技投入-知识产权-毛利率"引导目录，从而为宁波市汽车零部件产业发展提供指引。

1. 技术模块知识产权-附加值引导目录

宁波汽车零部件产业总体技术模块"知识产权-附加值"引导目录从产业总体层面，以产业附加值提升为目标，以产业知识产权与产业附加值的匹配程度为依据，将外国、中国整体、中国7个汽车产业基地以及宁波市的技术模块区分为4种类型（参见表7）：先导型（高知识产权-高毛利率）、潜力型（高知识产权-低毛利率）、风险型（低知识产权-高毛利率）以及追赶型（低知识产权-低毛利率），从而引导宁波汽车零部件产业不同技术模块的未来发展方向。

表 7 汽车零部件产业不同技术模块知识产权-附加值引导目录

技术模块	宁波	北京	天津	广州	上海	武汉	重庆	长春	中国整体	外国
配气机构	先导型	风险型	先导型	风险型	风险型	风险型	先导型	先导型	先导型	风险型
供给系统	先导型	风险型	先导型	风险型	先导型	风险型	先导型	先导型	风险型	先导型
传动系统	先导型	先导型	先导型	先导型	先导型	先导型	先导型	先导型	先导型	先导型
制动系统	先导型	先导型	先导型	先导型	先导型	先导型	先导型	先导型	先导型	先导型
车身附件	先导型	先导型	先导型	先导型	先导型	先导型	先导型	先导型	先导型	先导型
安全及防护装置	先导型	先导型	潜力型	潜力型	先导型	先导型	追赶型	先导型	先导型	先导型
蓄电池	潜力型	潜力型	追赶型	潜力型	潜力型	潜力型	潜力型	潜力型	潜力型	潜力型
曲柄连杆机构	潜力型	追赶型	潜力型	潜力型	潜力型	潜力型	潜力型	潜力型	潜力型	追赶型
冷却系统	潜力型	追赶型	追赶型	追赶型	潜力型	追赶型	追赶型	追赶型	追赶型	追赶型
点火系统	潜力型	追赶型	追赶型	潜力型	追赶型	潜力型	潜力型	潜力型	潜力型	潜力型
行驶系统	潜力型	潜力型	潜力型	潜力型	潜力型	潜力型	潜力型	追赶型	潜力型	潜力型
照明及信号装置	潜力型	潜力型	潜力型	潜力型	潜力型	潜力型	潜力型	潜力型	潜力型	潜力型
发电机	风险型	先导型	先导型	先导型	先导型	先导型	先导型	风险型	先导型	先导型
润滑系统	风险型	风险型	风险型	风险型	风险型	风险型	先导型	风险型	风险型	先导型
仪表及报警系统	风险型	先导型	先导型	风险型	先导型	先导型	先导型	风险型	先导型	先导型
机体	追赶型	追赶型	追赶型	追赶型	潜力型	追赶型	追赶型	追赶型	追赶型	追赶型
转向系统	追赶型	潜力型	追赶型	潜力型	潜力型	潜力型	追赶型	潜力型	追赶型	追赶型
车门	追赶型	潜力型	追赶型	潜力型	追赶型	潜力型	潜力型	追赶型	追赶型	追赶型

2. 产业重点区域科技投入-知识产权-附加值引导目录

根据 2016 年宁波市汽车零部件规上高新企业所属 10 个区县市信息，对不同区域所有企业的科技投入（科技经费内部支出）、知识产权（包括专利申请和商标注册）以及附加值（毛利率）数据进行加总，根据中位数将不同区域分别分为高科技投入和低科技投入、高知识产权和低知识产权、高附加值和低附加值，然后对应到宁波市行政区划绘制得到宁波市 2016 年汽车零部件产业不同区域科技投入-知识产权-毛利率空间匹配图谱（参见表 8）。

表 8　宁波市 2016 年汽车零部件产业不同区域科技投入-
知识产权-毛利率空间匹配情况

区域	企业科技投入-企业专利申请	企业科技投入-企业商标注册	企业专利申请-企业毛利率	企业商标注册-企业毛利率
北仑区	先导型	先导型	先导型	先导型
宁海县	先导型	潜力型	先导型	风险型
海曙区	风险型	风险型	先导型	先导型
慈溪市	先导型	先导型	潜力型	潜力型
鄞州区	先导型	先导型	潜力型	潜力型
余姚市	追赶型	风险型	风险型	先导型
象山县	潜力型	潜力型	追赶型	追赶型
江北区	追赶型	追赶型	追赶型	追赶型
镇海区	追赶型	追赶型	追赶型	追赶型

在绘制宁波汽车零部件产业空间匹配图谱的基础上，可以根据"科技投入-知识产权"匹配关系得到汽车零部件知识创造环节的 4 类区域：先导型（高科技投入-高知识产权）、潜力型（高科技投入-低知识产权）、风险型（低科技投入-高知识产权）以及追赶型（低科技投入-低知识产权），根据"知识产权-毛利率"匹配关系得到知识产权运用环节的 4 类区域：先导型（高知识产权-高毛利率）、潜力型（高知识产权-低毛利率）、风险型（低知识产权-高毛利率）以及追赶型（低知识产权-低毛利率），从空间层面引导宁波汽车零部件产业技术发展。

3. 分技术领域知识产权行动引导目录

汽车零部件产业分技术领域知识产权行动方向是通过分析汽车零部件产业全球市场和技术发展趋势，结合宁波市发展现状与潜力明确汽车零部件产业知识产权行动的基本原则，然后根据各技术模块的知识产权-附加值匹配类型，以及各技术模块的性质及总体行动策略，确定各技术模块的优先发展等级以及未来知识产权行动的总体方案，如表9所示。

表9 宁波市汽车零部件产业分技术领域知识产权行动目录

技术模块	知识产权-附加值匹配类型	技术行动策略	优先发展等级	知识产权行动方向
车身附件	先导型	传统→新能源	A+	提升知识产权价值，发挥优势
安全防护装置	先导型	传统→新能源	A+	
制动系统	先导型	传统→新能源	A+	
配气机构	先导型	传统	A−	
传动系统	先导型	传统	A−	
供给系统	先导型	传统	A−	
蓄电池	潜力型	新能源	A+	加强知识产权运用，兑现潜力
照明装置及信号装置	潜力型	传统→新能源	B+	
行驶系统	潜力型	传统→新能源	B+	
曲柄连杆机构	潜力型	传统	B−	
冷却系统	潜力型	传统	B−	
点火系统	潜力型	传统	B−	
发电机	风险型	新能源	A+	促进知识产权创造，规避风险
仪表及报警装置	风险型	传统→新能源	C+	
润滑系统	风险型	传统	C−	
转向系统	追赶型	传统→新能源	D+	补足知识产权劣势，实施追赶
车门	追赶型	传统→新能源	D+	
机体	追赶型	传统	D−	

在识别宁波市汽车零部件产业技术领域优先发展等级和知识产权行动方向的基础上，结合各技术模块的总体发展趋势和宁波市发展基础，对汽车零部件产业每个技术模块未来发展所需的核心产品以及技术需求进行调研，确定宁波市汽车零部件产业不同类型不同发展等级技术领域的知识产权行动路径（参见表10）。

表10　宁波市汽车零部件产业知识产权行动路径

类型	技术模块	发展等级	发展路径
先导型	车身附件	A+	针对新能源汽车进行技术升级，生产轻量化、智能化的产品
	安全防护装置	A+	针对新能源汽车进行技术升级，生产轻量化、智能化的产品
	制动系统	A+	加快制动系统电子化步伐，推进分布式电液制动系统的研发
	配气机构	A−	提升配气机构的动力指标
	传动系统	A−	优化传动系统的性能，提高动力性能和续航里程
	供给系统	A−	在动力电池、移动电机以及控制系统等方面加强研发投入
潜力型	蓄电池	A+	高精度、高可靠电池管理技术；高比能、高安全电池总成技术
	照明装置及信号装置	B+	产品迭代升级，生产更加智能化、安全性、环保型的产品
	行驶系统	B+	将动力、传动和制动装置整合到车轮内，发展行驶系统中轮毂电机技术
	曲柄连杆机构	B−	针对传统汽车发动机进行技术升级，掌握核心零部件技术
	冷却系统	B−	针对传统汽车发动机进行技术升级，掌握核心零部件技术
	点火系统	B−	发展由计算机控制的电子点火系统

续表

类型	技术模块	发展等级	发展路径
风险型	发电机	A+	加强分布式驱动系统的研发，推动轮毂电机的研发与生产
	仪表及报警装置	C+	重视在新能源汽车上的新兴技术布局，推动智能化发展
	润滑系统	C−	针对传统汽车发动机进行技术升级，促使企业向新能源领域零部件转型
追赶型	转向系统	D+	加强转向系统与各系统之间的集成控制
	车门	D+	针对新能源汽车需求，生产智能化、轻量化产品
	机体	D−	针对传统汽车发动机进行技术升级，掌握核心零部件技术

4. 产业优化资源配置组织思路与安排

在明确汽车零部件产业发展知识产权行动方向和路径的基础上，本部分针对宁波市汽车零部件产业先导型、潜力型、风险型以及追赶型等技术领域，明确不同类型技术领域发展目标与功能定位的差异，然后从人才、资金、平台和技术四个方面制定具体的战略组织安排，提出不同类型领域发展的资源配置方案，从而得到引导产业发展战略组织路线（参见表11）。

表11 宁波市汽车零部件产业先导型技术领域资源配置方案

资源配置	先导型技术领域	代表领域（制动系统）
发展目标	抢占技术制高点	加快制动系统电子化步伐，推进分布式电液制动系统的研发
功能定位	引领产业高端发展	实现向新能源汽车关键技术转型升级
人才配置	培育和引进科研院所和企业高端研发人才	1. 引进区域外专家，加强本土高校人才培育和储备； 2. 防止本地发明人外流，重视国际人才引进

资源配置	先导型技术领域	代表领域（制动系统）
资金配置	政府重点支持，吸收民间资本参与	1. 民间资本来源主要包括安徽江淮汽车集团有限公司、博时价值增长证券投资基金和宏源证券股份有限公司等； 2. 政府投资存在支持程度低问题，要加强政府对传统方向转化到新能源方向的技术研发投资支持
平台资源	全面支持和培育产学研创新联盟、知识产权服务平台以及技术产业化网络平台	1. 加强建设国家级、省级、市级企业技术中心，鼓励企业持续进行研发投入； 2. 引导建立跨区域创新孵化器以及国际研发联盟
技术资源	跨区域产学研合作，利用国外研发资源	1. 提高企业专利质量，推动向新能源汽车零部件升级； 2. 鼓励企业与跨区域大学研究机构进行合作，提升核心技术水平

宁波市汽车零部件产业先导型技术领域的发展目标是抢占技术制高点，功能定位是引领产业高端发展，从人才、资金、平台和技术四个方面确定先导型技术领域的战略组织要点：人才配置主要是培育和引进科研院所和企业高端研发人才；资金配置是政府重点支持、吸收民间资本参与；平台资源是全面支持和培育产学研创新联盟、知识产权服务平台以及技术产业化网络平台；技术资源是推进跨区域产学研合作，充分利用国外研发资源。然后，选择宁波市汽车零部件产业先导型技术领域的制动系统为例，从人才、资金、平台和技术四个方面收集宁波市制动系统领域科教人才和研发人才、政府资金配置和民间资金投资情况、平台建设情况以及技术资源分布情况，给出具体的资源配置实施路线。

5. 宁波市汽车零部件产业发展主要政策措施

（1）构建区域创新体系，加强"政产学研"合作

现阶段，宁波市本地汽车零部件企业仍然存在着企业规模偏小、研发实力不强等问题。针对现阶段宁波市本地汽车零部件企业

依然存在的产学研合作程度不深入、技术成果转化难等现实问题，构建以企业为主体、政府组织相关院校及科研院所积极参与的"政产学研"合作研发体系非常必要。

（2）打破资源壁垒和限制，发挥产业链集群效应

在集群园区建设上，充分发挥杭州湾国际汽车产业园、北仑国际汽车文化小镇、宁波中车产业基地、宁海智能汽车小镇、余姚新能源汽车工业园、梅山汽车综合服务中心等一批汽车制造和服务集聚区的主导作用。建立以吉利、比亚迪和大众等整车厂商为首的整车-零部件的生产-供应产业链，充分发挥整车厂及名企的辐射作用。

（3）搭建公共信息服务平台，拓展企业创新投入渠道

加大对企业自主创新投入的所得税前抵扣力度，允许企业加速研究开发设备的折旧。加强政策性金融机构（国家开发银行、中国进出口银行等）对自主创新的支持，利用基金、贴息、担保等方式引导商业金融机构支持自主创新与创新成果的产业化，建立支持自主创新的多层次资本市场。积极推进企业上市融资业务，通过上市过程规范企业现代管理，提升企业的创新技术水平，改善公司的治理结构和财务管理水平。

（4）嵌入全球价值链，培育本地优势骨干企业

当前，宁波市汽车零部件产业面临着快速嵌入全球价值链，实现跟随式升级和蛙跳式升级的机遇。吉利、大众、比亚迪、特斯拉等整车企业及其主要汽车零部件企业的相继落户，以及整车企业产生的虹吸效应吸引的国际知名零部件企业等，均急需汽车零部件产业就近配套。宁波应充分利用长三角汽车产业发展有利政策，借助宁波市的绝佳地理位置，建设以宁波本地的自主品牌轿车为核心、商用车零部件为主导的供应圈。

（5）通过海内外并购，学习先进技术和管理经验

汽车工业全球化进程不断加速，中国汽车及零部件企业正以积极的姿态逐步融入国际市场，中国品牌汽车"走出去"成为产业发展的重要方向。通过海内外并购，整车企业可以设立海外生产基地、研发中心和销售点，加快汽车研发、生产、采购、销售及售后

服务等产业链的全球化配置，借此获得先进的产品技术、管理经验和全球销售网络。此外，全球经济增长缓慢复苏、资产贬值以及国际大宗商品价格走跌也为中国企业海外投资并购带来了机遇。因此，只有充分利用国际资源，积极参与海内外并购，加快吸收先进技术和管理经验，才能提升宁波市本地的汽车产业竞争力和综合水平。

我国知识产权密集型产业发展现状、趋势与政策效果预评估[*]

王博雅　赵　文　蔡翼飞　向　晶

一、前　　言

"十三五"时期，我国经济发展进入新常态，经济发展动力需要从传统的劳动力和资本要素驱动转向科技要素驱动，产业需要从传统的劳动密集型转向技术密集型、知识密集型；与此同时，知识产权已经成为推动经济增长和财富创造的有力工具。为此，美国商务部 2012 年发布了《知识产权和美国经济：聚焦产业》报告，将知识产权密集型产业定义为专利密集型、商标密集型和版权密集型产业的集合，并对美国知识产权密集型产业的发展情况进行了总结。随后，欧盟于 2013 年发布了《知识产权密集型产业：对欧盟经济及就业的贡献》报告，对欧盟知识产权密集型产业的发展情况也进行了梳理。2016 年，美国和欧盟又相继对报告进行了更新。我国国家知识产权局也发布了《专利密集型产业目录（2016）》（试行）、《中国专利密集型产业主要数据统计报告（2016）》等报告，总结了我国专利密集型产业的发展现状。上述报告的相关数据表明，知识产权密集型产业已成为美国、欧盟和我国推动经济发展、产业升级的重要力量。2010～2014 年，美国知识产权密集型产业增加值占 GDP 的比重由 34.8％增长到 38.2％；❶ 2011～2013 年，

　＊　本文获第十届全国知识产权优秀调查研究报告暨优秀软课题研究成果评选二等奖。
　❶　数据源自《知识产权和美国经济：聚焦产业 2016》。

欧盟知识产权密集型产业对 GDP 贡献率达到了 42.3％；❶ 2010～2014 年，我国专利密集型产业增加值合计为 26.7 万亿元，占 GDP 的比重由 9.17％提升到 12.45％，增加值平均年均增速为 16.6％，是同期 GDP 年均实际增长速度的 2 倍以上，体现出其对经济的强大拉动作用。❷

我国政府认识到知识产权密集型产业在经济发展中的重要地位，2015 年《国务院关于新形势下加快知识产权强国建设的若干意见》中提出，"培育知识产权密集型产业。探索制定知识产权密集型产业目录和发展规划……引导社会资金投入知识产权密集型产业。加大政府采购对知识产权密集型产品的支持力度。试点建设知识产权密集型产业集聚区和知识产权密集型产业产品示范基地"。要培育知识产权密集型产业，就要厘清我国知识产权密集型产业的发展现状和趋势，并对支持政策的效果进行预评估。因此，本文从上述三个方面对我国知识产权密集型产业进行了研究，以期为我国知识产权密集型产业的发展和相关的政策制定提供参考。

二、知识产权密集型产业发展现状

（一）产业整体现状

国家知识产权局的《中国知识产权密集型产业统计（2015）》报告显示，2010～2014 年，我国专利密集型产业、版权密集型产业、商标密集型产业的年均产业增加值分别为 8.48 万亿元、2.90 万亿元、11.08 万亿元，GDP 占比分别为 17.5％、6.00％、22.90％。2010～2014 年我国知识产权密集型产业增加值合计为 71.3 万亿元，年均实际增长 10.1％，高于 GDP 的年均增长速度（8％）。GDP 贡献上，我国知识产权密集型产业增加值占当期 GDP 的比重由 2010 年的 28.1％逐年增加至 2014 年的 30.4％。就业方面，2010～2014 年，我国专利

---

❶ 数据源自《知识产权密集型产业：对欧盟经济和就业的影响 2016》
❷ 数据源自《中国知识产权密集型产业统计（2015）》。

密集型产业、版权密集型产业、商标密集型产业贡献的直接就业机会分别为4 789万个、3 321万个、7 703万个，占比分别为6.40%、4.20%、10.00%。

与此同时，美国商务部发布的《知识产权和美国经济：聚焦产业2016》报告显示，2010～2014年，美国知识产权密集型产业的产值及GDP占比、就业及占比均稳定增长。2014年，美国知识产权密集型产业的产业增加值为6.60万亿美元，GDP占比为38.2%；其中商标密集型产业、版权密集型产业、专利密集型产业的产业增加值分别为6.1万亿美元、0.95万亿美元、0.88万亿美元，GDP占比分别为34.9%、5.5%、5.1%。就业方面，2014年美国知识产权密集型产业直接和间接贡献4 548万千就业机会，占就业总量的30.0%；其中直接贡献就业机会2 788万个，占比18.2%。商标密集型产业、版权密集型产业、专利密集型产业贡献的直接就业机会分别为2 374万个、567万个、393万个。

欧盟发布的《知识产权密集型产业：对欧盟经济和就业的影响2016》报告显示，欧盟的知识产权密集型产业在区域的国民经济发展中也扮演了重要作用。2011～2013年欧盟知识产权密集型产业的产业增加值平均为5.66万亿欧元，GDP占比为42.3%，其中商标密集型产业、版权密集型产业、专利密集型产业的产业增加值分别为4.81万亿欧元、0.91万亿欧元、2.04万亿欧元，GDP占比分别为35.9%、6.8%、15.2%；就业方面，2011～2013年欧盟知识产权密集型产业直接贡献6 003万个就业机会，占就业总量的27.8%，商标密集型产业、版权密集型产业、专利密集型产业贡献的直接就业机会分别为4 579万个、1 163万个、2 267万个。

上述中国、美国、欧盟相关数据对比情况如图1、图2所示。

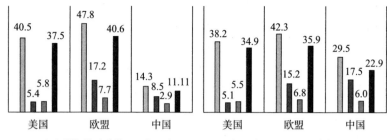

（a）增加值（单位：万亿元）　　（b）占GDP比重（单位：%）

▨ 知识产权密集型　■ 专利密集型　▨ 版权密集型　■ 商标密集型

图 1　知识产权密集型产业规模情况❶

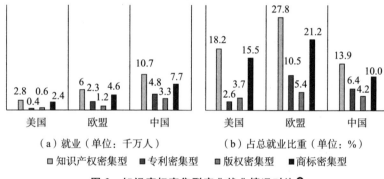

（a）就业（单位：千万人）　　（b）占总就业比重（单位：%）

▨ 知识产权密集型　■ 专利密集型　▨ 版权密集型　■ 商标密集型

图 2　知识产权密集型产业就业情况对比❷

（二）产业比较分析

1. 产业规模、GDP 占比与就业

与美国和欧盟相比，我国知识产权密集型产业的规模、GDP

---

❶ 中国为 2010～2014 年平均数据，来自《中国知识产权密集型产业统计（2015）》；美国为 2014 年数据，来自美国商务部发布的《知识产权和美国经济：聚焦产业 2016》；欧盟为 2011～2013 年平均数据，来自欧盟发布的《知识产权密集型产业：对欧盟经济和就业的影响 2016》。

❷ 中国为 2010～2014 年平均数据，来自《中国知识产权密集型产业统计（2015）》；美国为 2014 年数据，来自美国商务部发布的《知识产权和美国经济：聚焦产业 2016》；欧盟为 2011～2013 年平均数据，来自欧盟发布的《知识产权密集型产业：对欧盟经济和就业的影响 2016》。

占比、对就业的带动能力均处在较低水平，还有很大上升空间。美国知识产权密集型产业的产业增加值是我国的 2.8 倍，GDP 占比高出我国 8.7 个百分点，带动就业的占比高出我国 4.3 个百分点；欧盟知识产权密集型产业增加值是我国的 3.4 倍，GDP 占比比我国高出 12.8 个百分点，带动就业的占比高出我国 13.9 个百分点。

2. 比较劳动生产率❶与劳动生产率❷

如图 3 所示，我国知识产权密集型产业的比较劳动生产率高于欧盟和美国，但是劳动生产率远低于欧美。比较劳动生产率方面，我国知识产权密集型产业的比较劳动生产率与美国持平，均为 2.1，高于欧盟的 1.5；说明美国和中国每 1% 的就业产出 2.1% 的 GDP，而欧盟只产出 1.5%。我国专利密集型产业的比较劳动生产率远高于美国和欧盟，美国和欧盟每 1% 的就业分别产出 2.0% 和 1.4% 的 GDP，而中国的产出却高达 2.7%。

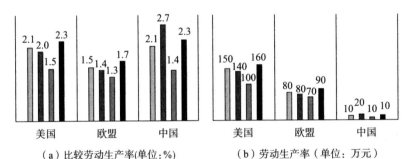

（a）比较劳动生产率(单位：%)　　　（b）劳动生产率（单位：万元）

■ 知识产权密集型　■ 专利密集型　□ 版权密集型　■ 商标密集型

图 3　知识产权密集型产业比较劳动生产率和劳动生产率对比❸

❶　比较劳动生产率，即一个部门的产值同在该部门就业的劳动力比重的比率，它反映 1% 的劳动力在该部门创造的产值（或收入）比重。比较劳动生产率=增加值 GDP 占比/就业占比，表示每 1% 的就业产出的 GDP 百分比。

❷　劳动生产率=GDP/就业量。

❸　比较劳动生产率和劳动生产率由作者根据相关数据测算而得；中国为 2010～2014 年平均数据，来自《中国知识产权密集型产业统计（2015）》；美国为 2014 年数据，来自美国商务部发布的《知识产权和美国经济：聚焦产业 2016》；欧盟为 2011～2013 年平均数据，来自欧盟发布的《知识产权密集型产业：对欧盟经济和就业的影响 2016》。

劳动生产率方面，我国知识产权密集型产业的劳动生产率只有10万元/人，远低于美国和欧盟，美国是中国的15倍，欧盟是中国的8倍；我国专利密集型、版权密集型和商标密集型产业的劳动生产率也均远低于美国和欧盟，专利密集型产业的差距较小，美国是中国的7倍，欧盟是中国的4倍。

高于1的比较劳动生产率说明我国知识产权密集型产业比非知识产权密集型产业有更高的效率，而比较劳动生产率高于美国和欧盟说明我国知识产权密集型产业比非知识产权密集型产业的效率优势比美国和欧盟更大，因此我们更应当支持知识产权密集型产业的发展。我国知识产权密集型产业远低于美国和欧盟的劳动生产率说明了我国知识产权密集型产业未来还有很大的提升空间，对未来经济增长的影响潜力巨大。

3. 产业结构与比较优势

从结构方面看，在知识产权密集型三类产业中，对于美国来说，商标密集型产业规模最大，版权密集型产业次之，专利密集型产业规模最小；对于欧盟和我国来说，商标密集型产业规模最大，专利密集型产业规模次之，版权密集型产业规模最小。

在产业规模和GDP占比方面，我国的商标密集型产业与美国和欧盟差距较大，版权密集型产业居中，专利密集型产业具有比较优势。美国和欧盟的商标密集型产业的增加值分别是我国的3.4倍和3.7倍，GDP占比分别比我国高出12个和13个百分点；美国和欧盟的版权密集型产业的增加值分别是我国的2.0倍和2.7倍，欧盟GDP占比比我国高0.8个百分点，但是美国GDP占比比我国少0.5个百分点；尽管欧盟专利密集型产业的规模是我国的2倍，但是我国的专利密集型产业规模是美国的1.6倍，此外我国专利密集型产业的GDP占比分别比美国和欧盟高出12.4个和2.3个百分点。

带动就业方面，美国和欧盟的商标密集型产业优于我国，欧盟的版权密集型和专利密集型产业也优于我国，而我国的版权密集型和专利密集型产业则优于美国。美国和欧盟商标密集型产业带动的就业比例分别比我国高出5.5个和11.2个百分点；欧盟版权密集型产业带动的就业比例比我国高出1.2个百分点，我国比美国高出

0.5 个百分点；欧盟专利密集型产业带动的就业比例比我国高出 4.1 个百分点，我国比美国高出 3.8 个百分点。

在生产效率方面，我国专利密集型产业的比较劳动生产率远高于美国和欧盟，版权密集型产业的比较劳动生产率和美欧大致相当，商标密集型产业的比较劳动生产率和美国持平，但高于欧盟；尽管我国专利密集型、版权密集型、商标密集型产业的劳动生产率都远低于美国和欧盟，但是我国专利密集型产业的劳动生产率是版权密集型和商标密集型产业劳动生产率的 2 倍。因此我国专利密集型产业的生产效率有优势。

综合以上规模、就业、效率三方面的内容，我国专利密集型产业是三类知识产权密集型产业中表现最优秀的，与美国和欧盟相比也有一定的比较优势。

三、专利密集型产业增长趋势预测

国际经验表明，专利密集型产业是知识技术密集、物质资源消耗少、成长潜力大、综合效益好的经济活动，其增长率往往高于同时期的国民经济增长率，因此，随着经济发展，专利密集型产业在国民经济中的比重将会提高。专利密集型产业的就业增长较为缓慢，因此，专利密集型产业占总就业的比重，在产业快速成长期会有所提高，但到产业成熟阶段后，虽然专利密集型产业的就业仍会增加，但占总就业的比重可能不会有明显的提高，甚至还会有所下降。基于这些认识，本文对中国专利密集型产业的增长趋势进行了预测。

（一）统计标准和数据结构

根据目前的国民经济行业分类（GB/T 4754 - 2011），工业行业可以分为大、中、小三类。大类行业以两位代码表示，中类行业以三位代码表示，小类行业以四位代码表示。比如说，电气机械和器材制造业是代码为 38 的大类行业，其中，电机制造是代码为 381 的中类行业，发电机及发电机组制造是代码为 3811 的小类行业。

专利密集型产业目录的结构，是基于中类三位代码行业分类的。比如，生物医药产业下有"化学药品原料药制造"，其国民经济行业分类代码为 271，属于中类行业。根据目前的统计体系，能够支持中类行业数据分析的是《中国工业统计年鉴》。《中国工业统计年鉴》提供了规模以上工业企业主要经济指标（大、中、小类行业）。根据这些经济指标，可以推算出各个行业的增加值、就业等经济指标。

如表 1 所示，在增加值方面，2004 年到 2015 年，我国专利密集型产业的规模不断增加，专利密集型产业增加值占国民经济的比重也在不断提高。2004 年，专利密集型产业增加值占国民经济的比重为 8.6%，2012 年上升到 11%，2015 年进一步上升到 12%，增加值达到 82 069 亿元。专利密集型产业中，规模最大的是软件和信息技术服务业，2015 年的增加值为 18 150 亿元；第二大的是现代交通装备产业，2015 年增加值达到 14 643 亿元；规模最小的是资源循环利用产业，2015 年的增加值只有 423 亿元。八大类专利密集型产业的结构并不均衡。从三类代码的产业来看，增加值最高的行业是汽车整车制造、汽车零部件及配件制造、通信设备制造、基础化学原料、输配电及控制设备制造、专用化学产品制造、化学药品制剂。这 7 个行业 2015 年的增加值占全部专利密集型产业增加值的比重为 53%。从增长速度来看，这 7 个行业 2012 年到 2015 年的名义增长率为 13%，超过全部行业平均名义增长率 10%。因此，按照这个增长趋势，未来 7 个行业的行业集中度将会更高。

表 1　专利密集型产业增加值基本情况

	2004 年	2008 年	2010 年	2011 年	2012 年	2013 年	2014 年	2015 年
增加值占全国 GDP 的比重	8.6%	9.7%	10%	10.1%	11.0%	11.9%	11.8%	12.0%
增加值/亿元	13 838	30 981	41 450	49 272	59 475	70 549	76 218	82 069
一、信息基础产业	1 154	2 448	4 026	5 188	6 707	8 079	7 615	8 766
二、软件和信息技术服务业	4 236	7 860	8 882	10 305	11 929	13 730	15 940	18 150
三、现代交通装备产业	1 905	4 680	6 856	8 308	10 077	13 033	14 442	14 643

	2004 年	2008 年	2010 年	2011 年	2012 年	2013 年	2014 年	2015 年
四、智能制造装备产业	909	2 444	3 545	4 288	5 198	6 121	6 073	6 062
五、生物医药产业	1 155	2 350	3 280	3 884	5 142	6 189	6 961	7 939
六、新型功能材料产业	2 526	6 413	8 144	9 192	10 387	11 677	12 714	13 414
七、高效节能环保产业	1 892	4 541	6 428	7 794	9 693	11 367	12 089	12 672
八、资源循环利用产业	62	246	289	314	342	354	386	423

如图 4 所示,在就业方面,专利密集型产业创造就业岗位逐年增多。2004 年,专利密集型产业创造就业岗位 1 551 万个,2012 年提高到 2 657 万个,2015 年进一步提高到 3 062 万个。其中,2015 年,信息技术产业创造就业岗位 534 万个,软件和信息技术服务业创造就业岗位 350 万个,现代交通装备产业创造就业岗位 513 万个,智能制造装备产业创造就业岗位 315 万个,生物医药产业创造就业岗位 254 万个,新型功能材料产业创造就业岗位 381 万个,高效节能环保产业创造就业岗位 683 万个,资源循环利用产业创造就业岗位 33 万个。总体来看,专利密集型产业是一个经济占比高、就业占比低的行业。

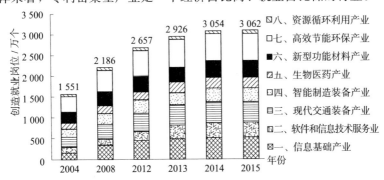

图 4 专利密集型产业创造就业岗位情况

（二）专利密集型产业增长趋势预测

国际经验表明，知识产权密集型产业增加值占国民经济的比重会不断提高。美国知识产权密集型产业增加值占国民经济的比重，2010 年为 34.8%，2014 年为 38.2%。欧盟知识产权密集型产业增加值占国民经济的比重，2008～2010 年为 39%，2011～2013 年为 42%。

我国专利密集型产业所在行业长期保持高于国民经济的发展速度。1996 年到 2011 年，专利密集型产业所在行业增加值实际年均增长 14%，2012 年到 2015 年，年均实际增长约 10%。2012 年，专利密集型产业所在行业增加值占 GDP 的比重为 15.3%，2015 年进一步提高到 18.5%。

比较高技术行业、专利密集型产业与所在行业增加值增长率可以发现，2012 年到 2015 年，专利密集型产业增长率最高，达到 12%；高技术产业居其次，达到 11%；专利密集型产业所在行业增长率为 10%。从专利密集型产业增长率的变化来看，2007 年之前，专利密集型产业增长率远高于 GDP 的增长率。2007 年之后，专利密集型产业增长率大致跟随了 GDP 增长率的变化，但仍高于 GDP 增长率。高技术产业的增长情况与专利密集型产业类似。这说明：（1）专利密集型产业的增长率目前仍然较高；（2）专利密集型产业的增长率正处于下降通道中。

基于以上两点认识，可以对专利密集型产业未来的增长趋势作出预测。假设：（1）GDP 增长率 2017～2020 年为 6.5%，2021～2030 年为 5%；物价年均上涨（GDP 平减指数）为 2.5%。（2）情景 1：专利密集型产业增加值实际增长率为 8%。（3）情景 2：专利密集型产业增加值实际增长率跟随且高于 GDP 增长率 1.2%。

预测结果（参见表 2）表明，到 2020 年，中国专利密集型产业占 GDP 的比重可能会达到 12.7%～12.9%，2025 年可能会达到 13.4%～14.6%，2030 年可能会达到 14.2%～17.2%。具体来看，在情景 1 的条件下，到 2020 年，专利密集型产业的增加值将达到 13.6 万亿元，占 GDP 的 12.9%；到 2025 年，增加值将达到 22.8

万亿元，占 GDP 的 14.6%；到 2030 年，增加值将达到 38.1 万亿元，占 GDP 的 17.2%。在情景 2 的条件下，到 2020 年，专利密集型产业的增加值将达到 13.4 万亿元，占 GDP 的 12.7%；到 2025 年，增加值将达到 21.0 万亿元，占 GDP 的 13.4%；到 2030 年，增加值将达到 31.6 万亿元，占 GDP 的 14.2%。

表 2 专利密集型产业的增长预测

	2016 年	2017 年	2018 年	2019 年	2020 年	2025 年	2030 年
专利密集型产业增加值实际增长率 8%							
专利密集型产业增加值/万亿元	9.0	10.0	11.1	12.3	13.6	22.8	38.1
增加值占 GDP	12.1%	12.3%	12.5%	12.7%	12.9%	14.6%	17.2%
专利密集型产业增加值实际增长率跟随且高于 GDP 增长率 1.2%							
专利密集型产业增加值/万亿元	9.0	10.0	11.0	12.1	13.4	21.0	31.6
增加值占 GDP	12.1%	12.3%	12.4%	12.5%	12.7%	13.4%	14.2%

四、专利密集型产业政策效果预评估

（一）评估模型

本小节利用内生增长模型对专利密集型产业的政策效果进行预评估。内生增长模型是将技术进步内生化的增长模型。美国著名经济学家约翰·G. 费纳尔多（John G. Fernald）和查尔斯·I. 琼斯（Charles I. Jones）在 2014 年于《美国经济评论》（*American Economic Review*）发表了论文"The Future of U. S. Economic Growth"，使用其创建的生产函数分析了美国知识经济的增长态势。与以往用关于评价工业生产的新古典模型不同，费纳尔多和琼斯特别地将知识的生产纳入生产函数，这就将第三轮科技革命以来的经济增长特征抽象地纳入到了经典的增长理论中，为研究知识经济的发展及其对经济增长的贡献提供了新的工具。费纳尔多和琼斯提出的模型如下：

$$y = \left(\frac{K}{V}\right)^{\overline{1-a}} \cdot h \cdot (R\&D \ intensity)^{\frac{\sigma}{1-a} \cdot l} \tag{1}$$

$$(R\&D \ intensity)_t = \delta H_{A,t}^{\lambda} A_t^{\phi} \tag{2}$$

$$H_{A,t} = \sum_{}^{N} h_{j,t}^{\theta} L_{A,j,t} \tag{3}$$

其中，y 是人均 GDP，Y 是总产出（GDP），K 是物质资本存量，α 是资本要素产出弹性，σ 表示规模递增效应。l 表示从事非知识类产品生产活动的人数比例，$l = L_{Yt}/L_t$，其中，L_{Yt} 是从事非知识类产品生产活动的人数，L_{At} 是从事知识类产品生产活动的人数，L_t 是全部就业人数，即 $L_{Yt} + L_{At} = L_t$，因此经济体总的劳动投入需要在产品生产和知识生产之间分配。$h = e^{\psi(l_{ht})}$，是平均的人力资本水平❶，$\psi(l_{ht})$ 是回归估计的不同受教育程度人群的教育回报率，如果没有受到过教育，则等于 1，l_{ht} 表示劳动力受教育程度。$R\&D \ intensity$ 表示知识的生产，它被看作经济资源在最终产品部门和科研部门之间分配比例的函数，新知识出现的速度依赖于世界有效科研和现有知识存量，以式（2）表示。式（2）中，$(R\&D \ intensity)_t$ 表示 t 时期生产出来的新知识，它的规模取决于 H_A、现有知识存量 A_t^{ϕ}、参数 δ。H_A 是世界有效科研，是所有 N 个经济体有效科研人数以平均人力资本水平为权数的加权和，以式（3）表示，其中，L_A 表示从事知识生产的劳动投入，h_{θ} 表示和平均的人力资本水平相关的参数。ϕ 和知识存量中过时知识淘汰有关，过时知识淘汰越快，φ 越大。参数 δ 表示知识生产的规模递减效应，如果将科研人员的数量翻番，所生产的知识并不会翻番，而是要少一些。

（二）政策效果预评估

利用上述模型，本文测算了专利密集型产业的各类要素的产出弹性（参见表 3）。测算结果表明，资本的产出弹性为 13%，非科研劳动比重的产出弹性为 −1%，研发投入的产出弹性为 12%，人力资本水平的产出弹性为 28%，从业人数的产出弹性为 48%。

为了稳妥起见，本文还测算了与专利密集型产业重叠程度较高

---

❶ 在增长核算中，以劳动力平均受教育年数代表 h。

的高技术产业的各要素产出弹性。可以发现，专利密集型产业和高技术产业各类要素的产出弹性大小接近。这说明本文测算的专利密集型产业的要素产出弹性是稳定可靠的。

此外，本文还测算了全国的各类要素的产出弹性。可以发现，专利密集型产业的资本产出弹性（13%）远低于全国水平（49%），而人力资本水平和从业人数的产出弹性（28%和48%）远高于全国水平（15%和6%）。这说明专利密集型产业是一个主要依赖高素质人才的行业。

表 3 专利密集型产业的要素产出弹性

	公式符号	专利密集型产业	高技术产业	全国
G4 资本	$\dfrac{K}{Y}$	13%	11%	49%
非科研劳动比重	l	−1%	−1%	−0%
研发投入	$R\&D\,intensity$	12%	12%	30%
人力资本水平	h	28%	42%	15%
从业人数	L_{Yt}	48%	36%	6%

结合各要素的产出弹性，以及各要素未来的投入增长情况，本文预测专利密集型产业各类要素的投入与最终产出有如下的数量关系：（1）投资额增加 5%，增加值增加 0.65%；（2）固定资产交付使用率提高 5%，增加值增加 0.26%；（3）从业人数增加 5%，增加值增加 2.4%；（4）R&D 当量增加 5%，增加值增加 0.6%。

基于以上判断，本文预测了两个政策方案的预期效果。

1. 评估方案一

假设在 2018 年实施一次性的刺激政策，刺激强度为投资额增加 5%，R&D 当量增加 5%，固定资产交付使用率提高 5%。

方案一的测算结果（参见表 4）表明，2020 年专利密集型产业增加值占 GDP 的比重为 13.1%～13.4%，2025 年为 13.9%～15.1%，2030 年为 14.8%～17.8%。

表4　方案一：2018年实施刺激政策的政策效果

	2016年	2017年	2018年	2019年	2020年	2025年	2030年
Case1							
专利密集型产业增加值实际增长率	8%	8%	12.04%	8%	8%	8%	8%
专利密集型产业增加值/万亿元	9.0	10.0	11.5	12.7	14.1	23.6	39.5
专利密集型产业增加值占GDP	12.1%	12.3%	12.9%	13.2%	13.4%	15.1%	17.8%
Case2							
专利密集型产业增加值实际增长率	8%	8%	11.64%	8%	7%	6%	5%
专利密集型产业增加值/万亿元	9.0	10.0	11.4	12.6	13.8	21.8	32.7
专利密集型产业增加值占GDP	12.1%	12.3%	12.8%	13.0%	13.1%	13.9%	14.8%

2. 评估方案二

假设在2018年实施一次性的刺激政策的基础上，在2018年到2025年持续实施刺激政策，刺激强度为投资额增加5%，R&D当量增加5%，固定资产交付使用率提高5%。

方案二的测算结果（参见表5）表明，2020年专利密集型产业增加值占GDP的比重为14.6%～14.9%，2025年为18.5%～20.0%，2030年为19.6%～23.6%。

表5　方案二：2018～2025年实施刺激政策的政策效果

	2016年	2017年	2018年	2019年	2020年	2025年	2030年
Case1							
专利密集型产业增加值实际增长率	8%	8%	15.95%	12.04%	12.04%	12.04%	8%
专利密集型产业增加值/万亿元	9.0	10.0	11.9	13.7	15.7	31.3	52.4
专利密集型产业增加值占GDP	12.1%	12.3%	13.4%	14.1%	14.9%	20.0%	23.6%

	2016 年	2017 年	2018 年	2019 年	2020 年	2025 年	2030 年
Case2							
专利密集型产业增加值实际增长率	8%	8%	15.55%	11.54%	11.34%	10.34%	5%
专利密集型产业增加值/万亿元	9.0	10.0	11.8	13.5	15.4	29.0	43.6
专利密集型产业增加值占 GDP	12.1%	12.3%	13.3%	13.9%	14.6%	18.5%	19.6%

以上预测结果表明，如果在 2018～2025 年连续实施刺激政策，刺激力度为"投资额增加 5%，R&D 当量增加 5%，固定资产交付使用率提高 5%"，那么，2020 年专利密集型产业增加值占 GDP 的比重可能会达到 14.6%～14.9%，2025 年可能会达到 18.5%～20%，2030 年可能会达到 19.6%～23.6%。

五、政策问题与建议

上述的分析结果表明，知识产权密集型产业在我国的经济转型升级中具有十分重要的作用，我国需要设计知识产权密集型产业的支持政策体系，提升我国知识产权密集型产业的发展水平。为此，本文分析了当前我国知识产权密集型产业支持政策体系存在的问题，并提出了相关政策建议。

（一）支持政策体系存在的问题

现阶段，我国在知识产权、高新技术、战略性新兴产业等具体领域进行诸多政策布局，但是具体针对知识产权密集型产业发展的产业政策还不多。现有的相关产业政策目标多、规划多，导致产业政策在操作层面有很多交叉，政策设计内容与实际操作存在差距。总结当前我国知识产权密集型产业的相关支持政策，存在以下主要问题：（1）政策导向不够明确，具体表现为政策导向不强、缺乏顶层设计和国际视野、政策内容失配和针对性不强并存；（2）政策之间缺乏协调，具体表现为政策宏观协调性弱、区域政策协同水平低、政策叠加效应不明显；（3）配套的财政、税收、金融政策以及公共服务政策还不完善。

（二）支持政策体系的调整方向

针对以上问题，本文建议从增强政策的协同性和差异化程度，优化财政、税收、金融以及公共服务等政策等方面对知识产权密集型产业的支持政策体系进行调整。

1. 增强政策的协同性

（1）外部政策协同

外部上，形成与高新技术产业和战略性新兴产业的政策协同。高技术产业主要集中于各种高科技园区中，便于规划实施和因园施策，但对企业"走出去"和参与国际竞争作用有限。战略性新兴产业政策对重要行业发展有积极促进作用，但边界模糊、缺乏全面系统的统计资料等因素，导致难以寻求合宜的政策落脚点。知识产权密集型产业政策以优化知识产权产业化环境和提升产业知识产权运营能力为主要方向，弥补其他两种产业政策局限，产业升级路径比较明确，直接针对我国产业竞争力塑造的薄弱环节和核心因素。

（2）内部政策协同

首先要重视针对知识产权密集型产业的产业政策之间、知识产权政策之间的协同，其次也要重视各项产业政策和知识产权政策在企业发展不同阶段、知识产权生产和运营不同阶段的协同。

2. 增强政策的差异化程度

坚持放管结合，区分区域和产业差别情况，激发创新创造活力，积极防范可能引发的风险。对关联带动作用强、但目前尚未形成比较优势的战略性行业，可以采用财政、金融和产业组织政策培育壮大；对发展前景明朗、风险可控的潜在新兴行业，在优惠政策上给予积极倾斜；对尚未形成竞争优势、未来发展不明朗的不确定行业，加强监测分析，依靠市场机制择优汰劣；对以创新之名"新瓶装旧酒"借机牟利的传统行业，坚决从示范园区或示范企业扶持目录中剔除。

3. 优化财政、税收、金融以及公共服务等政策

（1）在财政政策方面，设立知识产权密集型产业发展引导基金，建立财政性资金采购自主创新产品制度；

（2）在税收政策方面，对投资主体、企业行为、创新人才进行税收激励；

（3）在金融政策方面，建立知识产权资本市场体系，探索知识产权证券化路径，加大政策金融扶持力度；

（4）在公共服务政策方面，搭建知识产权保护与交易平台，构筑知识产权密集型产业示范园区，打造专业技术信息服务平台，培育行业协会和跨行业创新联盟，建设基础数据库和综合管理平台，实施创新性英才聚集计划。

基于专利信息的全球主要国家
技术创新活动研究[*]

张　鹏　彭茂祥　田春虎　李隽春　王亚玲

杨景蓝　李　蓉　郑　磊　程丽芳

一、全球技术创新活动研究❶

（一）全球技术创新活动整体情况

如图 1 所示，2008～2015 年，全球发明专利公开量整体呈递增趋势，年均增长率达到 5.97%。2011 年之前，发明专利公开量增幅较小，2010 年甚至出现了负增长；2011 年之后，发明专利公开量增幅变大，基本维持在 8% 以上，且 2012 年实现了近年来的最大增幅（12.76%），说明全球发明专利申请增长态势良好。

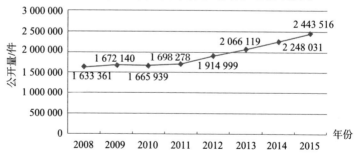

图 1　2008～2015 年全球发明专利公开态势

如表 1 所示，2008～2015 年，电机/电气装置/电能、测量、有

---

　*　本文获第十届全国知识产权优秀调查研究报告暨优秀软课题研究成果评选二等奖。

　❶　除非特别说明，全球专利数据均来自欧洲专利局 EPOQUE 系统的 EPODOC 数据库（欧洲专利局题录和摘要数据库）。

机精细化学、生物技术、高分子化学/聚合物、食品化学、基础材料化学、材料/冶金、化学工程、环境技术、机床、其他专用机械、热工过程和设备、土木工程 14 个技术领域的发明专利公开量持续保持正增长，为近年来全球技术创新方向。

表 1　2008～2015 年全球技术创新方向

全球技术创新方向	公开量/件	公开量排名	所属一级技术领域
电机/电气装置/电能	1 388 653	2	电气工程
测量	957 292	3	仪器
其他专用机械	669 708	11	机械工程
基础材料化学	662 222	12	化学
土木工程	612 989	14	其他领域
化学工程	546 236	16	化学
机床	530 347	17	机械工程
材料/冶金	505 556	20	化学
有机精细化学	453 552	23	化学
高分子化学/聚合物	451 159	24	化学
生物技术	355 023	28	化学
食品化学	345 130	29	化学
环境技术	345 113	30	化学
热工过程和设备	332 905	31	机械工程

2008～2015 年，发明专利公开量持续保持正增长的 14 个二级技术领域中，有 2 个技术领域发明专利公开量位居前 10 名，即：电机/电气装置/电能领域、测量领域。这两个技术领域连续 8 年实现正增长，是近年来的技术创新热点领域。

（二）全球主要专利来源国技术创新状况

1. 全球授权发明专利主要来源于美国、日本、中国、韩国

如图 2 所示，以 2012～2015 年 4 年的专利授权总量计，九国中，美国发明专利授权量位居第一，4 年总计达到 567 878 件，日本、中国、韩国紧随其后，分别为 550 084 件、549 559 件、295 238 件。

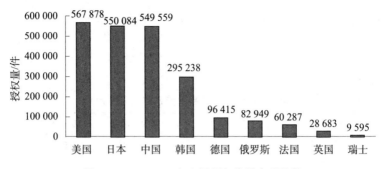

图2　2012～2015年九国授权发明专利总数

2. 美国和中国是全球专利布局的主要市场

如图3所示，2012～2015年，九国在美国和中国的专利布局比例均较高，美国和中国是全球专利布局的主要市场。这是由于美国和中国市场容量大、蕴藏巨大商机而备受各国企业关注。从全球专利布局来看，中国虽然对全球发明申请量和授权量贡献较大，但主要在本国范围内进行专利布局，以知识产权助力全球市场开拓的意识和能力还需提高。

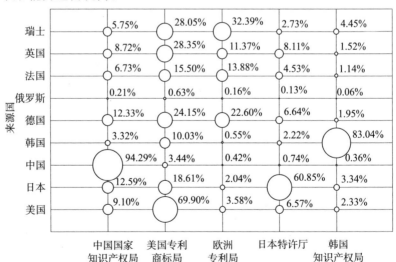

图3　2012～2015年九个主要专利来源国五局专利布局

3. 日本专利权人的平均专利集中度最高，领先于其他国家，俄罗斯位居第二

如图4所示，2012～2015年，每申请人平均发明专利授权量最高的是日本，达到8.45件/人，有效竞争者的平均专利集中度远高于其他国家，这意味着日本有效竞争者平均拥有的专利技术最多，在全球市场的竞争中对专利技术的自由运用程度较高，实力雄厚；每申请人平均发明专利授权量位居第二的是俄罗斯。

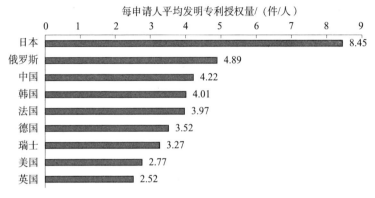

图4　2012～2015年九国的每申请人平均发明专利授权量❶

如图5所示，2012～2015年，每授权发明专利平均发明人数最多的是中国，达到3.80人次/件，体现了中国较高的专利平均研究密集程度。这与中国由于人力资源成本较低而拥有众多的研发人员的国情相符合。另一方面，每授权发明专利投入的研发人员数量较多，则授权发明的价值可能较高。俄罗斯、美国、瑞士和日本都拥有较高的每授权发明专利平均发明人数，分别为3.18人次/件、2.84人次/件、2.73人次/件、2.68人次/件。

4. 与中国、美国和韩国相比，日本在技术流动方面均处于高位势，是最大的专利技术输出国

如图6所示，2012～2015年，与中国、美国和韩国相比，日本

---

❶　指每个申请人平均所拥有的授权发明专利数量，反映一个国家或地区有效竞争者的平均专利集中度。

在技术流动方面均处于高位势，是最大的专利技术输出国。日本向美、中、韩共输出了 190 006 件授权发明专利，这一数据高于美国向日、中、韩，中国向日、美、韩，韩国向日、美、中输出的专利总和。这与日本一贯重视拓展域外市场、具备很强的研发实力、注重域外市场知识产权保护等多方面因素有关。

每授权发明专利平均发明人数/（人次/件）

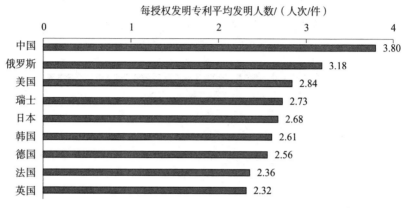

图 5　2012～2015 年九国的每授权发明专利平均发明人数❶

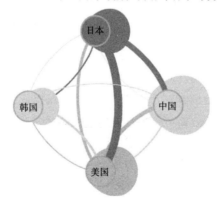

图 6　2012～2015 年四国授权发明专利流向

❶　指每授权发明专利投入的科研人员数量。在一个国家、地区或机构中，授权发明专利投入的科研人员数量越多，授权发明专利的研究密集程度越高，则发明专利的价值可能越高。

（三）全球技术创新的主要竞争者

1. WIPO 35 个技术领域的主要竞争者分布特点

WIPO 35 个技术领域发明授权量的前 10 名共涉及 191 位申请人，同时入围 5 个以上技术领域 10 强的竞争者有 16 个（参见图 7）。其中，富士胶片作为综合性影像、信息、文件处理类产品及服务的制造和供应商之一，其入围了音像技术、光学、医学技术、高分子化学/聚合物、基础材料化学、表面加工技术/涂层、环境技术、纺织和造纸器械、其他专用机械 9 个技术领域的 10强；佳能作为一家全球领先的生产影像与信息产品的综合集团，其入围了音像技术、电信、计算机技术、光学、测量、医学技术、装卸、纺织和造纸器械 8 个技术领域的 10 强。中国竞争者占据 2 个名额，分别为浙江大学和中石化。同时，分析数据表明，企业作为市场竞争的主体，占据了 20 个技术领域的主要竞争者，而科研资源与人才集中的高校和科研机构则紧随其后（参见表 2）。

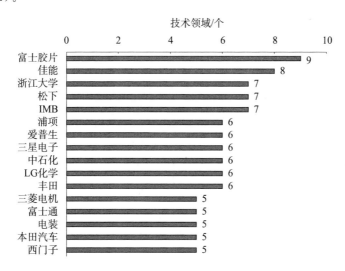

图 7　2012～2015 年发明授权量在 5 个以上技术领域均位列前 10 名的申请人

表 2 2012～2015 年 WIPO 35 个技术领域发明授权量前 10 名申请人的类型

技术领域	企业	高校	科研机构	个人	技术领域	企业	高校	科研机构	个人
电机/电气装置/电能	10	0	0	0	基础材料化学	9	0	0	1
音像技术	10	0	0	0	材料/冶金	8	1	0	1
电信	10	0	0	0	表面加工技术/涂层	9	0	0	1
数字通信	10	0	0	0	微观结构和纳米技术	4	5	0	1
基础通信程序	10	0	0	0	化学工程	6	3	1	0
计算机技术	10	0	0	0	环境技术	6	3	0	1
信息技术管理方法	10	0	0	0	装卸	10	0	0	0
半导体	10	0	0	0	机床	10	0	0	0
光学	10	0	0	0	发动机/泵/涡轮机	10	0	0	0
测量	6	4	0	0	纺织和造纸器械	9	1	0	0
生物材料分析	3	6	1	0	其他专用机械	9	0	1	0
控制	10	0	0	0	热工过程和设备	10	0	0	0
医学技术	10	0	0	0	机械元件	10	0	0	0
有机精细化学	9	1	0	0	运输	10	0	0	0
生物技术	3	5	1	1	家具游戏	10	0	0	0
药品	10	0	0	0	其他消费品	9	0	0	1
高分子化学/聚合物	10	0	0	0	土木工程	7	1	1	1
食品化学	4	2	1	3	—	—	—	—	—

2. WIPO 35 分领域主要竞争者的技术创新情况

当发明专利授权量、授权发明的科研人员规模、授权发明专利的研究密集程度等指数均表现突出时，说明竞争者创新优势明显。在全球发明专利公开量持续保持正增长的电机/电气装置/电能、测量、有机精细化学、生物技术、高分子化学/聚合物 5 个技术领域中，技术创新优势明显的申请人分别为丰田汽车、电装株式会社、中石化、孟山都、中石化。表 3 给出了电机/电气装置/电能领域主要竞争者技术创新情况。

表 3　2012～2015 年电机/电气装置/电能领域全球 10 强竞争者技术创新情况

竞争者	授权量/件	发明人总数/人	每发明人平均发明专利授权量/（件/人）	每授权发明专利平均发明人数/（人次/件）
丰田	2 969	1 560	0.94	2.56
三菱电机	2 751	1 455	0.86	2.92
松下	2 717	2 061	0.67	3.14
LG 化学	2 276	1 949	1.14	4.21
矢崎	1 989	719	1.46	2.19
电装	1 725	700	0.83	2.36
三星电机	1 436	1 212	1.09	3.63
鸿海精密	1 390	1 053	1.32	2.39
国家电网	1 308	5 818	0.22	6.98
西门子	1 284	1 881	0.68	2.59

二、国内技术创新活动的发展趋势[1]

（一）国内技术创新活动整体情况

如图 8 所示，2008～2015 年，在中国公开的发明专利呈快速增长态势，年均增长率达到 20.97%。2011 年之前，发明专利年度公开量稳步增长；2012 年开始，发明专利年度公开量增长幅度进一步增大。

---

[1]　除非特别说明，中国专利数据均来自中国国家知识产权局 S 系统（专利检索与服务系统）的 CNABS 数据库（中国专利文摘数据库）、中国国家知识产权局的 CPRS 数据库（中国专利检索系统）。

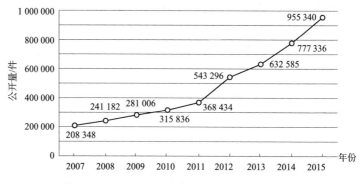

图 8　2008～2015 年国内发明专利申请公开趋势

如表 4 所示，2008～2015 年，有 3 个技术领域的中国发明专利公开量年均增长率超过 20%。其中，机械工程领域的年均增长率最高，达到 21.87%，其次是其他领域和化学领域，仪器领域和电气工程领域位列最后 2 位。

表 4　2008～2015 年中国发明专利公开量年均增长率

WIPO 一级技术领域	年均增长率
电气工程	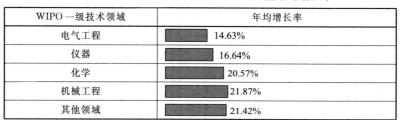 14.63%
仪器	16.64%
化学	20.57%
机械工程	21.87%
其他领域	21.42%

（二）国内技术创新方向及创新热点

如表 5 所示，2008～2015 年，在中国公开的发明专利数量持续 8 年保持正增长的二级技术领域共计 25 个，成为近年来国内的技术创新方向。该 25 个技术领域中，机械工程和其他领域的所有二级技术领域均包括在内。此外，隶属于电气工程领域的有 4 个：电机/电气装置/电能、数字通信、计算机技术、信息技术管理方法；隶属于仪器领域的有 2 个：测量、控制；隶属于化学领域的有 8 个：有机精细化学、生物技术、高分子化学/聚合物、食品化学、基础材料化学、材料/冶金、化学工程、环境技术。

表 5 2008～2015 年国内各领域发明专利公开量年增长率

一级技术领域	二级技术领域	2008 年增长率	2009 年增长率	2010 年增长率	2011 年增长率	2012 年增长率	2013 年增长率	2014 年增长率	2015 年增长率	年增长率趋势
电气工程	电机/电气装置/电能	11.37%	26.14%	12.66%	16.64%	42.00%	9.59%	18.37%	10.64%	
	音像技术	-2.07%	2.44%	-3.48%	0.69%	24.56%	-2.73%	10.61%	6.17%	
	电信	13.35%	-1.99%	-7.69%	0.89%	15.53%	2.04%	5.16%	3.78%	
	数字通信	24.82%	1.65%	1.53%	12.80%	15.29%	7.59%	14.36%	2.08%	
	基础通信程序	-4.13%	14.41%	-8.01%	2.53%	23.75%	-0.32%	8.75%	-2.22%	
	计算机技术	10.29%	9.47%	4.10%	15.16%	29.91%	19.03%	19.58%	12.39%	
	信息技术管理办法	7.78%	11.42%	6.31%	7.71%	51.01%	22.10%	41.02%	35.54%	
	半导体	6.88%	3.16%	-1.90%	24.84%	28.67%	-1.98%	8.06%	-5.44%	
仪器	光学	1.73%	5.37%	-10.03%	11.95%	28.24%	-3.69%	6.30%	4.95%	
	测量	18.66%	25.63%	8.56%	13.85%	54.57%	11.21%	17.92%	17.42%	
	生物材料分析	10.40%	15.65%	-10.24%	6.82%	34.48%	-1.02%	15.66%	18.93%	
	控制	22.42%	17.98%	2.88%	2.77%	46.35%	17.54%	24.00%	28.87%	
	医学技术	7.26%	21.16%	-3.17%	16.30%	42.33%	8.55%	21.67%	24.43%	
化学	有机精细化学	10.16%	18.91%	8.72%	13.03%	43.83%	7.30%	9.53%	19.46%	
	生物技术	23.70%	27.31%	19.92%	22.07%	19.81%	8.29%	12.39%	22.74%	
	药品	-2.65%	6.30%	0.29%	6.57%	25.92%	16.87%	28.22%	25.32%	
	高分子化学/聚合物	13.10%	17.16%	5.11%	12.81%	58.95%	11.20%	21.34%	17.80%	

续表

一级技术领域	二级技术领域	2008年增长率	2009年增长率	2010年增长率	2011年增长率	2012年增长率	2013年增长率	2014年增长率	2015年增长率	年增长率趋势
化学	食品化学	14.78%	20.86%	18.10%	15.77%	47.97%	29.60%	50.49%	29.72%	
	基础材料化学	13.26%	17.92%	8.80%	11.32%	42.87%	14.12%	27.16%	27.28%	
	材料/冶金	25.59%	20.84%	13.41%	10.30%	46.79%	8.59%	19.14%	15.06%	
	表面加工技术/涂层	17.75%	20.57%	−5.04%	16.95%	41.79%	−0.68%	10.53%	10.73%	
	微观结构和纳米技术	11.75%	16.20%	25.55%	30.83%	53.85%	−8.51%	11.23%	0.97%	
	化学工程	18.16%	14.94%	9.04%	13.14%	41.42%	13.09%	18.36%	23.91%	
	环境技术	22.63%	23.61%	16.90%	15.89%	47.02%	6.14%	23.25%	31.64%	
机械工程	装钼	13.56%	17.81%	8.39%	19.32%	58.51%	19.22%	22.25%	28.77%	
	机床	18.19%	28.62%	20.25%	23.99%	55.03%	13.66%	17.21%	29.00%	
	发动机/泵/涡轮机	13.71%	23.44%	5.88%	20.77%	39.36%	8.50%	3.56%	15.40%	
	纺织和造纸机械	7.32%	0.56%	5.74%	15.48%	49.72%	7.62%	11.46%	13.92%	
	其他专用机械	18.65%	13.97%	10.16%	17.42%	54.35%	13.57%	24.54%	33.31%	
	热工过程和设备	7.56%	23.03%	14.49%	10.18%	42.75%	5.67%	20.43%	28.23%	
	机械元件	19.27%	19.68%	6.38%	18.70%	51.35%	12.68%	12.47%	18.05%	
	运输	19.06%	25.19%	0.82%	16.02%	58.03%	13.20%	21.33%	17.88%	
其他领域	家具游戏	13.71%	13.23%	8.18%	20.87%	49.77%	20.63%	23.70%	21.12%	
	其他消费品	6.16%	8.92%	7.66%	14.98%	48.34%	18.90%	27.27%	26.29%	
	土木工程	19.23%	7.80%	22.41%	11.72%	62.67%	17.69%	17.45%	27.02%	

2008～2015 年，发明专利公开量持续保持正增长的 25 个技术领域中，有 8 个技术领域发明专利公开量位居前 10 名，即：电机/电气装置/电能、计算机技术、测量、数字通信、基础材料化学、其他专用机械、材料/冶金、机床（参见表 6）。这 8 个领域是国内近年来技术创新的热点领域。其中，隶属于电气工程领域的有 3 个，隶属于化学和机械工程领域的各有 2 个，隶属于仪器领域的有 1 个。

表 6　2008～2015 年国内技术创新热点领域

国内技术创新热点	公开量/件	公开量排名	所属一级技术领域
电机/电气装置/电能	401 949	1	电气工程
计算机技术	379 861	2	电气工程
测量	316 490	3	仪器
数字通信	284 256	4	电气工程
基础材料化学	245 385	6	化学
其他专用机械	235 530	7	机械工程
材料/冶金	215 438	8	化学
机床	209 571	9	机械工程

三、国内专利布局

（一）国内专利布局整体情况

2008～2015 年，在中国授权的发明专利呈持续增长态势，年均增长率达到 22.48%。从各年发明专利授权量变化趋势（参见图 9）来看，授权量 2～3 年就上一个台阶，2008 年发明专利授权量不足 10 万件，2009 年突破 10 万件，2012 年就超过了 20 万件，2015 年突破 30 万件，2015 年的增长率达到 44.98%。

2008～2015 年，在中国授权的发明专利总计 1 512 210 件，其中有 942 107 件来自中国申请人，占到总量的 6 成以上。国外申请人在中国成功布局了约占总量 4 成的发明专利，其中，日本和美国申请人所占份额较高，分别达到 13.94% 和 7.65%，在所有外国国家中位列第一和第二（参见图 10）。这表明日本和美国申请人在中国成功布局了大量的发明专利。

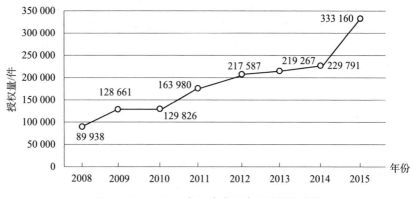

图 9　2008～2015 年国内发明专利的授权态势

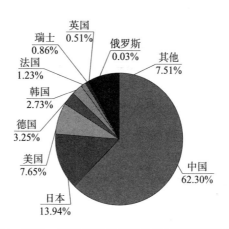

图 10　2008～2015 年在华授权发明专利来源国分布

（二）九国在华专利布局情况

2008～2015 年，九国在华授权发明专利的布局情况有所差异。中国在本国的授权发明专利主要分布在测量、数字通信、电机/电气装置/电能、材料/冶金、药品领域。日本在华授权发明专利主要分布在电机/电气装置/电能、音像技术、光学、计算机技术、半导体领域。美国在华授权发明专利主要分布在计算机技术、数字通信、电机/电气装置/电能、电信领域，其中计算机技术最为突出。图 11 为中国在本国的授权发明专利领域分布情况。

图 11 2008～2015 年中国在本国的授权发明专利的领域分布

四、国内技术创新状况中的国家和区域表现

（一）国内技术创新中的国家和区域整体表现

对比九国，在华技术创新优势最明显的主要国家是中国，其次是日本（参见表7）；对比中国各省区市（不含港澳台地区，下同），国内具有技术创新优势的省区市中，北京、广东、江苏优势明显

（参见表8）。

表7　2012～2015年九国在华技术创新情况

专利来源国	发明专利 授权量/件	每申请人平均发明专利 授权量/（件/人）	每授权发明专利平均 发明人数/（人次/件）
中国	674 348	4.79	3.76
日本	113 884	18.85	2.75
美国	73 275	6.73	3.18
德国	30 903	7.21	2.95
韩国	20 408	5.94	3.28
法国	11 277	5.87	2.62
瑞士	7 914	6.14	2.96
英国	4 738	2.66	2.51
俄罗斯	262	0.98	3.15

表8　2012～2015年中国各省区市的技术创新情况

省区市	发明专利 授权量/件	每申请人平均发明专利 授权量/（件/人）	每授权发明专利平均 发明人数/（人次/件）
北京	97 040	7.38	4.36
广东	96 735	5.33	2.83
江苏	86 194	4.39	3.44
浙江	57 536	3.61	3.12
上海	50 551	5.46	3.63
山东	42 629	3.30	3.73
四川	23 216	4.38	4.13
安徽	22 225	4.09	3.15
湖北	20 237	4.43	4.55
陕西	19 674	6.89	4.79
辽宁	18 083	3.84	4.17
湖南	17 570	4.02	4.15
河南	15 005	3.10	4.81

省区市	发明专利 授权量/件	每申请人平均发明专利 授权量/（件/人）	每授权发明专利平均 发明人数/（人次/件）
福建	14 638	3.22	3.15
天津	14 180	4.80	4.08
黑龙江	11 081	5.65	4.62
重庆	10 921	4.51	4.06
河北	9 989	3.10	4.24
广西	7 789	3.03	4.17
吉林	6 659	4.05	4.82
山西	6 529	3.53	4.43
云南	6 022	3.10	4.88
江西	4 327	2.68	3.69
贵州	3 868	3.10	3.77
甘肃	3 475	3.10	4.79
新疆	2 479	2.49	4.31
内蒙古	2 396	2.54	3.91
海南	1 680	4.34	3.25
宁夏	983	2.43	4.33
青海	454	2.28	5.09
西藏	183	2.32	3.09

（二）国内技术创新热点领域的国家和区域表现

1. 世界主要国家在中国技术创新热点领域的技术创新情况

在中国技术创新热点领域中，世界主要国家在华技术创新优势各有所长。电机/电气装置/电能领域，中国、日本在中国市场具有明显的技术创新优势；计算机技术领域，中国、美国、日本在中国市场具有明显的技术创新优势；测量领域，中国在本国市场具有明显的技术创新优势；数字通信领域，中国、美国在中国市场具有明显的技术创新优势；基础材料化学领域，中国在本国市场具有明显的技术创新优势。表9给出了2012～2015年电机/电气装置/电能领域中九国在华技术创新情况。

表9 2012～2015年电机/电气装置/电能领域中九国在华技术创新情况

专利来源国	发明专利授权量/件	每申请人平均发明专利授权量/（件/人）	每授权发明专利平均发明人数/（人次/件）
中国	49 125	3.21	3.55
日本	16 780	13.19	2.82
美国	5 764	4.98	2.87
德国	3 471	5.32	2.70
韩国	2 569	6.83	3.12
法国	1 051	4.31	2.50
瑞士	821	6.32	2.77
英国	406	2.13	2.18
俄罗斯	11	0.61	2.27

2. 国内各省区市在国内技术创新热点领域的技术创新情况

在国内技术创新热点领域中，国内各省区市的技术创新优势差异明显：电机/电气装置/电能领域，广东、江苏、北京的技术创新优势较为明显；计算机技术领域，北京和广东的技术创新优势较为明显；测量领域，北京的技术创新优势最为明显；数字通信领域，广东和北京的技术创新优势较为明显；基础材料化学领域，北京的技术创新优势较为明显。表10给出了2012～2015年电机/电气装置/电能领域中各省区市的技术创新情况。

表10 2012～2015年电机/电气装置/电能领域中各省区市的技术创新情况

省区市	发明专利授权量/件	每申请人平均发明专利授权量/（件/人）	每授权发明专利平均发明人数/（人次/件）
北京	5 634	3.81	4.50
广东	10 380	3.56	2.71
江苏	7 565	2.96	3.24

省区市	发明专利授权量/件	每申请人平均发明专利授权量/（件/人）	每授权发明专利平均发明人数/（人次/件）
浙江	5 227	2.54	2.95
上海	3 891	3.10	3.34
山东	1 630	2.36	3.99
四川	1 394	3.00	3.80
安徽	1 484	2.94	3.55
湖北	1 288	3.02	4.16
陕西	1 244	3.92	4.24
辽宁	1 304	2.87	4.33
湖南	1 135	3.06	5.00
河南	1 005	2.58	4.41
福建	1 087	2.52	3.06
天津	859	3.19	3.89
黑龙江	738	5.68	4.62
重庆	635	3.02	4.19
河北	573	2.19	4.50
广西	358	2.27	5.11
吉林	313	4.01	5.10
山西	303	2.39	4.43
云南	161	1.71	4.42
江西	245	1.90	3.38
贵州	280	2.35	3.25
甘肃	176	2.41	5.34
新疆	67	1.72	3.37
内蒙古	69	1.64	3.90
海南	8	1.14	2.50
宁夏	57	1.63	4.21
青海	14	1.40	4.21
西藏	1	1.00	9.00

五、国内技术创新活动的主要竞争者

（一）国内主要竞争者国籍和类型分布情况

如表 11 所示，从中国市场的发明专利授权量来看，中国企业和高校在国内技术创新活动具有重要地位。我国自主创新主体中，华为、中兴和中石化已处于国内市场的龙头地位，但以日本为代表的国外企业实力雄厚，是我国企业的主要竞争对手。高校竞争者显示出较高的技术创新能力，浙江大学与清华大学表现突出。

表 11   2012～2015 年中国授权发明专利前 10 名竞争者

排名	竞争者	国籍	类型	授权量/件
1	华为	中国	企业	10 105
2	中兴	中国	企业	9 398
3	中石化	中国	企业	7 008
4	浙江大学	中国	高校	6 549
5	清华大学	中国	高校	5 380
6	松下	日本	企业	5 328
7	索尼	日本	企业	4 462
8	丰田	日本	企业	4 296
9	三星电子	韩国	企业	4 166
10	鸿海精密	中国	企业	3 932

（二）10 强竞争者技术创新情况

从授权发明专利数量（参见图 12）来看，华为和中兴的授权发明专利数量远高于其他竞争者。从研发人员规模（参见表 12）来看，浙江大学和华为拥有较大的科研人员规模，具有较强的科研实力。从研发效率来看，鸿海精密的平均有效创新效率较高；从专利的研究密集程度来看，中石化的研究密集程度较高。整体来看，华为的技术创新优势明显。

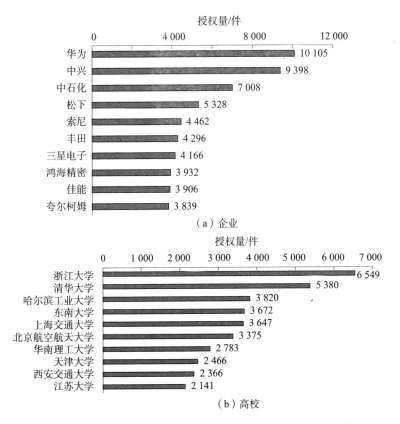

（a）企业

（b）高校

图 12 2012～2015 年国内发明专利授权量不同类型竞争者排名情况

表 12 2012～2015 年中国授权发明专利前 10 名竞争者的技术创新情况

竞争者	授权量/件	发明人总数/人	每发明人平均发明专利授权量/（件/人）	每授权发明专利平均发明人数/（人次/件）
华为	10 105	8 364	1.21	2.61
中兴	9 398	6 624	1.42	2.37
中石化	7 008	6 706	1.05	5.79
浙江大学	6 549	10 095	0.65	4.74
清华大学	5 380	7 801	0.69	4.87

续表

竞争者	授权量/件	发明人总数/人	每发明人平均发明专利授权量/（件/人）	每授权发明专利平均发明人数/（人次/件）
松下	5 328	5 879	0.91	3.17
索尼	4 462	4 794	0.93	2.60
丰田	4 296	4 808	0.89	2.73
三星电子	4 166	5 935	0.70	3.31
鸿海精密	3 932	2 524	1.56	2.13

（三）WIPO 35 个技术领域竞争者概况

35 个技术领域的 10 强竞争者共涉及 176 名申请人。同时入围 5 个以上技术领域 10 强的竞争者有 18 个（参见图 13）其中，浙江大学入围 15 个技术领域，体现了浙江大学很强的综合技术创新能力；清华大学、中石化、松下也分别入围 7 个领域以上，说明它们的技术创新能力和综合竞争力较强。

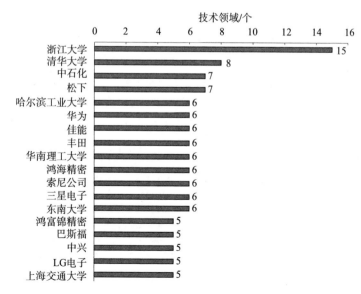

图 13 同时入围 5 个以上技术领域前 10 强的竞争者

（四）国内技术创新热点领域10强竞争者技术创新情况

WIPO 35个一级技术领域中，电气工程领域技术集中度较高，化学领域技术集中度较低。近年来，中国技术创新热点领域中，电机/电气装置/电能、计算机技术、测量、数字通信、基础材料化学5个技术领域各10强竞争者的授权发明专利差距明显；其他专用机械、机床两个技术领域各十强竞争者的研发人员规模相对较小，发明人总数均不足千人；测量领域10强竞争者的平均有效创新效率较低，每发明人平均发明专利授权量不足1件/人；材料/冶金、基础材料化学两个技术领域各10强竞争者每件授权发明专利平均投入的科研人员数量较多，研究密集程度均较高，每授权发明专利平均发明人数均高于3人次/件。表13给出了电机/电气装置/电能领域十强竞争者的技术创新情况。

表13　2012～2015年电机/电气装置/电能领域10强竞争者技术创新情况

竞争者	授权量/件	发明人总数/人	每发明人平均发明专利授权量/（件/人）	每授权发明专利平均发明人数/（人次/件）
丰田	1 247	1 464	0.85	2.59
国家电网	1 233	5 227	0.24	6.70
松下	1 215	1 734	0.70	3.31
海洋王照明	1 095	215	5.09	2.30
鸿海精密	1 056	852	1.24	2.01
鸿富锦精密	683	542	1.26	2.57
三菱电机	666	928	0.72	3.04
中国电科院	658	1 691	0.39	6.56
清华大学	635	1 199	0.53	4.99
飞利浦	592	1 126	0.53	2.63

六、主要结论

（1）近8年全球发明专利公开量呈现持续增长态势，在中国公开的发明专利对全球产生重要贡献。

2008～2015 年，全球发明专利公开量呈现持续增长态势，年均增长率达到 5.97％。2011 年是公开量拐点，且 2012 年实现了近年来的最大增幅（12.76％）。聚焦中国，在中国公开的发明专利呈快速增长态势，2008 年公开量为 208 348 件，到 2015 年公开量已突破 95 万件，年均增长率达到 20.97％，与全球状况一致，2011 年也是公开量的拐点。可见在中国公开的发明专利对全球发明专利公开量的持续增长态势产生重要贡献。

（2）近 8 年中国国内的技术创新仍然处于蓬勃发展阶段，国内的技术创新方向和创新热点覆盖了全球所有的技术创新方向和热点领域。

2008～2015 年，在全球技术创新中，电机/电气装置/电能、测量、有机精细化学、生物技术、高分子化学/聚合物、食品化学、基础材料化学、材料/冶金、化学工程、环境技术、机床、其他专用机械、热工过程和设备、土木工程这 14 个技术领域为近年来的技术创新方向，其中电机/电气装置/电能、测量领域是近年来技术创新的热点领域。聚焦到中国，国内的技术创新方向多达 25 个技术领域，覆盖了全球 14 个技术创新方向。中国国内的技术创新的热点领域为 8 个，覆盖了全球所有的技术创新的热点领域。可见中国国内的技术创新仍然处于蓬勃发展阶段，且在各个技术领域中都投入了极大的技术创新热情。

（3）中国成为仅次于美国的全球主要市场，日本、美国均重视中国市场，聚焦到中国市场，美国、日本在华布局能力较强，但布局情况有所差异。

九国在全球获得的授权发明专利布局在中国市场的比例均较高，除本国市场之外，仅次于美国市场。从中国市场看，日本、德国和美国均占有较高的授权专利份额，三国份额之和占到了整个中国市场授权专利的 1/3，表明日本、德国、美国对中国市场较高的关注程度。另外结合每申请人平均发明专利授权量、每授权发明专利平均发明人数，也可以看出在中国国内，中国、日本、美国表现出明显的技术创新优势。中国申请人在本国的授权发明专利主要分布在测量、数字通信、电机/电气装置/电能、材料/冶金、药品领域。日本在华授权发明专利主要分布在电机/电气装置/电能、音像技术、光学、计算机技术、半导体领域。美国在华授权发明专利主要分布在计算机技术、数字通信、电机/电气装置/电能、电信领域。

（4）中国在全球市场虽然占据了一定的专利技术数量优势，但在专利技术流动中，日本处于高位势，中国则处于低位势，是最大的技术输入国，中国的海外布局意识和能力还有待进一步提高。

中国发明专利授权量仅次于美国、日本，位列世界第三。从中、日、韩、美四国技术流动来看，中国籍申请人分别在日本市场、美国市场、韩国市场获得的发明授权专利均远低于日本籍申请人、美国籍申请人、韩国籍申请人分别在中国国内获得的发明授权专利，与美、日、韩三国相比，中国处于低位势，是最大的专利技术输入国。这在一定程度上反映了中国的技术创新实力与日、美仍存在差距。与之相反，日本则在专利技术流动方面处于高位势，日本向美、中、韩共输出了 190 006 件发明授权专利，这一数据高于美国向日、中、韩，中国向日、美、韩，韩国向日、美、中输出的专利总和，日本是最大的专利技术输出国。

（5）中国授权发明专利的平均研究密集程度最高，但专利质量、专利价值均较发达国家存在一定差距。

中国具有较高的平均研究密集程度，居九国之首。俄罗斯、美国、瑞士也都拥有较高的平均研究密集程度。每授权发明专利投入的研发人员数量较多，则授权发明的价值可能较高。但综合考虑中国专利域外布局比例低、市场参与者在全球市场竞争中表现平平等情况，中国专利并未表现出与高研究密集程度相对应的高质量和高价值。中国较高的平均研究密集程度可能更多得益于国内人力资源丰富且相对人力成本较低的优势。

（6）中国各省区市中，北京的技术创新优势最为明显，广东、江苏等东南沿海省市也具有较明显的技术创新优势；从国内技术创新热点领域来看，技术创新优势主要被广东、北京、江苏和浙江占据。

中国各省区市中，北京的技术创新优势最为明显，广东、江苏等东南沿海省市也具有较明显的技术创新优势。在国内技术创新热点领域中，计算机技术、数字通信领域，广东和北京的在华技术创新优势较为明显；测量领域，北京具有最为明显的在华技术创新优势；其他专用机械、机床领域，江苏、浙江、广东具有较明显的在华技术创新优势；材料/冶金、基础材料化学领域，江苏、北京具有较明显的在华技术创新优势；电机/电气装置/电能领域，广东、江苏、北京的技术创新优势较为明显。

（7）全球主要竞争者中企业居多，日本竞争者实力雄厚，华为和中石化是中国籍最强竞争者，全球排名第 12 位和第 17 位；中国国内以华为、中兴和中石化为代表的企业和以清华大学为代表的高校在技术创新活动中扮演着重要角色，企业竞争者中以日本为代表的国外企业数量居多。

全球主要竞争者中企业居多，日本竞争者实力雄厚，华为和中石化是中国籍最强竞争者，全球排名第 12 位和第 17 位。综合授权量、研发人员规模、研发效率和专利研究密集程度，佳能和 IBM 的技术创新优势明显。从各技术领域来看，20 个技术领域授权发明专利排名前 10 位的竞争者均为企业。16 家竞争者专利技术领域布局领域广泛，同时入围 5 个以上技术领域 10 强，中国的浙江大学和中石化分别入围了 7 个和 6 个技术领域，体现出较强的综合技术创新实力。

中国国内授权发明专利排名前 10 位的竞争者主要来自中国和日本，可见中国企业和高校在国内技术创新活动中具有重要地位。在企业竞争者中，华为、中兴、中石化以明显优势位居前 3 位，但前 10 位企业中来自国外的企业占据了 6 席，且有 4 席为日本竞争者，说明我国的华为、中兴和中石化已处于国内市场的龙头地位。但以日本为代表的国外企业实力雄厚，是我国企业的主要竞争对手，国内企业还需进一步提高技术创新能力。综合授权量、研发人员规模、研发效率和专利研究密集程度，华为的技术创新优势明显。

媒体融合背景下广播电台的版权保护研究[*]

董启宏　刘振宇　李　明　范　焱

王　祎　王昆伦　方　媛　张泽裕

推动传统媒体和新兴媒体融合发展，是党中央着眼巩固宣传思想文化阵地、壮大主流思想舆论作出的重大战略部署。全国广播电台纷纷加强互动融合，通过网站、微博、微信、客户端等，立体化、互动式、全天候传播各种信息，发出主流声音。在媒体融合背景下，广播电台已经不再单纯是传播线性广播节目的媒体机构，而是利用自己在声音上的长处与新兴媒体优势互补、一体发展的新型媒体。这种转变必然导致广播电台版权保护工作的深刻变化，深入研究媒体融合背景下广播电台版权保护面临的新问题势在必行。

课题组旨在以通过实地调研获得的实际情况为基础，梳理广播电台版权保护的历史背景与现状概况，研究广播电台版权保护存在的现实问题，探讨广播电台版权保护的特殊性，探究解决这些问题的路径，进而为推进媒体融合背景下广播电台的版权保护工作提供理论支持和实践参考。

一、我国广播电台版权保护的历史与现状

(一) 我国广播电台版权保护的历史

1990 年新中国首部《著作权法》颁布以前，我国广播行业的绝大多数从业者几乎不知版权为何物，广播电台的版权保护根本无从谈起。1990 年《著作权法》专设一节对"广播电台、电视台播放"作出了规定。据此规定，广播电台有权许可他人播放、复制发行其制作的广播、电视节目，并获得报酬。20 世纪 90 年代，未经

---

[*] 本文获第十届全国知识产权优秀调查研究报告暨优秀软课题研究成果评选二等奖。

许可擅自转播广播电台节目、未经许可复制发行广播电台节目的情况偶有发生，但这种侵权行为往往影响较小且不易被发现，广播行业针对这些版权侵权行为开展维权行动的情况还是比较少见的。进入 21 世纪后，互联网实现了飞速发展，在互联网野蛮生长的早期，盗播广播电台直播流、通过信息网络非法传播广播电台节目内容的侵权行为极其严重。传统广播行业对于未经许可盗播直播流的行为虽心有不甘，但互联网上盗用直播流等行为事实上增加了广播的传播渠道，维权就意味着要损害自己的传播覆盖效果，广播行业长期对盗播直播流的行为几乎完全放任。在这个时期，网络版权保护在一定程度上呈现了"法不责众"的情况，对于通过信息网络非法传播广播电台节目内容的侵权行为，广播行业凭一己之力来开展维权举步维艰。因为维权难，所以缺乏主动维权的动力；因为缺乏主动维权的动力，维权就变得难上加难。党的十八大以来，依法治国取得重要进展，我国版权立法、司法、执法、守法状况都大幅改善，一方面公然通过信息网络非法传播广播电台节目内容的情况在逐渐减少，另一方面广播电台依法主动维权的情况在日渐增多。

（二）我国广播电台版权保护的现状

版权对于广播行业未来的发展至关重要，目前业界对这一点已经能够达成普遍的共识。基于这种认识，全国广播电台尤其是经济实力较强的广播电台，近些年来都对版权问题给予关注与重视，纷纷成立版权相关部门，配置版权专业人员，尝试版权经营，探索版权维权。原中央人民广播电台于 2008 年在国内广播界率先成立了版权管理部门，随后全国省级电台、省会电台及较大城市的电台陆续设立版权部门或者确定负责版权事务的机构或人员。值得注意的是，全国各广播电台设立版权机构或配置版权工作人员的先后以及对版权工作的重视程度，虽然总体上与各地的经济社会发展水平以及电台自身的广告收入水平呈现一定的正相关关系，但并没有非常明显的对应关系。中西部有些电台版权工作起步相对较早，基础较好，重视程度较高；东部发达地区某些电台也有版权工作起步较晚、版权意识相对较差、重视程度较低的情况。

未经许可盗播广播电台的直播流，是一种常见的侵权形态。近些年来，我国广播行业逐渐意识到任由网络新媒体盗播直播流的"战略性危害"：一方面，集成广播直播流的新媒体平台通过盗播无偿使用了海量的内容资源，而广播电台成为"免费劳动力"；另一方面，集成广播直播流的新媒体平台获得了"访问流量"和"直接连接用户的传播渠道"，而广播电台却被这样的新媒体平台边缘化。因此，目前我国广播行业对于盗播直播流的行为已经完全没有当年的那种"欢迎态度"，极少有广播电台对直播流集成网站进行合法授权或开展正式合作。然而，由于目前我国广播电台自有新媒体平台在市场竞争中相对还处于弱势，传统广播在传播渠道上已经对某些直播流集成平台形成了"渠道依赖"，大部分电台担心自己在眼下的传播覆盖效果受损，现阶段在"直播流"侵权问题上抱有"投鼠忌器"的心态，既不授权合作也不依法维权，暂且持放任态度。

把特定的广播节目录下来，未经许可通过信息网络传播这些节目内容，也是一种常见的侵权形态。广播电台录制的长篇小说节目、评书相声等曲艺节目、儿童节目、养生节目、名家讲坛类节目等都成为被侵权的主要对象。这种侵权行为由于扩大了节目的影响力，在早期也受到了广播行业同仁的欢迎。但随着版权意识的提高，目前绝大多数广播电台都旗帜鲜明地反对这种侵权行为，并且通过"通知下线""发律师函""提起诉讼""行政投诉"等方式开展维权行动。但是，由于诸多体制机制原因，维权行动（尤其是司法维权和行政维权）开展得并不是很顺利。目前虽然侵犯广播电台版权的情况相对较多，但广播电台提起的版权维权诉讼总体上仍比较稀少，广播电台通过行政投诉维权的就更为罕见。

我国广播行业内部相互之间的版权侵权也时有发生，例如某些广播电台未经许可使用其他广播电台的节目，再如某些广播电台从其他广播电台的节目音频中直接"扒"出节目内容稿件，让自己的播音员或主持人直接"表演"这些内容稿件。由于我国广播电台都是体制内的事业单位且相互之间往往有各种形式的沟通合作关系，故而对于广播行业内的侵权行为，广播电台主要以内部沟通协商解决为主，基本上都不会通过法律手段开展维权。

二、媒体融合背景下广播电台版权保护面临的主要问题

（一）广播电台版权保护面临的主要立法问题

广播电台通过"原始取得"或者"继受取得"获得的对音频节目内容享有的著作权、表演者权、录音制作者权，仅从《著作权法》的规定本身来看，已经能够得到较为充分全面的保护。目前，广播电台版权保护相关立法中的问题主要是"广播组织权"的立法完善问题。

1. 对广播直播流保护的漏洞问题

对于信息网络平台盗用广播组织信号，未经许可"转播"的行为，我国现行法目前还不能提供广播组织权的保护。我国法学理论与司法实务界都认为，我国《著作权法》第 45 条规定中的"转播"一词应与《保护表演者、音像制品制作者和广播组织罗马公约》（以下简称《罗马公约》）中的"转播"一词同义。根据《罗马公约》第 3 条的界定，转播是指一个广播组织的节目被另一个广播组织同时广播。根据这个定义，转播只能发生在不同的广播组织之间，不包含非广播组织转播广播组织播放的广播、电视的情况；转播只能通过无线电磁波的形式进行传输，不包含信息网络传输的情况。2012 年我国首例涉网络转播广播组织权纠纷案的判决即采纳了这种观点，认为广播组织权的转播权保护范围不能扩大到互联网领域。

从我国广电实践来看，《著作权法》中的广播组织权不能适用于信息网络"转播"是非常不合理的。同样是未经许可同步传播广播组织信号的行为，如果是其他广播组织实施那就是违法的，如果是信息网络平台实施那就是合法的，这对广播组织的危害非常大。如果不赋予广播组织控制信息网络同步播放其节目信号的权能，广播组织所拥有的"转播权"权能便会成为一纸空文。如果说当初各国著作权立法纷纷创设广播组织权，是为了保护广播组织以制止第三方对其节目信号的非法盗用，那么就有必要与时俱进，把对广播组织权的保护延伸到通过信息网络盗用广播电视信号的行为。

2. 广播组织权中的信息网络传播权权能问题

有些信息网络平台并不同步转播广播组织的信号，而是把广播组织的信号通过缓存或录制等方式固定下来，然后按照栏目名称和播出时间等信息进行编目处理，从而实现对广播组织信号完整的回看回听，把广播组织的线性信号转化成交互式传播。我国现行《著作权法》所规定的广播组织权中没有"信息网络传播权"权能，因此对于信息网络平台把广播组织的信号转化成交互式传播的情况，广播组织是无法通过广播组织权进行维权的。

《著作权法》修订草案第一稿、第二稿以及送审稿都未赋予广播组织就其广播信号享有"信息网络传播权"。然而，从我国广电行业实践来看，赋予广播组织就其"固定"后的信号享有"信息网络传播权"，甚至比赋予其同步"转播"的权利还要重要。一些发达国家和地区的版权相关立法在广播组织权的权能中规定了"信息网络传播权"。例如，欧盟《信息社会著作权指令》第3条第2款规定，广播组织就其广播信号享有"以有线或无线的方式向公众提供，使公众中的成员在其个人选择的地点和时间可获得的专有权。"《日本著作权法》第100条之二也规定："广播事业者和有线广播者享有将其有线广播接收后，将其广播可为公众中的成员在其个人选定的地点和时间获得的权利。"综上，建议我国在修订《著作权法》中，为广播组织权增加"信息网络传播权"的权能。

（二）广播电台版权保护面临的司法保护问题

在我国现行的版权司法保护制度下，经权利人提起民事诉讼，司法机关将依法追究侵权人的民事责任；在侵权行为涉嫌构成犯罪的情况下，在权利人报案后，经公安机关侦查、检察机关公诉等程序，司法机关将依法追究侵权人的刑事责任。目前侵犯广播电台版权严重到涉嫌犯罪的情形是极为罕见的，广播电台版权保护面临的司法保护问题主要是民事司法保护中的问题。一方面，侵犯广播电台版权权益的情况非常普遍，时有发生；另一方面，广播电台在法律明确规定可以依法维权的情况下，却极少提起民事诉讼来依法维护自身的合法权益。之所以会出现这种尴尬局面，在很大程度上是因为我国广播电台版权的民事司法保护存在以下两个问题。

1. 侵权事实证明标准过于严苛

针对互联网上的版权侵权行为，广播电台如果想通过民事诉讼方式开展维权，目前就必须通过公证取证的方式固定有关侵权事实的证据。如果诉前没有及时公证取证，那么实施侵权行为的网络平台随时都可能通过删除侵权内容来达到销毁侵权证据的目的。这就会使广播电台的诉讼请求因证据不足而无法得到法院的支持。按照目前司法实践中较为严苛的证明标准，公证取证仅截取侵权网络平台相关的标题页面和目录页面是不够的，必须把侵权的音频内容逐一点开播放（只有点开能正常播放，才能认定侵犯信息网络传播权的行为）。广播电台的很多音频内容资源的总集数较多、总时长较长（例如，原中央人民广播电台录制的《平凡的世界》150多集，每集约25分钟），取证要在公证处的设备上逐集播放，不仅要耗费大量的时间和精力，而且要支付高额的公证费用。过于严苛的证明标准大大增加了权利人证明侵权事实存在的难度，在较大程度上增加了权利人的维权成本。

2. 酌定判赔标准普遍较低

目前在我国版权维权民事诉讼中，"被侵权方实际损失"与"侵权方侵权所得"通常都难以证明和计算，在大多数情况下此类案件最终都是由法官酌定赔偿数额。就全国范围来看，法院对于音频内容版权侵权的判赔标准普遍较低，广播电台版权维权难以获得合理的充分的赔偿。投入10 000元的成本对数十集的音频内容开展版权维权，最终包含维权合理支出10 000元共计获得法院判赔12 000元，这样的事例目前在音频内容民事诉讼维权过程中经常出现。在花费时间和精力经历漫长诉讼后，获得的赔偿还没有公证费和律师费多，这样的结果对于版权方是难以接受的。更严重的后果是，这会让内容的使用者产生侥幸心理——侵权使用的最坏结果就是按照市场价格支付使用费，侵权行为没被发现或权利人放弃维权的可能性也不小，因此侵权使用是最划算的选择。在这样的背景下，同一侵权者屡教不改、多次实施侵权行为的情况也时有发生。这也说明目前广播电台通过民事诉讼手段不足以有效防止侵权行为的发生。

(三) 广播电台版权保护面临的行政保护问题

我国版权保护制度除了向权利人提供司法保护以外还提供行政保护。根据行政保护制度，在侵权行为损害公共利益的情况下，经权利人投诉或者知情人举报，或者经版权行政机关自行立案调查，版权行政机关将依法追究侵权人的行政责任。对于那些反复实施版权侵权的主体（甚至以侵权盗版为业的主体），广播电台通过行政投诉虽然不能获得直接民事赔偿，但从理论上讲却可以比民事诉讼更及时有效地制止侵权违法行为（甚至可以直接关闭那些以侵权盗版为业的网站），通过行政处罚有效防止版权侵权行为的反复发生。但是，目前在实践中广播电台通过行政投诉进行版权维权的情况比通过民事诉讼维权的情况还少。影响广播电台通过行政手段有效开展版权维权的主要是立案查处的不确定性较大，并不是对于所有的版权侵权违法行为都可以通过行政保护手段处理，只有在侵权行为损害公共利益的情况下，版权行政机关才会立案查处。何谓"损害公共利益"目前我国相关法律尚不明确，这就导致版权行政投诉的立案具有很大的不确定性。根据国家版权局发布的《著作权行政投诉指南》，行政投诉不仅要提供民事诉讼中所要求的那些"版权权属证明""侵权事实证明"材料，另外还要符合"损害公共利益"的要求。在很多情况下，广播电台版权被侵权仅仅是私权受到侵犯的问题，尚且无法达到"损害公共利益"的程度。另外，即使某些侵权者长期以侵权盗版为自己的经营模式，损害诸多版权人的合法权益，在一定程度上扰乱相关版权交易市场的正常秩序，此种行为因程度上的差异而能否被认定为"损害公共利益"仍具有较大不确定性。

(四) 广播电台版权保护工作面临的自身问题

广播电台版权保护工作面临的前述立法、司法、行政等方面的问题是外部因素，广播电台自身事实上也存在影响版权保护工作开展的体制机制等诸多方面因素。

1. 我国广播电台版权保护工作的基础比较薄弱

我国广播行业版权工作起步较晚，在版权意识、机构设置、队伍建设等方面整体比较薄弱。与发达国家相比，我国的版权工作起步已经较晚，1990年新中国才颁布第一部《著作权法》。与我国的版权工作相比，我国广播行业的版权工作整体上起步就要再晚近20年，原中央人民广播电台2008年才在业内率先成立版权管理部门，全国性广播版权工作行业协会——中国广播电视协会广播版权委员会（已更名为"中国广播电影电视社会组织联合会广播版权委员会"）于2011年才在国务院颁布的《广播电台电视台播放录音制品支付报酬暂行办法》施行后成立。广播电台一方面每天海量使用他人的版权，另一方面每天也生产海量的版权内容，广播行业理应是重要的"核心版权产业"之一。然而全国广播电台中配置有版权工作人员的仍然较少，设置版权相关部门的更是凤毛麟角，我国广播行业版权保护的基础从总体上看相对薄弱。

2. 广播从业人员的版权保护意识仍相对较差

广播电台节目制作人员虽然每天都使用大量他人的版权作为自己节目的素材，同时每天都生产大量享有版权的作品或录音制品，但很多广播同仁却对版权问题似乎没有察觉。对于有些网络媒体侵权使用其制作的节目内容的情况，有些广播同仁不仅不会对侵权行为表示不满，反而因这些侵权行为增强了节目的传播效果而沾沾自喜。在传统广播覆盖范围相对有限的情况下，节目被网络新媒体平台有效地传播，而且还达到十万甚至百万的点击量，从这个角度来看，被侵权还感到欣喜的现象可以理解。但是，仔细推敲不难发现，实施侵权的网络媒体无偿利用广播电台的内容资源不仅获得了浏览量，而且还赚取了经济利益；被侵权的广播电台虽然短期实现了把好的音频内容传播给更多受众的效果，但长此以往却会因受众被侵权网络平台分流而损害其自身传播平台的影响力。近些年来，已经有越来越多的广播同仁意识到版权保护在广播媒体融合转型中的重要作用，很多广播从业者的版权保护意识都有较大幅度提升，但从总体上看仍然相对薄弱。

3. 广播行业自身的版权运作能力有待提升

开展版权维权的根本目的不是通过"停止侵权"来阻止他人对优质内容资源的传播，而是促成传播者与内容生产者的合作，从而使优质内容资源能够有序传播，实现对优质内容生产的正向激励。由此可见，版权维权是与版权生产、版权管理、版权经营紧密相关的，脱离版权运营孤立片面地开展版权维权、为了维权而维权，都是没有意义的，也是难以操作的。然而，目前我国广播行业普遍存在版权生产、版权管理、版权经营相互脱节，版权运作能力较为薄弱的问题：一方面，市场对优质音频内容版权资源有较大的需求；另一方面，广播行业每天生产的海量节目却没能转化成权属清晰的优质音频内容版权资源，更缺乏专门针对市场需求而量身定做的优质节目。广播行业自身的版权运作能力薄弱，版权维权也就注定常常处在迷茫之中。各家广播电台根据自身版权运营中的个案需求，面对侵权行为，有时要故意暂不采取维权行动，有时要通过警告侵权者等手段争取在最短的时间内下线侵权内容，有时要通过民事诉讼手段让侵权者作出经济赔偿，有时要通过行政投诉手段彻底关闭侵权者的网站，有时要通过维权行动促成侵权者的主动合作。要不要开展维权、何时开展维权、采用什么方式维权、实施何种强度的维权，都是由版权运营的具体需要来决定的，版权维权要服务于版权运营。目前我国广播行业自身的版权运营能力还比较薄弱，在一定程度上导致了版权维权工作的无所适从。

三、完善广播电台版权保护工作的建议

（一）提高版权保护意识，增强版权运营能力

广电行业上级主管部门以及广播行业系统内部有必要加强版权方面的教育培训，扩大培训范围，创新培训方式，提高广播从业人员尤其是各级电台主要领导的版权保护意识，使其充分认识到版权保护在广播电台媒体融合转型中的重要作用。全国各级广播电台相关工作人员有必要积极参加学习培训，在行业内部广泛开展交流合作，通过一个个的案例扎实积累版权保护的实践经验，切实提高版权保护意识，有效增强版权经营管理能力。

广播电台有必要从战略高度做好版权全局统筹，全面系统化地增强版权运营和版权保护的能力。一方面，广播行业可以充分发挥

版权对优质内容生产的激励作用，利用市场化的手段努力实现广播电台传统频率与新媒体在内容生产方面的融合，把高水平的广播节目产能转化为一流的音频产品产能，实现版权思维在媒体融合中的全过程介入，突破传统广播节目与新媒体内容产品在版权上的壁垒。在节目生产策划阶段，就应该考虑到将在哪些平台上、以何种方式传播这些节目内容，并制定切实可行的素材使用版权解决方案，把版权确权成本列入内容生产的总体成本之中。在节目生产制作阶段，妥善处理与权利人的版权关系，根据实际需要与版权方签订相关法律文书；对于版权关系复杂的情况，由版权部门直接参与版权谈判；利用数字化手段做好节目版权信息记录，保管好版权法律文书原件。在节目版权经营阶段，事先厘清节目版权状况，准确判断版权价值，严格审查版权法律文书。另一方面，版权保护工作必须与广播电台自身的版权运营总体战略相结合，必须与广播电台所处的发展阶段相结合，在个案中明确维权目的，把握好维权的时机，选择好维权的方式，掌握好维权的火候。把版权维权与版权管理、版权开发放在一起统筹考虑，不孤立片面地"为了维权而维权"，让版权维权提升版权管理，让版权维权助力版权开发。

（二）规模化维权降低成本，批量化运营增加收益

单个音频内容的生产成本与经济价值相对较低，这就决定了只有成规模集中地开展维权才能有效控制维权成本，增加维权收益。要想实现规模化维权、批量化运营，就必须充分发挥广电相关行业协会的引领作用，全面强化相关行业协会在整合行业资源方面的能力。全国各级广播电台可以通过行业协会的接洽，将其生产的版权清晰、具有市场价值的音频产品以及节目直播流，统一委托给一家市场化的版权专业代理机构，由该版权代理机构统一对海量的音频内容资源集中经营，并结合版权经营统一对侵权盗版进行监测，根据个案需求有针对性地发起版权维权。该版权代理机构通过规模化经营，确保在整个音频内容领域占有较大市场份额，从而实现在版权交易中更强的议价能力，同时在版权维权中更加灵活高效。上述版权代理机构也可以由全国各级广播电台通过行业协会公开招标、

集体协商的方式选任，全国各级广播电台完全可以直接选任市场上现有的业绩突出的版权代理机构来运营相关事务。总之，通过版权代理机构解决音频内容的规模化经营与维权问题，是广播电台在媒体融合背景下有效开展版权保护工作的关键一步。

（三）运用"区块链"等新技术实现权属证明及侵权证明的便利化

网络传播技术的发展为侵权盗版提供了便利，给版权保护带来了挑战，但终究是"魔高一尺，道高一丈"，新技术的发展也为版权保护提供了全新的手段。"区块链"便是这种可以用于版权保护的新技术之一。"区块链"是"互联网＋"的升级版，它基于"互联网＋"的基础之上，进一步打破信息不对称，让市场交易的去中心化成为可能，进而带来交易效率的上升以及社会成本的下降，并为市场经济的各个行业与领域带来变革。"区块链"技术具有"去中心化""集体维护""不可篡改""数据透明""用户匿名"等核心特征。作品权属信息一旦经过区块链登记，网络侵权事实一旦被打上"可信时间戳"，都将被推送至所有的区块链节点中。这样一来，权属信息或侵权证据的存储就从原来的中心化转变为分布式，形成了一个"去中心化"的结果。一旦有人想要蓄意篡改区块链中的信息，不仅需要耗费极大的资源去破解数据加密体系，还需要同时篡改绝大多数节点中的数据，这样的操作在当今条件下几乎是不可能达到的。

"区块链"技术与版权登记相结合，可以使版权方在足不出户的情况下准确、高效、低成本地完成版权登记，版权权属证明难的问题在很大程度上可以得到解决。"区块链"技术与公证取证相结合，可以在很大程度上提高取证效率，降低取证成本，侵权事实证明难的问题也可以迎刃而解。除此之外，"区块链"技术还可以实现对"特定重点版权使用方"或者"全网不特定版权使用方"是否存在版权侵权行为进行实时监测，把"监测侵权行为""固定侵权证据"等一系列版权保护工作高效地自动完成。

（四）呼吁有关部门补齐版权保护在立法、司法、行政等方面的短板

广播行业有必要在《著作权法》修订等相关重要立法活动中积极发声，充分表达行业观点和立场，抓住《著作权法》修订的历史机遇，争取在"广播组织权""惩罚性赔偿"等主要问题上填补空白，弥补漏洞，为广播电台的版权保护提供强有力的法律支撑。广播行业可以通过上级主管机关主动与司法机关开展沟通交流，了解"维权成本高、举证责任重、赔偿数额低"背后的深层次原因，运用舆论影响力助力司法改革以及《关于加强知识产权审判领域改革创新若干问题的意见》的全面落实，推动司法机关形成一套有利于版权人依法维权的证据规则和司法政策。广播行业有必要呼吁版权行政管理机关细化版权行政保护的立案标准，明确"损害公共利益"的主要具体情形；把"剑网"变成一种常态化机制，而非一年一次的专项行动。

中国特色知识产权新型智库建设中专家联系使用机制研究[*]

赵　勇　王　玥　王亚琴　陈君竹
朱　煜　沈　川　张海志　王　鹏

一、研究背景

所谓智库，又称"思想库""智慧库"或"智囊团"，是影响政府决策、推进国家治理体系和治理能力现代化的重要力量。党的十八届三中全会通过的《中共中央关于全面深化改革若干重大问题的决定》提出，要加强中国特色新型智库建设，建立健全决策咨询制度。中办、国办印发的《关于加强中国特色新型智库建设的意见》也针对中国特色新型智库建设提出具体要求。同时，随着党和国家对于知识产权工作越来越重视，加强知识产权智库建设十分必要。

1. 智库

智库是国家软实力的重要组成部分，是为政府部门、社会团体、企业在政治、经济、军事、科技等各个领域的决策出谋划策、提供各类咨询并解决问题的智力输出形式。现如今，智库在推动政府决策科学化、推动治理体系现代化也起到不可或缺的作用。

2. 中国特色新型智库

2013年4月，习近平总书记作出了关于加强中国特色新型智库建设的重要批示，首次提出了建设"中国特色新型智库"的目标。党的十八届三中全会通过的《中共中央关于全面深化改革若干重大问题的决定》提出了"加强中国特色新型智库建设，建立健全决策咨询制度"这一重要任务，"中国特色新型智库"首次在中共中央的文件中被明确提及。

---

*　本文获第十届全国知识产权优秀调查研究报告暨优秀软课题研究成果评选二等奖。

175

理解"中国特色新型智库"的基本特征和内涵应着眼于三个方面："智库"是制造和提供智力产品或思想产品的机构；"中国特色智库"要体现中国精神、中国制度、中国道路；"新型"是指智库的思想观念、组织形式、运行机制、管理方式、制度规范有别于外国智库，也有别于中国传统智库和现有体制内智库，应该坚持创新型、开放式、现代化的办库理念和治理模式。

3. 中国特色知识产权新型智库

本研究认为中国特色知识产权新型智库指的是突破原有知识产权研究机构制度体系和运行过程的体制机制障碍，结合中国特色、世界水平的知识产权强国建设，为有利于我国知识产权事业发展的相关法律、政策制度不断完善提供智力支持，贡献成果与建议，为知识产权强国建设储备更多的高端人才且具有独立创新精神的智力输出型社会组织。

4. 知识产权智库专家联系与使用机制

习近平总书记曾指出，要"充分认识加强联系专家工作的重要意义，将联系专家工作列入重要议事日程，建立完善联系专家制度，做好联系服务专家工作"。因此，在知识产权智库建设过程中，专家联系机制的构建是非常重要的一环，通过专家联系机制，进一步明确联系专家的范围、内容和方式，围绕"如何找好专家"进行研究。找到好专家之后，还要解决"如何用好专家"的问题，也就是智库建设中的专家使用机制。打通各类知识产权专家流动、使用与发挥作用的壁垒，营造满足专家需求的政策环境、制度环境，让各类专家、人才为知识产权强国建设贡献智慧，凝聚力量。

二、我国知识产权智库建设中专家联系与使用机制现状分析

（一）我国知识产权新型智库建设现状

1. 专业智库较为缺乏

我国知识产权智库尚未形成体系，专业智库较为缺乏。虽然有零星的智库团体，但是并未形成合力，缺乏国家级的智库机构。

2. 专职研究人员人数有限，且较为分散

从全国范围来讲专家人数仍不足，且多以兼职为主，专职研究

人员人数有限且分散，智库建设的人才基础和吸引激励人才的机制与西方发达国家相比仍有不少差距。具有丰富实践经验的知识产权高级管理与实务人才、政府管理与国家治理方面的人才、知识产权金融与国际化方面的人才仍较为缺乏。

3. 缺少专业组织机构与牵头抓总的抓手

目前的智库组织机构尚未健全，组织形式较为单一，没有搭建统一的人才使用锻炼平台，对于知识产权领域专家人才的使用还不够充分。对于智力输出成果的整合也不够。

4. 研究成果有一定的局限性

部分智库产出成果针对性不强，智库专家的研究专长与研究课题脱节，没有充分发挥各类人才的优势。少数智库形成的研究成果因为体制机制壁垒，不能广泛应用于类似场景中，研究成果的现实意义受限。提供的高质量研究成果不够多，参与决策咨询缺乏制度性安排。

（二）知识产权智库中专家联系与使用机制问题分析

总的来说，智库建设中专家联系与使用机制仍存在以下问题。

一是与专家联系较为松散，针对专家的需求分析不够有针对性。以国家层面的专家库专家联系为例，主要集中于每年一两次的专家高级研讨班研讨，平时与每名专家的联系仍不充分，频率也不高。对于专家库以外的专家，尤其是对于在其他领域作出贡献的"大家"，尚未开展主动联系，缺乏借力的效果。与高校、省级的专家联系更为松散，智库对专家缺乏了解，导致没有"才尽其用"。智库专家之间的沟通交流平台也尚未建立。

二是对专家专长的了解不够细致。组建专家团队时，没有充分考虑专家自身的研究优势，对专家专长了解不够。

三是专家和人才流动的壁垒仍然存在，难以形成高效的知识产权智库专家团队。智库机构和政府机构之间的专家"旋转门"还没有建立起来。对于一些有新思路、敢为人先的专家，还没有"不拘一格降人才"，没有主动邀请专家融入知识产权战略研究、政策制定等工作中来。

四是专家使用形式较为单一。主要通过开展课题研究的形式使用智库专家，没有充分发挥专家在人才培养、第二轨道外交等方面的重要作用。

五是智库专家成果的转化与共享不够。部分智库非常优秀的研究成果限于机构之间的壁垒不能充分共享。

三、专家联系与使用机制研究

经过前期充分的访谈内容准备及专家基本信息收集，调研小组以近 2 个月的时间，通过邮件、电话、面访等不同形式，对部分专家进行了访谈。共访谈专家 28 位。通过对访谈结果进行分析，可总结得到以下几个方面的内容。

1. 专家学历及从业经历

通过前期专家访谈的信息汇总，课题组发现专家们大多具有学生时代海外留学和工作以后出国（境）进修的经历。国外高等学府的专业培养塑造了各领域专家们高精尖的业务技能和全球化的知识产权视野，进而掌握全球知识产权理论和实务动态。

2. 专家所在行业统计

课题组对 28 位访谈专家的从业领域进行了区分。按照行业划分方式，将专家所在行业分为知识产权行政管理与执法、企业、知识产权服务业、高等院校与科研院所 4 个领域，其中，4 位专家来自知识产权行政管理与执法领域，9 位专家来自企业的知识产权部门或主管企业的知识产权、法务工作，6 位专家来自知识产权服务业，9 位专家来自高等院校和科研院所领域。

3. 专家研究领域

第一类是知识产权法律、政策研究和行政管理，第二类是面向于高校和行业的知识产权人才培养，第三类是企业知识产权管理及法律，第四类是知识产权中介服务等。此外，专家们还积极研究除传统代理业务之外新的业务领域如知识产权预警、技术转让、国内企业海外维权、企业知识产权战略等许多高端业务内容。

4. 专家关注的内容及建议

根据对专家们的访谈结果，可以知道专家们较为感兴趣的几个方面：专利法律法规相关；知识产权服务相关，加快产业结构调整升级；鼓励建立行业联盟相关，推动联盟内企业信息共享等；专利、商标、版权等知识产权管理和行政执法一体化相关；知识产权人才培养相关，即培养和培育知识产权管理、法律与政策研究的多维度、复合型知识产权人才；企业知识产权实务相关。同时，专家们提出的意见建议主要集中于打破体制机制障碍、不断完善知识产权制度和智库专家培养方面。

四、国内知识产权专家联系与使用机制调查问卷需求分析

为了更深入地了解专家对联系和使用机制的需求，课题组针对107名全国知识产权领军人才和专家库专家发放调查问卷，对智库专家的需求梳理了以下几个方面。

1. 在使用目的上，专家更重视为国家和社会服务（参见表1）

表1　关于专家使用目的的调查结果

选项	小计	比例
为国家和社会服务的机会	47	65.28%
在行业内提升话语权的机会	13	18.06%
与其他专家沟通交流的机会	11	15.28%
创造商业价值的机会	1	1.39%
本题有效填写人次	72	

2. 在交流形式上，需要更多面对面的交流互动（参见表2）

表2　关于专家交流形式的调查结果

选项	小计	比例
智库定期组织的研讨会、交流会、论坛等活动	64	88.89%
建立稳定的岗位流动与人才交流机制，进行中长期换岗交流	22	30.56%
微信群等实时交流方式	30	41.67%
小范围专家之间的深度交流研讨	59	81.94%
以课题组等形式组合起来的临时组织	50	69.44%
本题有效填写人次	72	

3. 在发声权限上，需要更大自由权限（参见表3）

表 3　关于专家发声权限的调查结果

选项	小计	比例
每一项活动都须征得所在单位同意	6	8.33%
在应聘成为智库专家时征得所在单位同意，其后只有重大事项向所在单位征求意见	49	68.06%
只要是与智库有关的工作都无须征得所在单位同意	17	23.61%
本题有效填写人次	72	

　　课题组也针对目前智库运行现状，向专家们收集了意见建议，总结为以下几点：

　　一是应多增加专家交流机会，加强智库网络交流平台建设，创建如微信群、局域网、共享数据库等，促进智库专家间的线上信息交流和研究互动；

　　二是专家来自各行各业，有各自的独特视角和经验积累，但也存在角色局限、信息有限等劣势，应分期、分批定期组织召开学术交流活动，加强学术碰撞；

　　三是对智库兼职专家的使用应有用则用、该用则用，而不是刻意为了"使用"而使用；

　　四是多给企业提供智库智囊作用，加大企业与智库的交流，实务类知识产权专家优势是实战经验，应多发挥作用，尤其是针对中小企业的知识产权工作应加大智库服务力度；

　　五是智库专家应该多接触重大知识产权案例，特别是国际重大专利纠纷，一可出谋划策，二可积累经验，三可提高专家多维度处理知识产权业务的水平；

　　六是智库专家至少应在本单位、本行业的知识产权本职工作中发挥重要作用，在其他单位遇到知识产权相关问题时应发挥咨询作用。

　　七是智库运行机制和信息系统还需进一步改进，应建立查询、分析系统，提供快捷查询有关专家信息、与专家进行沟通联系的渠道。

五、专家联系与使用机制相关建议

(一) 完善专家联系机制

在中国特色知识产权新型智库的建设过程中，如何"找好专家"是专家联系机制的重要内容，要从需求侧着手，不断完善专家信息挖掘与收集机制、专家分类机制、专家组织与管理机制、引导发展机制等。

1. 专家信息挖掘与收集机制

(1) 专家信息挖掘机制

建立专家信息网络平台，加强专家信息挖掘，形成"专家大数据"。着力选拔熟悉政策、有较强咨询能力的专家入库，完善多层次、多方位、多专业、高质量的智库"专家库"，形成动态高端集成的智库专家体系（参见图1）。通过信息整合分析，发现专家，储备专家，评价专家并精准联系使用专家，最终实现专家资源科学化管理。

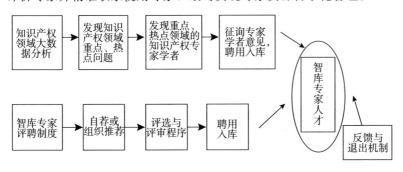

图1　专家信息挖掘机制示意图

信息挖掘有两个途径。一是采取知识产权领域大数据分析方式，依托知识产权公共信息平台、报纸、杂志等学术研究平台进行大数据分析，发现知识产权领域的重点、热点问题，进而跟踪发现知名专家学者，征询意见，邀请入库。二是通过自荐或组织推荐，采取评选与评审的程序，聘用入库。如专家库专家评选就采取了初评、函评与集中评审的方式，邀请入库专家。通过上述两种信息挖掘方式发现与聘用人才进入智库体系，同时应建立反馈退出机制，确保人才"活水"的流动形式。

（2）专家信息收集机制

开展智库专家信息库的建设工作，在全国建立知识产权人才和专家信息动态收集机制，实现信息动态化、及时化。

收集智库专家信息库建设的基本信息，主要包括：人员信息，如姓名、文化程度、联系方式等；职务信息，如现任职务、社团任职等；履历信息，如学历、学位、工作简历、培训经历等；工作业绩信息，如特长、科技项目成果、发表论著、获奖荣誉等。

加大信息收集的频率。专家年龄、单位、发表文献、获奖信息等是动态变化的，需动态更新，可通过与其他数据库"联动"来更新。比如，专家个人信息可能存储在所在单位网站上，专家论文发表可能存储在各大学术数据库中，通过整合这些数据库信息可实现专家库信息实时更新。要保障例行走访联络频率，采集专家最新基本信息及成果信息，同时向专家传递政策信息。针对正在实施的课题及项目，应及时跟踪，建立重点跟踪采访机制。

丰富信息收集手段。采用多种形式联系专家，既包括传统的短信、电话、邮件等，也包括微信群、公众号等新形式。建立微信公众号，将专家、专家所在领域或企业、政策信息及行业资讯等内容通过微信公众号定期推送给关注者，提升专家和其擅长领域、所在企业等信息的展示和宣传，并且用专家带动相关信息的传播。建立专家微信群组，便于专家们的互动和通知的发送。

2. 专家细分类机制

为解决部分智库对于专家专长不够了解、不能充分发挥专家优势的问题，本课题初步研究了国家知识产权专家库 501 名专家，将专家进行细分，根据专家专长满足不同知识产权智库的需要。

（1）大类划分

按单位类别分，国家知识产权专家库专家中知识产权行政管理与执法部门 191 人、企业 99 人、知识产权服务机构 103 人、高等院校及科研机构 108 人。地域范围覆盖了 26 个省（区、市），其中，北京市最多，182 人，占 52.6%；其次为广东，31 人；再次为上海、江苏和湖北；山西、云南等 10 省（区）仅有 1～2 名专家库专家；西藏、青海 5 个省（区）没有人员入选专家库。

（2）细化分类类目

根据专家库专家的主要研究领域，经分析调研，课题组尝试将专家细分为研究类和实务类两类，并细分为 15 个小类。将 501 名专家细分入这 15 个小类。

研究类细分类目包括知识产权公共政策与战略研究、知识产权管理研究、知识产权法相关研究、知识产权前沿及热点问题研究、知识产权信息分析利用研究、知识产权国际规则研究、专利审查政策研究、商标实务与政策研究、版权实务与政策研究、植物新品种等知识产权领域研究 10 个小类。

实务类细分类目包括专利审查实务、知识产权运用实务、知识产权保护实务、知识产权管理实务、知识产权服务实务 5 个小类。

3. 专家组织管理机制

在知识产权智库的建设过程中，应建立"小实体""大网络"的组织管理形式。在"小实体"的建设中，智库机构本身以及常驻人员不求大而全，而是强调少而精。智库建设要借助所谓"大网络"的研究人才，构建专业门类齐全、研究优势互补、结构合理而紧密的专家网络。"小实体""大网络"的组织管理形式能确保智库体系的开放、独立、协同与合作，促进资源整合。图 2 为"小实体""大网络"的示例。

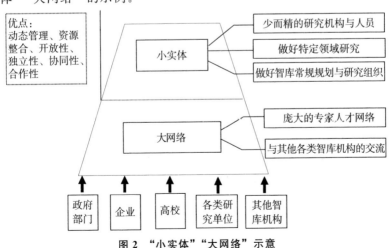

图 2 "小实体""大网络"示意

目前，我国一部分知识产权智库没有形成研究特长，拿不出自己的"拳头"产品，与智库常驻人员的配备不完全满足智库发展的需要有关。在国外，顶级智库中有专门人员针对世界各国研究热点进行分析，并进而进行筛选与研究方向定位。我们在建设智库过程中也一定不能忽视了"小实体"人员配备，数量要充足，人员自身研究素质与专业敏感性也要过硬。另外，我国虽有丰富的"大网络"专家资源，但"大网络"中的专家之间缺乏联系，"小实体"与"大网络"之间的沟通联系也不够顺畅。应重点解决这两方面的问题，将智库组织的优势进一步发挥出来。

针对知识产权智库建设，可以以国家知识产权局知识产权发展研究中心、有特色的相关高校、各省级知识产权局研究中心等实体机构为基础，联络带动国家知识产权专家咨询委员会、国家知识产权专家库专家、各省级知识产权人才库、高校研究和师资力量等一大批专家人才，打造组织联系平台，推动研究成果动态管理模式，引导各级政府部门、相关企业、高校、各类研究单位为知识产权智库建设投入资源，确保研究资源多元化输入、研究成果多层次输出，促进对政府决策和社会影响力的显著提升。

同时，通过开展专家研讨会、交流会等形式，回应专家希望多组织交流活动的需求。将"大网络"中各个专家"节点"之间的联系变得更加紧密。同时，由"小实体"中的专职人员加大与智库专家的联系频率，筑牢"小实体"与"大网络"之间的联系。

4. 引导发展机制

顺应市场发展趋势，在智库专家提交的研究成果与研究方向的基础上，重点支持与推广那些基础性、前瞻性、长期性的研究，更多承载政府职能与社会责任。引导专家积极进行成果转化，完善智库成果输出渠道。要搭建决策咨询的公共竞争平台，严格管理与监督资金流向，以"项目支持"取代"财政拨款"。

在制度层面将联系智库专家作为政府提高政策决策水平的重要环节。建立智库建设联席会议制度、定期听取智库单位汇报制度、定期到重点智库调研制度和邀请智库专家座谈授课制度。

对于高校和省级知识产权智库、民间智库应当给予一定支持，理顺独立性与协同性之间的关系。智库隶属的部门应给予智库人财物方面的支持，对于职能上协同发展的相关部门，应给予智库政策支持和人力支持，引导高校和省级知识产权智库发展。

(二) 完善专家使用机制

1. 智库专家"旋转门"机制

"旋转门"可以使政府行政官员与智库研究者角色交换，使得政府与智库关系更加密切，主要分为三个层次。

一是建立专业智库与高校智库间的"旋转门"。高校智库具有独立性和良好学术氛围、学科综合优势和丰富的信息资源等研究条件优势。目前国家知识产权局与高校建立的平台共有6种，其中24家国家知识产权培训基地（其中有21家设在高校）基本都有自己的研究力量和机构，6家知识产权战略研究基地都设在高校，专门开展知识产权强国和战略实施研究。以交流挂职的形式，加强高校智库和专业智库之间的人员互动，形成对官方智库的良性互补。

二是建立政府人员与智库专家间的"旋转门"。一方面，在政府管理层面建立司局级领导到专业智库交流任职的机制；处级以年度为单位进行交流挂职；处级以下以实习和研究项目的形式短期交流，让研究人员与政策负责人和政策规划制定部门人员进行深入接触。另一方面，为智库专家提供兼职、兼课、访问学者和进入政府工作一段时间的机制便利。

三是建立智库专家与企业和园区间的"旋转门"。智库研究离不开实践，知识产权也是一门实务性较强的科学。近年来，国家知识产权局开辟了一些稳定的实践性基地，如专利导航园区、国家重点实验室、审查员实践基地等，可以进一步加强专家到这些地点的交流挂职和短期调研。

2. "大专家"培养与使用机制

一是研究"大专家"成长规律。一方面开展针对两院院士、知名专家、人文科学等领域学术技术带头人成长规律的调查研究，另一方面总结我国知识产权领域知名专家学者成长案例，综合研究提炼人才从人才、领军人才到大家等的特征、定位和成长规律。

二是提供"大专家"成长和锻炼平台。整合国家知识产权局内法律政策制定、人才培养、课题研究等优势资源，构建由重大专项任务、重点研究课题、重大工程项目、国际交流等组成的实践锻炼平台，有意识地选拔有发展潜力的专家人才，积极支持和推荐人才到部委、行业协会、高校和国际组织挂职交流和任职。

三是建立"大专家"培养路径和渠道。利用专业技术类公务员改革机遇，建立一套符合知识产权强国建设和事业发展需要的知识产权领域职位分类体系。合理划分级别层级，建立以总监、总师等为引领，与工资待遇挂钩，畅通其与公务员调任对应关系。

四是提升"大专家"开发视野。加强智库专家海外交流，到国外智库做访问学者或进行学术交流，利用国家知识产权局与高校组建的共建平台，吸收国外智库研究人员合作研究。

3. 协调合作机制

（1）人员的协作共享

一是促进不同类型智库的协同创新，促进各智库取长补短，共同承担向政府提供专家智力支持的任务。要畅通各类智库参与决策咨询服务的渠道，吸引各类政策研究机构和社会各界优秀人才参与并服务决策咨询。

二是充分调动研究人员的积极性和创造性，培养和凝聚一批智库人才和研究骨干，探索建立"跨学科"的研究方法。建立网络化研究平台，吸收优秀研究人员。推动高校研究团队整体提升，在国家级智库和专业智库需要研究人才时向富有特色的高校智库"借智"。发挥民间智库资金灵活、便于吸引人才的优势，向民间智库"买智"。国家级智库牵头培养一批研究团队，并推动团队人才与各级智库沟通交流，推进智库体系中优质研究团队资源共享。

三是充分发挥智库的"二轨外交"功能，加强重大问题、跨区域问题的省际合作、国际合作，构建全国知识产权智库合作网络，增强意见建议的前瞻性和实用性。

（2）研究成果传播和交流机制

建立智库传播网络，扩大智库影响力。具体的研究成果传播和交流形式可以包括以下方面。

期刊：通过《知识产权》等出版物发行，加强成果发布和利用，加强学术影响报告、论文、著作、刊物等实质性载体的发行。定期发行核心学术刊物，出版学术专著，发表学术论文，不断推出高水平的最新研究成果。以研究报告、内参等形式向国务院、有关政府部门和机构提供决策咨询服务。

书籍：定期组织出版智库成果合集，或者针对有代表性的重大课题出版专用书籍。书籍的保存时效更长，适合针对有长效应用前景的研究成果和基础性研究成果。

研究报告：研究报告的形式更加灵活，且比较适合部分涉密的内容，可以在每一项研究成果结题后，都采取研究报告的形式，在一定范围内发放，便于成果共享、沟通交流、学习借鉴。建立电子件与纸件同步保存方式，便于资料查找。探索选择重大、紧迫的政策性问题，组织专家班子加以研究，写成报告内参上报。

新媒体：在新观点、新思路、新方法面世时，适合于结合新媒体进行宣传，突出智库成果适应时代发展的新趋势，把握时效性。同时，有重大影响力的智库成果也适合采用新媒体的形式加速传播。建立中国知识产权智库门户网站，设立论坛，建立微信、微博公众号等，收集咨政建言，进行思想碰撞交流。

定期举办专题研讨会、报告会、培训交流、讲座等，鼓励和支持南湖论坛、三江论坛、中国专利年会❶等交流平台，借鉴经济学界莫干山会议和巴山轮会议模式经验，利用一年一度的专家咨询委员会高级研修班，打造知识产权界智库交流"香山会议"等。适当增加沟通交流频率，如可按季度举办形势研判会等。

搭建智库成果共享平台。充分利用知识产权公共平台的文献信息，同时加强对研究成果的信息共享。通过对国内国际文献的整理收集、分析研究，掌握国际、国内智库研究的最新动态，学习借鉴有价值的研究成果，"站在巨人的肩膀上"，提升智库研究成果整体积淀。

---

❶ 2019 年已更名为"中国知识产权年会"。——编辑注

4. 智库专家发声机制

针对应急事件发声。应对舆论中的应急事件，尤其是针对在国际社会较有影响力的事件发声。比如针对中美领导人会晤过程中外方屡次以知识产权保护不利指责我国的问题，再比如针对中欧商会发布的《创新迷途："中国的专利政策与实践如何阻碍了创新的脚步"的报告》等应急事件，建立智库专家进行解读、分析与舆论引导的应急发声机制。还可以针对中外贸易纠纷中的热点问题进行观点交锋。总之，需要智库专家及时发声，敢于发声，增加公众对知识产权制度的了解，营造发展的良好环境。

针对知识产权领域重大问题进行发声。如针对知识产权大保护等内容，开展观点交流与分析，形成知识产权界的声音，开展全方位的研讨与探索。

建立智库联盟进行发声。成立"智库联盟"，通过整合智库研究资源，构建协同创新的政策研究和咨询网络，更好地发挥"思想库""智囊团"的作用。联盟的建立，将推进科研信息化合作，共建科研数据平台，实现信息数据共享。根据课题需要组织联合课题组，进行联盟内资源共享。除有特别保密需要外，联盟各方相互交流科研成果，并可相互借鉴使用。推进理论创新、决策研究和学术交流合作，引导联盟内专家为智库发展发声，鼓励观点争鸣与争锋，在学术研讨中不断推进智库整体发展。

搭建国际发声舞台。鼓励各级各类知识产权国际交流论坛举办，建立博鳌亚洲论坛知识产权研讨交流机制，积极开展具有国际影响力的知识产权研讨交流活动。建立五局会议"一带一路"战略，积极开展知识产权"智库外交"和交流。

5. 专家考核评价机制

针对专家考核评价机制，应从以下几方面来考虑。

针对智库的研究成果，逐步开展成果评价工作。按照各类智库不同的功能任务，建立有利于客观、全面地反映各类智库主体的中心工作、有利于各类智库功能发挥的评价体系。比如，对于国家级知识产权智库，重点应考核其针对宏观性、战略性、前瞻性、综合性问题的研究能力和针对大局、全局问题的研究成果，可参考研究成果进入政策建议数量、受到批示数量、被政策文件采纳数量等指标。对于专业智库，旨在考核其产出成果数量、被引用次数、国际影响力等指标。对于高校智库，要形成对基础研究成果和应用研究成果不同的评价体系，鼓励在做好基础研究的基础上增强应用性研究，为决策提供理论支撑和高水平政策建议。对于高校和省级知识产权智库，重点评价其服务地方能力。对于民间智库，应鼓励其按照市场化方式运作发展。只要是社会需要的、有一定产出效益的成果都可以认为是有效成果。但对于民间智库与其他智库研究重复的地方，可进一步引导发展，开展成果共享，鼓励民间智库将研究成果进一步与产业行业实际结合。

进一步健全智库研究选题、开题、组织实施、进度管理、结题评审、成果转化利用等工作的流程管理办法，健全研究档案管理制度，以纸件和电子系统管理相结合，努力解决研究资料和成果信息等归档分散、零乱、量大、孤本等问题，使之成为智库发展的研究基础，保障各类知识产权智库的课题研究成果进展顺利，成果斐然。

深圳、江苏、上海三地 PCT 申请资助政策及其执行情况评估[*]

雷筱云　韩秀成　陈　燕　李　昶　谢小勇　刘　雷　王　润
苏志国　刘章鹏　林道曦　杨　倩　陈少君　刘永超　黎　金

WIPO 报告显示，2016 年由中国申请人提交的 PCT 申请量达 4.316 8 万件，仅次于美国和日本，比 2015 年增长 44.7％。我国 PCT 申请量的高速增长，一方面体现了企业等创新主体创新能力的提高和专利海外布局意识的提升，另一方面也客观反映了地方政府出台 PCT 申请资助政策的积极推动作用。基于《PCT 制度在中国实施状况的调查报告（2016 年）》，初步发现，"地方资助政策存在申请资助、超额资助等问题，催生了一定数量的通过资助获利而提交的 PCT 申请"，同时"地方资助还存在重复资助"等问题。

为全面、客观、深入了解地方 PCT 申请资助政策的科学性、合理性、可操作性以及与当前 PCT 申请量快速增长的关联性，对深圳、江苏和上海（以下简称"三地"）的 PCT 申请资助政策文本及其执行情况和结果开展评估。评估共收集整理了深圳、江苏和上海三地各级政府涉及 PCT 申请资助的政策性文件 113 份，从 CE-PCT 系统共计提取三地 PCT 申请数据 110 164 条，通过向地方局发函等形式获得三地 PCT 申请资助数据 51 424 条，开展专家访谈 15 人次。

一、三地资助政策文本内容梳理

课题组认为，PCT 申请资助是指各级政府为了鼓励国内创新主体通过 PCT 途径向国外申请和布局专利，运用公共财政资源，对 PCT 申请的提交、国际和国家阶段审查以及后续专利权维持等

---

　　* 本文获第十届全国知识产权优秀调查研究报告暨优秀软课题研究成果评选二等奖。

190

方面进行资金补贴的财政政策。

（一）深圳市本级及下辖区资助政策

从政策文本内容来看，深圳从市级到区级已经形成了较为系统的 PCT 申请资助政策体系，需要引起注意的问题如下。（1）市本级政策规定"取得国际检索 6 个月内提出申请"，排除了受理即资助，虽强制要求提交国际检索报告，但又未对报告结论是否正面或负面提出要求。（2）与市本级政策相比，区级资助阶段有宽有严并且各辖区之间大相径庭，福田区、南山区宽于市本级政策，分别规定申请被受理即资助或者在国际阶段即资助。（3）关于超额资助，尽管深圳市本级现行办法明确规定"各项资助金额不得超过申请人在申请、注册、登记时实际支出的费用"，但该条款在执行时缺乏可操作性。从课题组访谈获得的实际执行情况来看，深圳市普遍存在市本级和区级给予多级资助的情形。从覆盖 PCT 申请最低支出成本来讲，以 1 件个人 PCT 申请为例，在享受 WIPO 国际申请费和手续费减缴 90％之后，如果仅提交国际申请需支出近 1 000 元，如果还需获得国际检索报告，则最低需缴纳 3 500 元左右（上述均不含专利代理费用）。按照深圳市本级个人申请每件 3 000 元的资助标准（要求获得国际检索报告），确实无法完全覆盖实际支出。因此，在市级资助基础上允许由区级再次对该同一申请进行多级资助，具有一定的合理性。但课题组认为，对于多级资助情形，区级资助应当至少在市本级资助条件的基础上作出更加严格的限定，以避免超额资助，即确保申请人不能获得超出实际支出的利益。

（二）江苏省本级及下辖市、区（县）资助政策

江苏省本级资助政策在 2016 年 8 月进行了最新修订。最新资助政策包括《江苏省知识产权专项资金管理办法》（以下简称《管理办法》）、《江苏省知识产权创造与运用专项资金管理实施细则》（以下简称《实施细则》），以及《关于组织申报 2017 年知识产权创造与运用（专利资助）专项资金的通知》（以下简称《通知》）。而实际上，涉及 PCT 申请资助的具体内容主要体现在《通知》中。据访谈，考虑到江苏省每年拨付的专利资助财政资金不稳定，因此

191

其以发布年度性通知的形式对 PCT 申请的资助标准和具体事项进行灵活规定。

与原有资助政策相比，现行政策保留了分别对 PCT 申请、授权和产业化或进行商业活动均进行资助或奖励的规定。其中一个值得注意的变化是，将 PCT 申请资助的阶段由国（境）外受理改为进入外国国家（地区）后公布或授权才资助。同时，在资助金额上取消了对资助 PCT 申请国家的数量限制以及最高资助总金额的限制，采取"上不封顶"的做法，规定按照实际发生额进行资助，仅保留对单次资助金额以每个国家（地区）最高不超过 6 万元的限制。江苏省本级政策的另一特色是对获得国外授权（包括通过 PCT 途径）的部分专利进行奖励。新的资助政策同样取消了对奖励项目的数量和奖励金额限制，但细化了优先奖励的条件。

江苏省下辖市级资助政策中有 10 个地市明确规定了对国（境）外专利的资助内容，但对资助阶段的要求各有不同，各市级资助政策在资助金额上同样差异较大。在各市级资助政策中对于是否重复资助存在两种截然相反的明文规定。无锡、徐州、连云港、镇江和扬州明确规定不能重复资助。而常州市规定，获得国家、省专利资金资助的国（境）外专利，按照国家、省资助额的 50％匹配资助。

在县（区）级资助政策中，各地关于 PCT 申请资助阶段、资助标准等规定差异明显。规定只要提出 PCT 申请就可申请资助的占比 40.4％；规定只对授权阶段进行资助的占比 28.8％；而剩余的则规定申请阶段和授权阶段均可获得一定资助，占比 30.8％。关于是否对重复资助进行限制的矛盾同样体现在县（区）级资助政策中。25％的城市明确规定不能重复资助，剩余的 75％则没有明确规定是否不能重复资助。

（三）上海市本级及下辖区资助政策

上海市本级颁布了《上海市专利资助办法》，自 2012 年 7 月 1 日起施行，有效期 5 年。与之前 2007 年开始实施的办法中有关 PCT 申请资助的政策相比，在延续授权后才可获得资助的基础上，现行办法主要调整在于：（1）在原资助不超过 3 个国家的基础上，修改为不超过 5 个国家；（2）明确资助项目为官方规定费用和国内代理机构服务费用；（3）规定同一申请人每年度获得资助总额不超过 100 万元。

从政策文本内容来看，上海市针对 PCT 申请资助的政策体系较为系统。其中市本级资助政策较为合理，不仅明确规定不得重复获得资助，而且资助对象仅限于获得海外授权；对资助金额和资助项目也予以明确，单项申请以及单个申请人均设立了资助上限；资助项目也在官费的基础上增加了代理服务费的资助。区级资助政策情况总体良好，除了个别区以外，基本都保持与上海市本级一致，即在授权后给予资助，在资助国家数量和资助总额上也基本都有限制性规定，有的区还在资助代理服务费的基础上增加了维持年费。市、区两级资助政策在鼓励 PCT 申请的同时，也有利于促进 PCT 申请质量的提高，但同时也还存在一些不足之处，主要表现在：（1）浦东新区、闵行区与市本级的授权后资助不同，在申请阶段即给予资助；（2）大多数区未设置禁止重复资助条款。

二、三地资助政策执行情况

（一）深圳资助政策的执行情况

1. 数据基础

课题组从 CE-PCT 系统中提取了 2007～2016 年深圳市 PCT 申请数据，共计 80 257 条。通过向深圳市知识产权局发函获得的 2012～2016 年度市级资助数据共有 46 308 条，资助金额共计约 4.3 亿元。与上述提取的申请数据进行了逐一关联匹配，匹配成功的数据共计 42 434 条，占全部资助数据量的 92% 左右，涉及全部资助金额的 91% 左右（3.9 亿元）。下文均以资助数据与申请数据匹配成功的样本为分析基础，该样本占全部申请量的 95% 左右，占全部资助量的 92% 左右。

2. 资助情况

深圳市本级资助数据涉及的 PCT 申请均为 2011 年（含）后提

交的申请，涉及 46 278 件申请、1 562 位申请人，资助金额共计约 4.3 亿元。分析样本涉及 3.9 亿元资助金额。2011～2016 年深圳总共有 2 774 位申请人提交了 66 217 件 PCT 申请。截至 2016 年资助年度，深圳市级资助以 PCT 申请量计资助比例（资助件数除以申请件数）为 69.9％，以申请人个体计的资助比例（资助人数除以申请人数）为 56.3％。

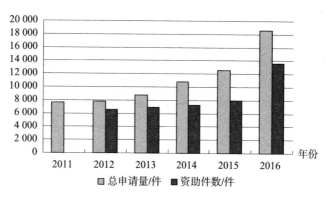

图 1　深圳市 2011～2016 年申请年度的申请量以及资助年度的资助件数

从技术领域分布看，2007～2016 年深圳市 PCT 申请量排名前 10 位 IPC 分类号（大类）中有 8 个涉及通信领域，1 个涉及光电领域，1 个涉及数据处理，凸显了深圳市的技术发展热点。从申请主体看，个人申请量占比在 2007～2011 年在 4％左右，2012～2015 年逐年攀升至 10.8％，2016 年个人申请比例突增至 26.5％。2011～2016 申请年度中，平均有 64.8％的单位申请领取了市级资助，59.0％的个人申请领取了市级资助。2015 年提交的 PCT 申请中，个人申请已有 81％获得了资助，超过了单位申请的 68％；2016 年个人申请也已有 49％领取了资助，再次超过单位申请的 33％。考虑到深圳市政策规定的资助时间窗口为取得国际检索报告（通常为申请日起 9 个月）后的 6 个月内，可以看出在政策发布初期个人申请人对于政策的反应迟于单位申请人；但随着政策宣传力度和实施力度加大，个人申请对于资助的领取显得更为急切，领取资助周期相对较短。

3. 初步发现的异常申请线索或情况分析

（1）个人申请概况

2011～2016 年，深圳市个人 PCT 申请量共计 8 639 件。其中 2011～2016 年申请量在 20 件以上的申请人为 132 人，领取市级资助金额共计 1510.7 万元；申请量在 50 件以上的申请人为 52 人，领取资助金额共计 991.5 万元；申请量在 80 件以上的申请人为 20 人，领取资助金额共计 618.9 万元；申请量在 100 件以上的为 10 人，领取资助金额共计 412.8 万元。这些申请人的申请量一般集中在两三年间，大部分申请量集中在 2015～2016 年。

（2）典型案例

① 单个申请人在较短时间内提交大量主题集中的申请

深圳市个人申请量第一的申请人刘某总共提交了 167 件 PCT 申请，均是在 2012～2014 年提交的，其中 159 件已领取资助，领取资助金额共计 94.5 万元。申请涉及主题集中在生活用品类，每个主题均存在多件类似申请。另外，该申请人从 2012 年 8 月到 2013 年 9 月共提交 259 件国内专利申请，主题主要涉及音箱和充电器。该申请人所涉及的国际专利申请及国内专利申请均仅限于 2012～2014 年。

② 大量系列申请的申请人与发明人互换

钟某作为申请人，共有 58 件 PCT 申请，这些申请中均未记载发明人信息；而钟某作为发明人，则涉及 147 件 PCT 申请，这些申请的第一申请人分别涉及邹某 77 件和肖某 70 件。肖某作为第一申请人的以其他人作为发明人的还有 14 件。上述 PCT 申请共计 219 件，共涉及市级资助金额 29.1 万元。申请主题涉及化学电源、无人机相关各类系统、电机、测距仪、温湿度恒定系统、治疗各类疾病的中药组合物等。

（二）江苏资助政策的执行情况

1. 数据基础

课题组获得的江苏省 PCT 资助数据中，省级资助数据比较全面，包括每件申请的申请号和资助金额。2007～2016 年，江苏省

PCT 申请总量为 11 463 件，其中资助数据中有资助金额明细的为
4 368条，资助比例约为 38％。这其中还包括较多对同一件申请发
放多次资助的情况。

2. 资助情况

表 1 是 2012～2016 年江苏省级资助情况表。2012～2016 年 5
年间江苏省级开展 PCT 申请资助的金额达 9 110 万元。年度资助金
额从 2012 年的 621 万元逐年上升到 2016 年的 2 242 万元。从 2014
年开始资助的比例开始下降，在资助总金额保持大体不变的情况
下，采取了集中资助部分高质量申请的政策，并且在 2016 年对于
已经实施运用的 PCT 申请给予了每件 22 万元的奖励。江苏省的资
助投入产出比（资助金额除以申请量）从 2014 年开始逐年降低，
资金投入的效率得到了提高。

表 1　2012～2016 年江苏省级资助情况

年份	申请量/件	资助件数/件	资助比例	资助总金额/万元	平均每件资助金额/万元	投入产出比（资助金额除以申请量）
2012	914	241	26％	621	2.58	0.68
2013	1 197	448	37％	1 135	2.53	0.95
2014	1 657	1 098	66％	2 426	2.21	1.46
2015	2 501	1 006	40％	2 686	2.67	1.07
2016	3 167	577	18％	2 242	3.89	0.71
合计	9 436	3 370		9 110	2.70	0.97

2016 年度江苏省级资助明细表中共对 577 件申请进行了资助，
其中绝大部分是单位申请，个人申请仅有 30 件，仅占资助总件数
的 5％。其对单位申请人的倾斜力度较大，有利于营造正确的资助
导向。但是省级资助明细表中表现出以下情况：一是部分 PCT 申
请在申请时领取了 1 万～3 万元不等的资助，在每个外国国家授权
后又再次领取了 1 万～10 万元不等的资助，因此每件申请的资助总
体合计能够获得 5 万～20 万元；二是部分经济欠发达区县对个人申
请的资助比例较大，例如，如皋市 2014～2016 年共资助了 115 件
PCT 申请，其中个人申请为 93 件，占比达 81％。

从对申请主体的分析来看，2007～2016 年，江苏省 PCT 申请总量为 11 463 件。其中个人申请量的占比除 2011～2013 年、2015～2016 年低于 20％，其他年份都在 20％以上。早期的 PCT 申请量占到了总量的一半左右，随后逐年呈下降的趋势，但是也都在 20％左右徘徊，说明江苏省一直以来个人 PCT 申请量都比较多。

3. 初步发现的异常线索或情况分析

从江苏个人申请前 10 名的分布来看，江苏的个人申请人的申请量非常分散，其 3 000 余件的申请量分散到了 2 000 余个个人申请人中，平均每个个人申请人的申请量为 1.5 件，申请量排名第一的孙某潮申请量为 43 件。

（1）苏州市下辖张家港市的个人申请人：周某惠。在 2014～2016 年 3 年间共申请 22 件，每年的同一日，大量提交类似名称的 PCT 申请，并且没有代理机构，申请领域跨度大，领域涉及输入法、计量装置、生物质能发电、修建跨海大桥的方法、修建沙漠运河的方法、降低全球温度的方法等领域，每件申请都获得了市级资助金额 3 万元，共计 66 万元，远远超出了 PCT 申请的实际申请费用。

（2）江苏省南通市"织布"系列异常申请。2016 年 11 月，江苏省南通市一些个人申请人通过南通市永通专利事务所，提交了 60 件涉及"织布"的 PCT 申请。该系列案件的申请文件非常简单，说明书只有 1 页，权利要求只有 1 项，其中布的参数、组分及结构具有简单的变化，属于配比的简单替换。

（3）盐城市盐都区资助金额明显高于成本。盐都区 2012～2016 年共申请 97 件 PCT 申请，其中 96 件是单位申请，共资助了其中的 71 件申请，资助金额 704.1 万元，平均每件资助金额为 9.92 万元。其中资助金额最高的一件为 20.8 万元，其申请号为 PCT/CN2009/000279，其余绝大部分每件资助金额为 8 万元。盐都区的资助金额明显高于申请成本，并与其他区县和省相比单件资助金额都是最高的，存在过度资助和资助金额与经济发展水平脱节的问题。

（三）上海资助政策的执行情况

1. 数据基础

2007～2016 年，上海市 PCT 申请总量为 8 444 件，除 2008

年、2013 年、2015 年相比前一年度申请量略有下降以外，基本上
保持逐年快速增加的趋势。特别是 2016 年申请量为 1 538 件，与
2015 年 1 075 件相比，大幅增长 43.07％。

2. 资助情况

2012～2016 年上海市本级用于资助 PCT 申请的资金共计
2 022.41 万元，从 2012 年的 111.23 万元到 2016 年 828.69 万元增
长近 6.5 倍，且逐年呈明显上涨趋势。其中，对单位申请人的资助
占绝大部分，占 91.59％；对个人申请人的资助比例较小，
占 8.41％。

虽然在 2013 年和 2015 年上海市 PCT 申请量有所下降，但从
资助金额上来看，这两年较上一年度均大幅增加，特别是 2015 年，
较 2014 年资助金额增幅达 137％。可见，PCT 资助金额与申请量
并未体现出同步效应。这一现象应当与上海市资助政策为授权后资
助有关。

关于市辖区 PCT 资助情况，从资助情况与政策相关度来看，
16 个辖区中，浦东新区、徐汇区和闵行区规定为申请即资助，该 3
个区的区级资助额也远高于其他各区。

2007～2016 年上海市个人申请人和单位申请人申请情况如图 2
所示。

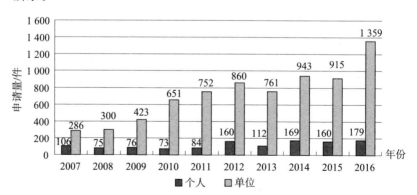

图 2　2007～2016 年上海市个人及单位申请情况

在 2012 年之前，个人申请量较为平稳，基本保持在年均 83 件左右；2012 年个人申请量为 160 件，较 2011 年增长 90％；此后再次趋于平稳，保持在年均 156 件左右。与个人申请量不同，单位申请量一直以来保持高速增长态势，在 2010 年首次突破 500 件，到 2016 年，申请量达到了 1 359 件，较 2015 年大幅增长了 48.5％。

从个人申请量排名来看，前 10 位申请人中申请数量最多为 30 件，年平均不到 3 件，且不存在同一申请人连续多年申请的现象。从资助对象情况分析看，2012～2016 年上海市本级共资助了 160 位 PCT 申请人，其中 139 名为企事业单位、高校和科研院所，占 86.88％；21 位为个人，占 13.12％。其中，受资助最多的个人申请人共获得资助 12 万元，没有个人连续多年获得资助的现象。

3. 情况分析

上海市本级以及大部分市辖区级资助政策为授权后资助，资助门槛高，且以单位申请为主，个人申请为辅。此外，上海市 PCT 申请资助政策对中介服务机构有关费用予以资助。数据表明绝大多数申请通过专业的中介机构代理，对于 PCT 申请质量提高有一定的促进作用。上海市受资助排名与申请量排名重合度低，表明资助政策对面上申请的激励作用不明显，有利于激励企业提交高质量的 PCT 申请。

三、对三地资助政策的总体评估

通过前面分析可以看出，PCT 申请资助作为专利资助政策的重要组成，得到了三地各级政府的高度重视及不断推广和完善，资助力度也在逐年加大，在减轻 PCT 申请人的经济负担、促进 PCT 申请量的快速增长等方面发挥了显著作用。

（一）三地政策的覆盖面均较广泛，但普惠性高低不一

从政策文本来看，三地政策的资助对象基本覆盖了辖区内所有的企事业单位和个人，资助阶段覆盖了从提出 PCT 申请、取得国际检索报告，到进入国家阶段公开、获得外国专利授权，再到权利维持乃至产业化等专利形成和运用全生命周期。在资助对象上，深圳将申请人区分为单位或个人，按照高低不等的标准进行资助。在资助阶段上，江苏和上海以资助客体即每件 PCT 申请所处的不同阶段为标准确定不同的资助金额，并且对于获得国外授权的资助标准普遍高于国际阶段。

从政策执行来看，深圳的普惠性最高，近 70％的 PCT 申请获得了市本级的财政资助，对于这些申请，下辖区还进一步给予了不等金额的配套资助（即重复资助）。而江苏 2016 年 8 月 15 日以前实施的政策文本尽管同样是规定获得受理即可申请资助，但在政策实际执行时审批却较为严格，主要是选择获得国外授权的专利进行资助，2012～2016 年总计仅 36％的申请最终获得省本级资助，并且下辖市、区（县）通常是在上述已享受省级资助的申请以外选择比例不高的申请进行资助，因此对同一申请很少出现不同层级的重复资助。上海市本级以及大部分市辖区级由于都是采取授权后资助，因此就每件 PCT 申请而言，其政策普惠性最低。

（二）三地政策的灵活性都较强，但内外衔接协调不够

近年来，三地根据自身经济发展需要、辖区内创新主体专利制度运用水平等因素，对 PCT 申请资助政策进行了灵活、适时的修订，同时注意保持了较好的前后延续性。一是总体来看，三地每一波资助政策的实施期限基本为 3～5 年，并且未来 2～3 年内将普遍迎来新一波政策调整的窗口期。二是从最新趋势来看，三地通过不断发现问题、总结经验，对资助政策的调整正在朝着更加科学化和规范化的方向发展。

此外，就政策制定和执行主体而言，三地省市级资助政策基本均由所在地知识产权部门和同级财政部门共同负责，省市级知识产权部门不仅在横向上与同级财政、科技、产业等部门衔接不够，在纵向上与下辖市、区（县）级知识产权部门的协调也不够。

（三）三地财政资助力度普遍较高，但针对性欠缺，并且都缺乏避免套取和超额资助的有效手段

各地 PCT 申请资助政策体现出较强的地方性和自主性。同

时，PCT 申请资助的资金来源于各级地方财政，各地区经济发展水平的不平衡以及对专利制度运用水平的差异，导致对 PCT 申请的资助力度各有高低。三地政策文本均没有特别明确地体现出对当地重点企业、优势产业、战略性新兴产业以及未来产业发展需求的关注，或者在实际执行中也没有体现出优先向这类企业或者产业倾斜，使得 PCT 申请资助对于提升相关企业或产业国际竞争力的作用较难发挥出来。此外，就政策文本来看，涉及 PCT 申请资助的条款规定往往比较简略，缺乏详细的申报条件、审批程序、公示异议等下位性实施细则。尽管在部分政策中明确规定了不允许出现超额资助，但在政策执行时缺乏有效的防范手段。主要原因在于：首先，对于 PCT 申请资助申请的审批本身具有较高的复杂性和专业性；其次，各级政府部门对于 PCT 申请资助普遍存在"信息不对称"现象，即省、市级部门和相应的下辖市、区（县）级相互之间缺乏资助信息的掌握和了解；最后，针对申请人套取财政资金或者领取超额资助等不良行为目前尚缺乏针对性的监管措施，即使规定了套取财政资金行为的相应罚则，但由于监管职责不清、监管方式不明确、监管机制缺失等，上述罚则真正落实的难度较大。

（四）三地财政资助力度与 PCT 申请量的增长呈明显的正向关联，但资助政策对专利质量提升的导向作用不尽一致

不可否认，三地 PCT 申请资助政策的实施明显降低了申请人提交 PCT 申请、开展专利海外布局的经济成本，极大限度地提高了创新主体运用 PCT 制度的意识和能力，有力地促进了三地 PCT 申请量的迅猛增长。表 2 是 2012～2016 年三地省（市）本级财政资助情况，显示三地 PCT 申请量增长与省（市）本级财政资助金额增长之间具有比较明显的正向关联性，其中尤以深圳最为明显。

表2　2012～2016年三地省（市）本级财政资助情况

年份	江苏省本级财政资助情况			上海市本级资助情况			深圳市本级资助情况		
	申请量/件	资助金额/万元	财政投入产出比	申请量/件	资助金额/万元	财政投入产出比	申请量/件	资助金额/万元	财政投入产出比
2012	914	621	0.68	1 020	111	0.11	7 782	6 453	0.83
2013	1 197	1 135	0.95	873	160	0.18	8 785	6 767	0.77
2014	1 657	2 426	1.46	1 112	273	0.25	10 810	6 994	0.65
2015	2 501	2 686	1.07	1 075	649	0.60	12 538	7 585	0.60
2016	3 167	2 242	0.71	1 538	829	0.54	18 631	11 449	0.61
合计	9 436	9 110	0.97	5 618	2 022	0.36	58 546	39 248	0.67

政府对PCT申请给予财政资助，目的在于提升专利申请质量、培育高价值专利以及加强专利海外布局等。就单纯激励提交PCT申请这一行为而言，尽管上海投入的财政资金相对有限，但由于通过将资助条件控制为授权后资助，三地中上海市本级财政资金的投入产出比为最低；深圳市本级财政通过采取"普惠式"方式申请即资助，在很大程度上刺激了申请量的爆发式增长，财政投入力度越大，PCT申请量增长就越快。

四、相关对策建议

基于上述评估，课题组在文本规定和具体执行层面提出如下对策与建议。

（一）政策制定层面

本课题对深圳、江苏和上海三地政策的研究结论尚不足以代表全国的情况。我国各地区经济发展状况、对PCT制度的运用水平和内生需求均不尽相同，PCT申请资助政策的制定和执行需要考虑不同地区、不同发展阶段的特殊性，应当尽可能做到因地因城因阶段施策。总体而言，未来对PCT申请资助政策的完善应当更加突出质量导向和精准资助。具体而言，对于深圳、江苏和上海这类专利事业发展较快、PCT申请量较大的地区，应鼓励更多的PCT

申请进入国家阶段，真正实现海外获权和专利布局。具体建议如下。

（1）探索创新资助模式。未来一段时期内，可选择部分试点省市探索引导社会资本以政府和社会资本合作（PPP）模式建立 PCT 申请资助专项基金，资金来源在基金运行初期可以政府资本（包括财政资金）为主，待社会资本进入壮大后政府资本逐步退出。对于高校、科研院所等接受财政资金支持完成的在海外获得专利权的 PCT 申请，建立"兜底"的专利权维持基金，防止这些高价值专利因为年度性科研经费"断粮"而被迫终止专利保护期。

（2）厘清各级财政资助范围。将地方 PCT 申请资助审批、费用发放和后期监管的归口管理部门唯一化，建议由省市级知识产权部门会同同级财政部门组织有关专家，对 PCT 申请资助申请进行审核，并负责事后监督管理。该地区下辖的市、区（县）级政府应当明确所在层级资助的资助对象范围，例如可以选择对已接受省市级资助的申请在不超出申请人实际成本的前提下进行补充资助（其资助条件应当在满足上一层级资助条件下作进一步限定），也可以根据本区域的实际需求在上述申请以外选择其他未接受过资助的申请进行资助。

（3）合理确定资助对象。为了避免对同一 PCT 申请在不同行政区域获得重复资助，应将资助对象限定为该申请的第一申请人，同时注意该第一申请人是否发生变更。此外，为了激励当地专利代理机构提升代理服务质量和水平，还可以根据 PCT 申请在海外是否授权、授权的保护范围大小、代理服务质量等因素，考虑对专利代理机构或代理人进行适当"奖励式"资助，鼓励其针对 PCT 申请提供高质量的专利代理服务。

（4）资助重点可向特定产业倾斜。应突出对当地重点企业、优势产业、战略性新兴产业以及需要开展海外专利布局的未来产业的倾斜，同时根据当地外向型产业针对主要贸易国开展海外专利布局的具体情况，合理确定 PCT 申请资助的重点国家，以支持和引导企业积极"走出去"。

（5）资助阶段应鼓励获得海外授权。对于 PCT 申请意识落后的地区，以及确实存在经济困难的中小企业和个人，可以对PCT申请、进入国家阶段、海外授权及权利维持阶段进行全流程资助。对于PCT申请意识较强的地区，就应该对全流程各个环节的资助进行区别对待：对于申请、进入国家阶段等环节可以按照实际成本进行"补贴"性资助；但是对后续环节，应至少考虑以国际检索报告结论是否正面为条件进行资助，以及对国外获权和权利维持阶段进行资助。这种资助除了考虑实际成本外，还应该给予适当的"奖励"性资助。此外，对代理机构可以根据获得海外授权专利的比例和质量等代理情况进行一定的奖励。

（6）建立常态化监管机制。地方知识产权部门在完善内部监管的同时，引入外部力量进行监督，建立审批前公示异议制度。同时，建立对PCT申请资助申请人、联系人、代理人和代理机构的诚信评价机制，根据其守信或失信行为的程度及频次进行评分，以此作为是否对相应人群进行奖惩的依据。对于违法获得PCT申请资助的行为，应当规定承担相应的法律责任。

（二）政策执行层面

（1）组织保障。地方知识产权部门建立PCT申请资助评审专家库，为资助政策的执行提供专业咨询服务，对一些不良现象及时、依法查处。

（2）信息支撑。在地方层面建立PCT申请资助信息平台，统一收集和审核PCT申请资助信息，在不同级别或区域的知识产权部门之间建立资助信息共享机制。

（3）宣传服务。针对各类型创新主体，联合有关部门通过巡回宣讲、学习研讨等形式开展更加广泛、深入的宣介服务，增强PCT申请资助政策在实践中的可操作性。

高校专利转化典型案例的调研报告*

唐　恒　程　龙　韩奎国　陈明媛　姜海飞　王永锋

近年来，按照党中央、国务院有关促进科技成果转化的决策部署，国家知识产权局积极推进职务科技成果所有权、处置权、收益权改革，大力构建科学合理的权益分配机制；各地高校也相继出台一系列措施，为科技成果专利化、专利成果产业化提供了制度保障。特别是 2016 年以来，山东理工大学、同济大学、中南大学、武汉工程大学等高校接连传出专利交易转化的成功案例，引起业内广泛关注。

一、高校专利转化成功案例分析

（一）高校专利转化成功案例概况

2017 年 1 月 20 日，武汉工程大学徐慢教授科研团队研发的 8 项碳化硅陶瓷膜相关专利，作价 2 128 万元技术入股，与鄂州市昌达资产经营有限公司组建湖北迪洁膜科技有限公司，科研团队获得了专利评估所得收益 2 128 万元的 90％的相应股权。

2017 年 3 月 24 日，山东理工大学毕玉遂教授科研团队以研发的 1 项无氯氟聚氨酯化学发泡剂专利，与补天新材料技术有限公司签订了为期 20 年的专利技术独占许可协议，许可费总额为 5 亿元，许可收益的 80％将归科研团队支配。

2017 年 5 月 18 日，同济大学土占山教授科研团队以研发的 6 项高性能激光薄膜器件及装置相关专利，与润坤（上海）光学科技有限公司共同签署《技术专利转移协议》，合同金额共计 3 800 万元，科研团队获得转让收益的 85％。

2017 年 9 月 8 日，中南大学赵中伟教授团队研发的 3 项电化学

---

* 本文获第十届全国知识产权优秀调查研究报告暨优秀软课题研究成果评选二等奖。

脱嵌法从盐湖卤水提锂相关专利，以独占许可方式转让给上海郸华科技发展有限公司，许可费共计 10 480 万元，其中货币资金 2 480 万元，股权作价 8 000 万元，许可收益的 70％归科研团队。

（二）高校专利转化成功经验

1. 权益分配制度的贯彻落实激励高校专利转化

国家激励政策的全面落实是上述 4 所高校专利成功转化的重要保证。同济大学、中南大学、武汉工程大学和山东理工大学 4 所大学对科研团队的奖励分别为转让收益的 85％、70％、90％和 80％，远高于国务院印发的《实施〈中华人民共和国促进科技成果转化法〉若干规定》（以下简称《规定》）"最低 50％"的奖励比例。另外，各高校还不断创新激励政策，聚焦制约高校专利转化的关键因素，凸显精准激励的效应。例如，中南大学提出，对于研发团队的骨干人员，获得奖励的比例不低于课题组奖励总额的 70％，聚焦了对重要成员的个体收益；同济大学明确了对转化服务人员的个人奖励可达 10％，而对机构的奖励为 5％，有效提升了转化过程中服务人员的个人积极性；西南交通大学和上海交通大学探索实施职务科技成果混合所有制，让职务发明人拥有职务发明专利权等，提高了发明人对转化实施的控制权和收益的预期。

2. 知识产权重大工程项目引领高校专利转化

专业化服务是引领高校专利成果转化的重要助推器。山东理工大学、同济大学、中南大学、武汉工程大学都是国家知识产权重大工程的试点单位和参与者。近年来，国家知识产权局相继启动专利导航工程、知识产权运营体系建设、高价值专利培育等试点工作，通过建机制、建平台、促产业，在国内形成了一批专业化服务载体，加速了高校专利转化，放大了试点效应。例如，国家知识产权局专利微导航项目组为山东理工大学科研团队量身打造了强大的专利布局和保护体系，上海张江国家专利导航发展实验区内某服务机构积极推动了同济大学科研团队专利转化，国家专利运营某试点企业为武汉工程大学科研团队提供了平台支撑，中南大学科研团队所获得的中国专利金奖在科研团队和合作企业之间架起了投资和产业化的桥梁。

3. 学校的资源扶持推进了高校专利转化

调研中，科技成果管理部门和科研团队普遍认为，专利转化的成功，依赖于学校领导的高度重视和敢为人先，学校对成果转化给予了资金和平台、服务等方面的大力支持。例如，山东理工大学校领导积极为科研团队争取国家有关部委的现场指导；中南大学为了对创新成果进行知识产权的充分保护，学校引入高水平的社会专业服务力量，选择了 10 家中介服务机构开展代理服务，实施末位淘汰制；同济大学为这次成果转化的科研团队提供 500 万元购置中试设备的借款，设置了成果转化费用可分期支付的政策；武汉工程大学提供了 50 万元孵化资金以及用于专利成果中试的专业化厂房，让合作企业直接感受运营前景。

4. 高价值专利支撑了高校专利转化

以市场导向激发创新，以企业需求引领创新，是高校专利成功转化的基础支撑。此次转化成功专利的共同特征在于：都是科研团队瞄准市场需求，甚至基于企业实际需求"订单式开发"、成熟度比较高的成果。技术创造的市场化定位，有助于锁定技术的合作伙伴，确保了技术的市场前景；在此基础上开展的全面专利挖掘与组合布局，为技术实施构建了较为完整的专利保护体系，有力提升了成果的市场价值，可为技术的受让方提供独占市场的保证。

二、高校专利转化整体状况分析

当前，尽管高校专利转化的成功案例偶有发生，但总体仍不容乐观。据统计，2016 年我国高校失效专利总量近 6.8 万件；有效专利实施率仅为 12.1%，远低于企业 60% 以上的实施率；有效专利产业化率仅 3.3%，更是远低于全国 46.0% 的平均水平。从专利许可和转让情况来看，我国高校专利许可率仅为 3.3%，低于全国 8.1% 的平均水平；专利转让率仅为 1.9%，同样低于全国 5.4% 的平均水平，形势堪忧。江苏省作为科技大省，其高校专利转化情况同样不容乐观。调查显示，2016 年江苏全省专利申请量达 51.242 9 万件，其中高校专利申请数量为 4.230 3 万件，授权量为 1.984 8 万件，发明专利申请占比 53.56%，发明专利授权占比 50.60%，发明专利授权率为 44.32％，发明专利授权数量大幅提升，江苏高校新申请的专利同比增长率高达 26.09％，转化率却不足 10％。

分析影响高校专利转化的主要因素，突出表现在以下几个方面。

（一）政策激励"不到位"影响高校专利转化

一方面，权益分配改革虽然取得了巨大进步，但改革深度并没有真正触及高校的学科评估、重大科研基金项目评审、教师科研人员职称评定等方面的考核体系设计，专利转化的成效并不对高校自身建设发展、科研教学人员职务评聘、行政管理人员绩效考核产生实质影响，"重专利数量轻专利质量""重基础理论研究轻成果转化"等现象并没有得到根本改观。

另一方面，受高校管理体制制约，科技成果转化部门负责人往往是事业单位行政管理人员，难以界定本职管理工作与超值服务，普遍无法享受转化服务的激励政策；而对于专利转化科研团队来说，转化收益被作为工资性收入需要缴纳 45％的个人所得税，预期收益和实际收益的巨大落差使得激励效果大打折扣，"舍不得提收益"的现象普遍存在。

（二）运营体系"不健全"制约高校专利转化

全国高校共计 2 914 所，当前专利运营体系还远没有有效覆盖，国家层面只是推进各项试点工作。在人才培养、机构建设和资金支持等方面支撑全国高校专利转化的运营平台体系尚没有形成，导致学校和科研团队从技术研发，专利申请、布局，技术小试、中试，到专利供需信息对接和谈判等各个环节缺乏相应的专业人员、资金和平台支持。而高校科技成果转化管理部门往往编制人员少，管理、服务不分家，重管理，轻服务，在转化方面既缺动力又缺能力的弊病更加剧了运营体系不健全所带来的不利影响。

（三）多部门联动"不畅通"阻碍高校专利转化

专利转化需要国家知识产权局、财政部、科技部等各部委的密切协同，但在涉及高校专利转化过程中各部委工作存在合作不畅、相关工作程序要求不统一等问题。比如，财政部、科技部已经构建了高校科技成果转化年度报告制度，而调研发现各地方知识产权局对高校专利转化相关情况却普遍不了解，相关部委在涉及高校科技成果转化的相关政策制度制定方面协同配合不够。在专利实施许可备案过程中，国家知识产权局和科技部采用不同版本的《专利实施许可合同》，在实际操作过程中存在互不认可的问题。

（四）对专利运营认识"不全面"影响高校专利转化

专利运营是针对专利的使用、运作和一切提升专利权价值的行为，实质是市场主体的活动。高校在如何提升成果的市场价值方面对专利运营的市场性质还没有充分认识，围绕专利运营的商业模式设计、资源的配置在当前高校都难以达到。相比国外的风险资本主动对接高校成果转化、校友基金的孵化成效、高校技术转移团队丰富的产业化经验，以及与市场接轨的服务人员的薪酬待遇等，中国高校的专利运营严重缺乏市场化的运营理念，尚未形成培育高校成果转化的市场化能力的共识，民营资本对高校成果缺乏热情，高校对服务能力的评价视同管理活动，缺乏对专利运营的运作模式的商业考量。这些势必影响高校专利运营的生态系统的建设，难以推动高校专利转化的持续发展。

三、加强和推进高校专利转化的相关建议

（一）狠抓落实，深化制度改革

一是通过多部门联动，强化立法及落实，解除制约高校专利转化的根本性约束，进一步明确落实专利转化在院校评估、职称评定等方面的作用和实施细则，完善激励创新的法治环境，全面释放高校专利转化活力。二是强化高校在知识产权权属和利益分配方面的处置权，鼓励高校积极探索创新模式，更好接轨市场需要。三是探索优化专利转化收益分配过程中政策法律之间、有关部委之间的协调配合，特别在转化收益的税率方面开展有益探索，切实保障转化收益落入科研团队和转化服务人员的口袋。

（二）聚力创造，实施专利质量提升工程

按照党的十九大报告提出的倡导创新文化，强化知识产权创

造、保护、运用的要求，深入实施专利质量提升工程，大力培育高价值核心专利，努力推动知识产权创造由多向优、由大到强转变。一是引导高校实施专利导航工程，瞄准世界前沿，结合企业实际需求和产业转型升级需要，进行高水平研发。二是鼓励高校加强专利申请管理，对高质量申请给予重点资金、团队和政策支持。三是充分运用《国家知识产权局发明专利实质审查巡回审查管理办法》和《专利优先审查管理办法》政策成果，尽快出台重点优势产业专利申请的集中审查办法，加大对高校高价值专利创造的支持引导力度。

（三）点面结合，强化知识运营体系建设

一是强化国家知识产权运营公共服务平台枢纽作用，通过设立区域和地方分中心，构建面向高校的专利运营平台体系，为高校专利收购托管、价值评估、流转、质押融资等提供平台支撑，强化"产学研金介用"为一体的专利协同运用机制。二是全面推行《高等学校知识产权管理规范》，加强高校专利管理平台建设，加强专利全流程管理，鼓励高校自行或联合设置市场化运作的专利转化服务机构。三是加强与财政部、科技部合作，完善高校科技成果转化情况年度报告制度，有效支撑高校知识产权运营体系建设。四是在国家层面探索设立知识产权运营基金，带动和促进地方试点基金和社会资本基金蓬勃发展，积极开展知识产权投融资、专利许可转让、专利池运作等业务，助推高校创新知识产权运营模式。

中国绿色专利状况统计报告（2014～2016年）*

毕　囡　刘菊芳　张东亮　李　硕　高　佳　刘　磊
杨国鑫　张　勇　武　伟　史光伟　王莉莎

为了全面把握中国绿色专利的状况，本报告首先统计分析了全球概况、中国绿色专利申请、有效状况及其主要技术领域分布情况。在此基础上，将中国绿色专利按照来源地划分，从国外来华绿色专利和国内绿色专利两个视角剖析中国绿色专利的状况，探讨国内外在绿色专利技术布局和权利人结构等方面存在的不同。本报告还统计了绿色专利的省区市分布情况以及京津冀、河南、福建重点关注区域的分布状况，统计了重点监测领域状况，主要统计分析结果如下。

一、全球概况

2014～2016年，全球绿色专利申请累计量为66.3万件（参见图1），占全球发明专利申请累计量的5.5%。分年度看，全球绿色专利申请量占比呈现逐年上升的态势。从增速看，全球绿色专利申请量的年均增速达到11.3%，比全球发明专利的年均增速高4.9个百分点。

2014～2016年，全球各绿色技术领域发明专利申请量整体呈增长趋势，申请累计量超过10万件的绿色技术领域共有4个，分别为污染控制与治理、替代能源、环境材料、节能减排。

2014～2016年，全球绿色专利申请累计量最高的10个国家或组织是中国、日本、美国、欧专局、韩国、德国、加拿大、俄罗斯、巴西、西班牙。中国位列第一。2014～2016年，"一带一路"其他沿线64个国家❶中共有21个国家绿色专利，申请累计量为1.3余万件，其中，申请累计量超过千件的国家有4个，分别为乌

＊　本文获第十届全国知识产权优秀调查研究报告暨优秀软课题研究成果评选二等奖。
❶　与国家知识产权局《"一带一路"沿线国家专利统计快报》中使用的国家数量一致。

克兰、波兰、印度、新加坡。

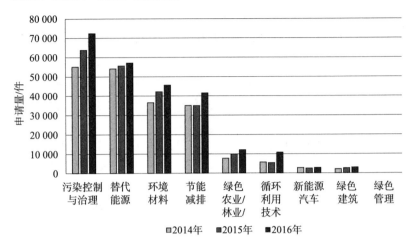

图 1　2014～2016 年全球绿色专利九大技术领域申请量

通过五局（IP5）之间绿色专利的流向分析发现，从目标国看，中国和日本的绿色专利超过 8 成由本国申请人申请，韩国超过 7 成，美国超过 5 成，欧洲不足 3 成。从来源国看，日本是中国、美国和韩国的主要技术输入国，分别达到 5.1％、22.5％、11.2％；美国是日本和欧洲的主要技术输入国，分别达到 8.3％和 39.8％。

二、中国总体状况

2014～2016 年，中国绿色专利申请累计量为 16.8 万件，占中国发明申请累计量的 6.0％。分年度看，中国绿色专利申请量逐年上升，从 2014 年的 4.5 万件，增至 2016 年的 6.6 万件。从年均增速看，2014～2016 年中国绿色专利申请量的年均增速为 20.6％，高于同期中国发明申请量年均增速 4.5 个百分点。

分申请人类型看（参见图 2），2014～2016 年，绿色专利申请累计量最高的申请人类型是企业，累计量为 10.3 万件，占 3 年绿色专利累计量的 61.5％；其次为高校和个人申请人，累计量分别为 3.1 万件和 2.6 万件，分别占 18.7％和 15.2％。分年度看，高校和研究机构申请人的绿色专利申请量占比在逐年降低，个人绿色专利申请累计量占比逐年上升；2016年，企业申请人的占比达到62.0%，为2014～2016年最高。

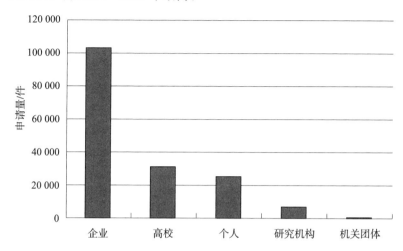

图2 2014～2016年中国绿色专利各类型申请人申请累计量

2014～2016年，绿色专利申请人数量共有5.7万余个。其中，企业类型申请人数量为3.9万，占所有申请人数量的68.0%，占主体地位；个人申请人占比为24.9%；高校、研究机构和机关团体申请人的占比均低于4%。

分析截至2016年底绿色专利有效量前20名，从国别看，共有11个中国专利权人，日本和美国各有2个，德国、韩国分别有2个、1个专利权人入围；从申请人类型看，入围的企业最多，达到11个，高校和研究院所分别有6个和2个。

从整体来看，中国绿色专利有效发明平均存活时间2015年为6.6年，2016年为5.7年，略有下降。国内有效绿色专利平均存活时间由2015年的5.7年下降至2016年的4.8年，国外在华有效绿色专利平均存活时间由2015年的8.9年下降至2016年的8.0年。

三、主要技术领域

2014～2016年，中国九大绿色技术领域发明专利申请量整体呈增长趋势，申请累计量超过3万件的绿色技术领域共有3个，分别为污染控制与治理、环境材料、替代能源。

替代能源领域国内各省份发明专利申请累计量排名中，申请累计量最大的省份为江苏，达到 4 723 件，远高于其他省份。环境材料领域申请累计量最大的省份为江苏，达到 5 350 件，累计量超千件的省份还包括北京、安徽、山东、上海、浙江、广东、辽宁、广西 8 个省份。污染控制与治理领域，江苏是唯一申请累计量超万件的省份，达到 10 653 件，远高于其他省份，排名前 10 位的省份的申请累计量均超过 1 500 件。

替代能源领域国外来华发明专利申请累计量排名前 10 位的国家中，申请累计量超千件的国家为日本、美国、德国，累计量分别达到 2 781 件、1 209 件、1 194 件；除荷兰外，其余 9 个国家的年均增速均为负值。环境材料领域申请累计量超百件的国家为日本、美国、德国、韩国，累计量分别为 748 件、668 件、264 件、151 件。污染控制与治理领域申请累计量超千件的国家为日本和美国。

从九大绿色技术领域看，截至 2016 年底，申请累计量超过 10 万件的技术领域包括 3 个：污染控制与治理、替代能源、环境材料，3 个领域占全部绿色专利总量的 80.2％。

截至 2016 年底，替代能源领域国外来华申请排名前 10 位的国家包括日本、美国、德国、韩国、法国、丹麦、英国、瑞士、荷兰、意大利。其中，日本的有效量为 5 248 件，远高于其他各国。环境材料领域排名前 10 的国家包括日本、美国、德国、韩国、荷兰、法国、英国、瑞士、意大利、比利时。其中，日本的有效量为 1 647 件，远高于其他各国。节能减排领域排名前 10 位的国家包括日本、美国、德国、韩国、法国、荷兰、瑞士、意大利、加拿大、瑞典。其中，日本的有效量为 2 959 件，远高于其他各国。污染控制与治理领域排名前 10 位的国家包括日本、美国、德国、韩国、法国、瑞士、英国、荷兰、瑞典、加拿大。其中，日本的有效量为 2 399 件，美国为 1 837 件，远高于其他各国。

四、国内状况

2014～2016 年，国内申请人和国外来华申请人的绿色专利申请累计量分别为 14.9 万件和 1.9 万件，在国内申请人和国外来华申请人的发明申请量中的占比分别为 6.2％ 和 5.0％（参见图 3）。分年度看，国内申请人的绿色专利申请量逐年上升，从 2014 年的 3.9 万件，增至 2016 年的 5.9 万件；国外来华申请人的绿色专利年申请量基本维持在 0.6 万余件。

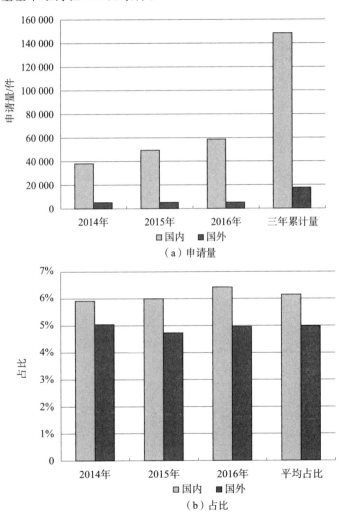

图 3　2014～2016 年国内外申请人在华绿色专利申请量及占比情况

截至 2016 年底，国内和国外在华专利权人的绿色专利有效量分别为 8.5 万件和 3.4 万件，在国内和国外在华专利权人的发明专利有效量中的占比分别为 7.4％和 5.5％，即国内占比比国外占比高 1.9 个百分点。

从九大技术领域国内申请来看，截至 2016 年底的有效发明专利平均存活时间，节能减排领域为 5.2 年，新能源汽车、替代能源领域为 5.1 年，之后依次为环境材料、绿色管理、污染控制与治理、绿色建筑、循环利用技术、绿色农业/林业，且 2016 年各领域平均存活时间均较 2015 年略短。

五、国外来华申请状况

从国外来华绿色专利的分布看，2014～2016 年国外来华的绿色专利申请累计量超过 1 000 件的国家包括日本（6 262 件）、美国（4 350 件）、德国（2 873 件）、韩国（1 773 件）。截至 2016 年底，国外在华的绿色专利有效量排名前 10 位的国家分别为日本、美国、德国、韩国、法国、瑞士、荷兰、英国、丹麦、意大利；其中，日本的有效量领先于其他各国，达到 11 730 件，美国、德国、韩国、法国的有效量也突破 1 000 件。

从九大技术领域国外在华申请来看，截至 2016 年底的有效发明专利平均存活时间，环境材料和绿色农业/林业领域均为 8.9 年，之后依次为绿色建筑（8.1 年）、替代能源（7.9 年）、污染控制与治理（7.9 年）、节能减排（7.6 年）、循环利用技术（7.3 年）、新能源汽车（6.4 年）、绿色管理（4.9 年），且 2016 年各领域平均存活时间均较 2015 年略短。

六、国内各地区状况

从绿色专利在国内各地区的分布看，2014～2016 年，国内各地区中绿色专利申请累计量超过 1 万件的包括江苏（25 468 件）、北京（14 568 件）、山东（12 928 件）、广东（11 773 件）、安徽（11 759 件）、浙江（10 835 件）。

截至 2016 年底，国内各地区中绿色专利有效量排名前 10 位的分别为北京、江苏、广东、浙江、上海、山东、辽宁、安徽、四川、湖北；其中，北京和江苏的有效量领先于其他各省份，均超过1万件，分别为15 128件和11 366件。

截至2016年底，替代能源领域国内各省份有效量排名前10位的包括北京、江苏、广东、浙江、上海、山东、辽宁、四川、台湾、黑龙江。其中，北京的有效量为2 396件，江苏为2 054件，高于其他各省份。环境材料领域有效量排名前10位的省份包括北京、江苏、广东、浙江、上海、山东、辽宁、四川、台湾、黑龙江。其中，北京的有效量为2 396件，江苏为2 054件，高于其他各省份。污染控制与治理领域有效量排名前10位的省份包括北京、江苏、浙江、广东、上海、山东、四川、湖北、湖南、辽宁。其中，北京的有效量为5 368件，江苏为4 679件，高于其他各省份。节能减排领域有效量排名前10位的省份包括广东、北京、江苏、台湾、浙江、上海、山东、福建、安徽、湖北。其中，广东的有效量为1 311件，北京为1 035件，高于其他各省份。

七、重点区域状况

（一）京津冀地区

2014～2016年，京津冀绿色专利申请累计量为2.1万件。分年度看，从2014年的0.6万件增至2016年的0.8万件。京津冀绿色专利申请累计量占京津冀同期发明专利申请量的6.4%，高于国内6.2%的平均水平。

分技术领域看，2014～2016年，京津冀绿色专利申请累计量超过千件的技术领域有4个，分别为污染控制与治理（0.8万件）、环境材料（0.6万件）、替代能源（0.4万件）、节能减排（0.2万件）。

从各技术领域看，2014～2016年，京津冀绿色专利申请累计量较大的10个领域分别为：环境治理修复材料，水、废水、污水或污泥的处理，大气控制及污染治理，固体废弃物治理，水力发电，调光、调湿、保温、调温材料，风力发电，生物质高温分解或气化，新型照明，光热转换；其中，环境治理修复材料，水、废水、污水或污泥的处理，大气控制及污染治理的累计量分别为 0.5 万件、0.5 万件、0.2 万件，其余领域的累计量均小于千件。

截至 2016 年底，京津冀绿色专利拥有量为 1.8 万件，比 2015 年略有增长，但从绿色专利的占比看，绿色专利有效量占比为 8.9%，比 2015 年降低 0.5 个百分点。

从各技术领域看，截至 2016 年底，京津冀绿色专利有效量较大的 10 个领域分别为：环境治理修复材料，水、废水、污水或污泥的处理，大气控制及污染治理，固体废弃物治理，水力发电，调光、调湿、保温、调温材料，风力发电，光热转换，生物质高温分解或气化，核裂变；其中，环境治理修复材料，水、废水、污水或污泥的处理，大气控制及污染治理的有效量分别为 0.6 万件、0.4 万件、0.2 万件，其余领域的有效量均小于千件。

数据显示，累计量最高的中国石油化工股份有限公司达到 2364 件，远高于其他申请人。从申请人类型看，排名前 20 位的申请人中，企业 6 家，科研机构 3 家，高校为 11 家。从省市看，天津 4 家入围的申请人均为高校，北京入围的 16 家申请人中有 6 家企业，河北无一申请人入围。从企业所属行业看，除北京神雾环境能源科技集团股份有限公司外，其余均为国企，而且均与能源相关。

分析截至 2016 年底京津冀绿色专利发明累计量的前 20 位专利权人，数据显示，发明专利有效量最高的中国石油化工股份有限公司达到 3 761 件，远高于其他专利权人；清华大学位列第二，达到 1 035 件。从专利权人类型看，企业涉及 7 家，科研机构 4 家，高校 9 家。从省市看，天津有 2 家入围，北京入围的 16 家专利权人中有 6 家企业，河北有 1 家企业入围。从企业所属行业看，入围的 7 家企业均与能源相关。

（二）河南省

2014～2016 年，河南省绿色专利申请累计量为 3 330 件。分年度看，从 2014 年的 917 件增至 2016 年的 1 316 万件。

分技术领域看，2014～2016 年，河南省绿色专利申请累计量超过 500 件的技术领域有 3 个，分别为污染控制与治理（1 228

件）、环境材料（717 件）、替代能源（669 件）。其中，2016 年，污染控制与治理领域的申请量占比最高，达到 36.4%；环境材料领域的申请量占比位列第二，达到 22.9%；替代能源领域的申请量占比位列第三，达到 19.1%。

从各技术领域看，2014～2016 年，河南省绿色专利申请累计量较大的 3 个领域分别为：水、废水、污水或污泥的处理，环境治理修复材料，大气控制及污染治理，累计量分别为 525 件、445 件、389 件。

截至 2016 年底，河南省绿色专利拥有量为 1 650 件，比 2015 年略有增长；但从绿色专利的占比看，截至 2016 年底，绿色专利有效量占比为 7.3%，比 2015 年降低 0.4 个百分点。与国内同期占比相比较，河南省 2016 年占比略低于国内占比（7.4%）。分技术领域看，截至 2016 年底，河南省绿色专利有效量超过百件的技术领域有 3 个，分别为污染控制与治理（622 件）、环境材料（416 件）、替代能源（330 件）。其中，环污染控制与治理领域的占比为 37.7%，环境材料的占比为 25.2%，替代能源为 20.0%。

从各技术领域看，截至 2016 年底，河南省绿色专利有效量较大的 10 个分领域分别为：环境治理修复材料，水、废水、污水或污泥的处理，大气控制及污染治理，固体废弃物治理，调光、调湿、保温、调温材料，水力发电，生物质高温分解或气化，杀虫剂替代物，土壤改善，光热转换。其中，水、废水、污水或污泥的处理，环境治理修复材料的有效量分别为 258 件、243 件，其余分领域的有效量均小于 200 件。

2014～2016 年，河南省绿色专利申请累计量的前 20 位专利申请人中，累计量超过百件的申请人共 2 个，分别是河南师范大学（141 件）和郑州大学（112 件）。从申请人类型看，排名前 20 位的申请人中，企业 6 家，高校 13 家，个人 1 个。从企业所属行业看，许继集团有限公司和南阳防爆集团股份有限公司为电气机械和器材制造业，河南龙成煤高效技术应用有限公司为研究实验发展类企业，中国烟草总公司郑州烟草研究院和中石化洛阳工程有限公司属于专业技术服务业。

截至 2016 年底，河南省绿色专利有效发明累计量的前 20 位专利权人中，发明专利有效量最高的郑州大学达到 140 件，远高于其他专利权人；河南科技大学位列第二，达到 105 件。从申请人类型看，企业 9 家，科研机构 1 家，高校 10 家。

（三）福建省

2014～2016 年，福建省绿色专利申请累计量为 3 221 件。分年度看，从 2014 年的 751 件增至 2016 年的 1 440 件。分技术领域看，2014～2016 年福建绿色专利申请累计量超过千件的技术领域为污染控制与治理（1 289 件）；超过百件的技术领域有 4 个，分别为环境材料（868 件）、节能减排（460 件）、替代能源（344 件）、绿色农业/林业（192 件）。

截至 2016 年底，福建省绿色专利拥有量为 2 062 件，比 2015 年略有增长；但从绿色专利的占比看，截至 2016 年底，绿色专利有效量占比为 8.7%，比 2015 年降低 0.2 个百分点。分技术领域看，截至 2016 年底，福建省绿色专利有效量超过百件的技术领域有 4 个，分别为污染控制与治理（844 件）、环境材料（633 件）、节能减排（240 件）、替代能源（237 件）。

2014～2016 年，福建省绿色专利申请累计量的前 20 位申请人中，累计量最高的福州大学达到 224 件，远高于其他申请人。从申请人类型看，排名前 20 位的申请人中，企业 10 家，科研机构 2 家，高校 8 家。从企业的行业信息看，福建龙净环保股份有限公司、武平泓鑫工业技术开发有限公司、紫金矿业集团股份有限公司和波鹰（厦门）科技有限公司属于专业技术服务业，厦门乾照光电股份有限公司属于计算机、通信和其他电子设备制造业，厦门市三安光电科技有限公司属于研究和试验发展类企业，三棵树涂料股份有限公司属于化学原料和化学制品制造业，福州品行科技发展有限公司属于科技推广和应用服务业，漳州立达信光电子科技有限公司属于电气机械和器材制造业，厦门建霖工业有限公司属于非金属矿物制品业。

分析截至 2016 年底福建省绿色专利有效发明累计量的前 20 位

专利权人，数据显示，发明专利有效量最高的福州大学达到 195
件，远高于其他专利权人；厦门大学位列第二，达到 161 件。从专
利权人类型看，企业 11 家，科研机构 2 家，高校 7 家。

八、重点监测领域

2014～2016 年，绿色专利 28 个重点监测领域发明申请累计量
为 11.3 万件，占中国绿色专利申请累计量的 67.2%。从年均增速
看，2014～2016 年，重点监测领域发明申请量的年均增速为
21.4%，高出中国绿色专利申请量年均增速 0.8 个百分点。

从国外来华申请人的重点监测领域的申请量看，2014～2016
年，累计量最高的前 10 名国家分别为日本、美国、德国、韩国、
法国、英国、荷兰、瑞士、丹麦、瑞典，其中，累计量超千件的国
家分别为日本（3 718 件）、美国（2 975 件）、德国（1 834 件）、韩
国（1 226 件），4 个国家的累计量占国外来华重点监测领域总量的
78.6%。从重点监测领域的占比看，仅有日本、德国、法国、瑞士
的占比低于平均水平，荷兰和丹麦重点监测领域绿色专利申请累计
占比均超过 8 成。

从国内申请人的重点监测领域的申请量看，2014～2016 年，
累计量最高的前 10 个省份分别为江苏、北京、山东、浙江、广东、
安徽、上海、四川、天津、广西，其中，累计量超万件的省份分别
为江苏（1.7 万件）、北京（1.1 万件），排名前 10 位的省份重点监
测领域累计量占国内总量的 73.0%。

截至 2016 年底，绿色专利重点监测领域发明专利有效量为 8.5
万件，占中国绿色专利有效量的 71.2%。比截至 2015 年底有效量
占比低 0.7 个百分点。

从国内申请人的重点监测领域的有效量看，截至 2016 年底，
有效量最高的前 10 个省份分别为北京、江苏、浙江、广东、上海、
山东、辽宁、湖北、四川、安徽。

九、污染控制与治理领域

2014～2016 年，绿色专利污染控制与治理领域发明申请累计

量为 6.0 万件，占中国绿色专利重点监测领域发明申请累计量的 52.9%。

从申请人国别看，2014～2016 年，国内申请人和国外来华申请人的污染控制与治理领域发明申请累计量分别为 5.6 万件和 0.4 万件，分别占国内申请人和国外来华申请人绿色专利重点监测领域发明申请累计量的 55.4% 和 32.8%。

从污染控制与治理领域的具体技术领域看，2014～2016 年申请累计量超过千件的技术领域有 5 个，分别为水、废水、污水或污泥的处理，大气控制及污染治理，固体废弃物治理，水污染检测，土壤污染控制与治理。

从国外来华申请人的污染控制与治理领域的申请量看，2014～2016 年，累计量最高的前 10 名国家分别为日本、美国、德国、韩国、法国、英国、瑞士、瑞典、荷兰、芬兰。

从国内申请人的污染控制与治理领域的申请量看，2014～2016 年，累计量最高的前 10 个省份分别为江苏、北京、浙江、山东、广东、安徽、四川、上海、天津、湖北，其中，累计量超万件的省市仅有江苏（1.1 万件），排名前 10 位的省份累计量占国内污染控制与治理领域总量的 74.3%。

截至 2016 年，绿色专利污染控制与治理领域发明专利有效量为 3.9 万件，占中国绿色专利重点监测领域发明专利有效量的 45.7%。比截至 2015 年有效量占比高 0.7 个百分点。

从污染控制与治理领域整体来看，2015 年，国内污染控制与治理领域中有效发明专利平均存活时间为 5.5 年，比国内绿色专利重点监测领域有效发明专利平均存活时间低 0.2 年；国外在华污染控制与治理领域和绿色专利重点监测领域有效发明平均存活时间均为 8.8 年。

从污染控制与治理领域的具体技术领域看，8 个具体技术领域中，截至 2016 年专利有效量超万件的技术领域有 2 个，分别为水、废水、污水或污泥的处理（1.8 万件），大气控制及污染治理（1.3 万件）；超千件的是固体废弃物治理（5 325 件）。

从国外在华申请人的污染控制与治理领域截至 2016 年专利有

效量看，有效量最高的前 10 名国家分别为日本、美国、德国、韩国、法国、瑞士、英国、荷兰、瑞典、加拿大。

从国内申请人的污染控制与治理领域的专利有效量看，截至 2016 年，有效量最高的前 10 个地区分别为北京、江苏、浙江、广东、上海、山东、四川、湖北、湖南、辽宁。

加强网络文学版权执法监管调研报告 *

丛立先　杨天娲

一、网络文学作品及产业

（一）网络文学作品

网络文学，是通过互联网写作、以网络为传播载体的一种极为自由的文学活动。目前学界普遍接受对其分层定义，即通过网络传播的文学（广义）、首发于网络的原创性文学（本义）、通过网络链接与多媒体融合而依赖网络存在的文学（狭义）。[1]

北京知识产权法院将网络文学分为三种状态，一是已存在的文学作品经过电子扫描技术或人工输入等方式进入互联网络的；二是直接在互联网络上发表的文学作品；三类是通过计算机创作或通过有关计算机软件生成的文学作品进入互联网络，以及几位作家或者几十位作家甚至数百位网民共同创作的具有互联网络开放性特点的接力小说。

在探讨网络文学作品的版权执法时，网络文学作品主要是指通过互联网进行写作、以网络传播为载体的一种极为自由的文学活动，并不包括已有文学作品的网络化。

（二）网络文学产业

网络文学在我国发展迅猛，从单纯的个人兴趣写作、分享，发展到初见盈利的商业性文学网站，现已经形成了集团化、专业化的以版权交易为核心的网络文学产业链。产业链主要由签约写手、储存原创作品、付费阅读、二度加工转让、下载出版、影视改编、制作电子书、开发移动阅读产品、网游改编、动漫改编、转让海外版权等

---

* 本文获第十届全国知识产权优秀调查研究报告暨优秀软课题研究成果评选三等奖。

环节来实现，通过全媒体营销建立起一个融合在线阅读、移动阅读、实体图书、动漫、影视等多形态文化产品、立体化版权输出的链条。

1. 产值

如图 1 所示[2]，2012 年中国网络文学市场规模为 27.7 亿元，2013 年市场规模增长至 46.3 亿元，2014 年市场规模为 56 亿元，2015 年增长至 70 亿元。截至 2016 年底，国内网络文学产值达到 90 亿元。

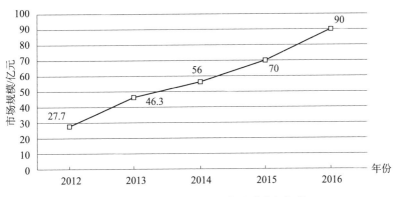

图 1　2012～2016 年中国网络文学市场规模

2. 覆盖用户数

中国互联网络信息中心发布的《第 38 次中国互联网络发展状况统计报告》[3]显示，截至 2016 年 6 月，网络文学用户规模达到 3.08 亿个，占网民总体的 43.3％。其中手机网络文学用户规模为 2.81 亿个，占手机网民的 42.8％。据《第 39 次中国互联网络发展状况统计报告》[4]，截至 2016 年 12 月，网络文学用户规模达到 3.33 亿个，较 2015 年底增加 3 645 万个，占网民总体的 45.6％。其中手机网络文学用户规模为 3.04 亿个，较 2015 年底增加 4469 万个，占手机网民的 43.7％（参见图 2、图 3）。由于移动网络和终端设备的普及，以及移动端可以充分利用碎片时间的特性，移动端网络文学用户的增长数量远超网络文学用户整体规模的增长数量。

3. 网络文学作者数量

基于艾瑞咨询公司对 16 家文学平台的监测，2016 年 1～10 月，累计网络文学作者数量为 142.4 万[5]。从签约网文作者的地域分布来看，竞争压力小、消费水平相对较低的二、三线城市作者的比例相较生活节奏快、工作强度高的一线发达城市北上广等有明显优势。

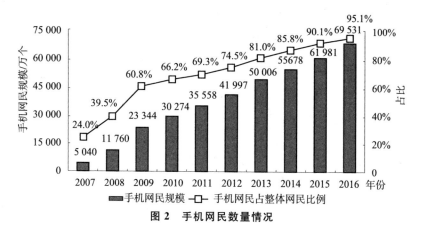

图 2　手机网民数量情况

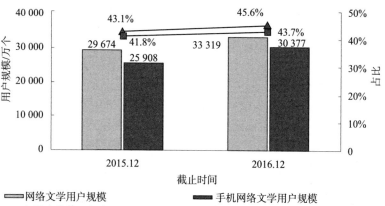

图 3　网络文学用户情况

4. 网络文学作品数量

网络文学作品的体量十分庞大，难以计算。仅以阅文集团为例，该集团是目前全球最大的正版中文电子图书馆、国内最大的 IP 源头，旗下囊括 QQ 阅读、起点中文网、创世中文网等业界领先品牌，官方数据显示其旗下拥有 1 000 万部作品储备。

5. 网络文学作品网站

网络文学网站是网络文学发布的重要渠道之一，广义上可分为四类。一是原创网络文学网站，如阅文集团旗下的起点中文网、创世中文网、小说阅读网、潇湘书院、红袖添香等网文品牌。原创网络文学网站目前的发展势头良好，是网络文学内容产生的主要源头，但仍然面临着作品参差不齐、商业化色彩过于浓重的窘境。二是门户网站的文学频道，如凤凰读书、新浪读书等。其内容形式更为多样，不仅发布原创作品，更刊载书评、资讯等内容，但是原创作品的数量不多。三是分享型网络平台，如天涯、豆瓣小组、贴吧等。此类网络平台具有用户分享的特征，作品内容的发布形式多样，但是面临着版权侵权猖獗的弊病。四是官方文学网站，如中国作家协会主办的"中国作家网"，中国社会科学院文学研究所设立的"中国文学网"，中国作家出版集团主办、作家出版社承办的"作家在线"等。这类网站具有海量的传统文学作品资源，旨在将文学引向高端品位，与网络文学的读者需求不免相距甚大，因此难以通过网站流量盈利。

二、网络文学产业亟待解决的重要问题——版权侵权

（一）网络文学作品版权侵权现状

《2015 年中国网络文学版权保护白皮书》显示，2014 年国内盗版网络文学如果全部按照正版计价，电脑端付费阅读收入损失达到43.2 亿元，移动端付费阅读收入损失达到 34.5 亿元，衍生产品产值损失为 21.8 亿元，而整个行业损失近 100 亿元。[6] 2015 年，北京知识产权法院共审结 2.62 万件案件，其中 70% 是网络著作权案例。2016 年度，北京市法院新收一审知识产权民事案件 17 375 件，同比增长 24.7%。其中著作权案件为 14 552 件，基层法院受理的侵害信息网络传播权纠纷案件占到全部知识产权案件的 70%。

网络文学版权的侵权体现了互联网的免费精神与版权保护的冲突。网络文学作品具有纯文字性质，未经授权的复制与传播极为容易，掌握技术便可突破地域限制。此外，文学作品在网络上传播

227

时，署名权、著作权声明、作品出处等信息极易被篡改或删除，这不但使作品著作权人的权益受到损害，也使作品使用者的利益受到威胁。由于网络技术高速发展，自网络文学作品产生以来就伴随着一系列形态各异的侵权现象，并呈现出侵权模式愈发隐蔽、法律界定愈发模糊的趋势。

（二）网络文学作品侵权的表现形式

1. 通过信息网络直接提供文学作品的网络服务商

不法网站利用各种手段获取正版网站上需付费阅读的内容，转而在自己的网站上进行发布，依赖吸引流量和点击率换取广告收入。盗版网站主要从两个方面获利：一是获取广泛的流量，获得用户对其他工具的使用时长；二是通过大量流量间接获得第三方广告联盟的广告费。业内消息显示，三四个人可以快速建立一个采集站点，并利用站点从广告联盟分成。

2. 为用户通过信息网络传播文学作品提供相关网络服务的网络服务商

以贴吧、论坛、云盘、微博、微信等作为平台，网民通过平台上传下载、实时共享盗版作品，而平台本身并不直接实施侵权的行为。具体而言，盗版团伙在第三方平台的侵权方式略有不同，呈现出不同的特点和形式。

（1）贴吧论坛模式。

论坛贴吧模式主要体现在百度贴吧、各大论坛版块中，不法分子甚至到正版贴吧下留言，威胁作者迅速更新作品。此外，只要正版作品更新，盗版贴吧里会立即出现盗版作品。盗版吧主通过聚集粉丝，在盗版贴吧内贩卖未经作者许可的作品周边衍生品、承接游戏推广等，获得不法利益分成。百度方面虽表示在由用户上传未经版权所有方授权的盗版内容时，百度贴吧会立即进行排查处理，在12小时内清除相关内容，但删完再传的猖狂现象层出不穷。

（2）网盘模式。

2015年10月14日，国家版权局下发《关于规范网盘服务版权秩序的通知》，要求网盘服务商应当建立必要管理机制，运用有效技术措施，主动屏蔽、移除侵权作品，防止用户违法上传、存储并分享他人作品。

网盘发展势头正猛时，百度云、360 云盘、微云、115 云等皆是巨头旗下的重点产品，分享功能是其中的重中之重。事实上，网盘的核心功能定位在于云端存储，而分享功能被异化为侵权内容传播的非法功能，云盘变成了非法资源站存储侵权内容的集散地，并为非法传播提供了方便。在 2016 年，网盘企业迎来关闭潮。网盘的大批量关闭显示了网盘在拒绝网络文学侵权盗版、色情淫秽内容方面的无力，实际上是经营策略的调整。网盘服务商为了规避严格的法律风险，大部分企业选择关闭难以盈利的网盘。

（3）隐蔽的移动端侵权模式。

移动端在抢占用户碎片化时间以及阅读体验方面极具优势，未来将成为网络文学作品的主要战场。移动端通过搜索引擎转码形式、浏览器聚合形式和移动 APP 形式等技术手段实施侵权行为。

① 搜索引擎。

搜索引擎是指根据一定的策略、运用特定的计算机程序从互联网上收集信息，在对信息进行组织和处理后，为用户提供检索服务，将用户检索相关的信息展示给用户的系统。搜索引擎仅仅应该提供检索信息的功能，指向提供内容的网站。如果搜索引擎对信息进行非法存储，则会产生侵权盗版问题。

转码。为了便于用户在手机端阅读，提高用户体验，移动浏览器通常会对第三方网站内容进行转码。正常来讲，转码无须存储内容，可以通过服务端、客户端两种方式进行。而目前行业内存在伪装转码形式，为了吸引用户并增加用户的使用时长，许多浏览器非法将网络文学作品存储在自己的服务器上。用户搜索后，表面上显示转码指引到内容网页，实际上可以从 URL 地址判断浏览器提供的内容并不源于正版网站，而是源于浏览器企业本身。

缓存。手机端的缓存是指手机在读取内容时对内容进行存储，缓存的内容应是正版来源网站存在的内容。事实上，某些正版来源网站没有下载功能，但用户却可以通过搜索引擎下载整部作品。这是不正常的缓存，可以推断该搜索引擎已经提前存储了该作品的内容。可以通过内容比对进行检验，如果缓存的内容与被标注的来源网站不一致，或者由多个网站的章节内容聚合而成，则可以判断该搜索引擎向用户直接提供内容而非缓存。

自建页面。随着搜索引擎技术发展，用户在搜索关键词后，系统会根据用户所在的地理位置、过往的浏览行为，形成结构化的搜索结果，将多个类别的数据进行整合，形成知识图谱。在搜索网络文学作品时，通常情况下搜索引擎会将与作品相关但不是作品具体内容的信息体现于其自建页面中，形成索引页面。自建页面可包括作品名称、作者、简介、评述、目录等，便于用户选择是否继续阅读该作品。正常情况下，自建页面仅应具有链接到内容网站的导航作用，但事实上不仅存在不跳转的情况，甚至存在不同章节跳转至不同站点的情况。通常在搜索结果页中，或是点击了搜索结果页后，用户将进入到搜索引擎关于作品的二级索引页面。正常情况下，在二级索引页面中点击相关章节等信息应跳转至同一网站；异常情况下，点击不同章节会去往不同的站点。如果全本作品的章节来自多个站点，则说明搜索引擎进行了聚合替代用户的选择，自行将多站点内容聚合为一部作品，供用户阅读。

② 应用商店。

应用商店本质上是一个平台，用以展示、下载手机适用的应用软件。从苹果 APP Store 或第三方应用商店里搜索"免费小说"等关键词，结果难以计数。点开某名为"免费小说"的 APP，可以看到其开发者 Tong zhu 开发的其他 APP，点开列表发现其中大量涉及网络文学作品，如名为"·免费小说··""＋免费小说"，甚至出现"「晋江文学城」""【晋江文学城】""盗墓笔记［有声小说］－南派三叔著"等 APP，每一个 APP 中都有若干部作品。用户阅读是免费的，但底部会不定期出现弹窗广告。这便是垃圾小说阅读类 APP 的盈利模式。

三、网络文学版权侵权的特点和处理难点

（一）网络文学作品版权侵权的特点

1. 侵权成本低，维权成本高

相对于传统纸质盗版，网络文学盗版中间环节少，无成本，传

播快。2015 年，阅文集团有 34 起关于版权侵权的法律诉讼获得胜诉[7]，但是获胜的这部分侵权行为和所产生的效益相比，仅是九牛一毛。

2. 高隐蔽性、高扩散性，取证困难，造成执法盲点

网络信息传播的快速性是网络文学作品保护面临的重大挑战。任何一个人只需轻点鼠标，即可将获得的作品复制或传播，给居心不良的网民或网络技术人员可乘之机。由于新技术发展，网络黑客技术的运用致使网络文学的盗版无处追踪，甚至规避版权、变相侵权的方法也是层出不穷。

3. 版权归属认定复杂

相对于传统作品，网络文学的版权归属认定并不容易。传统作品获得发表需经过作者原创并署名、出版单位审核出版、印刷厂印制等一系列程序，文章署名无法轻易更改。即便侵权情况出现，也会比较容易地判断版权归属。而网络文学，只需鼠标或手机轻轻一点，甚至有些文章的署名都不是真名，极易被熟知网络技术的人修改，造成了版权归属认定的困难。

4. 侵权行为和侵权人界定困难

互联网具有即时性、互动性、全球性的特征，任何人在任何地点使用任何一台联网计算机或手机，就可以通过不同路径接触网络文学作品。此外，网络服务商具有多样性，包括物理网络运营者、接入服务者、Web 服务器、虚拟主机提供者、技术支持服务者、认证服务者和中介服务者，因此侵权主体界定困难。

5. 盗版速度快

与盗版电影、盗版音乐相比，网络文学的盗版速度以"秒"为计算单位，俗称"秒盗"。最初的盗版文字来源是贴吧、论坛等平台，一批专门进行盗版侵权的"手打团"，在正版作品发布后立即阅读并打字记录，几分钟便可将正版作品在盗版贴吧内进行连载。现在，盗版侵权已经形成了一条分工有序的产业链，"技术员"负责定点紧盯网站，正版作品一旦更新就用采集软件抓取到自己的网站，通常转移一篇文章前后不到 30 秒。市面上存在"关关采集器""尚书六号"等大量扫描与采集软件，这些软件经过改良后无需技术操作，全程自动化跟进，能够轻而易举地盗取网络文学作品。

（二）处理网络文学作品版权侵权案件的难点

1. 侵权容易维权难

盗版小网站的准入门槛低，资质审核宽松，且多数盗版网站服务器设置在海外。一大批专业化、规模化、集团化的盗版网络文学站点形成了一条完整的灰色产业链，直接和经济利益挂钩，威胁着整个行业的发展。通过权利人举报及多方努力一个个地去进行反盗版，执法成本高，维权难度大，盗版小网站难以根除。

2. 网络第三方平台滥用避风港原则

许多网络服务提供商，表面在为用户提供分享平台，实际上公然利用技术设置提供侵权作品，而获得经济利益，甚至打着"避风港原则"的旗号。避风港原则强调的是侵权责任的例外，即在符合特殊情况下，满足避风港原则，可以构成侵权责任的例外。不可以运用避风港原则正面地去判断侵权，认定网络服务提供商享受避风港原则的保护。

3. 移动智能终端技术的法律界定模糊

伴随移动互联网技术的迅速发展，以及智能手机和平板电脑等移动智能终端设备的普及，网络文学的用户由电脑端向移动端转移，网络文学盗版也出现了新变化。如浏览器聚合盗版形式、转码阅读等都是近年来移动端常见的网络文学盗版形式，其中应用的技术本应是中立的技术手段，但在实际中，平台方往往假借所谓的"技术中立"的旗号，通过在软件中设置一些技术特征作为幌子，将其未经授权传播或存储他人正版内容的行为解释为纯技术手段。由于这方面技术尚未有明确的法律规定，因此在打击上法律界定更加模糊，难度更大。

4. 公众版权意识淡薄，正版消费观难以养成

长久以来，网络用户习惯了免费使用互联网资源。互联网的自由、开放、免费已经在人们心中形成了根深蒂固的观念——互联网资源就应该是免费的，这无疑与网络文学版权保护背道而驰。

四、网络文学版权执法监管的必要性

（一）网络文学作品版权侵权救济的需要

我国实行版权保护的双轨制，即司法保护和行政执法并轨而行。网络版权司法保护，是指由享有网络版权的权利人向法院对侵权人提起民事诉讼或刑事诉讼，法院通过司法审判制度追究侵权人的民事、刑事法律责任；以及不服知识产权行政机关处罚的当事人向法院提起行政诉讼，人民法院对版权机关的行政执法行为进行司法审查，以支持正确的行政处罚或纠正错误的处罚，使各方当事人的合法权益都得到切实的保护。网络版权的行政保护，是指通过国家版权局等行政机关对网络版权进行保护，既包括通过版权人的举报行为进行被动审查执法，也包括版权行政机关主动审查后进行相应行政处罚，以保障版权人权利的制度。这种中国特色的双轨保护制度在网络版权时代为我国带来了意料之外的治理效果。

对于已经明确的损害社会公共利益的侵权盗版行为，例如利用新的传播技术进行网络盗版的侵权行为，由版权行政执法机构通过版权执法加以处罚并达到社会治理效果。即使法律法规本身相对完善，但在执法层面如果不能有效执行，那么也无法实现有效的监管。而且，行政执法有着司法所不具备的一些优势，如高效、便捷、维权成本低等。在单一司法救济途径因被动性和低效率使得大量的网络侵权行为不能及时有效地受到惩治，给权利人带来了难以弥补的损失时，行政执法程序及时弥补了这一缺陷。我国行政机关在承担社会管理、维护整顿市场秩序方面有一定的力量，法律也赋予了行政机关相应的职能。

（二）产业发展的现实需要

随着互联网技术的迅速发展，传统版权法律制度已经难以适应技术发展的脚步，传统执法手段急需转型升级，侵权与维权的矛盾更加凸显。在互联网的便利条件下，网络文学作品侵权盗版的活动日益猖獗，对文化产业具有巨大危害。于作者，作者维权难，收益少，从而丧失创作热情；于正版服务商，其盈利模式主要是向读者收取合理费用或利用浏览量赚取广告费，因侵权盗版网站分流用户量而无法收回巨额投资，企业损失巨大，从而致使产业低迷。互联网版权侵权问题极大损害了参与各方的合法权利，加重互联网环境无序和混乱状况，将严重制约网络版权产业的健康发展。此外，随着一批网络知名小说被改编成影视剧、动漫、网游，网络文学的衍生品市场得到快速发展。如果放纵盗版任意妄为，文化产业、文化衍生品市场同样会受到极大的冲击和伤害。

五、我国网络文学作品版权执法监管的制度完善

（一）坚持严厉打击网络侵权，维护网络出版行业良好秩序

2005 年 9 月，国家版权局等部门下发《关于开展打击网络侵权盗版行为专项行动的通知》，开启了互联网领域版权保护的执法监管行动"剑网行动"，其涵盖范围广，包括网络文学、音乐、视频、游戏、动漫、软件等领域。网络文学作品侵权需要执法部门加大查办案件力度，加强属地管理，形成高效的日常监管体系，保持对网络文学侵权盗版行为的高压打击态势。良好的版权保护秩序有助于激发作者的创作兴趣，相关部门应针对不同的网络文学传播方式，有针对性地进行侵权执法活动，做到 PC 端和移动端"全覆盖"，加大力度、持续打击，推进日常执法，执法行动条理化、系统化、秩序化，对侵权盗版行为"零容忍"。

1. 通过信息网络提供文学作品的网络服务商

应当依法履行传播文学作品的版权审查和注意义务，除法律、法规另有规定外，未经权利人许可，不得传播其文学作品。

对传播侵权盗版网络文学作品的无备案非法网站，以及经常变换域名、服务器接入反复侵权及服务器设在境外等侵权盗版网站，通过权利人举报、汇总各地执法机关查处侵权盗版网站等方式，协同工信部门予以关闭，并列入广告联盟"黑名单"。对于服务器架设在海外的盗版小网站，可联合相关部门，运用网络阻断设备，进行屏蔽。但这确实需要大量的人力、物力，通过线索举报及审核确

认从而提供盗版网站名单，并一一进行屏蔽。

对涉嫌未经许可传播网络文学数量较大的网络文学网站，列入版权重点监管名单并要求其全面整改。在规定时间内完成整改并通过核查，国家版权局将其从监管名单中删除；未在规定时间内进行整改、整改后未通过审核或者有其他特别严重情节的，将列入"黑名单"，国家版权局依法对其立案调查。

对涉嫌未经许可传播网络文学数量较小的网路文学网站，国家版权局将通过约谈、公开通报等监管手段，督促其进行整改。

2. 提供搜索引擎、浏览器、论坛、网盘、应用程序商店以及贴吧、微博、微信等服务的网络服务商

未经权利人许可，不得提供或者利用技术手段变相提供文学作品；不得为用户传播未经权利人许可的文学作品提供便利。

提供搜索引擎、浏览器等服务的网络服务商，存在非法传播盗版网络文学作品的灰色地带。各网络服务商应互相监督，提高行业自律，杜绝通过转码、缓存、自建页面等方式非法存储盗版网络文学作品。此外，侵权盗版小网站主要依靠搜索引擎吸引用户，因此搜索引擎应坚决停止收录版权管理部门"黑名单"中的盗版小网站，切断盗版内容与用户的联系。

提供贴吧、论坛等服务的网络服务商，应当审核并保存吧主、版主等的姓名、账号、网络地址、联系方式等信息，并责成吧主、版主对其所管理的版块进行正版确认。

应用程序商店的备案与网站备案不同，目前 APP 的内容均由应用商店方完成。这就要求版权管理部门与互联网信息管理部门合作，确立 APP 备案和准入制度，实名备案，及时下架盗版网络文学作品 APP。

提供信息存储空间服务的网盘服务商，应当遵守国家版权局《关于规范网盘服务版权秩序的通知》，主动屏蔽、删除侵权文学作品，防止用户上传、存储并分享侵权文学作品。

（二）推动多方合作，共同维护产业的良好环境

在网络文学产业的行政管理中，要避免出现"一放就乱、一乱就收、一收就死"的怪圈，行政机关充分尊重市场行为，实现放管结合，鼓励行业互相监督，政府、网络服务商、权利人、用户多方共同努力，行政与司法联动，才能实现产业良性发展。

1. 倡导行业自律，促进行业内公平竞争

对于企业的良好作为，政府管理部门应予以鼓励；对于企业的不法行为，特别是大型企业，政府管理部门应及时约谈，坚决抵制违法违规行为；对于处于灰色地带的行为，例如移动浏览器转码侵权、不跳转、不标注来源、屏蔽或替换正版网站合法投放的广告等法律尚未明确界定的技术行为，政府部门应积极促成行业自律，达成自律宣言，促进行业公平发展。

2. 提高权利人维权意识，畅通投诉及处理渠道

支持企业、行业建立版权内容数据库及公司内部的版权系统。微信已经全面建立了版权线上侵权投诉系统，覆盖全部公众账号和个人账号，并通过优势技术，公测"原创声明功能"，推动网络版权保护由被动到主动。针对网络文学作品的网络性，传统版权登记耗时耗力，通过新技术如区块链、可信时间戳认证等方式，快捷便利并且无法篡改，便于确权、维权以及版权交易信息的查询。应责成网络服务提供商建立有效的投诉争议处理渠道和流程，及时处理相关投诉和争议；对于情节恶劣的，或网络文学企业提供的线索，版权管理部门应在必要时采用更灵活的临时禁令，防止侵权行为扩大。

3. 宣传正版观念，降低民众盗版需求

长期以来，国人对知识产权的意识极其缺乏，鲜有为内容付费的消费习惯。而且，民众更加重视实物消费，对虚拟网络的文学作品买单意愿更低。随着收入水平提高和消费观念的改变，盗版需求可能会逐步下降。版权管理部门应加强对正版内容付费的引导，通过宣传教育，提升网络版权的保护意识。此外如前文所述，27.1%的用户不清楚看的是正版还是盗版，由此可见部分用户难以区分正版与盗版，甚至某些盗版内容具有更好的用户体验，盗版网络文学服务商已经影响了用户的正常判断，这对培养用户正版意识具有一定的阻碍。但是只要版权管理部门从源头对盗版内容进行高压打击，增加用户寻找盗版的时间成本，相当一部分用户会回归正版。

4. 行政监管部门互相协作，提高打击效率和质量

行政执法机关上级应规范执法程序，各地执法部门应根据当地情况采取不同的执法措施，健全执法档案，提高侵权成本。可按照就近原则进行侵权监管或立案调查，提高行政打击效率和质量。国家版权局应举办业务培训，健全执法督导、执法考核体系，对执行有力的地区进行案件经费补贴。与网络信息安全部门、公安部门密切合作，从源头斩断盗版小网站，形成合力联合打击侵权盗版行为。

5. 行政与司法联动，对网络文学作品进行双轨制保护

目前，版权维权面临行政罚单难开、违法所得利益远高于罚单金额、司法赔偿太低的窘境。司法方面，应适当提高侵权法定赔偿上限，情节恶劣的行为应实施惩罚性赔偿；同时，作为更加迅速、更为严格的执法活动，对新型侵权盗版行为进行更加有效、迅速的打击。对于一些新型技术带来的法律或司法判例尚未触及的侵权行为，行政机关应充分发挥执法作用。只要行为存在未经授权复制、临时复制、缓存、链接、搜索、存储、聚合、屏蔽、修改等行为，就应该认定版权侵权并予以处理。

（三）加强网络文学版权执法监管的国际交流合作，促进网络文学"走出去"

2012年6月，我国承办世界知识产权组织保护音像表演外交会议，并缔结《视听表演北京条约》，增强了我国在国际版权领域的影响力。随着国际竞争加剧和我国的经济水平发展，涉外网络版权应从被动地适应国际规则转变为主动引导国际规则的制定，提升我国的话语权。

1. 推动涉外网络文学版权执法的国际交流与协作

近几年，我国版权保护部门加强了与国外执法机构的合作，积极开展线索通报、调查取证、联合执法等具体执法工作和联合执法培训。我国版权执法，特别是在网络版权执法方面已经具备相当丰富的经验，虽然打击难度大，但凭借我国执法手段"快、准、狠"

的特点，网络侵权盗版态势得到遏制。与他国分享经验并吸取其他国家的优秀做法，将进一步丰富我国网络版权执法手段。

2. 维护网络文学产业健康发展，促进海外传播

2014 年 12 月，原国家新闻出版广电总局印发《关于推动网络文学健康发展的指导意见》，明确提出"开展对外交流，推动'走出去'"。让世界倾听中国声音，让好声音走向世界舞台，我国优质网络文学"走出去"需要良好、健康的市场培育与支持。侵权盗版问题不利于优质内容的培育，打击作者、企业的积极性，直接影响了网络文学的盈利。此外，海外盗版问题普遍存在，主要集中在网友自发翻译未经授权的网络文学作品。在国内网络人口红利日益消减的同时，网络文学企业更需要主动"走出去"，探寻新的经济增长点。与其他国家版权保护机关合作，联合打击海外侵权盗版，亦是在维护我国的网络文学产业良性发展。

参考文献

[1] 欧阳友权. 网络文学概论 [M]. 北京：北京大学出版社，2008：3.

[2] 速途研究院. 2015 年网络文学市场年度综合报告 [R/OL]. [2016-10-01]. http：//www. sootoo. com/content/661067. shtml.

[3] 中国互联网络信息中心. 第 38 次中国互联网络发展状况统计报告 [R/OL]. [2016-08-10]. http：//www. cnnic. cn/hlwfzyj/hlwxzbg/hlwtjbg/201608/t20160803 _ 54392. htm.

[4] 中国互联网络信息中心. 第 39 次中国互联网络发展状况统计报告 [R/OL]. [2017-03-27]. http：//www. cnnic. cn/gywm/xwzx/rdxw/20172017/201701/t20170122 _ 66448. htm.

[5] 艾瑞咨询. 网络文学作者洞察报告 [R/OL]. [2016-12-28]. http：//www. iresearch. com. cn/report/2696. html.

[6] 艾瑞咨询. 2015 年中国网络文学版权保护白皮书简版 [R/OL]. [2016-01-07]. http：//www. iresearch. com. cn/Detail/report? id＝2515＆isfree＝0.

[7] 艾瑞咨询. 2016 年中国网络文学行业研究报告 [R/OL]. [2016-07-09]. http：//www. iresearch. com. cn/report/2540. html.

浅析知识产权权利冲突的应对[*]

——以商标为视角

符　竹

一、商标权与外观专利权冲突

（一）商标与外观设计

商标，是指任何能够将自然人、法人或者其他组织的商品与他人的商品区别开的标志，包括文字、图形、字母、数字、三维标志、颜色组合和声音等，以及上述要素的组合。商标主要是通过其显著性和识别性来区别商品或服务的来源。外观设计，是指对产品的形状、图案、色彩或者其结合所作出的富有美感并适于工业应用的新设计。其作用和功能主要是增强产品外观的美感及装饰性。由于构成外观设计的图案、色彩或者两者的结合与构成商标的要素存在交叉，当权利分属不同权利人时，就发生了权利冲突。

（二）法律法规

《商标法》《专利法》基本上确立了保护在先权利的原则。在先权利人可以通过相关程序请求行政主管机关宣告在后权利无效。但上述法律均没有明确界定在先权利的范围以及在先权利是否包括申请权。此外，现行法律解决权利冲突的原则过于单一。

《商标法》第9条规定："申请注册的商标，应当有显著特征，便于识别，并不得与他人在先取得的合法权利相冲突。"第32条规定："申请商标注册不得损害他人现有的在先权利，也不得以不正当手段抢先注册他人已经使用并有一定影响的商标。"《专利法》第23条规定："授予专利权的外观设计，应当不属于现有设计；……

＊　本文获第十届全国知识产权优秀调查研究报告暨优秀软课题研究成果评选三等奖。

授予专利权的外观设计不得与他人在申请日以前已经取得的合法权利相冲突。本法所称现有设计，是指申请日以前在国内外为公众所知的设计。"

（三）司法解释

最高人民法院出台的系列司法解释进一步丰富了解决知识产权权利冲突的原则。在保护在先权利原则的基础上，发展出诚实信用、公平竞争、禁止混淆、利益权衡以及维护市场秩序等原则。最高人民法院 2001 年制定、2015 年第二次修正的《关于审理专利纠纷案件适用法律问题的若干规定》第 16 条规定了在先权利的范围，明确了《专利法》第 23 条所称的在先取得的合法权利包括商标权、著作权、企业名称权、肖像权、知名商品特有包装或者装潢使用权等。2009 年《最高人民法院关于当前经济形势下知识产权审判服务大局若干问题的意见》第 10 条规定了解决相关权利冲突的原则，即按照诚实信用、维护公平竞争和保护在先权利等原则审理该类权利冲突案件。2010 年《最高人民法院关于审理商标授权确权行政案件若干问题的意见》提出了避免混淆的可能性以及保护在先商业标志权益与维护市场秩序相协调的原则。

（四）规范性文件

1995 年，原国家工商行政管理局在《关于处理商标专用权与外观设计专利权权利冲突问题的意见》中指出："对于以外观设计专利权对抗他人商标专用权的，若该商标的初步审定公告日期先于该外观设计申请日期，在该外观设计专利被撤销或者宣告无效之前，工商行政管理机关可以依照《商标法》，及时对商标侵权案件进行处理。"上述意见确立了解决外观设计专利权与商标权冲突的原则和比较方法，但对于商标初审公告日期晚于外观设计申请日期的情况如何处理没有涉及。该行政规范性文件效力较低，影响力有限。

（五）司法审判实践

在原国家知识产权局专利复审委员会诉白象食品股份有限公司再审案件中，针对涉案专利是否与在先商标申请权相冲突的问题，最高人民法院认为："在商标申请日早于外观设计专利申请日的情况下，外观设计专利权不会与商标申请权构成权利冲突，商标申请权不能作为 2000 年专利法第二十三条规定的在先取得的合法权利。但基于商标申请权本身的性质、作用和保护在先权利原则，只要商标申请日在专利申请日之前，且在提起专利无效宣告请求时商标已被核准注册并仍然有效，在先申请的注册商标专用权就可以对抗在后申请的外观设计专利权，用于判断外观设计专利权是否与之相冲突。"法院同时认为："商标申请权本身是现实存在的合法权益，其在性质上是对注册商标专用权的一种期待权，应当受到法律的保护。只有商标获得注册，商标申请的最终权益才得以实现，此时应当溯及既往地对商标申请权进行保护，确认商标申请日对于注册商标专用权的法律意义。对于已经初步审定公告的商标，客观上存在外观设计专利申请人模仿、复制在先申请的商标的可能，这种情况也是专利法第二十三条立法予以防范的主要对象。"

上述判决首次明确了商标申请权的性质、在判断权利冲突中的作用及在适用保护在先权利原则中的意义。虽然上述案件针对行政授权确权案件中解决专利与商标冲突纠纷，但该案确立的相关原则对于解决行政执法案件同样具有重要的参考价值及指引作用。

（六）行政实践

重庆工商局执法人员在市场上发现涉案当事人经销带有"果真"字样的橙汁固体饮料，与美国某食品公司在同种商品上注册的"果珍"商标近似，涉嫌商标侵权。在调查时，"果真"商品的生产商广东潮州市某食品厂提出其"果真"商品包装受《专利法》保护，并提供了"果真"外观设计专利公告及外观设计专利授权证明。经查，广东潮州市某食品厂于 1988 年 5 月 27 日，向原中国专利局申请了在"固体饮料包装容器"产品上的"果真"商品外包装外观设计专利。该外观设计于 1989 年 5 月 31 日被授予外观设计专利权。商标权利人获得"果珍"注册商标专用权的时间是 1989 年 6 月 20 日，即外观设计专利权的授予日期早于商标核准注册日期。执法部门最终认定，涉案当事人专利登记日期虽然早于商标申请、注册日期，但商标注册人在中国使用"果珍"商品包装的时间早于涉案当事人外观设计申请时间，其外观设计不再具有新颖性。当事人在相同商品上突出使用与"果珍"商标近似的"果真"文字，易使相关公众产生混淆，构成商标侵权行为。

该案中，执法部门在尊重不同知识产权法定权利独立、平等的基础上，明辨外观设计专利产生的基础、权利保护的客体及保护边界，没有简单地适用保护在先权利原则，更加关注权利产生冲突时避免产生市场混淆的因素。

二、商标权与著作权冲突

（一）作品

著作权法中的作品，是指文学、艺术和科学领域内具有独创性并能以某种有形形式复制的智力成果。著作权法保护的客体是思想的表达，不是思想本身。著作权和商标权在权利的取得方式、权利的保护范围、权利的保护期限方面有着较大区别。由于构成商标要素的文字、图形或者二者的结合本身可以构成美术作品，即可以成为著作权保护的客体，当商标权人与著作权人不是同一人时，就可能产生商标权与著作权的权利冲突。

（二）法律法规

针对著作权侵犯他人在先权利的判定及应当承担的法律责任，《著作权法》没有相关规定。

（三）司法解释

《最高人民法院关于审理商标授权确权行政案件若干问题的规定》第19条规定："当事人主张诉争商标损害其在先著作权的，人民法院应当依照著作权法等相关规定，对所主张的客体是否构成作品、当事人是否为著作权人或者其他有权主张著作权的利害关系人以及诉争商标是否构成对著作权的侵害等进行审查。商标标志构成受著作权法保护的作品的，当事人提供的涉及商标标志的设计底稿、原件、取得权利的合同、诉争商标申请日之前的著作权登记证书等，均可以作为证明著作权归属的初步证据。商标公告、商标注册证等可以作为确定商标申请人为有权主张商标标志著作权的利害关系人的初步证据。"

上述司法解释主要以侵犯著作权为视角，详细规定了判定侵犯著作权的程序及证据要求，解决权利冲突的目的主要是保护作品的独创性创作成果。以侵犯商标权为视角的相关规定目前仍为立法空白，亟须对著作权侵犯商标权的判断标准、救济措施及责任承担等进行细化规定。

（四）司法实践

在早期司法审判实践中，法院判决基本采取停止侵权、宣告在后注册商标无效的方式解决权利冲突。近期，司法实践出现了一些转变。2017 年，在陈某诉某陶瓷公司侵犯其著作权案件中，江西省高级人民法院认为，如果判决在后商标注册人某陶瓷公司侵权，其要撤销其注册商标，拆除门店店招，销毁现有产品包装，对其经营带来较大负面影响；作品作者陈某的作品也未发挥其应有的作用。经法院调解，双方最终达成著作权许可使用协议。

上述案件已经从绝对禁止在后权利向平衡在先权利人和在后权利人之间利益分配的方向转变。这一转变既保护了在先权利人的权益，也保护了在后商标权人的合理投资和信赖利益，避免了资源浪费。从经济角度上看，该案的处理结果实现了"帕累托最佳"，达到了资源的有效配置、社会效益及权利人利益最大化，值得借鉴。

（五）行政执法实践

地方工商执法部门发现市场上当事人销售带有"刘老根"字样的豆酱。经查，2002 年 5 月 8 日，刘某向原国家工商行政管理总局商标局（以下简称"商标局"）提出申请注册"刘老根"商标。2003 年 6 月 22 日，商标局核准了上述商标注册，核定使用的商品为第 30 类调味酱油、食盐等商品。涉案当事人辩称，其已将含有"刘老根"字样的商品外包装进行了著作权登记。作品创作完成日期为 2003 年 2 月，登记时间为 2004 年 9 月。

执法部门就著作权是否能对抗商标权的问题进一步请示商标局。商标局认为，涉案当事人著作权申请登记时间晚于商标注册申请及核准注册日期，其与商标注册人在同一省份，均从事调味品行业，属于同业竞争者，理应合理避让在先商标权。当事人将"刘老根"文字突出使用，其已产生了识别商品来源的作用，构成了商标意义上的使用，超越了源于使用著作权的限度，侵入了商标权的范围。豆酱商品与食盐、酱油商品为类似商品，当事人在豆酱商品包装上突出使用"刘老根"字样，与"刘老根"注册商标近似，易使相关公众对商品来源产生混淆，构成商标侵权行为。

针对著作权侵犯商标权的情形，行政部门没有就著作权客体是否构成作品、当事人是否为著作权人或者其他有权主张著作权的利害关系人进行判定。在保护在先权利原则的基础上，行政部门重点关注著作权客体的使用方式是否起到了区别商品来源的作用，构成商标意义上的标志使用，进而给市场带来混淆。

三、商标权与植物新品种名称冲突

（一）植物新品种与植物新品种名称

植物新品种，是指经过人工培育的或者对发现的野生植物加以开发，具备新颖性、特异性、一致性和稳定性并有适当命名的植物品种。植物新品种名称是种子生产者、经营者和农户用来识别和判断作物的质量、特征及特性等基本信息的重要手段。品种名称审定后，使用该品种名称是所有生产、销售该作物品种人的法定义务，相关主体不能自由更换品种名称。植物新品种权保护的客体虽然是繁殖材料，不是植物新品种的名称，但品种名称与品种权相伴相生，属于现实存在的合法权益，应得到法律的保护。

（二）法律法规

《植物新品种保护条例》第 18 条中规定："授予品种权的植物新品种应当具备适当的名称，并与相同或者相近的植物属或者种中已知品种的名称相区别。该名称经注册登记后即为该植物新品种的通用名称。"《种子法》第 27 条中规定："授予植物新品种权的植物新品种名称，应当与相同或相近的植物属或者种中已知品种的名称相区别。该名称经授权后即为该植物新品种的通用名称。"《农业植物品种命名规定》第 9 条规定："品种命名不得存在下列情形：……（八）与他人驰名商标、同类注册商标的名称相同或者近似，未经商标权人同意的；……"《主要农作物品种审定办法》第35条第3款规定："审定公告公布的品种名称为该品种的通用名称。禁止在生产、经营、推广过程中擅自更改该品种的通用名称。"《商标法》第11条中规定："下列标志不得作为商标注册：（一）仅有本商品的通用名称、图形、型号的"。

综上，《种子法》《植物新品种保护条例》《主要农作物品种审定办法》中规定的"通用名称"是否与《商标法》中规定的"通用名称"含义相同，目前也没有明确的法律规定。针对植物新品种名称的使用方式及不当使用的处理也是法律空白。

（三）司法实践

1."中科4号"案

在北京某种业公司诉林某侵犯植物新品种权案件中，河南省郑州市中级人民法院认为："植物新品种名称是拥有植物新品种权的相关品种的特有名称，该品种繁殖材料自身所具有的独特品质、性状等内在信息在品种的市场流转过程中通过品种名称传达给用户，用户也是根据该品种名称将其与其他品种区别开来。相关消费者在购买使用种子产品的过程中，首先也是最重要的是对种子品种的识别，而对种子产品的提供者是否为品种权人或经品种权人授权许可的经营者的识别则在其次。因此，品种名称应当是种子产品在市场经营过程中最直接、准确的外在体现。被告所经销的玉米种子产品外包装上，在显著位置突出标注'金保姆中科4'字样，导致相关消费者在购买时出于对拥有植物新品种权的'中科4号'玉米品种相关品质特征的认可，而认定该产品内所包装的系与外部标示名称一致的'中科4号'玉米品种并进行购买使用。被告的行为直接导致原告利用'中科4号'玉米品种进行经营获利的市场空间被侵占，已构成对原告'中科4号'玉米植物新品种权的侵犯。"

法院的上述判决主要从侵犯植物新品种权的视角，阐述了品种名称的作用、对于保护品种权的重要意义。上述判决虽存在争议，但在保护品种名称相关法律缺失的情况下，通过认定突出使用与品种名称近似的"金保姆中科4"字样，其产生的损害后果与非法经营"中科4号"玉米品种的繁殖材料一致，最终认定被告侵犯原告植物新品种权。

2."稻花香"案

在福州米厂与五常市金福泰农业股份有限公司等纠纷案中，最高人民法院针对注册商标专用权与品种名称之间的关系、通用名称的判断标准等问题进行了阐述。法院认为，《主要农作物品种审定办法》中的通用名称与商标法意义上的通用名称含义并不完全相同，不能仅以审定公告的名称为依据，认定该名称属于商标法意义上的通用名称。就被告是否构成商标侵权行为，法院认为，涉案商标于1998年提出申请，1999年7月28日获得注册。2009年3月18日黑龙江省农作物品种审定委员会审定公告"稻花香2号"水稻品种。涉案商标的申请日远远早于水稻品种名称审定公告日，且商标申请无主观恶意。被诉商品在包装袋正面居中位置以较大字体标注了"稻花香DAOHUAXIANG"，文字字母均相同，只是文字的字体和背景颜色稍有不同，构成近似商标。两商品共存市场，容易造成相关公众混淆误认，涉案商品侵害了涉案商标专用权。该案的特殊之处在于，"稻花香2号"作为审定公告的品种，对于在五常这一特定地域范围内的相关种植农户、大米加工企业和消费者而言，在以"稻花香2号"种植加工出的大米上使用"稻花香"主观上并无攀附涉案商标的恶意。根据双方的利益平衡，对于五常这一特定地域范围内的相关种植农户、大米加工企业和消费者而言，可以在以"稻花香2号"种植加工出的大米上规范标注"稻花香2号"，表明品种来源。但法院特别强调，标注方式仅限于表明品种来源且不得突出使用。

该案明确了商标与品种名称冲突案件的裁判标准，在适用保护在先权利原则的基础上，更关注注册商标权人与品种名称使用人之间的利益平衡，在充分保护在先商标权的前提下，防止市场混淆，维护有序竞争。

（四）行政执法实践

"金优"商标权利人向工商部门投诉涉案当事人在种子商品上

使用"金优928"字样，侵犯其注册商标专用权。经查，2003年7月16日，武汉某生物技术有限公司向商标局提出申请注册"金优"商标。2005年2月7日，商标局核准注册，核定使用的商品为第31类的植物种子、籽苗等。涉案当事人"金优928"种子于2002年5月1日获得植物新品种权。

执法部门针对植物新品种名称是否可以对抗商标权的问题请示商标局。商标局认为，当事人获得"金优928"种子植物新品种权的日期为2002年5月1日，早于"金优"商标注册申请及核准注册日期。"金优928"被审定公布后便成为该植物品种的通用名称，使用该品种名称是所有生产、销售该作物品种人的法定义务。品种权人在种子商品上使用"金优928"品种名称，用来表明品种来源，属于正当使用行为，不侵犯"金优"注册商标专用权。

四、比较经验

（一）日本

根据《日本外观设计法》第26条的规定，如果权利人的外观设计专利权与他人在其外观设计专利申请日前递交的专利、实用新型、商标申请构成冲突，或者他人在其申请日前生效的版权构成冲突的，该权利人或其许可人不得以商业化的方式实施该项外观设计专利权。此外，根据《日本商标法》第29条的规定，如果权利人所有的商标权与他人在其商标申请日前递交的发明、实用新型、外观设计构成冲突，或者与他人在其申请日前生效的版权构成冲突的，该权利人或其许可人不得在相冲突的商品或者服务项目上行使其商标权。作为补充，《日本商标法》第33条之二规定了在拥有在先申请日或相同申请日的专利权、实用新型权、外观设计权有效期满后，原专利权利人有权在与在后的商标权相冲突的商品和服务中及与其类似的商品和服务中使用其原享有的专利商品和服务，除非原专利权利人具有不正当竞争的目的。由此可见，在日本，对于权利冲突并不是简单保护在先权利，将在后的权利撤销，而是更为尊重依据不同的知识产权法律所产生的权利的独立性。日本的法律实践更关心的是当产生权利冲突时如何避免在市场上可能产生的混淆问题。通过经济补偿等平衡利益分配的方式在特定条件下是允许共存。

（二）美国

在 Abend 诉 MCA 电影公司案中，法院认为，保护知识产权权利人的各项权利必须考虑公平因素，要平衡知识产权权利人的利益与社会公众利益之间的关系。该案中，导演的执导水平、演技和拍摄组为该影片付出了努力，最终取得成功也应归因于他们，而不是小说的作者即原告。如一味地支持原告，意味着新创作演绎作品的被告享有的相关权益将被剥夺。若判决禁令，公众的利益将也会因此受损，因为如果没有 MCA 电影公司所拍的这部电影，公众则不能欣赏到这一精彩的电影作品。可以看出，美国对在先权利并非绝对保护，允许某些非竞争性的在后权利存在，并允许其继续使用。法院没有简单地判定被告侵犯原告的版权而必须停止侵权，而是采取了兼顾原告、被告、公众各方利益的方式，令被告向原告支付足够补偿费，原告则许可被告继续放映由原告小说改编而成的电影。

（三）欧盟

《欧洲议会与欧洲联盟理事会关于外观设计的法律保护指令》（98/71/EC）规定，对外观设计专利权人使用他人作品而未经授权，或者具有显著识别性的标记适用于在后的外观设计中，法律授予标记的权利人或作品的著作权人有权禁止该使用时，作品或标记的权利人可以要求有关成员国拒绝授予外观设计专利权或对已授予的外观设计宣告无效；此时，外观设计的所有人可以修改外观设计。可见，欧盟对待权利冲突是有补救措施的，即使是对属于在后权利的外观设计权利也同样尊重其智力成果。

五、立法建议

（1）建议将解决知识产权冲突的原则由现行的司法解释、司法判例、规范性文件中的规定上升到立法层次。在保护在先权利原则的基础上，增加禁止混淆、利益平衡原则。同时，进一步明确在先权利的范围及商标申请权的法律地位。

（2）建议在不违反公共利益的前提下，允许权利冲突双方可以就权利共存进行协商，通过补偿方式平衡各方利益，诸如由一方向另一方支付合理金额的许可使用费。

（3）建议明晰品种名称的通用名称与商标法通用名称的区别，确立品种名称的法律保护地位。进一步明确品种名称的标注、使用方式及不当使用的法律后果。

六、行政执法指引

（一）商标权与外观设计专利权冲突的应对

国家知识产权局对外观设计申请只进行形式审查，对新颖性不进行实质审查，专利授权证书只是证明专利权的初步证据。如果商标使用日期、申请日期、初审公告日期、核准注册日期早于外观设计专利申请日期，均可能会导致外观设计新颖性的丧失。如果外观设计专利权的实施侵犯到注册商标专用权，导致相关公众对商品来源产生混淆，执法机关在专利宣告无效之前可以根据《商标法》的规定对商标侵权行为进行查处。

（二）商标权与著作权冲突的应对

著作权权利人行使权利应符合商业惯例，遵守诚实信用原则，在不损害他人和社会公共利益的前提下，合理、善意使用。如作品客体的使用起到识别商品来源的作用，构成商标法意义上的使用，易使相关公众产生混淆，著作权的使用便超出其合理使用范围，侵入到商标权保护范围。执法机关无须对著作权客体是否构成作品、当事人是否为著作权人或者其他有权主张著作权的利害关系人进行判定，可以根据《商标法》的规定对侵权行为进行查处。

（三）商标权与植物新品种名称冲突的应对

品种权人应规范标注品种名称，标注方式仅限于表明品种来源且不得突出使用。如果突出使用品种名称，构成商标法意义上的标志使用，执法机关可以根据《商标法》的规定对侵权行为进行查处。

知识产权相关会计问题分析与政策建议[*]

知识产权相关会计问题分析与政策建议[*]

舒惠好　陆正飞　高大平　常　琦　罗雪娇

一、知识产权会计及披露的重要性

知识经济时代，知识产权所代表的创新已经成为企业发展的源泉和核心竞争力。在过去的数十年间，知识产权在企业价值创造中的作用日益显著，并正在超越资本、土地等传统生产要素，成为企业关键性战略资源。在法律意义上，知识产权是人类智力劳动产生的智力劳动成果所有权，是创造者对其智力成果在一定时期内享有的专有权或独占权。相对于有形资产和其他一般无形资产（如土地使用权）而言，知识产权具有排他性、区域性和时间性的特征，而且其未来收益具有不确定性，因此，知识产权的价值创造需要以充分的知识产权保护为前提。1984 年 3 月 12 日颁布的《专利法》，从法律上承认了发明创造可以作为一种无形资产受到保护。2013 年修订后的《公司法》，取消了知识产权出资在注册资本中占比的限制，充分体现了市场对知识产权价值的认可。

自 2008 年《国家知识产权战略纲要》颁布实施以来，我国知识产权工作成效显著。根据世界知识产权组织发布的《2017 年全球创新指数报告》，中国创新指数位居第 22 位，是唯一一进入 25 强的中等收入经济体。2016 年发明专利申请受理量达到 133.9 万件、同比增长 21.5％；国内有效发明专利拥有量突破 100 万件，有效商标注册量超过 1 200 万件，著作权登记量超过 200 万件，主要知识产权申请登记数量继续稳居世界前列。2016 年 12 月，国务院印发《"十三五"国家知识产权保护和运用规划》，明确了"十三五"时

---

* 本文获第十届全国知识产权优秀调查研究报告暨优秀软课题研究成果评选三等奖。

250

期知识产权事业发展的指导思想、总体目标和重点任务。我国知识产权保护力度明显加大，保护环境明显改善，司法机关受理、审结和行政执法机关查处的知识产权案件大幅增加，在北京、上海、广州设立知识产权法院，司法审判和行政执法能力进一步提高。

知识产权保护的加强，以及知识产权在企业价值创造中重要性的凸显，给会计工作提出了新的要求，带来了新的挑战。目前，我国企业（包括上市公司）财务报告中无形资产信息披露比较有限，有关知识产权的信息披露更是严重不足。会计作为连接企业与市场的重要桥梁，有必要通过对知识产权的确认、计量，反映知识产权参与企业经营活动的过程与结果，向市场传递有用的信息。通过财务报告向市场披露有关知识产权信息，有利于投资者发现企业的潜在价值，识别可能存在的风险；也有利于创新者在更加公平、公开、透明的商业环境和市场秩序中参与竞争，促进企业和资本市场的健康发展。

二、知识产权会计及披露的会计准则分析

（一）关于知识产权的会计确认

在财务会计实践中，资产有其严格的定义和确认条件要求。根据我国《企业会计准则——基本准则》的规定，资产是指企业过去的交易或事项形成的、由企业拥有或控制的、预期会给企业带来经济利益的资源。而且，符合上述资产定义的资源，只有在同时满足以下两个条件时，才能够确认为资产：（1）与该资源有关的经济利益很可能流入企业；（2）该资源的成本或者价值能够可靠地计量。符合资产定义和资产确认条件的项目，应当列入资产负债表；符合资产定义，但不符合资产确认条件的项目，不应当列入资产负债表。我国会计准则关于资产定义和确认条件的规定，与国际财务报告准则保持了原则一致。

目前，我国企业的知识产权是在"无形资产"项目下进行会计核算和信息披露的。根据我国《企业会计准则第 6 号——无形资产》（财会〔2006〕3 号，2006 年 2 月 25 日发布，2007 年 1 月 1 日

起生效）的规定，"无形资产，是指企业拥有或者控制的没有实物形态的可辨认非货币性资产。资产满足下列条件之一的，符合无形资产定义中的可辨认性标准：（1）能够从企业中分离或者划分出来，并能够单独或者与相关合同、资产或负债一起，用于出售、转移、授予许可、租赁或者交换；（2）源自合同性权利或其他法定权利，无论这些权利是否可以从企业或其他权利和义务中转移或者分离。"此外，"无形资产同时满足下列条件的，才能予以确认：（1）与该无形资产有关的经济利益很可能流入企业；（2）该无形资产的成本能够可靠地计量。"

根据《国际会计准则第 38 号——无形资产》（2014 年修订，以下简称"IAS38"）的规定，"无形资产，是指没有实物形态的可辨认非货币性资产。当且仅当满足以下条件时，无形资产应予以确认：（1）归属于该资产的未来经济利益很可能流入企业；（2）该资产的成本能够可靠地计量。"

《美国财务会计准则第 142 号——商誉和无形资产》（2001 年发布，2001 年 12 月 15 日起生效，以下简称"FAS142"）没有对无形资产进行定义，而是采用一一列举的描述方式逐一规范，例如单独收购的无形资产或者与一组其他资产（除了在企业合并中收购的无形资产外）一同收购的无形资产、自创商誉发生的成本以及其他年限不确定的不可辨认无形资产、收购部分或者全部子公司非控制股权时确认的商誉和无形资产、其他财务会计准则规范的无形资产。

根据上述我国企业会计准则与国际财务报告准则的规定，知识产权与无形资产并非完全一致，无形资产并不限于知识产权，例如土地使用权、特许权；知识产权也不必然被确认为无形资产。目前，我国企业所拥有的知识产权，满足《企业会计准则第 6 号——无形资产》对无形资产的定义及确认条件的，作为无形资产的一部分在财务报告中进行确认、计量及披露，主要包括专利权、软件、商标权、著作权等。

（二）关于知识产权的会计计量——初始计量

知识产权按其取得方式，可分为外部取得的知识产权和自主开发获得的知识产权两类。

1. 关于外部取得的知识产权的初始计量

根据《企业会计准则第 6 号——无形资产》对无形资产初始计量的规定，非融资性的外购知识产权，按成本进行初始计量。成本包括购买价款、相关税费以及直接归属于使该项资产达到预定用途所发生的其他支出。实质上具有融资性质的，初始成本以购买价款的现值为基础确定。实际支付的价款与购买价款的现值之间的差额，除按照《企业会计准则第 17 号——借款费用》应予资本化的以外，应当在信用期间计入当期损益。投资者投入的知识产权的成本，按照投资合同价格入账，但合同或协议约定价值不公允的除外。

2. 通过自主开发获得的知识产权的初始计量

《企业会计准则第 6 号——无形资产》中规定："研究开发项目的支出，分为研究阶段支出与开发阶段支出。研究阶段的支出，应当于发生时计入当期损益。开发阶段的支出，同时满足下列条件的，才能确认为无形资产：（1）完成该无形资产以使其能够使用或出售在技术上具有可行性；（2）具有完成该无形资产并使用或出售的意图；（3）无形资产产生经济利益的方式，包括能够证明运用该无形资产生产的产品存在市场或无形资产自身存在市场，无形资产将在内部使用的，应当证明其有用性；（4）有足够的技术、财务资源和其他资源支持，以完成该无形资产的开发，并有能力使用或出售该无形资产；（5）归属于该无形资产开发阶段的支出能够可靠地计量。"

我国准则与 IAS38 关于开发支出资本化的条件规定基本一致。与我国及国际财务报告准则不同，美国《财务会计准则第 2 号——研究开发成本的会计处理》（1974 年发布，对 1975 年 1 月 1 日或以后开始的会计年度生效）规定，研究开发支出在其发生时全部记为费用。需要指出的是，美国财务会计准则对计算机软件行业另有规定，要求所有软件成本资本化。

（三）关于知识产权的会计计量——后续计量

根据我国《企业会计准则第 6 号——无形资产》的规定，无形资产在取得时应分析判断其使用寿命，对于使用寿命有限的，在使用寿命内进行系统合理摊销，在企业选择摊销方法上，应当按照反映企业预期消耗该项无形资产所产生的未来经济利益的方式来进行；对于无法预见无形资产为企业带来经济利益期限的，应当视为使用寿命不确定，不进行摊销，而进行减值测试，计提减值准备，减值损失一经确认，在以后会计期间不得转回。我国准则对于知识产权的后续计量与IAS38保持了一致。

（四）关于知识产权的披露

《企业会计准则第6号——无形资产》中规定："企业应当按照无形资产的类别在附注中披露与无形资产有关的下列信息：（1）无形资产的期初和期末账面余额、累计摊销额及减值准备累计金额。（2）使用寿命有限的无形资产，其使用寿命的估计情况；使用寿命不确定的无形资产，其使用寿命不确定的判断依据。（3）无形资产的摊销方法。（4）用于担保的无形资产账面价值、当期摊销额等情况。（5）计入当期损益和确认为无形资产的研究开发支出金额。"

我国准则并没有对知识产权信息的披露作出单独要求。IAS38对无形资产信息披露的规定则更加详细，尤其是要求企业对无形资产进行分类，并进行举例：（1）商标名称；（2）报刊刊头；（3）计算机软件；（4）许可证和特许权；（5）版权、专利和其他行业性的财产权、服务和经营权；（6）处方、配方、模型、设计和样板；（7）开发中的无形资产。国际准则还指出，如果将以上分类细拆（合并）成更小（更大）的类能够给财务报表使用者提供更相关的信息，那么应该那样做。此外，还鼓励企业提供如下信息：（1）在用但金额已摊完的无形资产的描述；（2）企业控制、但由于不满足该准则的确认条件或由于在该准则生效前已购入或已产生而未予确认的重大无形资产的简短描述。

三、知识产权会计及披露的实证分析

基于2012～2016年我国A股、B股上市公司所披露的知识产权相关信息，本研究对我国上市公司知识产权会计与信息披露问题进行了实证分析。根据我国现行会计准则，知识产权在无形资产项目下进行会计核算和披露，通过对上市公司年报中无形资产类别明细进行整理，将无形资产按其性质和取得方式进行分类。具体分类如下：（1）专利，主要指与技术、方法、算法有关的事项；（2）著作权，主要指软件著作权、游戏版权、影视播放权等事项；（3）商标权，主要是指商标及品牌；（4）资源，主要指涉及土地、森林、水、电等自然资源的使用权；（5）优先权，主要指经营权、收益权、客户关系、合约、具有身份标识作用等代表具有优先性和特殊性的权益类事项；（6）软件，主要指企业外购的财务软件、办公软件等软件类事项，如果无法区分软件为自主研发和外购，则算为外购；（7）其他：无形资产项下披露的其他事项。其中，专利、著作权、商标权属于知识产权范畴。

（一）上市公司越来越重视知识产权类无形资产的信息披露

上市公司披露各类无形资产的数量能够反映信息披露的详细程度以及披露偏好，具体披露的项目总数从 2012 年的 9 738 项，减少至 2014 年的 7 477 项，之后在 2016 年增加到 9 774 项，结合自愿进行披露的上市公司数量，平均每家公司披露的无形资产明细由 4 项减少为 3 项。从各类无形资产的披露情况（参见表 1 和图 1）来看，专利类项目数量有所增加，占披露项目总量的比例在 2012～2016年均高于 20%；商标类和著作权类项目数量虽有所增加，但占披露的总体项目数量的比例 5 年基本持平，分别占比 5% 左右和 2% 左右；而资源、软件类项目的数量略有下降，2016 年占所有项目比重较 2012 年分别减少了 4.62% 和 0.98%。上市公司对无形资产信息披露越来越注重知识产权类无形资产的信息披露。

表 1　上市公司披露各类无形资产的项目数量及比例

项目		2012 年	2013 年	2014 年	2015 年	2016 年	平均值
专利类	项目数	2 078	1 935	1 829	2 054	2 221	2 023
	占项目总数比例	21.34%	20.78%	24.46%	23.09%	22.72%	22.48%
商标类	项目数	472	456	213	464	571	435
	占项目总数比例	4.85%	4.90%	2.85%	5.22%	5.84%	4.73%

项目		2012 年	2013 年	2014 年	2015 年	2016 年	平均值
著作权类	项目数	197	168	72	219	266	184
	占项目总数比例	2.02%	1.80%	0.96%	2.46%	2.72%	1.99%
软件类	项目数	2 536	2 462	1 060	2 153	2 449	2 132
	占项目总数比例	26.04%	26.44%	14.18%	24.20%	25.06%	23.18%
资源类	项目数	3 577	3 419	2 647	2 949	3 138	3 146
	占项目总数比例	36.73%	36.72%	35.40%	33.15%	32.11%	34.82%
优先权类	项目数	627	611	369	571	681	572
	占项目总数比例	6.44%	6.56%	4.94%	6.42%	6.97%	6.27%
其他	项目数	251	250	1 287	485	448	544
	占项目总数比例	2.58%	2.69%	17.21%	5.45%	4.58%	6.50%
披露项目总数		9 738	9 310	7 477	8 895	9 774	9 039

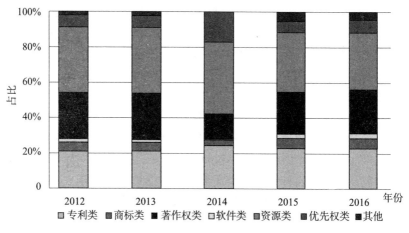

图 1　上市公司披露各类无形资产的项目数量占比

（二）上市公司自愿披露知识产权信息的家数增幅有限

如表 2 和图 2 所示，2012～2016 年，沪深两市全部 A 股、B 股上市公司中，属于知识产权范畴的明细项目中，披露专利类信息的企业数量逐年增加，从 1 167 家增加到 1 612 家，占全部上市公司的比例从 46.72% 提高到 52.82%。此外，披露著作权类和商标类信息的企业数量，在 2014 年虽然比 2012 年减少了一半以上，但截至 2016 年末，披露商标权和著作权信息的企业数量较 2012 年分别增长了 104 家和 109 家，占上市公司的比例分别与 2012 年持平和增长 2.66%。同时，披露非知识产权类无形资产项目的企业数量，随着上市公司数量的增加也均有所增长，尤其是对资源类项目进行披露的企业，占全部上市公司的比例从 2012 年的 88.69% 提高到 2016 年的 91.09%。以上数据表明：一是近几年，对知识产权信息自愿披露的上市公司数量虽有所增加，但增幅有限；二是我国上市公司拥有的知识产权数量有限，无形资产主要由土地使用权、特许经营权、外购软件等非知识产权资产构成，而这一类资产多为外部获得，与企业自身的创新能力和未来发展潜力并无直接关系。

表 2　上市公司披露各类无形资产的公司数量及比例

项目		2012 年	2013 年	2014 年	2015 年	2016 年	平均值
专利类	企业数	1 167	1 147	1 330	1 477	1 612	1 346.6
	占上市公司总数比例	46.79%	46.08%	50.90%	52.25%	52.82%	49.77%
商标类	企业数	456	443	210	456	560	425
	占上市公司总数比例	18.28%	17.80%	8.04%	16.13%	18.35%	15.72%
著作权类	企业数	125	133	62	191	234	149
	占上市公司总数比例	5.01%	5.34%	2.37%	6.76%	7.67%	5.43%
软件类	企业数	1 966	2 010	1 005	2 053	2 368	1 880.4
	占上市公司总数比例	78.83%	80.76%	38.46%	72.62%	77.59%	69.65%
资源类	企业数	2 212	2 248	2 367	2 569	2 780	2 435.2
	占上市公司总数比例	88.69%	90.32%	90.59%	90.87%	91.09%	90.31%
优先权类	企业数	393	414	271	447	538	412.6
	占上市公司总数比例	15.76%	16.63%	10.37%	15.81%	17.63%	15.24%
其他	企业数	250	249	1 287	485	447	543.6
	占上市公司总数比例	10.02%	10.00%	49.25%	17.16%	14.65%	20.22%
自愿披露无形资产明细的公司数量		2 395	2 415	2 550	2 778	3 012	
上市公司总数		2 494	2 489	2 613	2 827	3 052	

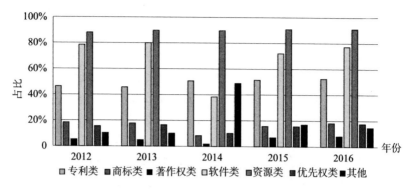

图 2　上市公司披露各类无形资产的公司数量比例

（三）上市公司知识产权质量有待提高

如表 3 和图 3 所示，截至 2016 年末，专利类、商标类、著作权类无形资产账面净值增长幅度较大，与 2012 年相比，增长率分别为 195.41％、394.08％、231.23％，充分反映了我国上市公司近 5 年来对知识产权的重视和知识产权保护意识的提升。资源类、优先权类和软件类项目账面净值虽然增长率并不高，但是由于基数较大，其绝对值的增长仍然是促成无形资产总额增长的主要原因。从某种程度上来说，我国上市公司所拥有的高净值知识产权并不多，知识产权质量还有很大的上升空间。

表 3　上市公司披露各类无形资产的账面净值（平均值）

项目	账面净值/万元					增长率/％
	2012 年	2013 年	2014 年	2015 年	2016 年	（基期：2012 年）
专利类	1 723	2 282	5 113	4 052	5 089	195.41
商标类	2 244	2 941	6 441	5 504	11 086	394.08
著作权类	1 941	3 891	8 757	5 380	6 428	231.23
知识产权类合计	5 908	9 114	20 311	14 936	22 603	820.72
软件类	1 286	1 644	3 982	2 622	2 902	125.72
资源类	25 540	29 862	40 286	40 676	42 603	66.81
优先权类	47 068	56 499	10 8471	95 317	91 058	93.46
其他	10 798	11 922	7 538	9 852	11 958	10.75

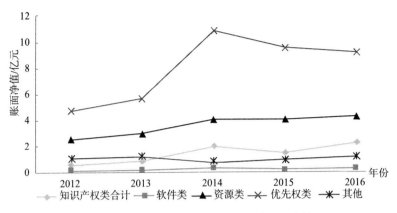

图 3　上市公司披露各类无形资产的账面净值

如表 4 和图 4 所示，2012～2016 年，上市公司披露的各类无形资产账面净值占无形资产的比重有所变化，其中知识产权类无形资产占比稳步提高，尤其是著作权类无形资产账面净值占比增长 12.12 个百分点，5 年平均占无形资产比重达到 21.84％。软件类无形资产占比也有较快增长，这主要是由于近几年互联网企业的快速发展以及大数据、人工智能的广泛应用，上市公司中越来越多的企业走上"互联网＋"的道路，也有越来越多的企业选择外购办公软件取代人工完成部分基础性工作，甚至通过软件实现企业运营过程中的管理职能。而其余各明细项均在不同时期表现出小幅下降的趋势。但尽管如此，资源类项目仍然是无形资产的主要组成部分，5 年平均占比超过 60％。

表 4　上市公司披露各类无形资产的账面净值占无形资产比例　　单位:％

项目	2012 年	2013 年	2014 年	2015 年	2016 年	平均值
专利类	7.60	8.52	12.43	12.51	12.88	10.79
商标类	4.04	4.87	6.25	7.20	8.77	6.23
著作权类	14.16	19.97	23.55	25.26	26.28	21.84
软件类	8.19	8.37	11.53	10.87	11.89	10.17
资源类	52.15	54.72	71.36	68.51	67.99	62.95
优先权类	15.79	16.37	19.55	20.57	19.93	18.44
其他	3.54	3.31	15.63	10.81	7.67	8.19

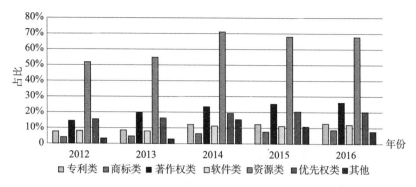

图 4　上市公司披露各项无形资产的账面净值占无形资产比例

（四）上市公司知识产权适当披露影响积极

本部分统计分析数据来源为国泰安数据库和 Wind 数据库。选取 2012～2016 年我国沪深两市 A 股、B 股上市公司，剔除金融行业、被 ST、资产负债率（Lev）大于 1 以及主要变量数据严重缺失的样本后，共得到有效样本 13 149 个，其中由于专利信息数据尚未更新至 2016 年，以下涉及专利信息（包括发明、实用新型、外观设计）的样本时间范围为 2011～2015 年（经过同样的条件筛选后得到有效样本 12 395 个）。

重点考察上市公司披露的无形资产信息，尤其是知识产权类信息是否能够被财务报告的外部使用者所捕捉到，并识别其中的差异，进而影响外部使用者的决策和对企业价值的评估。我们将政府和市场投资者作为财务报告外部使用者的代表。我们认为，企业的创新能力越强，越容易获得政府的补助，同时也会被市场投资者认为未来具有较高的成长性因而具有较高的市场价值。因此，选取政府补助和市值指标作为被解释变量。根据前文关于会计视角对知识产权的定义，知识产权的范围不仅包括专利，还包括著作权、非专利技术、专有技术等。因此我们分别选取无形资产项目明细中知识产权相关信息和企业的专利信息（具体指：发明、实用新型、外观设计）作为解释变量，检验两者的关系。此外，为了进一步检验信息披露的价值含量，设置了是否在无形资产项下披露知识产权与专利的哑变量，作为调节变量，与主解释变量构造交乘项；若交乘项系数显著，则说明无形资产项下的知识产权信息披露能够影响外部信息使用者进行决策或对企业进行估值。具体变量定义及说明见表5。同时，我们还控制了企业的规模、资产负债率、股权集中度、企业成熟度、企业性质以及所在的行业和年度。

表 5　变量定义及说明

变量名称	定义及说明
Market Value	总市值，个股当日股价×当日总股本，时间范围为该企业披露年报之后的 1 个月，取均值
Government Grants	政府补助金额取自然对数
IP Book Value	知识产权项目的账面净值取自然对数。根据企业年报中披露的无形资产项目明细，将专利、专有技术、非专利技术、著作权（版权）、商标权等知识性、技术性项目，定义为知识产权项目，下同
IP	哑变量，企业是否在无形资产项下披露知识产权项目信息，是取 1，否则取 0
Patant1	哑变量，企业是否在无形资产项下披露专利信息，是取 1，否则取 0
Intellective	知识产权项目账面净值/无形资产
Patent2	专利数，取自然对数
Patent1 * Patent2	专利与是否在无形资产项下披露专利信息的交乘项
Invent	发明专利数，取自然对数
Utility Model	实用新型专利数，取自然对数
Design	外观设计专利数，取自然对数
Size	营业收入取自然对数
Lev	资产负债率，总负债/总资产
Shareholder10	前十大股东持股比例合计
SOE	哑变量，国有企业取 1，否则取 0
Old	企业成熟度，观测年度与企业成立时间的差，取自然对数
Year	2011～2016 年，共 6 个年度分类变量
Industry	共 46 个行业分类变量

1. 主要变量的描述性统计

表 6 列示了主要变量的描述性统计结果。

表 6　描述性统计

变量名称	Obs	mean	sd	min	p25	p50	p75	max
Market Value	13 149	22.642	1.017	0	22.017	22.550	23.183	28.405
Government Grants	13 149	15.444	3.825	0	15.039	16.151	17.173	23.115
IP Book Value	13 149	8.425	7.986	0	0	11.259	16.179	23.656
IP	13 149	0.570	0.495	0	0	1	1	1
Patent1	12 395	0.269	0.444	0	0	0	1	1
Intellective	13 149	0.106	0.212	0	0	0.001	0.094	1
Patent2	12 395	2.125	2.004	0	0	2.197	3.715	9.875
Invent	12 395	1.176	1.415	0	0	0.693	2.079	9.750
Utility Model	12 395	1.608	1.846	0	0	0.693	3.091	8.808
Design	12 395	0.768	1.379	0	0	0	1.099	7.869
Size	13 149	21.304	1.627	0	20.319	21.193	22.193	28.689
Lev	13 149	42.661	21.574	0	25.034	41.448	59.326	99.607
ROA	13 149	4.638	15.369	0	1.400	3.785	7.087	1 003.219
Shareholder10	13 149	57.941	15.893	1.320	46.800	59.060	70.180	100
SOE	13 149	0.379	0.485	0	0	0	1	1
Old	13 149	2.851	0.311	0	2.708	2.890	3.045	4.205

2. 回归模型设计及实证结果分析

我们采用知识产权和专利模型（1）～（3）来检验企业无形资产项下知识产权信息与专利信息对企业市场价值的影响。关于知识产权及专利信息对企业市场价值的影响，结果如表 7 第 2 列至第 4 列所示。知识产权账面净值、知识产权占无形资产的比例以及知识产权在无形资产项下的披露，均与企业市场价值在 1% 水平显著正相关。知识产权占无形资产的比例每提高 1%，政府补助会增加1.38 元；披露知识产权信息的企业比未披露知识产权信息的企业平均获得更多的政府补助。说明市场能够从无形资产项目明细中获得企业价值相关性的信息，进而影响投资决策。

根据表 7 中第 5 列至第 7 列的回归结果发现，专利数量确实在某种程度上代表着企业未来的成长性和发展可能，市场对此给予积极的反应，专利数量与企业价值在 1% 水平上显著正相关。当把专利进一步分类时，市场只对发明专利和实用新型专利给予正向的反应，而且在 1% 水平显著；对外观设计专利则没有反应。专利模型（3）中，专利数量和交乘项的系数均在 1% 水平上显著正相关，意味着对于市场上大多数的投资者而言，资产负债表中专利信息的适当披露能够被投资者识别，并有助于提升市场价值。

表 7　知识产权及专利对市场价值的影响

变量名称	知识产权模型（1）	知识产权模型（2）	知识产权模型（3）	专利模型（1）	专利模型（2）	专利模型（3）
IP Book Value	0.013 ***					
	(12.45)					
Intellective		0.319 ***				
		(10.84)				
IP			0.142 ***			
			(9.73)			
Patent2				0.033 ***		0.017 ***
				(7.61)		(3.33)
Design					0.015	
					(0.40)	
Utility Model					0.036 ***	
					(6.14)	
Invent					0.110 ***	
					(13.78)	
Patent1 * Patent2						0.040 ***
						(8.70)
Shareholder10	0.006 ***	0.006 ***	0.006 ***	0.006 ***	0.007 ***	0.007 ***
	(12.93)	(12.27)	(12.48)	(11.50)	(12.65)	(11.74)
Lev	−0.007 ***	−0.007 ***	−0.007 ***	−0.006 ***	−0.006 ***	−0.006 ***
	(−9.88)	(−9.75)	(−9.85)	(−7.94)	(−7.25)	(−7.94)

变量名称	知识产权模型（1）	知识产权模型（2）	知识产权模型（3）	专利模型（1）	专利模型（2）	专利模型（3）
SOE	−0.116***	−0.116***	−0.118***	−0.019	−0.0192	−0.016
	（−5.35）	（−5.32）	（−5.44）	（−0.61）	（−0.63）	（−0.51）
Old	−0.018	−0.027	−0.021	0.048	0.0352	0.047
	（−0.48）	（−0.72）	（−0.58）	（0.71）	（0.53）	（0.71）
Size	0.409***	0.422***	0.416***	0.338***	0.327***	0.337***
	（24.63）	（25.37）	（25.03）	（14.40）	（14.01）	（14.35）
_cons	24.836***	24.833***	24.830***	15.141***	15.342***	15.169***
	（440.82）	（436.48）	（429.84）	（23.84）	（24.22）	（23.86）
Year	Controlled	Controlled	Controlled	Controlled	Controlled	Controlled
Industry	Controlled	Controlled	Controlled	Controlled	Controlled	Controlled
N	13149	13149	13149	12395	12395	12395
R-sq	0.517	0.513	0.513	0.288	0.299	0.292
adj. R-sq	0.515	0.51	0.511	0.487	0.298	0.291

注：括号内为 t 值。

＊＊＊表示显著水平为 0.1％。

实证分析的结果表明，无论是无形资产项下的知识产权信息，还是企业拥有的专利信息，都是企业较好创新能力和未来发展潜力的信号，并且，信息的外部使用者具有对此类信息的识别能力。专利信息的适当披露，能够对外部信息使用者产生一定积极影响。从现有披露专利、专有技术、著作权等的企业来说，披露的内容并没有泄露任何需要保密的信息，往往只是以"专利权""专利及非专利技术""专有技术"等概括性字样列示在无形资产项下，可见，适当披露并不会导致技术秘密的外泄。

四、主要结论

根据上述知识产权会计及披露的会计准则分析和实证分析，我们可以得到以下主要结论。

一是知识产权的价值在会计上难以全面反映。纵观国内外会计准则发展，知识产权会计始终是一个重大难题，即知识产权在会计上难以全部确认为资产。近年来，我国上市公司中披露专利类信息的企业虽有增加，但增加缓慢。同时，在企业会计实务中，知识产权价值计量较为困难，且某些知识产权涉及企业商业秘密等，导致企业知识产权账面价值低估。另外，证监会自 2006 年 5 月印发《首次公开发行股票并上市管理办法》（曾于 2015 年 12 月 30 日、2018 年 6 月 6 日进行修正）后，一直将"最近一期末无形资产（扣除土地使用权、水面养殖权和采矿权等后）占净资产的比例不高于20％"作为发行人应当符合的条件之一。虽然公司上市后不再受此限制，但理论上上市公司为了保持会计政策的一致性并回避风险，也在一定程度上导致知识产权账面净值的低估。

二是法律上的"知识产权"与会计上的"无形资产"存在客观差异。知识产权是以国家主管机关授权或者依据法律规定产生的，来自法律的认可；而无形资产的确认，一个重要的标志是预期经济利益的流入，是来自市场的认可。知识产权和无形资产既有交叉又有不同。例如，在法律上，企业拥有的非专利技术（专有技术）不属于知识产权，但在会计上，并不影响将其确认为无形资产，其与知识产权的主要区别在于是否享有专利法赋予的权利。在会计的角度，定义资产的法律属性并非会计的本意，是否能够给企业带来经济利益才是构成资产的基本要素，而这一点与法律是否赋予其权利也并不存在必然联系。

三是法律上的"知识产权"与会计上的"无形资产"之间的差异在短期内难以消除。根据现行国内外会计准则，知识产权的计量基础与其获得方式直接相关，其中由企业自主研发取得的知识产权计量问题争议最大。自主研发知识产权的研发支出、成本可能分散在很多会计年度，且成本发生时能否产生未来经济利益很难判断，因此，会计准则要求将研发活动划分为研究和开发两个阶段，研究支出全部费用化，开发支出在满足一定条件下资本化。由于知识产权的价值具有很强的不确定性，且其价值往往需要很长时间的市场检验，其开发支出资本化比例一般不高。就国内外目前情况来看，根据知识产权的法律定义改变无形资产准则并不可行。

五、政策建议

立足于会计报表"表内表外一盘棋"的原则，在明确知识产权定义的基础上，对那些未能在资产负债表中得以确认但又影响企业价值的知识产权，在会计报表附注中进行披露，尽可能避免因会计准则自身局限性导致的价值偏离和信息缺失。为此，提出如下政策建议。

一是进一步完善和细化知识产权信息的相关披露要求。在不改变现行企业会计准则中有关对知识产权的确认和计量规定的基础上，将强制披露与自愿披露相结合，完善细化知识产权信息的相关披露要求，即：对于不存在商业秘密泄露的知识产权信息，采取强制披露要求；对于存在商业秘密泄露的知识产权信息，采取自愿披露；同时，进一步明确在现有会计报表附注中需要完善细化知识产权相关信息披露的要求，提高会计信息有用性。

二是发挥政府监管协同效应，引导企业自愿披露知识产权信息。由于强制披露只能是知识产权信息披露的最低要求，为了更好地满足资本市场参与者的信息需求，需要政府监管机构通过借助相关监管手段和措施，引导企业在切实履行知识产权信息强制披露义务的基础上，进行更充分的自愿披露。同时，协调证监会等有关监管部门，对公司上市相关无形资产的比例限制进行研究，解决公司为上市而对无形资产账面净值作出低估的问题。

三是通过宣传教育，推动企业重视知识产权信息披露。由于知识产权信息披露往往需要花费大量的人力，甚至需要聘请专业的第三方服务机构帮助编制，建议相关政府部门组织社会力量进行更有效的宣传和教育，使企业充分认识到知识产权信息披露对于资本市场公司估值的重要意义，促进企业树立知识产权信息披露的良好观念，以使企业知识产权信息披露逐渐从被动式披露走向主动式披露。

专利侵权诉讼损害赔偿计算的比较研究*

赵志彬　谢小勇　张健佳　邰　红

李　涛　熊延峰　陈桂桂　王丽丽

一、中国专利侵权损害赔偿制度

损害赔偿是我国《民法通则》（第118条）和《侵权责任法》（第2条和第15条）中明确规定的民事侵权责任中的一种。按照现行法律规定，当前我国专利侵权赔偿一共有权利人损失、侵权人获利、许可费的合理倍数、法定赔偿、约定赔偿五种计算方法。尽管在《专利法》和最高人民法院的司法解释中提出了上述多种具体的标准计算方法，但是在司法实践中由于各种原因，采用权利人损失或侵权人获利方法来判定赔偿数额仍然存在很多实际困难，由此导致这些标准计算方法在实际审判中的适用面非常有限。专利侵权案件判赔情况是衡量我国专利保护水平的一个重要指标。从目前的数据来看，我国对于知识产权中最核心的部分——专利权的司法保护仍显不足。在判决专利侵权的案件中，适用法定赔偿的比例过高，同时判赔支持率和判赔数额较低。

（一）我国专利侵权损害赔偿所存在问题的成因分析

长期以来，我国司法实践深受专利侵权损害赔偿计算难、判赔数额低的困扰。这主要有多方面的原因。首先，在我国对于是否应该保护知识产权的认识争议一直都存在：到底是严格保护、适度保护，还是加强保护？目前，最高人民法院已明确了严格保护的司法政策，这对于我国专利侵权损害赔偿而言具有深远且重要的意义。其次，我国《民事诉讼法》规定的是一般举证规则。与传统财产权损害赔偿相比，专利权是一种无形产权，在专利侵权案件中原告损

---

* 本文获第十届全国知识产权优秀调查研究报告暨优秀软课题研究成果评选三等奖。

失、被告获利、专利价值均难于估计，使得原告权利人在诉讼中举证难度高，进而导致原告权利人对该方面举证不够充分。我国法院在专利侵权案件判赔时普遍适用法定赔偿的一大重要原因就是原告的举证程度不足以支持其请求赔偿的数额，这也与诉讼中对原告的举证有较高的要求有关。最后，间接损失与直接损失的差异。专利侵权损害的主要是可期待利益的损失，这种损失在计算上比直接损失的计算要困难很多。另外，社会诚信体系薄弱以及我国知识产权普遍存在创新程度不高也是重要的原因。

在难以完全准确确定知识产权人的实际经济损失、侵权人的侵权获利以及许可使用费的情况下，法律直接规定侵权人应当承担的损害赔偿金额或金额幅度，由法院在赔偿额度范围内，综合考虑侵权性质、情节等因素，运用自由裁量权酌定赔偿额。为进一步增强对权利人的保护，知识产权法在新一轮的修订中分别提出了提高法定赔偿的最高限额。法定赔偿方式不断得到立法的认可和加强。调研数据表明，法定赔偿是当前知识产权审判中确定赔偿数额采用最广泛甚至是占绝对地位的方法。法定赔偿的泛化使用，导致我国专利侵权保护水平不高，精细度不足。

（二）我国专利侵权损害赔偿原则

我国民事侵权损害赔偿相关法律长期以来秉持全面赔偿的补偿性原则，即侵权人的赔偿以其侵权行为所造成的财产损失为标准，不论侵权人主观过错程度，也不论侵权人是否受过刑事、行政处罚，由侵权人承担全部责任。这一赔偿原则排除了对侵权人实行惩罚性赔偿，亦称"填平原则"。专利侵权是一种民事侵权，专利侵权损害赔偿自然也遵循这一原则。目前我国在专利侵权领域还没有引入惩罚性赔偿的规定。近年来，为有效遏制专利侵权行为，将惩罚性赔偿引入专利法的呼声日益增强。

（三）我国专利侵权损害赔偿范围

我国专利侵权损害赔偿的范围包括专利侵权损害赔偿金和合理费用，排除了精神损害赔偿。❶ 所谓"合理费用"是指所有权人在

---

❶ 范晓波．知识产权的价值与侵权损害赔偿［M］．北京：知识产权出版社，2016.

其专利权遭受不法侵害时，为了查明侵权事实、收集证据及为制止侵权行为或进行诉讼所支出的能够得到法律认可的各种费用。合理费用的范围包括：律师费、调查取证或制止侵权所支付的差旅费和报酬等、为查阅收集证据材料支付的费用、鉴定费、咨询费或其他费用。在专利侵权案件的审判实践中，关于律师费、调查取证费等费用的赔偿问题，做法不一。有的明令败诉方赔偿胜诉方这部分费用，有的在确定赔偿数额时酌情考虑了一部分，还有的则未予考虑。

（四）我国专利侵权损害赔偿额的计算方法

《专利法》《民法通则》《侵权责任法》中均有专利侵权赔偿的相关条款。其中，《民法通则》《侵权责任法》中对侵害知识产权的主体应承担赔偿责任的基本义务进行了规定，而《专利法》以及最高人民法院的相关司法解释则对专利侵权赔偿额等作出了具体的规定。以上这些法律、司法解释形成了关于专利权损害赔偿的完整法律体系和完善的法律制度。第三次修改的《专利法》（2008）第65条规定了当前适用的赔偿金的标准计算方法，即：侵犯专利权的赔偿数额按照权利人因被侵权所受到的实际损失确定；实际损失难以确定的，可以按照侵权人因侵权所获得的利益确定。此外，《最高人民法院关于审理侵犯专利权纠纷案件应用法律若干问题的解释（二）》（2016）第28条规定，权利人、侵权人依法约定专利侵权的赔偿数额或者赔偿计算方法，并在专利侵权诉讼中主张依据该约定确定赔偿数额的，人民法院应予以支持。

1. 以权利人因侵权行为受到的实际损失为依据确定损害赔偿额

标准计算方法：根据《最高人民法院关于审理专利纠纷案件适用法律问题的若干规定》第20条第1款，权利人因被侵权所受到的损失可以根据专利权人的专利产品因侵权所造成销售量减少的总数乘以每件专利产品的合理利润所得之积计算。权利人销售量减少的总数难以确定的，侵权产品在市场上销售的总数乘以每件专利产品的合理利润所得之积可以视为权利人因被侵权所受到的损失。

变通计算方法：（1）（专利权人减少的销售量×n%）×专利权

人产品的利润＝赔偿额。这是针对减少的销售量不仅由于侵权行为的存在而下降的情况。（2）（专利权人减少的销售量×n％）×侵权产品的利润＝赔偿额。这是针对侵权产品的利润较专利权人产品高的情况。

2. 以侵权人因侵权所获得的利益为依据确定损害赔偿额

标准计算方法：根据《最高人民法院关于审理专利纠纷案件适用法律问题的若干规定》第 20 条第 2 款，侵权人因侵权所获得的利益可以根据该侵权产品在市场上销售的总数乘以每件侵权产品的合理利润所得之积计算。侵权人因侵权所获得的利益一般按照侵权人的营业利润计算，对于完全以侵权为业的侵权人，可以按照销售利润计算。

变通计算方法：（1）侵权人销售的总数×相关产品的行业利润＝赔偿额。这是针对侵权产品的利润无法查清和专利权人未生产的情况。（2）侵权人销售的总数×（侵权产品的利润×n％）＝赔偿额。这是针对侵权产品中只有部分零部件侵权的情况。

3. 以许可使用费为依据合理确定损害赔偿额

标准计算方法：根据我国《专利法》的规定，在权利人损失与侵权人利润均难以计算的情况下，并且"有专利许可使用费可以参照的"，才可以适用许可使用费方法。至于参照的标准，可以是原告在诉讼前就涉案专利与他人签订专利许可合同中的许可使用费，也可以是同行业最相类似专利的许可使用费。在司法实践中，以许可使用费为依据确定损害赔偿额，并不是常用的方法。

变通计算方法：当存在现成的、合理的可参照的许可使用费时，可以考虑采用以下变通计算方法：（1）专利许可使用费×（侵权人生产的时间÷专利许可使用时间）＝赔偿额。这是针对侵权人只进行了较短时间侵权生产的情况。（2）（专利许可使用费1＋专利许可使用费2＋…＋专利许可使用费n）÷n＝赔偿额。这是针对专利权人多次许可等情况。

4. 法定赔偿

根据《专利法》的规定，在权利人损失、侵权人获利、许可费倍数都无法确定的情况下，可以适用法定赔偿。然而，排序位于最后的法定赔偿方法却成为当前知识产权审判中适用最广泛并占绝对地位的方法。这种现象被称作法定赔偿适用的泛化。这一现象很有可能会给众多当事人带来不公平的结果，从而有悖于我国民事侵权损害赔偿的基本原则。

5. 约定赔偿

《最高人民法院关于审理侵犯专利权纠纷案件应用法律若干问题的解释（二）》（2016）第 28 条规定，权利人、侵权人依法约定专利侵权的赔偿数额或者赔偿计算方法，并在专利侵权诉讼中主张依据该约定确定赔偿数额的，人民法院应予以支持。

（五）我国专利侵权损害赔偿裁判亟待解决的问题和展望

近年来，我国法院也在不断强调要在判赔金额方面加强对原告权利人的保护。但当前我国专利侵权损害赔偿司法实践中还存在不少问题❶，包括：赔偿数额低、赔偿力度弱；法定赔偿适用比例过高，说理不充分；损害赔偿配套制度不健全；对维权成本的忽略。为此，我国有必要在专利侵权损害赔偿方面积极学习借鉴世界发达国家关于专利侵权损害赔偿的先进制度和经验，从而加快我国由知识产权大国向知识产权强国迈进的步伐。

二、世界各国专利侵权损害赔偿制度

（一）美国专利侵权赔偿制度

根据美国专利法，在确定赔偿额时，可选择的计算方式包括权利人所失利润、合理的许可费，且法院在特定条件下可将赔偿额增加至 3 倍。损害赔偿的范围除了包括所失利润或合理许可费以外，还包括利息和相关费用。美国专利法第 284 条规定了损害赔偿可以包含利息；美国专利法第 285 条规定法院可在特殊案件（Exceptional cases）中对胜诉一方判赔合理的律师费，判赔律师费在一定程度上是让侵权方认识到因侵权而需承担的责任不仅仅包含损害赔偿，还可以包含合理的律师费。此外，对于外观设计，美国专利法还规定了附加

---

❶ http://www.zjcourt.cn/art/2016/2/1/art_87_9193.html.

赔偿，即可根据侵权人的全部获益来计算损害赔偿额。美国专利侵权赔偿制度的设计可以实现两个目标：一个是对已经发生的侵权行为提供补偿性救济，包括损害赔偿金和利息；另一个是为制止未来的侵权行为提供救济，包括惩罚性赔偿和律师费。❶

（二）欧洲主要国家专利侵权损害赔偿制度

1. 德国专利侵权损害赔偿制度

德国专利法律制度的基本特点是专利侵权诉讼和专利无效程序的分离，即专利侵权之诉和专利无效之诉不仅审级不同，而且由不同的专门法庭审理。德国对专利侵权案件中专利侵权损害赔偿的数额确定有三种方法：专利权人实际损失、侵权人所获利益以及类推的许可使用费。三种方法所体现的都是"填平原则"，即最终的赔偿数额都是为了弥补权利人遭受到的损失。德国法院要求侵权人的赔偿既包括直接的利益损失（包括诉讼费和律师费），也包括间接造成的声誉损失、价格侵蚀等，体现了"全面赔偿"原则。德国的专利侵权损害赔偿主要包括专利侵权损害赔偿金和合理开支。在司法实践中，三种计算方法都是以填平原则为基础，需要通过当事人双方出示证据力求展示出真实的数额，德国法律中没有美国式的证据开示程序。德国的专利赔偿制度中并没有惩罚性赔偿，因此不能以侵权人多次故意侵权为由而主张高额的惩罚性赔偿。

2. 英国专利侵权损害赔偿制度

英国知识产权局对专利侵权问题有法定的管辖权。作为典型的市场经济主导的国家，在英国，补偿性的赔偿计算方式被认为更为符合市场经济的价值要求。其对于专利侵权的宗旨是通过货币赔偿来恢复权利人的原有经济地位，而不是对被告施以惩罚。

英国的专利侵权损害赔偿主要包括专利侵权损害赔偿金和合理支出。合理支出包括诉讼费用和律师费用等与案件相关的实际开支。英国法院对律师费具有自由裁量权，法院考量的因素包括胜诉方是否在其他案件中败诉，以及当事人在诉讼期间的行为。在专利

---

❶ KIEFF F S, NEWMAN P, SCHWARTZ H F, et al. Principles of Patent Law [M]. 5th ed. New York: Foundation Press, 2011: 1235, 1292.

侵权损害的赔偿方面，英国成文法规定了两种损害赔偿额的计算方式，分别为权利人所失利润和侵权人非法获利。❶ 英国判例法则确立了按照许可使用费计算赔偿额的方式。由此可见，在英国的司法实践中，对于专利侵权损害赔偿的数额确定包括以上三种计算方式。

在对侵权损害赔偿额计算方式的顺位问题上，根据 1977 年英国专利法第 61 条第 2 款，对同一侵权行为，不允许专利权人既获取权利人损失的损害赔偿金，又获取被告非法利润。专利权人可以在充分了解被告获利的情况下对求偿的计算方法进行选择，即对上述两种计算方式择一使用。从法理角度分析，专利侵权赔偿的数额是个事实问题，"谁主张谁举证"，原告既然负有举证责任，则其当然了解对赔偿数额的计算最适宜选取什么方法来进行，原告理应获得上述选择权。

3. 意大利专利侵权赔偿制度

意大利国内的法院在原则上都具有管辖权。意大利对专利侵权案件的赔偿依据是《意大利工业产权法典》第 125 条和欧盟 2004/48/EC 号《知识产权执法指令》第 2 章第 13 条。后者是欧盟指定的统一法令，对欧盟各国均有约束力。《意大利工业产权法典》第 125 条的规定较为原则，更多是引用《意大利民法典》的规定。结合《意大利民法典》和意大利的司法实践来看，确定专利侵权赔偿数额的方法主要有：权利人的损失、侵权人的获益和合理的许可使用费。

意大利的专利侵权损害赔偿主要包括专利侵权损害赔偿金和合理开支，不包括惩罚性赔偿。通常地，法院会将侵权判定和判赔数额通过判决一起认定，然而在极少的情况下，法院会先作出一个侵权的判决，然后在另一份判决中评估判赔数额。在这种情况下，通过一方的申请，法院可以在侵权判决中加上初步的判赔数额，前提是判赔数额可以得到证明。

---

❶ 1977 年英国专利法第 61 条。

（三）日本专利侵权赔偿制度

日本的专利侵权诉讼具有诉讼件数少、胜诉率低、损害赔偿额小的特点。在日本专利法第 102 条中，对于侵权损害赔偿依次规定了专利权人所失利润、侵权人获得利润与相当于实施许可费金额三种计算方式。

在日本的民事诉讼中，可以不委托代理人而由当事人本人进行诉讼。专利侵权诉讼中，律师大多采用两种方式收费，即半风险代理方式或按有效工作时间计费。其中，半风险代理方式原则上包括"基本代理费"和"风险代理费"。"基本代理费"是不论诉讼结果成功与否，委托律师即支付的费用；"风险代理费"是在委托诉讼获得成功时，根据委托方获得利益的程度支付的报酬。

三、世界各国专利侵权损害赔偿额计算方法之比较

（一）关于各国专利侵权损害赔偿额的顺位关系

欧美日各国关于侵害专利权损害赔偿额的计算方式大致相同，主要包括三种：（1）权利人所失利润；（2）侵权人侵权所得；（3）合理的许可使用费。但并非在每个国家侵害专利权损害赔偿额的计算都适用这三种计算方式（比如可能仅适用其中的两种），即使计算方式相同，不同国家的具体计算规则也不同。欧美日各国通常是可以由当事人自由选择计算方式的，这样有利于保护当事人获得最高赔偿的计算方式的权利。

（二）关于采用虚拟谈判法确定合理的专利许可使用费

在美国的专利侵权赔偿额计算中，相对于请求所失利润赔偿，请求合理的许可费赔偿是更为常见的损害赔偿额计算方式。在专利侵权诉讼中，权利人往往更倾向于选择合理的许可费来计算赔偿额。请求合理的许可费赔偿，通常采用虚拟谈判法（the Hypothetical Negotiation）来计算合理许可费。

德国的合理的许可使用费＝计量基础×合理的许可费率。这里合理的许可使用费实际上是一种推定的许可，即侵权人和其他合法的被许可人一样在使用涉案专利时应当支付的许可费，任何影响许

可费数额的因素都应该被考虑。在诉讼过程中由法院来具体确定合理的许可使用费的数额，法院并不需要考虑专利权人是否真正会给予侵权人专利许可。

日本专利法中通过"相当于专利许可费"来计算赔偿金额时，是综合考虑包括专利权人方面情况、专利技术情况、侵权人方面情况以及同种类发明的实施许可情况等多种因素，更便于专利权人从多个方面举证，法院在认定判赔金额时可参酌的标准也更为全面客观，尤其避免了由于没有现成的专利许可费可参照只能由法院酌定赔偿的情况出现。

（三）关于专利侵权纠纷案件中所失利润的计算（美国"若非"原则，其他国因果关系）

美国的专利侵权案件中，选择根据权利人所失利润来请求损害赔偿额的案件数远低于根据合理的许可费来请求损害赔偿额的案件数。在当前的美国专利侵权赔偿制度下，要证明权利人所失利润，一般需要根据"若非"原则来证明侵权行为和权利人损失之间存在因果关系，即"若非"侵权方实施了侵权行为，权利人则不会遭受相应损失。证明侵权行为使权利人遭受的损失时需要综合考虑如下因素：销售的流失、价格侵蚀以及专利权人增加的成本、因侵权人销售低劣质量的侵权产品给专利权人带来的名誉损害、专利期届满时侵权者加快进入市场等。

德国的计算方式的目的是阻止侵权人通过侵权行为获利，并以侵权人实际获得的利益来救济专利权人所遭受的损失。其逻辑是侵权人获得的利益实际上应当属于专利权人，由于侵权行为的存在而导致了上述利益被侵权人所获得，这与《德国民法典》第 667 条和第 687 条第 2 款背后的逻辑相一致。这实际上是一种法律拟制。为更好地保护权利人，制裁侵权人，德国法律承认这种拟制。此种计算方法在德国联邦最高法院于 2002 年作出的标志性判决之后开始被广泛应用。

英国在计算权利人的利润损失方面的计算原理是，如果专利权人实施该专利、制造专利产品，则可以获得因侵权人的侵权行为导致的销量下降所造成的损失。在此情形下，权利人需要对侵权行为和所失利润之间具有因果关系负有举证责任。专利权人需要证明：权利人所失利润是由被告的侵权行为所导致的；该损失是侵权人能够预见的结果。

日本专利法在按照侵权人侵权所得方式计算损害赔偿金额时，利润额按"边际利润"计算。这种计算方式比较准确地反映了专利权产品的应获利润。事实上，侵权人的利润仅通过侵权行为而产生的情况是非常罕见的。侵权人的销售量并非仅由专利权决定，而是由多个因素决定的。综合考虑产品整体当中专利发明所占的比例、侵权人所获利润是否利用了专利发明以外的原因等因素，有助于反映专利产品的真实利润额，从而更为准确地计算出损害赔偿金额。

（四）关于"专利贡献度"

在美国，考虑适用整体市场价值规则（Entire Market Value rule，EMV）的情形之一是：包含专利特征的产品是较大产品的一部分。这种情况适用整体市场价值规则的前提是：专利特征是消费者选择的基础。

在德国司法实践中，贡献度的计算要求是：（1）识别影响消费者购买侵权产品的因素；（2）法院基于《德国民事诉讼法典》第287条的规定合理评估这些因素所占的比重。对于第一个要求，德国法院通常会举行听证会来了解消费者的心态，法官也会将自己想象成消费者中的一员，来评估购买动机。

在日本，专利涉及零件级别的产品时，以组装该零件后的产品价格确定专利权人的损失额在原则上是不被允许的。对于整个产品中仅一部分侵犯专利权的情况，目前多采用"整体利益说"，即考虑该专利对整个产品利润的贡献度，来认定可以推定为专利权人损失的侵权人的利润。

（五）关于律师费规则

美国专利法第285条规定："法院可在特殊案件中对胜诉一方判赔合理的律师费。"判赔律师费需要满足如下三个条件：（1）案件必须符合特殊情形（Exceptional Cases）；（2）费用必须是合理

的；（3）费用只能判给胜诉一方。关于"特殊"情形的证明，无论
是专利权人一方还是被诉侵权方都必须通过清楚和有说服力的证据
证明案件的"特殊性"。

根据德国联邦律师收费法的规定，律师的基本费用不变，再根
据诉讼进展阶段收取相应的律师费用，至多 4 次，只要诉讼持续进
行且未在诉讼的早先阶段就结束，则律师费用以基本费用的 2 倍或
3 倍增加。进入法院程序后，对于诉讼费用，德国在司法实践中实
行的是"赢者全赢，输者全输"的原则，即败诉一方需要承担赢者
的部分诉讼费用和律师费用，承担的比例是法定的。

在英国存在律师费转移支付的制度。英国法院对律师费具有自
由裁量权，法院考量的因素包括胜诉方是否在其他案件中败诉，以
及当事人在诉讼期间的行为。英国在先判例法所确立的原则是，专
利纠纷的"最终胜诉方"享有获赔律师费总费用的权利，但存在特
殊情况下的例外。在极端特殊的情况下，胜诉方甚至有可能在此问
题上向败诉方支付律师费。

在日本的诉讼程序当中，原则上双方当事人各自负担律师费
用，但对专利侵权诉讼案件有例外规定，即对于基于不法行为的损
害赔偿请求，法院可认定加害人一方负担被害人一方部分律师费。
一般以最终赔偿额的 10％作为律师费进行判赔，但是多数情况下该
判赔的律师费低于实际发生的律师费。

（六）关于"伴送销售"——整体市场价值规则之具体
应用

1. 美国

整体市场价值规则是指专利的经济价值可能远远大于包含专利
特征的产品的销售价值。根据这一规则，侵权利润损失的补偿和合
理的许可费不仅可以根据具备专利特征的那部分产品的利润计算，
还可以根据不具备专利特征的那部分产品的利润计算。❶ 考虑适用
整体市场价值规则的另一种情形是：使用包含专利特征的产品使得

---

❶ 帕尔，史密斯．知识产权价值评估、开发与侵权赔偿［M］．增补本．周叔敏，
译．北京：电子工业出版社，2012：117．

非专利产品的需求增加。这种情况适用整体市场价值规则需满足两个条件：（1）专利组件和非专利组件以某种方式功能性地结合在一起以产生一种预期的产品或结果；（2）专利组件是消费者选择的基础或专利组件创造了组合部分的实质价值。❶

2. 英国

依据英国审判实践，在计算伴送销售的损失时，侵权行为对伴送销售造成的损失求偿，也可以获得法院的支持。这符合整体市场价值规则的精神。英国的整体市场价值规则是由判例法确立的，当前整体市场价值规则在英国专利侵权诉讼中已得到确认和适用。法院认定，如果存在习惯上与专利产品一同出售的其他产品，那么权利人在该其他产品上的销售利润损失也应当一并被计入赔偿额（伴送销售行为）。在另一个判例中，法官认为：专利产品的附件如果构成该产品不可或缺的部分，那么权利人在该附件上的利润损失也理应获得赔偿。

（七）关于"惩罚性"赔偿

相比于其他各国，现行美国专利法中有明确的"惩罚性"赔偿之规定。根据美国专利法第 284 条，地区法院可使用自由裁量权将权利人所失利润或合理许可费的损害赔偿额增加至 3 倍。地区法院判决增加损害赔偿需要考虑如下两个步骤：（1）存在明显且有说服力的证据证明侵权行为是故意的；（2）从整体情况考虑，应当增加损害赔偿。

四、世界各国专利侵权损害赔偿额计算对我国的借鉴意义

（一）关于专利侵权损害赔偿额计算方法的顺位关系

第三次修改的《专利法》（2008）第 65 条规定了专利侵权损害赔偿金的四种计算方式，要求法院按照先后顺序来使用，具体为：（1）按照权利人因被侵权所受到的实际损失确定；（2）按照侵权人

---

❶ KIEFF F S, NEWMAN P, SCHWARTZ H F, et al. Principles of Patent Law [M]. 5th ed. New York：Foundation Press, 2011：1279，1280.

因侵权所获得的利益确定；（3）参照该专利许可使用费的倍数合理确定（司法实践中通常为1～3倍）；（4）根据专利权的类型、侵权行为的性质和情节等因素，确定给予1万元以上100万元以下的赔偿（法定赔偿）。即严格依照法律规定，我国的这四种计算方式的适用是有先后顺序的。在全面推进依法治国的背景下，中央在第十八届四中全会上首次提出严格司法政策。《专利法》第65条中所规定的计算方法适用顺序无论是在政策导向上，还是在司法实践上，目前已失去其存在的必要性。因此，建议删除《专利法》第65条中规定的专利侵权损害赔偿计算的适用顺序之相关描述，明确给予当事人自由选择计算方式的权利，从而进一步提升我国专利保护水平。

（二）关于采用虚拟谈判法确定合理的专利许可使用费

我国在《专利法》中将合理许可费用列入损害赔偿额的计算标准。最高人民法院在关于审理专利纠纷案件的司法解释中详细规定了计算专利许可使用费应考虑的因素。一方面，我国知识产权许可贸易尚不发达，涉案专利很有可能在被侵权之前并未发生过许可；即便同行业有类似专利许可交易，未必对外公开双方协商达成的许可使用费数额；况且，知识成果具有独特性，何为类似专利也不易判断，因此发生侵权纠纷确定赔偿额时，法院难以找到现成的可参照适用的许可使用费。另一方面，我国法律限定适用许可使用费方法的范围过于狭窄，如果没有可供参照的许可使用费，则采用法定赔偿，不能通过虚拟谈判等方法确定合理的许可使用费。相比之下，通过虚拟谈判等方法确定合理的许可使用费在我们所调研的世界主要工业化国家中的专利侵权损害赔偿司法实践中都是允许的，而且也是一种经常使用的确定合理的许可使用费的方法。

因此，从提高我国专利侵权损害赔偿精细化裁判的目标出发，建议：在我国司法审判实践中，在计算专利侵权损害赔偿额时引入世界先进发达国家通过虚拟谈判法确定合理使用费的方法。至于如何通过虚拟谈判法确定合理使用费，我们可以借鉴美国和德国的成熟经验。

（三）关于专利侵权纠纷案件中所失利润的计算

该种计算方法需要充足的参数才能够进行相应的计算。要考量因侵权造成销量减少的总数是一个十分复杂的调查、分析、计算过程，在审判实践中较难查实认定。因此，在中国司法实践中目前应用比例极少。

在美国专利侵权赔偿制度下，要证明权利人所失利润，一般需要根据前文阐述的"若非"原则来证明侵权行为和权利人损失之间存在因果关系，即"若非"侵权方实施了侵权行为，权利人则不会遭受相应损失。此时通常适用"潘蒂特"规则进行判定。在英国，权利人所失利润是专利侵权案件中最为常用的赔偿额计算方法。权利人需对侵权行为和所失利润之间具有因果关系负有举证责任，并需要证明：（1）权利人所失利润是由被告的侵权行为所导致的；（2）该损失是侵权人能够预见的结果。在所失利润的计算方式上，英国采用了边际利润的计算方法。计算公式为：所失利润＝所失收益－增量成本＝流失销量×（价格－可变成本）＝所失收益×边际利润增量。在日本，在适用该方法计算损害赔偿额时，专利权人应当证明侵权行为、侵权人存在故意或过失、侵权人所转移的构成侵权行为的产品的数量、没有侵权行为专利权人能够销售的产品的单位数量的利润额以及专利权人的实施能力。

（四）关于专利贡献度

在中国，无论是权利人损失，还是侵权人获利，甚至法定赔偿，都应当考虑技术分摊或者技术贡献率。换言之，应考虑消费者在购买被控侵权产品时，究竟涉案专利技术在多大程度上影响了消费者的决策。在这种规则下，专利侵权损害赔偿计算公式修正后为：权利人损失＝专利产品减少销量（或侵权产品销量）×专利产品合理利润×专利对利润的贡献率；侵权人获利＝侵权产品销售量×侵权产品合理利润（营业利润或销售利润）×专利对利润的贡献率。另外，在中国，在具体案件中，确定技术贡献率的方法，则大致可以分为以下几类：(1) 评估鉴定❶；(2) 法院酌定❷；(3) 推定计算。

相比较而言，在美国，当包含专利特征的产品是较大产品的一部分时候，可考虑适用整体市场价值规则。其前提是：专利特征是消费者选择的基础。在德国司法实践中，贡献度的计算要求是：(1) 识别影响消费者购买侵权产品的因素；(2) 法院基于《德国民事诉讼法典》第 287 条的规定合理评估这些因素所占的比重。在日本，专利涉及零件级别的产品时，以组装该零件后的产品价格确定专利权人的损失额在原则上是不被允许的。

（五）关于整体市场价值规则应用之"伴送销售"

在当前中国专利侵权损害赔偿的司法实践中，焦点主要集中在侵权产品上，我们在当前的研究过程中未检索到应用整体市场价值规则的相关案例（例如伴送销售等）。因此，在中国司法实践中这方面的应用还需要向其他国家学习先进经验。

在美国，当对伴随专利组件销售的非专利组件请求赔偿时，该非专利组件必须是和专利组件以某种相同的方式运转从而制造出期望的最终产品或产生期望的结果。在英国，其整体市场价值规则是由判例法确立的，当前整体市场价值规则在英国专利侵权诉讼中已得到确认和适用。法院认定，如果存在习惯上与专利产品一同出售的其他产品，那么权利人在该其他产品上的销售利润损失也应当一并被计入赔偿额（伴送销售行为）。在另一个判例中，法官认为：专利产品的附件如果构成该产品不可或缺的部分，那么权利人在该附件上的利润损失也理应获得赔偿。

（六）关于律师费

除专利侵权损害赔偿金外，我国专利侵权损害赔偿的范围还包括合理支出。依据我国当前法律规定，除非当事人另有约定，通常是当事人各自负担律师费。虽然我国《专利法》第 65 条规定了败

---

❶ （2012）东中法民三初字第 126 号民事判决。
❷ （2015）粤知法专民初字第 1229 号民事判决。

诉方承担对方（权利人）为制止侵权行为所发生的合理支出，但这条规定在司法实践中的适用范围较窄，仅适用于权利人胜诉的情况。

对于民事诉讼中的律师费用负担问题，世界各国在立法上几乎采用了相同的法律措辞，即法院有权在自由裁量权范围内判给胜诉当事人合理的律师费。诚然，现阶段中国的专利侵权诉讼成本没有欧美等发达国家（特别是美国）那么高，但对遏制专利滥诉行为、引导专利权人慎重行使诉权、规范专利诉讼行为的需要而言，有必要在专利侵权诉讼司法实践中借鉴美国、德国、英国的律师费转移支付的制度，打造我国更全面的诉讼成本转移体系。

（七）关于"惩罚性"赔偿

我国民事侵权损害赔偿相关法律长期以来秉持全面赔偿的补偿性原则，目前我国在专利侵权领域还没有引入惩罚性赔偿的规定。由于专利权的客体是无形的，专利权保护比有形财产的保护成本更高，难度更大，仅仅适用"填平原则"并不足以弥补专利权人的损失和维权成本。在当前国家强化知识产权保护和运用，突出强调要实行严格的知识产权保护、转变经济发展方式、实施创新驱动发展战略、建设创新型国家的大背景下，在专利法中引入惩罚性赔偿规定的条件和时机已经成熟。

因此我们建议：在《专利法》第65条中增加人民法院可以根据侵权行为的情节、规模、损害后果等因素对故意侵犯专利权的行为将赔偿数额提高至2～3倍的相关规定。这会对我国实施创新驱动发展战略、建设创新型国家的战略具有非常积极的意义。

商标授权确权程序中混淆可能性判断问题研究[*]

马岩岩

在商标专用权注册取得制度下，商标授权确权程序首先要解决的是商标共存注册的条件问题。依据我国《商标法》第 30 条、第 31 条的规定，在后申请注册的商标与他人在先申请或注册的商标构成同一种或者类似商品上的相同或者近似商标的，在后商标的注册申请应予以驳回。上述条款构成我国商标共存注册的条件要求。研究上述条款的适用要件及适用标准对于统一商标注册审查实践、完善商标注册法律制度、提高商标注册管理及保护水平具有重要意义。

一、《商标法》第 30 条、第 31 条与混淆可能性判断

混淆理论是商标保护的传统理论基础。商标的基本功能在于识别商品来源，如果允许不同主体在市场上同时使用可能导致混淆的商标，商标的识别功能将无法实现，商标也就失去了存在的意义。因此，制止"混淆的可能"是商标保护的核心问题。❶ 商标权利范围的界定应当以是否容易导致相关公众混淆为标准。商标注册审查实质是对在先商标权利范围的界定，而商标权利范围的界定又有赖于混淆可能性的判断。因此，依据《商标法》第 30 条、第 31 条进行的商标注册审查应以混淆可能性作为判断标准。

以混淆可能性视角反观《商标法》第 30 条、第 31 条的规定，不难发现其中并未提及混淆的概念。上述条款以商标近似、商品类似作为审查判断在后申请商标可注册性的要件。然而，影响商标混淆可能性判断的因素并不止于商标与商品要素。在现行商标法律规定下，如何将其他要素纳入到商标混淆可能性判断的考量中来，成

---

*　本文获第十届全国知识产权优秀调查研究报告暨优秀软课题研究成果评选三等奖。

❶　黄晖. 驰名商标和著名商标的法律保护 [M]. 北京：法律出版社，2001：第四章.

为商标行政部门与司法部门需要在实践中解决的问题。实践中，商标行政部门与司法部门正是通过解释法条中的"类似商品""近似商标"或者"商品类似""商标近似"的概念来实现建立在混淆可能性判断基础之上的法律适用。

二、《商标法》第 30 条、第 31 条的理解适用

（一）商标行政部门的解释

《商标审查及审理标准》（以下简称《审查审理标准》）是商标行政部门为规范商标审查、审理活动，统一适用标准，提高审理效率而对商标法的相关规定作出的解释，是商标审查人员在商标审查及案件审理时执行的标准。

2016 年修订的《审查审理标准》分为上、下两篇。上篇《商标审查标准》与下篇《商标审理标准》中都有关于"类似商品""近似商标"的规定。

1. 关于类似商品的解释

《商标审查标准》第三部分"商标相同、近似的审查"规定，"类似商品"是指在功能、用途、生产部门、销售渠道、消费对象等方面相同或基本相同的商品。《商标审理标准》第八部分"类似商品或者服务审理标准"将"类似商品"定义为"在功能、用途、主要原料、生产部门、销售渠道、销售场所、消费群体等方面相同或者具有较大关联性的商品"。两相比较，下篇第八部分对商品的关联性由"相同或基本相同"放宽到"具有较大关联性"，使得类似商品判定的弹性空间加大。但是，就类似商品判定的考量因素而言，该两部分所要求考虑的内容是相同的，即均只考察商品本身的自然属性，而不考虑个案的具体情况。这种仅以商品本身自然属性判断商品是否类似的做法通常被称为类似商品判定的客观标准。❶

2. 关于近似商标的解释

《商标审查标准》第三部分"商标相同、近似的审查"规定，

---

❶　汪泽．中国商标法律现代化：理论、制度与实践［M］．北京：中国工商出版社，2017：78.

284

"近似商标"是指商标文字的字形、读音、含义近似，商标图形的构图、着色、外观近似，或者文字和图形组合的整体排列组合方式和外观近似，使用在同一种或者类似商品上易使相关公众对商品来源产生混淆。根据该规定，近似商标的判断是对商标标志构成要素近似程度的判断，即文字的字形、读音、含义，图形的构图、着色、外观以及文字和图形组合的整体排列组合方式和外观等。虽然标准中对近似商标的解释引入了"使相关公众对商品来源产生混淆"的表述，但该种混淆仍是指因商标标志本身近似而导致的混淆，并不包括其他因素。

因此，依照《审查审理标准》，类似商品指商品自然属性上的类似，近似商标指商标标志本身的近似。在这两组概念中均没有涉及个案的具体情况。上述解释是否说明商标行政部门认为个案中的具体情况不是商标注册审查的考量因素呢？其实不然。《商标审查标准》第三部分在对"类似商品""近似商标"概念作出解释后，又增加了这样的规定："商标相同或近似的判定，首先应认定指定使用的商品或者服务是否属于同一种或者类似商品或者服务；其次应当从商标本身的形、音、义和整体表现形式等方面，以相关公众的一般注意力为标准，并采取整体观察与比对主要部分的方法，判断商标标志本身是否相同或者近似，同时考虑商标本身显著性、在先商标的知名度及使用在同一种或者类似商品上易使相关公众对商品来源产生混淆误认等因素。"● 根据该规定，在商品类似、商标标志近似以外，商标的显著性、在先商标的知名度以及其他影响混淆可能性判断的因素都是商标注册审查判断的考量因素。需要注意的是，该部分解释中所说的"商标相同或近似的判定"指的并不是商标标志近似的判定，而是商标混淆可能性的判定。

（二）司法部门的解释

2010 年《最高人民法院关于审理商标授权确权行政案件若干问题的意见》（以下简称《授权确权意见》）对"商品类似""商标

● 参见《商标审查及审理标准》第 46 页。

近似"概念作出如下解释。

1. 关于商品类似

《授权确权意见》第 15 条规定，人民法院审查判断相关商品是否类似，应当考虑商品的功能、用途、生产部门、销售渠道、消费群体等是否相同或者具有较大关联性。可以说，该规定与《审查审理标准》的解释（尤其是下篇第八部分）并无实质差别。商品类似均为商品之间的功能、用途、生产部门、销售渠道等自然属性间关联程度的判断，均是秉持客观标准的观点。

2. 关于商标近似

《授权确权意见》第 16 条规定，人民法院认定商标是否近似，既要考虑商标标志构成要素及其整体的近似程度，也要考虑相关商标的显著性和知名度、所使用商品的关联程度等因素，以是否容易导致混淆作为判断标准。明显地，在该解释中，"商标近似"亦区别于"商标标志近似"。商标标志近似与商标的显著性、知名度、商品之间的关联程度等因素均是判定商标近似的考量因素。可见，《授权确权意见》第 16 条也将"商标近似"的含义偷梁换柱为"商标混淆可能性"。

以上行政及司法解释虽然都通过区分"商标近似"与"商标标志近似"的做法在商标近似性审查中引入了"混淆"的因素，但二者还是都无法克服类似商品客观标准的逻辑难题。如前所述，两个解释都对类似商品作出了单独解释，且均采用客观标准。那么，既然商品是否类似是由商品的自然属性决定的，不受个案具体情况的影响，那么此案中判定为类似的商品，彼案中也应当判定为类似商品；反之，此案中不判定为类似的商品，彼案中也不应当判定为类似商品。而是否构成类似商品又是《商标法》第 30 条、第 31 条适用的要件之一。由此产生的结果是，商品的自然属性决定了商品是否类似，进而决定了《商标法》第 30 条、第 31 条是否适用的结论。也就是说，其他的考量因素似乎对结论不会造成影响。显然，这与实践做法是矛盾的。那么"类似商品"概念应当如何解释呢？

（三）2017 年司法解释

2017 年 3 月 1 日起施行的《最高人民法院关于审理商标授权确

权行政案件若干问题的规定》（以下简称《授权确权规定》）为"类似商品"问题的解决提供了另一种思路。确切地讲，《授权确权规定》中并无关于《商标法》第 30 条、第 31 条的解释，但该规定对《商标法》第 13 条第 2 款的适用作出了解释。而《商标法》第 13 条第 2 款是就相同或类似商品上保护未注册驰名商标的规定，同样涉及"类似商品"问题。

《授权确权规定》第 12 条规定："当事人依据商标法第十三条第二款主张诉争商标构成对其未注册的驰名商标的复制、摹仿或者翻译而不应予以注册或者应予无效的，人民法院应当综合考量如下因素以及因素之间的相互影响，认定是否容易导致混淆：（一）商标标志的近似程度；（二）商品的类似程度；（三）请求保护商标的显著性和知名程度；（四）相关公众的注意程度；（五）其他相关因素。商标申请人的主观意图以及实际混淆的证据可以作为判断混淆可能性的参考因素。"

上述司法解释并未界定何为《商标法》第 13 条第 2 款所指的"类似商品"，而是以"商品的类似程度"作为适用该条款时的考量因素之一。并且，在适用时要"综合考量如下因素以及因素之间的相互影响"。也即，在适用《商标法》第 13 条第 2 款时，受案件其他因素的影响，不同案件在判定类似商品时所需"商品的类似程度"可能有所不同。从而，因个案具体情况的差别，此案中判定为类似的商品，彼案中并不必然判定为类似商品。

商品的类似程度反映的是商品自然属性之间的联系，具有客观性，不因个案的不同而不同。而商标法意义上的类似商品是判定混淆可能性存在与否的考量因素之一。受个案具体情况影响，在判断混淆可能性时所需商品之间的类似程度有所不同。在对《商标法》第 30 条、第 31 条进行解释时，《授权确权规定》是一个可资参考的模式：不单独界定"类似商品""近似商标"概念，而是将商品、商标及其他因素都作为第 30 条、第 31 条是否适用的考量因素，予以综合判断。这样一来，既无须牵强地将"商标近似"区别于"商标标志近似"，同时也克服了"类似商品"客观标准的问题，实现逻辑上的自洽。

三、商标混淆可能性判断的可考量因素及其影响

尽管存在解释上的矛盾之处，但不可否认实践中已经普遍接受将除商标标识和商品之外的其他因素作为商标混淆可能性判断的考量因素。各因素在混淆可能性判断中的影响以及不同程序中的侧重均有所不同。

（一）商标标志近似、商品具有客观关联性是混淆可能性判定的基础

商标标志与商品构成商标的最基本要素。判定两商标共同使用是否容易导致混淆应当以商标标志近似、商品具有客观关联性作为基础。对商标标志差异明显或者商品关联性弱的商标不应因案件的其他因素而认定存在混淆可能性。

在第5947869号"仇牧花QIUMUHUA"商标的异议复审案件中，需要判断使用在热水器等商品上的"仇牧花QIUMUHUA"商标（系争商标）与使用在浴室装置等商品上的"九牧"商标（引证商标）是否构成近似商标（见图1）。对此，原国家工商行政管理总局商标评审委员会（以下简称"商评委"）与法院均认为系争商标与引证商标不构成近似商标。其中，北京市高级人民法院在判决中写道："在判断商标是否近似时，尽管可以考虑商标的知名度、相关商品或服务的关联性或类似程度等因素，但商标标识本身的近似程度是判断商标是否近似的基础因素。系争商标与引证商标在文字构成、呼叫、含义及整体视觉效果等方面差异明显，即使使用在相同或类似商品上，相关公众亦可区分。"[1]

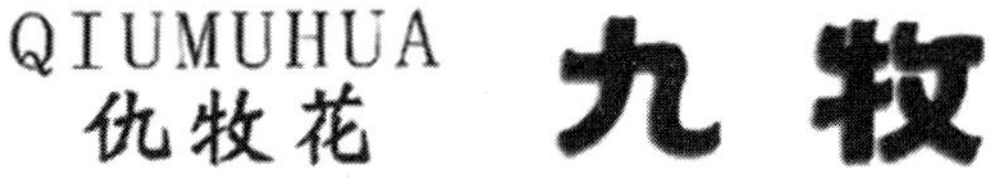

系争商标　　　　　　引证商标

图1

---

[1] 参见北京市高级人民法院（2016）京行终3774号行政判决书。

在第 3944165 号"汉斯曼 huntsman"商标无效宣告行政诉讼案中,最高人民法院认为"进行商标法意义上商品是否类似的判断,最重要的是需要综合考虑商品的功能、用途、生产部门、销售渠道、消费群体等是否相同或者具有较大关联"❶,从而认定系争商标指定使用的"聚氨酯"与引证商标指定使用的"制造聚氨酯甲酸乙酯用化合物"等商品属于成品与主要原料的关系,不构成类似商品。

(二) 商标知名度对混淆可能性判断的影响

商标知名度因素包括在先商标的知名度和在后商标的知名度。通常认为,在先商标的知名度加重商标混淆可能性,而在后商标的知名度则会减轻混淆可能性。这是因为在先商标知名度越高,其导致联想的可能性就越高,更容易导致混淆。而当在后商标已经长期使用并建立较高市场声誉与稳定消费群体时,相关公众更易将其与其他商标相区分,从而降低混淆可能性。❷

考量在先商标知名度的案例可见第 11913799 号"大自然NATURE"商标无效宣告案。该案需要判断使用在第 27 类墙纸等商品上的"大自然 NATURE"商标(系争商标)与使用在第 19 类木地板等商品上的"大自然"商标(引证商标)是否构成类似商品上的近似商标(见图 2)。考虑到引证商标在地板等商品上的高知名度,结合其他个案因素,商评委及法院均认为系争商标与引证商标构成同一种或类似商品上的近似商标。❸

图 2

---

❶ 参见最高人民法院(2017)最高法行申 69 号行政裁定书。

❷ 参见《授权确权意见》第 1 条及《审查审理标准》上篇第三部分第 63 页、第 65 页。

❸ 参见商标评审委员会商评字(2015)第 53169 号裁定、北京知识产权法院(2015)知行初字第 5261 号行政判决书。

又如，在第 7989892 号"养生天下 YANGSHENGTIAXIA 及图"商标异议复审案中，需要判断使用在第 30 类非医用营养液等商品上的"养生天下 YANGSHENGTIAXIA 及图"商标（系争商标）与使用在相同商品上的"養生堂及图"商标（引证商标）是否构成类似商品上的近似商标（见图 3）。尽管两商标标识存在一定区别，但商评委与法院在考虑引证商标的较高知名度后，仍认定系争商标与引证商标构成近似商标。❶

上述两起案件中，引证商标的高知名度是认定商标近似的重要考量因素。假如不具备该项因素，上述案件中的商标在各自商品上并存使用导致混淆的可能性将大为降低。

系争商标　　　　　　　　　　引证商标

图 3

在后商标已使用并产生知名度也可以影响商标混淆可能性判断。在第 6803198 号"吕及图"商标无效宣告案中，需要判断使用在化妆品商品上的系争商标"吕及图"商标（系争商标）与相同商品上的"吕及图"商标（引证商标）是否构成近似商标（见图 4）。在该案中，系争商标注册人提交了大量使用证据来证明其"吕"品牌商品在市场上的知名度。尽管两商标标识来自相同文字，且使用商品相同，主审机关仍认为，系争商标通过使用已经建立了稳定的市场，并与权利人形成稳定的联系，而引证商标虽有一定使用但尚未达到较高知名度。在案证据亦不足以证明系争商标注册人申请注册系争商标具有主观恶意。最终，商评委与法院均认定两商标不构成近似商标。❷

---

❶　参见商标评审委员会商评字（2014）第 59892 号裁定、北京知识产权法院（2016）京行终 2003 号行政判决书。

❷　参见商标评审委员会商评字（2016）第 102546 号裁定、北京知识产权法院（2016）京 73 行初 6984 号判决书。

系争商标　　　引证商标

图 4

（三）商标申请人的主观意图对混淆可能性判断的影响

商标申请人申请注册商标的主观意图也是商标混淆可能性判断的考量因素之一。如果商标申请人明知他人在先有较高知名度的商标而申请注册，其主观上很可能具有攀附、傍靠他人商誉等不正当的目的。该注册目的易加重商标使用时的混淆可能。

在第 12340155 号"新牌楼"商标无效宣告案中，需要判断使用在第 30 类调味品等商品上的"新牌楼"商标（系争商标）与使用在相同商品上的"红牌楼川菜馆"商标（引证商标）是否构成近似商标（见图 5）。最高人民法院在针对该案的行政裁定中认为："引证商标经使用具有一定知名度和影响力，且双方当事人所处地理区域较近，系争商标注册人的法定代表人在诉争商标申请注册前就曾与引证商标注册人之间有业务往来，其应知晓引证商标的存在。综合以上因素，诉争商标与引证商标已构成使用在同一种或类似商品上的近似商标。"[1] 在该案中，两商标标识虽然在文字构成及呼叫上存在一定差别，但案件的其他因素表明商标申请人申请注册系争商标的主观意图难谓正当。基于不正当目的的商标注册及使用显然更易导致混淆。

新牌楼　　红牌楼川菜馆

系争商标　　　引证商标

图 5

反之，如果商标申请人申请注册系争商标主观上并无恶意，则

---

[1]　参见最高人民法院（2017）最高法行申 6011 号行政裁定书。

将降低混淆可能性的判断。如前面提到的"吕及图"商标案，除考量系争商标的知名度外，系争商标申请人的主观意图亦是不近似判定的考量因素。

（四）商标显著性对混淆可能性判断的影响

商标显著性分为固有显著性与获得显著性。获得显著性的影响可以包含在商标知名度因素之中。此处仅考察商标的固有显著性。商标的固有显著性由商标标识与其使用商品之间的关联程度决定，通常关联程度越低则显著性越高。❶ 一般地，商标的固有显著性越高，相关公众对其认知就越强烈，产生联想的可能性也越强，也更易导致混淆。反之，商标的固有显著性越弱，越不容易产生联想，导致混淆的可能性也越低。

在第 6199829 号"家居 BHG"商标驳回复审案中，需要判断使用在纺织织物等商品上的"家居 BHG"商标（系争商标）与使用在纺织品等商品上的"家居"商标（引证商标）是否构成近似商标（见图 6）。北京市高级人民法院经审理后认为，根据我国相关公众的认知水平，汉字"家居"具有居家日常生活用品全称的含义，使用在床单、枕套等日常家居用品上，固有显著性并不明显。虽然系争商标完整包含了引证商标的主要识别部分"家居"，但在无其他证据证明引证商标具有一定知名度的情况下，结合申请商标具有英文字母"BHG"的事实，申请商标与各引证商标在整体视觉以及含义上存在明显差异，彼此能够区分，使用在类似商品上不易使普通消费者对商品来源产生混淆或误认。❷

系争商标　　　　　　引证商标

图 6

---

❶ 冯树杰. 论商标固有显著性的认定 [J]. 知识产权，2016（8）.
❷ 参见北京市高级人民法院（2014）高行终字第 864 号行政判决书。

除以上因素外，实际混淆的事实、特定消费群体的认知习惯等也可能影响商标混淆可能性的判定。

（五）驳回复审案件中的特殊考量

1. 申请商标的知名度

在驳回复审案件中是否可以因为申请商标的知名度而否定混淆可能性判定？

最高人民法院在第 11971963 号 "BESON" 商标驳回复审决定的再审裁定中认为，"商标驳回复审案件为单方程序，引证商标持有人不可能作为诉讼主体参与到该程序中，因而有关引证商标知名度的证据在该程序中无法得以出示。在缺乏对申请商标，特别是引证商标进行充分举证和辩论的情况下，商标知名度实际上无法予以考虑。否则，将有违程序的正当性"。同时，在该案中，最高人民法院也表达了对商标驳回复审程序功能定位的看法："在商标驳回复审程序中，商标的市场知名度不应被考虑。因此，商标近似性的判断，则集中于商标标识本身的比较。基于标识的部分识别部分近似认定商标近似，有助于拉开申请商标与引证商标之间的距离，避免申请商标与引证商标之间可能产生的混淆和误认。我们不愿看到，单方程序中有关商标标识近似的判断标准被所谓的个案审查所消解。有关裁判标准的进一步明晰，有利于引导商标注册申请的规范化、诚信化，确保商标立法目的的实现。"❶ 该案作为 2016 年中国法院 50 件知识产权典型案例予以公布，对之后的司法实践活动具有重要的案例指导意义。

依照最高人民法院的观点，在功能定位上驳回复审程序与双方当事人程序是不同的。驳回复审程序作为注册审查程序的延伸，其目的在于更好地"拉开申请商标与引证商标之间的距离"。驳回复审程序中只有贯彻相对稳定的审查标准才可以引导、规范商标注册申请，实现商标申请人对商标注册申请的合理预期。因此，为保证审理标准的相对稳定，驳回复审程序中不应因申请商标的知名度因

---

❶ 参见最高人民法院（2016）最高法行申 362 号行政裁定书。

素而改变一般标准。

2. 商标共存同意书/商标共存协议

在驳回复审案件中，商标共存同意书或商标共存协议也是影响混淆可能性判断的考量因素。基于对商标权私权属性的认识，近年来，司法实践中对共存协议的采信通常持较为宽松的态度。

在第11709162号"NEXUS"商标驳回复审行政诉讼案件中，申请商标"NEXUS"与引证商标"NEXUS"字母构成完全相同，表现形式亦相差无几（见图7）。申请商标指定使用的商品为第9类手持式计算机、便携式计算机，引证商标指定使用的商品为第9类自行车用计算机。该案申请商标申请人在行政诉讼一审中提交了其与引证商标注册人签订的共存协议，引证商标注册人同意申请商标申请人在中国境内使用和注册申请商标。

NEXUS   NEXUS

系争商标　　　　　　　引证商标

图7

该案的一审及二审法院均认为两商标标识及商品存在高度相似性，共存使用易导致混淆，故该共存协议不予考虑。● 而在再审程序中，最高人民法院认为在没有客观证据证明的情况下，不宜简单地以尚不确定的"损害消费者利益"为由，否定引证商标权利人作为生产、经营者对其合法权益的判断和处分，● 并最终认定两商标未构成类似商品上的近似商标。

然而，混淆可能性判断不应以发生实际混淆为要件，再审判决中有关"确定的损害消费者利益"的要求显得过于严苛。引证商标权利人出具共存同意书之所以能够降低混淆可能性，主要原因在于：共存同意书是由与自身具有直接利害关系的在先商标权人出具

● 参见北京市第一中级人民法院（2014）一中行（知）初字第9012号行政判决书、北京市高级人民法院（2015）高行（知）终字第3402号行政判决书。
● 参见最高人民法院（2016）最高法行再103号行政判决书。

的，其对是否可能产生混淆的判断更加符合市场实际。在两商标存在一定差异的情况下，如果在先商标权人单方同意在后商标注册，应当尊重在先权利人对混淆可能性的判断，判定混淆可能性的标准应当要比一般标准宽松。而当两商标相似程度很高时，在先权利人的单方同意已经不足以使混淆可能性降低到法律可以容忍的程度。

四、结论与建议

（1）依据《商标法》第 30 条、第 31 条进行的商标注册审查应坚持混淆可能性判断标准。商标注册申请审查、驳回复审、异议以及无效宣告等程序在商标注册体系中分别承担着不同的功能与价值。各程序中所能获知的影响混淆可能性判断的因素不同，因此，基于本程序中能够获知的考量因素作出的混淆可能性判断结论存在差别并不意味着判断标准的不统一。相反，正是因为各程序均采取混淆可能性判断标准，才使得权利人可以通过补充新的考量因素影响判断结论，从而发挥程序的救济功能，实现程序价值。

（2）为避免逻辑上的冲突，在对《商标法》第 30 条、第 31 条进行解释时，可以参考《授权确权规定》的模式。将商标标识、商品、知名度、显著性、主观意图、实际混淆等因素均纳入混淆可能性判断的考量因素。同时，建议《商标法》第 30 条、第 31 条中尽快引入"混淆"概念，为行政执法以及司法活动释放更大的解释空间。

国防领域不同投资类型所产生的
知识产权使用收益处分差异化政策研究[*]

梁骄阳　温振宁　栾　硕　范　蕾　王　然
丛　聪　陈　旭　吕春艳　梁　康　蒋　辉

一、现状研究

（一）相关概念界定

1. 国防科研投资

国防科研投资或称国防科技投资（Investment of National Defense Scientific Research）是指在一定时期内为保障国防科研活动的资金投入，包括政府用于从事国防科学研究与技术开发工作的开支，以及其他主体投入到国防科研与技术开发工作中的资金。在西方发达国家通常把政府投入的这部分费用称作国防研究与发展经费。随着武器装备研究开发向系统化、综合化、高技术化的方向发展，国防科学技术的发展对科研经费投入量的依赖性也会越来越大。第二次世界大战以前的军事技术新成果大多数属于个别或少数人的非职业性发明创造，如机枪、火炮等；有的武器装备革新是在已有的民用工业产品基础上的改进，如军舰、作战用的飞机。

2. 国防科研投资的类型

国防科研投资可以按照不同的角度进行分类，如按投资的主体可以划分为国家财政性资金投资、国有企业事业单位自有资金投资以及民营资本投资等不同类型；按投入的不同领域，可以划分为军品核心业务和后勤、维修、新材料、电子元器件等最外围的军品领域；按投入的行业来看，可以划分为核、航空、航天、船舶、兵器以及电子等行业；按照出资方式，包括货币出资、实物出资、智力出

---

* 本文获第十届全国知识产权优秀调查研究报告暨优秀软课题研究成果评选三等奖。

资、产权出资、管理出资等，每一种出资方式又有全额出资、混合出资以及不出资等情形。本项目主要按投资主体的不同类型进行研究。

3. 国有企业事业单位自有资金投资的性质

本研究认为国有企业事业单位自有资金投资是国有企业事业单位经营权的一种表现，与国家财政性资金投资存在明显区别。国有企业经营权存在的前提是国家所有权，是所有权与所有权权能分离的结果。经营权对于所有权有一定的依赖性与从属性。国家所有权是全民所有制在法律上的表现，国家作为所有者掌握全民所有制企业，享有全民所有制企业的所有权，而经营权的行使、实现也有了不同于一般民法物权的特殊要求。国有企业事业单位的经营权作为一种物权，经营权的权利人便为享有独立法律地位、具有独立法律人格的物权人，与作为所有权人的国家在民事法律地位上也是相互独立、相互平等的。经营权的物权性是首要的，其从属性是作为他物权应有的从属性而存在的。

（二）投资类型分析

经过调研和梳理，如图 1 所示，根据投资是否来源于国家财政性资金，可将国防科研投资类型划分为财政部通过军队和国防科技工业主管部门的投资、军工集团和国有企业事业单位利用单位自有的国有资金进行的投资以及非国有单位和个人的投资等。

（三）存在的问题

1. 理论研究不透彻，认识不统一

目前，对国防知识产权权利归属与利益分配研究不透彻，认识不统一。学术界对于国防知识产权缺乏广泛深入的探讨和统一的认识，忽略了国防知识产权的特殊性，导致国防知识产权内部权利结构以及外部权利配置缺乏统一的认知平台。国防知识产权生成机理不明，简单地由部分货币出资而主张对全部知识产权享有支配权缺乏逻辑依据。与货币出资、实物出资相比，智力出资贡献率如何评价，在全部出资中究竟占多大比例一直没有得到合理确认。这既不利于建立科学、合理的国防知识产权归属与利益分配机制，也不利于激励智力成果完成人持续的科技创新。

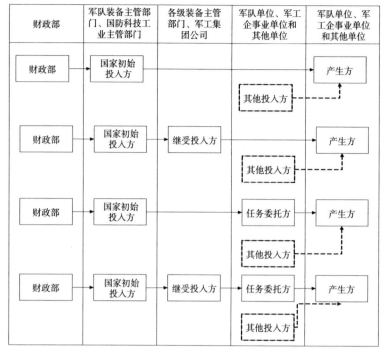

图 1　国防科研投资类型

2. 法律制度不健全，责权利不清

目前，调整国防知识产权权利归属与利益分配的法律制度不健全。在法律层面，虽然《国防法》对国防投资形成的技术成果的归属进行了规范，但是没有直接明确国防知识产权权利归属，并且规定所有国家投资产生的国防技术成果归国家所有，也不适应现实和形势发展的需要。在法规层面上，《国防专利条例》只规定了国防专利有偿使用的利益分配问题，但缺乏对国防专利归属问题的界定。在部门政策规章层面上，对国防知识产权归属与利益分配只作了原则性规定，尚不能也不可能解决国防知识产权复杂的权利配置关系。

3. 价值评估制度未建立，利益分配落实不到位

目前，国防知识产权价值评估意识薄弱，缺乏针对国防知识产权的专用价值评估方法，缺少必要的专业评估机构和评估人员，更缺少相应的评估规程、渠道和平台，致使国防知识产权交易价格无法确定，谁付费、付多少问题难以解决，交易过程中的利益分配落不到实处，产权流失、征用补偿、侵权赔偿的额度得不到证明。

（四）研究的意义

1. 完善国防知识产权保护制度的需要

国防知识产权是以所有权为核心的重要权利，权益配置复杂，涉及各方面的利益诉求。通过制定相关政策，妥善处理好各利益主体的关系，合理界定产权归属和利益分配，对于贯彻落实党的十八届三中全会精神，进一步健全和完善国防知识产权保护制度显得尤为重要。

2. 推进国防知识产权战略实施的需要

《国家知识产权战略纲要》以及《国防知识产权战略实施方案》规定了完善国防知识产权相关制度的具体任务和要求。通过明确权利归属、利益分配、有偿使用制度等国防知识产权战略实施的关键和核心问题，事关国防知识产权战略实施全局，是全面推进战略实施的基础性工作。

3. 推进武器装备采购制度改革的需要

长期以来，在武器装备供应采购活动中，国防知识产权的权利归属与利益分配始终是武器装备采购制度改革的重点难点问题。通过妥善处理好采购方与供应方等各方的利益关系，使之达到一定程度的平衡，并建立健全相关的管理体制和运行机制，不仅是"改革国防科研生产管理和武器装备采购机制"的重要内容，而且也是衡量武器装备采购制度改革是否取得实效的重要标志。

4. 理顺军品科研生产价格关系的需要

现阶段的国防科研计价和军品定价体系，未能充分体现智力劳动价值，其重要原因在于国防知识产权权属不清和利益分配机制缺失。妥善处理这一问题，不仅是理顺军品科研生产价格关系的基础，而且也是逐步建立和完善相关计价、定价政策的前提和条件。

5. 推进国防科研和武器装备创新发展的需要

国防知识产权制度的建立和实施，能够有效通过利益机制优化国防资源配置，实现国防投入和产出效益的最大化。妥善解决国防知识产权的权属和利益分配问题，对于激发承研承制单位及一线科研人员的创新积极性、建立合理的激励机制、推进国防科研和武器装备创新发展，具有重要作用。

二、国外相关政策借鉴研究

对美国等主要军事国家的知识产权归属政策进行研究，研究其针对不同类型投资产生的知识产权采取的不同政策，以及产生的政策效果，借鉴其有益经验。

（一）美国相关政策

美国与国防知识产权权利归属政策及其配套政策相关的政策法规按法律效力分为美国法典、联邦法规、政府指导性规章3个层次。第一层次是美国法典层次：《拜杜法案》规范了联邦投资产生发明的权利归属，美国法典第10章规范了技术资料的的权利归属，《史蒂文森·怀特勒技术创新法》对联邦研究机构在合作研发机制中产生的知识产权的权利归属进行了规范。第二层次是联邦法规层次：《拜杜法案实施细则》对《拜杜法案》的相关规定进行了细化，促进了《拜杜法案》的执行落实；美国《联邦采办条例》及美国《联邦采办条例补充条例》对于政府采办过程中专利、技术资料、版权的管理进行了规范。第三层次为政府指导性规章：《美国国防知识产权指南》是国防部与商业公司谈判知识产权的指导性文件，旨在指导采办合同人员充分尊重他人的知识产权，灵活运用美国《联邦采办条例国防部补充条例》（DFARS）的规定。

（二）国外相关经验做法

知识产权政策的核心是权利归属及其权利流转中的利益分配。大多数发达国家国防部对合同产生和所使用的知识产权，都制定了十分详细、清晰的产权归属与分享政策，值得借鉴。

1. 具有相对清晰的权利分类体系

美国国防部根据权利客体不同，把与国防有关的知识产权分为专利权、技术资料权、版权、计算机软件权、商标权、商业秘密等，在每一种类别的国防知识产权上一般有保密权、政府免费使用权、政府许可权、指定使用权、审批权、介入权等权能。技术资料权和计算机软件权在权能支配边界上，又分为无限权利、政府目的权利、有限权利、受限权利、在先的政府权利、专门谈判的许可权、标准的 DFARS "7015"权利、标准的商业许可、最小权利等形式。美国的这种权利体系分类为多样化、精细化的权利需求和归属提供了充分的认知基础。

2. 具有科学合理的权利归属与利益分配模式

国外发达国家具有相对系统有效的权利归属和利益分配模式，主要包括以下几种。

（1）国防利益优先模式

以维护国防安全利益为根本判断标准，确定国防知识产权的归属。当国防知识产权涉及国防安全需要保密时，国防知识产权归属于政府；当国防知识产权归属于承包商可能对国家造成潜在危险时，国防知识产权归属于政府，比如当承包商在境外，或虽在国内但受到外国政府的控制时，国防知识产权归属于政府；在特殊情况下，当承包商保留国防知识产权能更有效地保护国防利益时，国防知识产权归属于承包商。

（2）鼓励创新模式

当国防知识产权不涉及国防安全利益时，国家本着激励创新、维护项目承担单位合法利益的目的确定权利归属。在鼓励创新模式下，国防知识产权归属于承包商。如在美国 DFARS 中规定，在签订国防部采办合同时，知识产权归属与利用原则之一便是鼓励工业界积极参与采办合同工作。同时，在不涉及国防安全利益时，国防知识产权首先配置给承包商，当承包商没有在规定的期限内报告产生的发明，没有就该发明提出专利申请时，国防知识产权才属于政府。

（3）促进应用模式

为了提高政府投资的社会效益，一些国家相继采取了放权让利的政策，促进了技术创新和技术应用。在国防知识产权归属政策中规定，无论国防知识产权归属于政府或者承包商，政府都享有发展本国工业的优先权；当承包商获得国防知识产权时，应当担负促进技术扩散、定期向政府主管部门报告技术利用和转让情况的义务；当在合理长的时间内，如果承包商没有采取有效措施将发明用于民品开发，政府有权允许他人使用该发明。

（4）出资主体模式

资助方式和出资比例是决定国防知识产权归属的主要依据之一。政府主导的研究开发，主要包括委托研究开发、合作研究开发和资助研究开发等方式。各种资助方式的目的不同，知识产权归属也不同。一般来说，政府委托企业开发形成的知识产权大都归政府所有，企业拥有使用权；与企业合作研究开发的知识产权的归属往往根据出资多少来决定；无偿资助计划的知识产权大都归项目承担单位所有。如在美国国防知识产权领域中，当政府投资且主要研究与生产设备由政府提供时，国防知识产权归属于政府；当能够证明承包商在执行政府合同之前已投入巨额资金或已购置重要设备，国防知识产权归属于承包商。

（5）权利分成模式

美国政策规定，在专利权归国防部的情况下，承包商享有下列权利：免费使用权（非独占的、可被撤销的）、转让使用权（经批准的）、法律救济权、经济补偿权、侵权免责权（基于研发合同必需的）；当专利权归属于国防部时，承包商承担下列义务：定期报告、避免政府"二次付费"。

当专利权归承包商时，国防部享有下列权利：指定使用权、审批权、介入权、免费使用权（非独占的、不可撤销的）；当专利权归承包商时，承包商应承担的义务：保障国防部的利益、保障发明人的利益。

英国政策规定，当国防知识产权归属于承包商时，国防部拥有下列权利：免费使用权、知情权、技术资料占有使用权、运用知识成果的收益权、促进国际合作权等。

三、关键问题研究

（一）总体要求与原则

1. 指导思想

全面贯彻落实党的十八大关于全面深化改革的战略部署，根据国防知识产权战略实施的总体安排，围绕国防科技和武器装备建设创新发展的实际需求，针对现行国防知识产权权利归属与利益分配工作存在的突出矛盾和问题，在认真总结和充分吸收国内外相关成功经验的基础上，遵循国防知识产权制度运行规律和社会主义市场经济规律，对国防知识产权权利归属与利益分配制度进行顶层设计和系统谋划，明确当前和今后一个时期开展工作的原则、要求和保障措施，指导妥善处理国防知识产权权利归属与利益分配问题的基本依据。

2. 原则

（1）国防知识产权权利归属与利益分配问题，根据国家法律、法规和政策规定，在保障国家安全和国防利益的前提下，综合考虑单位性质、历史背景以及直接投资情况等因素，原则上应当在项目任务书或者合同书中将知识产权授予产生方所有；未明确约定的，视为授予产生方所有。使用他人知识产权的，应当按照有关规定支付使用费。

（2）国家安全利益优先。国家投入所产生的国防知识产权，是国家国防资产的重要组成部分，应当服务于国防和军队建设，优先保证国家安全利益的需要。

（3）统筹兼顾各方利益。遵从社会主义市场经济法则，依法确定投资方、承研承制方的权利和义务，切实做到国家安全利益与承研承制单位合法权益的有机统一。

（4）推动科技创新发展。营造尊重知识、尊重人才、尊重创造的政策环境，充分调动创新主体的积极性，鼓励和引导社会资源参与国防科技创新，推进国防科技和武器装备建设的创新发展。

（5）促进成果转化运用。以知识产权的价值实现为杠杆，促进国防知识产权的转化运用，满足国防建设和国民经济建设的需要。

（6）依法实施规范管理。坚持依法行政，规范管理，切实加强对国防知识产权的掌控、管理与保护，营造激励创新、保护创新的文化氛围。

（二）厘清权利归属与利益分配相关主体范围

国防领域不同投资类型产生的知识产权权利归属与利益分配主

体主要分为投入方、产生方和使用方。

1. 投入方

投入方指为产生国防知识产权直接投资的部门或单位，包括以下几方面。

国家初始投入方：指代表国家制定并下达武器装备科研、试验、生产、订货、维修、条件建设等规划计划的军队装备主管部门、国防科技工业主管部门。

继受投入方：指通过国家初始投入方计划授权，直接与计划项目承担者签订采购合同或下达任务的相关装备主管部门、国务院相关事业机构、军工集团公司等。

任务委托方：指将自身承担的科研、生产、建设项目向合（协）作单位分包的单位。

其他投入方：指以自有资金向国防和军队建设领域投资的单位或机构，如军、地科研单位，民营企业，社会投资机构等。

2. 产生方

产生方指承担武器装备科研、试验、生产、订货、维修、条件建设等任务并产生国防知识产权的单位或个人，或指产生国防知识产权的单位或个人。

3. 使用方

使用方是指以国防和军队建设目的使用国防知识产权的军队或地方单位。

国防知识产权的投入方、产生方和使用方应当按照规定或者约定，切实履行知识产权管理和保护职责，确保其在国防科研和装备建设中的正常使用；将涉及国家安全利益需要保密的国防知识产权运用于非国防目的时，应当按照有关规定履行审查批准或备案手续。

（三）明确不同类型投入主体的责任和义务

1. 国家财政投入时投入方的责任和义务

国家投入产生的知识产权，国家拥有优先使用权、指定实施权、实施的审批备案权。

国家初始投入方授权国防知识产权管理机构，对国家投入的知识产权履行下列职责：要求继受投入方及时报送国家投入产生的知识产权全面情况；要求产生方履行重大国防发明报告制度；在国防和军队建设领域，指定实施由其投入产生的国防知识产权；承办国防知识产权解密、转让以及在民用领域实施的审批、备案等相关事宜。

国防知识产权管理机构应当协调和处理好国防知识产权各方主体利益，依法维护国防知识产权权利方的合法权益，保守其技术秘密；指导和监督知识产权指定实施单位保护所有方的国防知识产权，及时支付使用知识产权的相关费用。

继受投入方应当在任务书、合同书中提出明确的知识产权目标；要求产生方如实全面报告知识产权产生情况，遵守知识产权保护规定，承担为国防目的实施和转化运用义务；在其分管的武器装备建设领域，指定实施由其投入产生的国防知识产权。

继受投入方应当及时向国防知识产权管理机构报送国家投入产生的知识产权情况，并在其分管的装备建设领域内，承担知识产权保护义务，指导和监督使用方保护产生方的知识产权，促进知识产权在本系统范围内实施转化。

任务委托方应当在合同书、委托书中明确知识产权目标、使用范围，要求承研承制单位履行重大发明创造报告及知识产权详情告知义务；应及时向上一级投入方报告知识产权详情；对于产生的知识产权，有权在研制目的内免费使用，但应当注意保护产生方的合法权益。直接为研制目的需要使用知识产权的，可以免费使用；涉及装备生产和采购需要使用知识产权的，应当支付知识产权费。

国家在国防科研生产、装备采购订货时，应对产生方的知识产权价值进行评估并合理定价。知识产权的定价，应该充分考虑其产生的背景情况，区别对待。

2. 其他主体投入时投入方的责任和义务

其他投入方可以参与合同中关于知识产权权利归属和利益分配相关条款的拟订。知识产权约定归产生方所有时，其他投入方可以在合同目的内免费使用，并根据投资情况获得相应收益，但应当保护产生方合法权益；知识产权归国家所有时，有权获得相应补偿。

完全由其他投入方投入的，知识产权权利归属和利益分配问题由其他投入方与产生方协商确定。

（四）国家财政投入时知识产权产生方的权利与义务

（1）产生方应当按照国防科研和装备建设项目任务书或者合同的要求，主动接受国家投入方的监督，自觉维护国家安全利益，妥善管理产生的国防知识产权。产生方通过任务书、合同获得国防知识产权的，应当采取许可、转让等措施，积极促进知识产权转化运用，并有权依法或按约定收取使用费；许可、转让或者放弃所拥有国防知识产权的，应当履行规定的批准或备案手续。

（2）产生方对由其产生但归国家初始投入方所有的知识产权，享有同等条件下的优先使用权，经批准后可以在规定期限内享有独占进行民用开发并获得相应收益的权利，在同等条件下可以优先承担涉及该知识产权的国防科研和装备建设任务。产生方参与投资但知识产权归国家初始投入方所有时，可依法获得相应补偿。

（3）产生方应当通过建立国防知识产权报告制度，明确单位与个人之间的权利与义务，及时向国家初始投入方、继受投入方或者任务委托方报告研制过程中的重大发明创造、知识产权的产生和使用情况等。

（4）产生方应当有效落实国家奖酬制度，切实保护职务发明人的合法权益，进一步激发科研人员创新积极性，积极促进国防知识产权产生和运用，不断提高国防知识产权质量和效益。

（五）明确知识产权使用方的权利与义务

（1）任何单位使用他人国防知识产权的，应当取得权利人许可，并按照规定或约定支付使用费。未能取得许可但确需为国防科研和装备建设目的使用的，对于国家投资产生的知识产权可以申请许可使用；对于其他投入方投资产生的知识产权，可以向国防知识产权主管部门提出申请，协调解决。

（2）使用方应当在许可范围内合理使用他人国防知识产权，不得擅自许可第三方使用，充分保护国防知识产权权利人的技术秘密等合法权益；使用自有知识产权承担国防科研和装备建设任务的，可按有关政策规定适当确定知识产权使用费。

（3）武器装备使用单位及维修保障单位有权获取满足作战训练、装备维修保障等所需要的技术资料，包括由此可能涉及的技术秘密、计算机源程序代码等，同时要保证对技术资料的合理使用，不得滥用和扩散，有效保护国防知识产权。

（4）在国家安全和武器装备研制紧急需求情况下，军队装备主管部门、国防科技工业主管部门可以不经权利人许可，直接指定有关单位在必要的范围内合理使用其国防知识产权。由此产生的补偿事宜，按照国家有关法律和政策规定执行。

四、政策建议研究

（一）财政性资金投资产生的国防知识产权归属政策

1. 国家全额出资形成的知识产权权属划分

国家全额出资形成的国防知识产权，其权能（包括占有权[1]、使用权、收益权、处分权等）原则上应当由履行国家出资职能的国家和军队有关机构支配。在产权清晰的前提下，国家和军队有关机构出于激励创新原则与促进应用原则可以自主决定有偿或者无偿授权产生方或其他主体行使国防知识产权的一项或多项权能。产生方的权利是建立在国家军事机关合法授权或让渡的基础上的。这种授权仅仅限于合同目的的范围内；同时，在产生方使用其受让的权能时，国家和军队有关机构有权根据安全利益的需要对其采取必要的措施或限制，国家和军队有关机构可以收回授予的权利。当知识成果无涉国家安全利益时，国家和军队有关机构可以将国防知识产权授予产生方享有。当知识成果关涉国家安全利益时，国家也可以将国防知识产权授予产生方享有，但是保留以维护国家安全和国防利益为目的的相关权利，如指定使用权、审批权、免费使用权、介入权等处分性质的支配权。对于涉及国防重大利益的专用科技成果，其知识产权的归属和利用可以采取国有产权的结构模式。

---

[1] 除非严重影响国家安全或其他特别需要，一般不剥夺智力成果完成人对该知识成果的占有权。

2. 国家部分出资形成的知识产权权属划分

国家部分出资形成的国防知识产权由国家和军队有关机构、产生方、其他出资方共同拥有或分享国防知识产权的多种权能。

国家部分出资形成的国防知识产权，由于涉及国防利益而使非国家出资人的部分权利受损的，国家对损失部分予以补偿。

国家部分出资形成的国防知识产权上的财产性权利如使用权、收益权、处分权由出资人（国家出资人和非国家出资人）按出资比例享有或共有。如果基于军事原因，非国家出资形成的财产性权利归国家支配的，国家对该部分财产性权利予以补偿。

国家部分出资形成的国防知识产权上的财产性权利可以有偿或无偿、全部或部分地转让给非国家出资人或第三人。

（二）非财政性资金投资产生的知识产权权属划分

国家不出资形成的国防知识产权，由于国防利益及国家安全而使非国家出资人的部分权利受损的，国家对损失部分予以补偿。

国家不出资形成的国防知识产权上的财产性权利如使用权、收益权、处分权由出资人按出资比例享有或共有。如果基于军事原因，非国家出资形成的财产性权利归国家支配的，国家对该部分财产性权利予以补偿。

国家不出资形成的国防知识产权上的财产性权利可以有偿或无偿、全部或部分地转让给第三人。国家对失衡部分予以补偿或由受让人补偿。

（三）健全国防领域不同投资类型所产生的知识产权权属划分政策的保障措施

（1）切实履行国防知识产权机构对权利归属与利益分配工作中涉及的管理和监督职责。国防知识产权机构应当按照有关法律、法规和政策规定，充分履职尽责，做好国防知识产权授权或者登记、保密与解密、转让与许可等审查与管理工作，以及按照规定或者约定，对授权由国防知识产权机构管理的国防知识产权，承担维护、监管和促进转化运用的职责。

（2）积极推进国防知识产权的建章立制工作。认真贯彻国家和军队有关知识产权保护和管理方面的法律法规，加快构筑中国特色的知识产权法规体系步伐，以满足科学界定知识产权权利归属与利益分配工作的需要。在军品定价、国防科研定价等规章制度的修订中，进一步充实完善国防知识产权的相关内容，使报价、审价、定价和支付等相关瓶颈问题得到有效解决。抓紧研究论证并起草国防知识产权管理条例，明确国防知识产权的所有权、管理权、使用权和收益权的法律主体，明确知识产权的许可、使用、转让和采购费使用情况和主体的权利义务关系，为做好国防知识产权的权利归属和利益分配等管理工作提供法规依据和制度保障。

（3）加强国防知识产权相关理论研究工作。根据国防知识产权形成、使用、管理和保护的特点，深入开展相关基础理论与实践应用的研究工作，积极探索国防知识产权的内涵、外延、特点、权能分类等重点、难点问题，综合研究各种影响和因素，解放思想，拓展思路，深刻分析国家、单位和个人三者利益关系，为贯彻落实和修改完善各项国防知识产权法律法规制度提供理论支撑和政策依据。

（4）加强国防科技投资管理。一是建立科学的投资决策机制，加强国防科技投资宏观调控。要优化国防科技投资机构，就必须对各个投资项目的价值进行技术经济可行性论证，优化具体的投资方案，避免投资方向以个人主观意志转移。要充分利用国防科技专家的智力资源，发挥咨询决策功能。建立决策反馈系统，在决策实施过程中跟踪分析，发现问题并及时进行决策调整。决策部署要根据外界环境的变化不断进行宏观调控，以保证投资结构的动态合理性。二是实行武器装备研制项目的合同与招标制。根据国防科研项目的密级采取不同的招标方式，确定不同的招标对象，并对涉密与不涉密项目实行分类招标制，分为特定对象招标与全社会范围内实行招标。三是利用科学管理手段提高科研劳动效率。针对国防科研管理中的"多头管理"问题，适度集中统一管理有利于提高管理效率，从而增强国防科研投资的军事、经济效益。改革国防科研财务管理体制，赋予科研团队更大的经费使用自主权，从而提高国防科研经费使用的效率。

参考文献

［1］梁波. 我国国防专利产权制度问题研究［D］. 长沙：国防科学技术大学，2009.

［2］陈昌柏，任自力. 国防科技工业知识产权归属与分享政策研究［J］. 科技与法律，2002：56.

［3］甘利人，徐萍，王士强. 关于国防知识产权归属问题的思考［J］. 中国国防科技信息，1998（1）：66-69.

［4］王林. 对国防知识产权归属制度的思考［J］. 国防，2007（1）：62.

［5］陈雷，宁博. 国防知识产权制度的权利归属简论［J］. 军事经济研究，2006（3）：69.

［6］乔永忠，朱雪忠. 国家财政资助完成的发明创造专利权归属研究［J］. 科学学研究，2008（6）.

［7］梁清文，欧阳国华，丁德科，等. 国防知识产权激励与管理政策研究［J］. 军事经济研究，2011（10）.

［8］王九，云缪蕾，白莽. 国防知识产权特点成因与启示［J］. 管理世界，2008（9）：171-172.

［9］许瑞芳. 基于外部性理论的国防科研投资经济效应分析［D］. 长沙：国防科学技术大学，2007.

电视节目版权价值评估研究[*]

乐建强　姚岚秋　薛凌云　唐兆琦　钟邱峰

电视节目版权价值评估是进行节目版权开发和保护的前提。科学评估电视节目的版权价值，有利于媒体机构明晰资产，实现科学管理，对于电视节目的版权销售以及维权索赔等都也具有重要支撑意义。

但电视节目作为无形资产，价值判断的主观性强，随意性大，如何对其进行科学合理的版权价值评估，一直以来就是困扰媒体机构的国际性难题。基于此，在梳理总结现有资产价值评估方法和信息产品定价研究理论的基础上，经过对比分析，本研究提出了以运用顾客感知价值方法和结合分析法为主的价值评估方法解决以上难题的思路，并对综艺、纪实、新闻专题、生活服务和财经节目的版权价值评估开展了实证研究，验证了该方法的可行性和科学性，建立了可操作的电视节目版权价值评估体系。本文将以综艺节目为例介绍研究的过程。

一、电视节目版权价值评估方法研究

（一）传统无形资产价值评估方法的瓶颈

传统的资产评估方法有成本法、市场法和收益法，但应用到电视节目这一无形资产的评估上，这三种方法都在一定程度上存在局限性。

成本法亦称"重置成本法"，应用到电视节目上，具有成本信息不完整性和弱相关性的特点。首先，因为一些节目的制作久远或遗漏等原因，无法获得完整的成本信息；其次，电视节目制作的成本耗费与其市场价值的相关性较弱，有些节目的开发耗费巨大，但

---

* 本文获第十届全国知识产权优秀调查研究报告暨优秀软课题研究成果评选三等奖。

并不能创造良好的收益，而有些节目投入较低，却能获得良好的市场回报。

市场法亦称"现行市价法"。运用市场法的首要前提是具有一个成熟、活跃的节目交易市场，而电视节目交易市场还未成熟。另外，在运用市场法进行价值评估时，评估对象和参照标杆之间应具有较强的相同性，而且各项相关指标、资料应该是可以收集到的，但在现实中，由于节目交易的不规范，信息缺失，操作起来非常困难。

收益法的局限性在于，节目市场的供需状况和宏观媒介生态的不确定性，导致节目的价值变化具有很强的不确定性，电视节目长期收益很难进行精确估算。另外，市场法的评估原则要求电视节目的价值评估应考虑它对媒体机构整体经营的价值贡献，这加大了评估的难度。

由于以上三种方法均来源于传统资产评估，具有很强的客观性、定量性，但就电视节目价值评估而言，有很多主观因素和定性因素在起作用，因此传统价值评估方法对电视节目版权价值评估是不适用的。

（二）信息产品对电视节目版权价值评估的适用性

信息产品是指在信息化社会中产生的以传播信息为目的的服务性产品。电视节目从属性上来说应归为信息产品，其基本定价方法应参考信息产品的价值评估方法。

本森·夏皮罗（Benson P. Shapiro）等提出，营销者应以目标顾客对产品的购买成本和所得利益的感知为基础制定价格[1]；科特勒（Kotler）认为，公司的产品应利用市场营销中的非价格变量在消费者心中建立起产品的感知价值，再通过市场调查获取顾客的感知价值，并以此感知价值作为定价的根据[2]；克里默（Cremer）等提出了在社会福利最大化条件下，如何对不同意愿的消费者实行非线性的价值评估[3]；苏博达·库马尔（Subodha Kumar）等依据最优控制原理，提出应根据网络内容产品需求量的不同采取动态的价值评估方法[4]等。

与一般信息产品相比，电视节目版权具有明显的特殊性和复杂性，除制作成本外，影响其价值形成的关键因素还有社会价值、稀缺性等。基于这些特性的分析，信息产品基于顾客感知价值的评估方法，综合了主观因素和客观因素，并可以进行量化，对电视节目进行版权价值评估是非常合适的。这是本研究的重点所在。

（三）基于客户感知价值和结合分析法的价值评估方法分析

1. 基于顾客感知价值方法的评价体系

电视节目是一种信息产品，具有高固定成本、低边际成本的特点。不能依据其边际成本来进行价值评估，而必须依据内容产品的顾客感知价值，进行细分并实行差异化价值评估。评估过程要重视顾客或消费者对内容产品价值的感受，包括顾客的关注度、对制作题材和质量的感知等。

顾客对产品的估值需要通过顾客感知价值来体现。顾客感知价值是顾客感知利得与感知利失的一种权衡（参见图1）。感知利得可以理解为产品的优势，感知利失可以理解为产品的劣势。它们是一个动态平衡的概念，两者权衡从而形成了顾客感知价值，进而影响购买价格。顾客感知价值的具体数值并不是具体货币单位，它只是反映产品在潜在购买顾客中的评价，相当于一个评分值，反映的是产品价值的相对高或低。

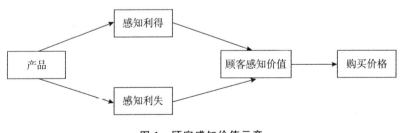

图1 顾客感知价值示意

运用顾客感知价值方法对信息产品价值评估的基本思路是：建立评价指标体系，设计虚拟产品，结合顾客给产品的打分情况，运用结合分析法，建立信息产品的价值评估模型，以确定不同类型的信息产品的感知价值，并作为其价值评估的依据。

将顾客感知价值方法应用到电视节目版权价值评估领域，可以克服传统价值评估方法的不足，将客户主观评价指标量化为客观的评价指标，突破了主观评价方法缺乏可操作性和传统评价方法过于客观的不足。

2. 结合分析法的模型构建过程

依靠顾客感知价值方法可以建立信息产品的版权价值评估指标体系，针对顾客对具体信息产品的感知价值进行评价；但这只是一种评价方法，不是建模方法，所以还需运用结合分析法建立版权价值评估模型。

结合分析法最初是在消费品、工业品等市场营销研究中使用的一种方法，用以研究消费者消费心理及选择行为。它可以量化主观评价，可操作性强。结合分析法既是建立数据、收集数据的方法，也是分析数据的方法，一般通过专门的软件来实现，如 SPSS 等[5]。

运用结合分析法构建价值评估模型的过程如下。

（1）确定指标及指标取值。

指标即影响信息产品价值的因素，对指标的描述要清晰、准确，主要通过经验、调查统计和定性研究来确定。要确保关键指标不能遗漏，否则会降低模型的准确度。典型的结合分析法一般包括6～7个指标。

指标取值呈现的几种情况，要求尽可能涵盖产品的全部规格，从而建立信息产品的价值评估指标体系和各指标的取值项。

（2）设计虚拟产品。

根据指标及指标取值的个数确定虚拟产品的特征及数量，一般通过全轮廓法实现，即将所有指标的各个取值排列组合，形成具有完整特点的、虚拟的产品。全轮廓法可以通过正交试验设计的方法减少组合数。

电视节目版权价值评估可以在确定评估指标体系后，按照以上方法，设计虚拟产品，并挑选符合各指标条件的节目作为样片，供专家打分。

（3）收集顾客打分数据。

获得各类型顾客对虚拟产品的感知价值评价，可通过打分、评点、排序等方法获得顾客的喜好或购买的可能性。对虚拟产品价值评价的数据收集可采用打分法。这种方法操作简便，尤其是当组合较多的时候。具体来说，可请顾客或专家对虚拟产品从 0～100 进行打分。

（4）确定产品的感知价值模型——初始模型。

从收集的虚拟产品打分中分离出顾客对每一个指标和指标取值的偏好值，即为指标及指标取值的单独感知价值。指标的单独感知价值也就是指标的权重。

利用结合分析法确定产品的感知价值的常规模型是：

$$PV(x) = C + \sum_{i=1}^{m} \sum_{j=1}^{K_i} u_{ij} X_{ij}$$

式中：x 为被评估的信息产品；$PV(x)$ 为总感知价值；C 为结合分析法给出的常数，意为价值函数的截距；m 为指标数；K_i 为第 i 个指标的取值数；u_{ij} 为第 i 个指标中第 j 个取值的单独感知价值；X_{ij} 为哑变量，且有：

$$X_{ij} = \begin{cases} 1 & \text{当第 } j \text{ 个指标的第 } i \text{ 个取值出现时} \\ 0 & \text{当第 } j \text{ 个指标的第 } i \text{ 个取值未出现时} \end{cases}$$

运用结合分析法建立某类信息产品的价值评估模型，可以实现评估指标从定性到定量的选择，增强评估模型的可操作性；运用在电视节目版权价值评估上，可以确定节目的感知价值，为实现感知价值到评估价值的转换打下基础。

（5）感知价值与评估价值的转换模型——中间模型。

信息产品的交易价格一般由其价值决定，感知价值高则评估价值也高。根据这一原则，同一类型的信息产品的版权感知价值与评估价值应该是一一对应的。转换到有效的货币单位，必须经过真实的市场环节。这一步主要通过回归分析，基于真实的产品销售记录，对信息产品感知价值与评估价值建立回归模型。

结合分析法与回归分析法合并使用，两者互为补充，可以保证信息产品价值评估方法误差小、精度高，运用在电视节目价值评估上，能为电视节目建立科学、准确的版权价值评估模型。

（6）市场影响因素影响下的价值评估模型——最终模型。

通过相关性和显著性分析，确定影响信息产品价值评估的市场影响因素，如产品类型、销售地区等，通过对评估价值模型进行系数调整，得出最终价值评估模型。

本研究通过以上转换，可以将电视节目这一信息产品的初始感知价值转换为评估价值，最终利用市场影响因素的调整系数来调整模型的准确度，使之更加符合市场预期，提高了模型的适用性。

二、以综艺节目为例的电视节目版权价值评估实证研究

为了验证上述价值评估模型的有效性，本研究以上海广播电视台综艺节目为例，对模型进行了应用研究。首先，建立价值评估指标体系；其次，设计虚拟产品，挑选视频样片，进行顾客评测，运用结合分析法建立模型；再次，根据电视节目的销售数据，建立感知价值与销售价格的关联模型；最后，分析市场影响因素后加权得出最终价值评估模型，并用销售数据验证模型的有效性。

（一）价值评估指标体系的构建

本研究根据前期的研究积累、文献综述、业内人员意见等，建立了电视节目版权价值评估指标体系，并在此基础上，根据专家的打分情况和建议，进行了多次修正和完善，最终得出关于综艺类节目的评价指标体系如表1所示。

表1 综艺类节目价值评估指标体系

一级指标	二级指标	三级指标
自有价值	模式类型	模式来源
	节目内容	制作团队实力
		主持人/解说员影响力
		嘉宾/参赛选手知名度
		播出形式
		娱乐功能
		视听效果
		创新性
	节目制作成本	节目制作成本
	画质	画质

续表

一级指标	二级指标	三级指标
附加价值	经济效益	当期广告合作合同收入
	传播效果	首轮播出平台
		首轮播出平均收视率
		首轮播出平均收视份额
		节目调用（借用）量
		节目新媒体影响力
市场价值	历史交易情况	总交易次数
	视频网站播放情况	主流视频网站是否购买播放过

（二）基于结合分析法建立价值评估模型

1. 建立感知价值评估模型——初始模型

首先，本研究需要设计虚拟产品，并挑选各具备指标特征的节目样片，供专家进行打分；在汇总打分数据后，利用 SPSS 软件分析专家打分结果，得出关键指标，并确定各指标取值的系数。关键指标是按照权重进行排序的，最后确立了 7 个综艺节目的关键评价指标，以及各自指标取值所对应的系数。

通过 SPSS 统计分析软件，得到各评价指标水平的影响系数，如表 2 所示。

表 2 综艺类节目各指标等级系数查询表

序号	指标	指标水平	系数水平
1	嘉宾影响力	无嘉宾	-3.001
		一般	-0.402
		较好	3.404
2	参赛选手类型	无	0.078
		素人	-1.766
		明星	1.688
3	娱乐功能	一般	-1.092
		较好	1.092

序号	指标	指标水平	系数水平
4	创新性	一般	−0.941
		较好	0.941
5	视听效果	一般	−0.074
		较好	0.074
6	当期广告合同收入	一般	−0.158
		较好	0.158
7	首播收视率	较低	−0.623
		较高	0.623
		（常量）	73.227

常量是软件直接算出的，是指价值函数的截距。可以利用前述求和公式，计算出被评估节目的感知价值：

$$U = C + \sum_{i=1}^{m} \sum_{j=1}^{K_i} u_{ij} X_{ij}$$

感知价值即常量加上各个指标水平对应的系数，公式中的符号上文已作解释。感知价值模型是建模过程中的一个初始模型，它反映仅仅是被评估节目的评分，是被评估节目价值的相对高低，不是具体的货币价值单位。后续的模型可以通过销售数据和市场影响因素不断进行调整优化。

2. 感知价值与评估价值的转换模型——中间模型

得到感知价值模型后，再利用节目销售数据，计算感知价值与平均销售价格的相关性，采用线性回归的方法建立评估价值的基本模型。通过这一步，实现了被评估节目从评分到具体货币价值的转换。

$$AV = -434.2 + 6.3 \times PV（综艺节目）$$

式中：AV 为评估价值，PV 为感知价值。

基本模型是建模过程中的中间模型，用它可计算出被评估节目的基本价值，同时也为后续的最终模型提供了基础。

3. 市场影响因素影响下的价值评估模型——最终模型

电视节目的版权价值除了受前面分析的各评价指标因素的影响外，在节目的具体交易过程中，还受到各种交易要素的影响。本研究在分析节目交易数据的基础上，通过方差分析的方法，确定了影响节目价值的市场影响因素。依据销售数据，本研究以相同市场因素指标中不同节目的平均价格与评估价值的比值作为系数，确定了以上各影响因素的系数的参考范围，见表3。

表 3　综艺类节目价格影响调整因素及取值范围

市场影响因素	取值	最小值	最大值	平均值
节目类型	1：真人秀	1.17	1.57	1.37
	2：音乐类			7.22
	3：其他	0.81	1.29	1.05
新媒体影响力	1：低	0.53	1.67	1.1
	2：高	1.47	4.72	3.1
销售地区	2：华北	0.74	2.69	1.41
	3：东北	0.75	2.5	1.55
	4：华中	0.41	2.86	1.52
	5：华南	0.67	1.11	0.84
	6：华东	2	2.7	2.46
	7：西南			1.75
	8：非大陆	0.76	32.09	8.77
	9：其他 （知名视频网站）			148.43
授权时间	1：1年以下			1.57
	2：1年			0.71
	3：2年及以上			0.47

影响因素的系数调整公式：

$$P = AV \times \prod_{i=1}^{m} C_i$$

式中：P 为最终评估价值，AV 为评估价值，C_i 为市场影响因素系数，m 为影响因素的个数。

对上一步中由基础模型得到的评估价值和调整系数进行加权相乘，就可以得到在添加市场影响因素后的最终评估价值。至此，可以将模型应用到最终的价值评估工作中。但各市场影响因素系数的大小，仍需要有经验的节目销售人员设定，系数设置是相对主观的。

最终评估价值模型，是在前面两个初始模型和中间模型的基础上，利用销售数据，通过不断递进和优化后得出的。它更能反映被评估节目的现实价值，也是本研究的目的所在。

（三）数据验证

为了验证模型的效果，本研究选取了 2016 年综艺类节目的已销售节目数据，进行了验证，并与实际销售合同价格进行了比较，发现预测价值与实际销售合同价格基本相符。

具体结果见表 4。

表 4　销售数据验证结果

销售数据	价值评分	预测价值/（元/分钟）	实际价格/（元/分钟）
今晚 80 后脱口秀	59.1	108	105
极限挑战	78.0	448	420
金星秀	67.2	69	69
妈妈咪呀第二季	56.4	153	168
舞林争霸	64.2	77	52

三、总　　结

本文的实证研究是以综艺节目为例进行的，而其他类别的节目，包括纪实、新闻专题、生活服务和财经等，研究过程类似。但由于类别本身的特性不同，故评价指标和权重会有所不同。这些类别的节目在实际研究中也取得了较好的效果，在此不再赘述。

本研究获得了多方面的认可，2016 年获得上海市版权局颁发的"优秀版权服务项目"金奖。经上海科学技术情报研究所科技查新，认为研究成果"未见国内外有关文献述及，具有新颖性"，该方法将定性的评价转化为定量的选择，突破了以往该领域研究方法的局限，通过该模型，不仅可以科学评估已有节目的版权价值，还有利于节目制作机构实现科学的版权管理，对于版权交易以及维权索赔等都具有重要意义。另外，该评估模型也可以在各类节目制作机构、新媒体、要素市场等领域推广使用，应用前景广阔。

未来，本研究可以通过增加国内外交易数据验证，细化参数，实现模型优化，并继续开展其他节目类型的评估研究，形成完整体系，进而覆盖电影、游戏、工艺品等文化产品的无形资产价值评估，充分发挥该评估模型的社会应用价值。

参考文献

[1] SHAPIRO B P, JACKSON B B. Industrial Pricing to Meet Customer Needs [J]. Harvard Business Review，1978（12）.

[2] 科特勒. 营销管理 [M]. 11 版. 上海：上海人民出版社，2003.

[3] CREMER H, PESTIEAU P. Piracy Prevention and the Pricing of Information Goods [J]. Information Economics and Policy，2009，21（1）：34-42.

[4] KUMAR S, SETHI S P. Dynamic Pricing and Advertising for Web Content Providers [J]. European Journal of Operational Research，2009，197（3）：924-944.

[5] 柯惠新，弗悉诺. 市场营销研究中的结合分析法 [J]. 数理统计与管理，1994（11）：56-65.

专利分析类

5G 关键技术专利分析和预警研究报告[*]

赵喜元　陈　燕　朱　琦　孙全亮　马　克　王　雷

王　瑞　张新宇　刘　俭　周　丹　唐文森

移动通信已经彻底改变了人们的生活，但人们对更高性能移动通信的追求从未停止。为了应对未来爆炸性的移动数据流量增长、海量的设备连接、不断涌现的各类新业务和应用场景，第五代移动通信（5G）系统将应运而生。

未来，5G 将渗透到社会的各个领域，以用户为中心构建全方位的信息生态系统。5G 将使信息突破时空限制，提供极佳的交互体验，为用户带来身临其境的信息盛宴；5G 将拉近万物的距离，通过无缝融合的方式，便捷地实现人与万物的互联。

一、全球 5G 产业发展现状

随着 4G 进入规模商用，5G 移动通信的研发工作已经全面启动。国际电信联盟（ITU）从 2012 年开始组织全球业界开展 5G 愿景、未来技术趋势和频谱等 5G 国际标准化的前期研究。发展 5G 移动网络已经成为普遍共识，世界各国纷纷加大投入并快速推动 5G 研发和技术布局。

美国早在 2012 年 7 月便成立了由政府和企业组成的联盟，持续加大对 5G 技术的研究，以保持美国在无线技术领域的领先地位。欧盟计划在 2020 年前开发 5G 技术，到 2022 年正式投入商业运营。英国政府 2012 年 10 月便率先推动国内的 5G 技术研发工作，并建立了 5G 网络研发中心。韩国无论是在 5G 研发机构设立、长远规划、促进战略，还是在研发投入等方面，都表现得更

＊　本文获第十届全国知识产权优秀调查研究报告暨优秀软课题研究成果评选一等奖。

加积极，相关政策的制定也更加明确。2016 年 6 月底，韩国电子通信研究院成功研发出了将传输服务等待时间缩短到 0.002 秒的第五代核心技术。

我国从研究、运营商、设备商、芯片商四个方面都对 5G 进行了布局。IMT - 2020（5G）推进组于 2013 年 2 月由工业和信息化部、国家发展和改革委员会、科学技术部联合推动成立。研究方面，IMT - 2020（5G）在 2014～2016 年共发布了 5 个白皮书，相关的建议受到了国际电信联盟的重视和采纳，IMT - 2020 已同世界多个 5G 相关组织形成了双边合作。运营商方面，国内三大运营商中国移动、中国联通、中国电信已经制定了 2020 年启动 5G 网络商用的计划，有可能在 2018 年开始投入 5G 网络建设，到 2020 年正式启动商用。设备商方面，华为、中兴、大唐都积极参与到了 5G 的研发工作中。华为从 2009 年开始着手研究 5G，预计从 2013 年到 2018 年将投入 6 亿美元进行 5G 研究和创新。中兴提出 pre 5G 概念，2016 年下半年即可商用。大唐移动成为首家研制出 5G 256 大规模天线的厂家。芯片商方面，紫光股份旗下展讯提出 5 年计划，力争 2018 年推出 5G 芯片。

二、5G 关键技术专利申请总体态势

分析 5G 关键技术的全球以及中国专利申请的专利申请总量可以发现：5G 关键技术的全球专利申请已经初具规模，来自中国的申请总量排名第一；5G 关键技术领域，国内申请人的专利申请量大幅领先国外申请人的申请量。表 1 为 5G 关键技术领域的全球专利申请和中国专利申请相关数据的对比。

表 1　5G 关键技术全球、中国专利申请基本数据比较

	全球专利申请	中国专利申请
时间范围	2005～2016 年	2005～2016 年
总申请量	1623 项 （3/5 局申请量：167 项）	874 件
申请量峰值	2014 年（561 项）	2014 年（269 件）

	全球专利申请	中国专利申请
主要来源国家/地区 （申请量及份额）	中国（701 项，43.2%） 韩国（330 项，20.3%） 美国（297 项，18.3%） 欧洲（119 项，7.3%） 日本（107 项，6.6%）	中国（638 件，73.0%） 韩国（96 件，11.0%） 美国（68 件，7.8%） 欧洲（35 件，4.0%） 日本（32 件，3.7%）
申请量排名前 5 位 的申请人 （申请量及国别）	三星（151 项，韩国） 华为（136 项，中国） LG（132 项，韩国） 东南大学（69 项，中国） 英特尔（51 项，美国）	华为（77 件，中国） 东南大学（67 件，中国） 中兴（49 件，中国） 三星（47 件，韩国） LG（38 件，韩国）
主要技术主题 （申请量及份额）	大规模天线（762 项，47.0%） 高频段通信（296 项，18.2%） 新型多载波（168 项，10.4%） 新型多址（119 项，7.3%） 全双工（278 项，17.1%）	大规模天线（492 件，56.3%） 高频段通信（104 件，11.9%） 新型多载波（91 件，10.4%） 新型多址（86 件，9.8%） 全双工（101 件，11.6%）

国外、国内申请人的中国专利申请基本数据对比如表 2 所示。

表 2 国外、国内申请人的中国专利申请基本数据比较

	国外来华专利申请	国内专利申请
时间范围	2010～2016 年	2010～2016 年
总申请量	236 件	638 件
申请量峰值	68 件（2014 年）	233 件（2015 年）
专利来源国家/地区 （申请量及占中国专利 申请总量的比例）	韩国（96 件，40.7%） 美国（68 件，28.8%） 欧洲（35 件，14.8%） 日本（32 件，13.6%）	广东（161 件，18.4%） 北京（134 件，15.3%） 江苏（97 件，11.1%） 四川（42 件，4.8%） 上海（41 件，4.7%）
申请人类型 （申请量及份额）	企业（225 件，95.3%） 科研院所（8 件，3.4%） 大专院校（3 件，1.3%）	大专院校（382 件，59.9%） 科研院所（26 件，4.1%） 企业（228 件，35.7%） 其他（2 件，0.3%）

（一）专利申请趋势情况

（1）全球 5G 关键技术申请量保持增长态势，中国的申请量持续平稳增长。

在专利申请趋势方面，截至 2016 年 8 月 31 日，全球 5G 无线接入技术的专利申请共计 1623 项，涉及大规模天线、高频段通信、新型多载波、新型多址和全双工等 5 个技术分支。2010～2016 年，全球 5G 无线接入技术的专利申请量总体呈上升趋势。2016 年，3GPP 正式启动了 5G 标准化工作，与 5G 技术相关的提案量大幅增加，与之相对应地，5G 的专利申请量也呈大幅增长趋势。中国 5G 关键技术专利申请量的变化趋势与全球的变化趋势一致（参见图 1）。

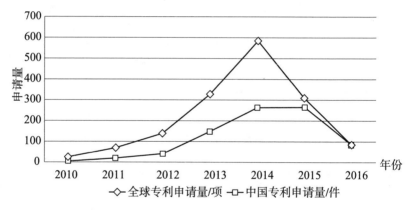

图 1 全球、中国 5G 专利申请量的年度趋势

（2）中国专利申请中，来自国内申请人的专利申请处于优势地位。

2012 年开始，国内申请人的年度申请量开始超过国外申请人的年度申请量（参见图 2）。国内申请人的年度申请量始终保持增长，且增速加快。特别是近年来，国内申请人的中国专利申请量优势地位得到进一步加强。

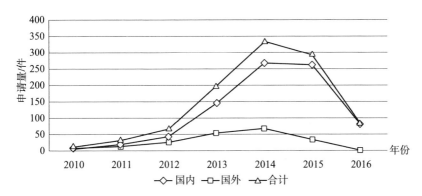

图 2　国内、国外申请人的中国专利申请趋势

（二）专利区域分布情况

（1）全球专利申请方面，中国是 5G 关键技术的专利申请最大来源区域；目前，中韩申请量仍在上升，欧洲、日本保持平稳，美国进入下降通道。

随着 IMT－2020 工作组的成立，来自中国的专利申请量从 2013 年开始呈现大幅上升的趋势，2013 年及以后每年都超过了所有国家/地区，排在首位（参见图 3）。

在 5G 无线接入技术领域，全球专利申请的主要目的地是中国，共计 874 件，占申请总量的 30.1％。往后依次是：美国 642 件，占申请总量的 22.1％；世界知识产权组织 621 件，占申请总量的 21.4％；韩国知识产权局 294 件，占申请总量的 10.1％；欧洲专利局 279 件，占申请总量的 9.6％；日本特许厅 125 件，占申请总量的 4.3％；其他国家/地区 43 件，占申请总量的 1.5％。这一方面是由于本国申请人对于 5G 技术的重视带来了大量专利申请，另一方面是中、美两国迅速发展的移动通信市场使得越来越多的申请人在这两个国家进行技术研发和专利保护。

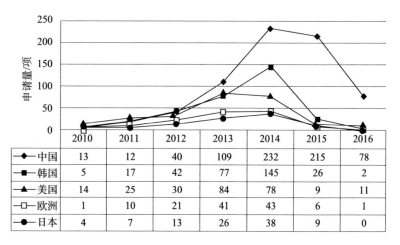

	2010	2011	2012	2013	2014	2015	2016
中国	13	12	40	109	232	215	78
韩国	5	17	42	77	145	26	2
美国	14	25	30	84	78	9	11
欧洲	1	10	21	41	43	6	1
日本	4	7	13	26	38	9	0

图 3 主要国家/地区的全球专利申请趋势

（2）中国专利申请方面，韩国是最大的国外申请来源国家；近年来，国外申请人的中国专利申请量出现起伏。

在 5G 无线接入技术中，国外的专利申请主要来自韩国、美国、欧洲、日本等国家/地区，其中韩国在中国提交的专利申请最多，数量占全部国外申请人在华专利申请总量的 40.7%（参见图 4）。韩国的三星积极参与中国 IMT－2020 推进组的 5G 标准化工作，中韩两国在 5G 研发上合作密切。

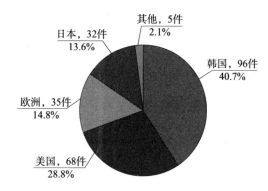

图 4 主要国家/地区来华申请量及其占全部国外来华申请的比例

（三）申请人排名情况

（1）全球专利申请量排名前 10 的申请人中有 4 位国内申请人。

在申请人方面，5G 无线接入技术的全球专利申请人中，三星、华为和 LG 位列前 3 位，且申请量接近，分别为 151 项、136 项和 132 项（参见图 5）。

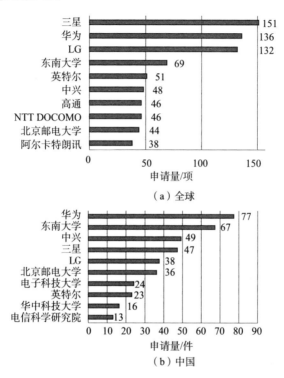

（a）全球

（b）中国

图 5　全球、中国专利申请的前 10 位申请人

（2）中国专利申请方面，华为、东南大学、中兴、北京邮电大学等国内申请人排名靠前。

中国专利申请人排名中，华为、东南大学位于前 2 位，且申请量比较接近；中兴、三星、LG 和北京邮电大学处于第二集团，申请量均在 30～50 件；第三集团中的电子科技大学、英特尔、华中科技大学和电信科学研究院的申请量在 10～25 件。

（四）主要技术主题的专利申请情况

（1）全球专利申请方面，大规模天线、高频段通信、全双工等主题的申请量较大，各主要技术主题的3/5局申请的比例总体偏低。

在技术主题方面，全球大规模天线技术专利申请量占比最大，达到47.0%；全双工技术由于起步早，专利申请量占比位列第二位，达到17.1%；高频段通信也是5G中的重要研究领域，专利申请量占比达到18.2%；新型多载波和新型多址技术占比相对较低，分别为10.4%和7.3%（参见图6）。

（2）中国专利申请中，大规模天线、全双工、新型多载波等主题的申请量较大。

在中国专利申请中，5G无线接入技术相关的专利申请为874件。对比全球和中国的各个技术主题的申请量的占比情况（参见图6）可以看出，在高频段通信技术上的专利申请还需要加强。

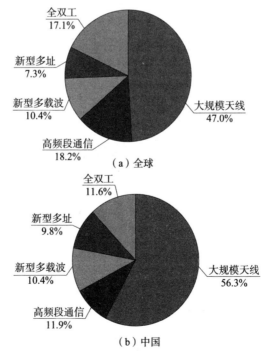

图6　各技术主题的全球、中国专利申请量占比情况

三、五大 5G 关键技术领域专利格局

随着 5G 标准化进程的推动，中国、美国、欧洲、日本、韩国等世界重要经济体的国家/地区争相对该领域核心技术进行研究和开发，并对研发成果进行专利保护，因此与 5G 无线接入技术相关的专利申请量增长迅猛。下面分别对 5G 中各关键技术分支的专利情况进行总结。

（一）大规模天线技术

从全球来看，大规模天线技术出现较晚，基本概念在 2010 年才提出，随着标准化进程的推动，2013 年之后申请量有大幅上升的趋势。

（1）大规模天线技术的全球专利申请已初具规模，来自中国的申请总量排名第一。

在大规模天线技术领域，全球范围内的已经公开的专利申请总量为 762 项。其中，来自中国的申请量为 401 项，申请总量排名第一；韩国以 190 项排名第二。

（2）大规模天线技术领域中国专利申请中，国内申请人的专利申请量大幅领先国外申请人的申请量。

中国专利申请的总量为 492 件。其中，国内申请人的专利申请总量为 384 件，国外申请人的专利申请总量为 108 件。国内申请人相对比较分散。韩国申请人的申请量虽然低于中国申请人，但是非常集中，实力最强的韩国企业三星和 LG 申请了大量相关专利。

（二）高频段通信技术

分析高频段通信技术的全球以及中国专利申请的专利申请总量可以发现以下特点。

（1）国外对高频段通信技术的研究起步早，在申请时间和授权量上占有优势。

在高频段通信技术领域，全球范围内的已经公开的专利申请总量为 296 项。其中，来自中国的申请量为 104 项，排名第一；韩国以 74 项排名第二。国内对高频段通信的研究开始较晚，截至本报

告完成时还没有申请被授予专利权。

（2）国外申请覆盖了高频段通信技术的全部分支，专利布局合理。

中国专利申请的总量为 104 件。其中，国内申请人的专利申请总量为 40 件，国外申请人的专利申请总量为 64 件。美国的英特尔、高通和韩国的三星研究起步较早，申请量和授权量均占有绝对优势，并且其专利申请覆盖了高频段通信技术的全部分支，而国内申请人在进行专利布局时仅涉及高频段通信技术的个别分支。

（三）新型多载波技术

分析新型多载波技术的全球以及中国专利申请的专利申请总量可以发现：在新型多载波技术领域，全球范围内的已经公开的专利申请总量为 168 项。其中，来自中国的申请量为 64 项，排名第一。新型多载波技术领域中，国内申请人的专利申请起步早，但国内企业尚未对 UFMC 和 GFDM 这两种候选技术进行专利布局。中国专利申请国内申请人中大专院校和科研院所占比很大，全球布局显局限。

（四）新型多址技术

分析新型多址技术的全球以及中国专利申请的专利申请总量可以发现：中国对新型多址技术的研究起步略晚于国外，国内申请人较为活跃，各申请人的研究方向、专利申请有针对性。在新型多址技术领域，SCMA、MUSA 和 PDMA 三项技术都是由中国企业研发和提出的，国内申请人的申请量高于国外申请人的申请量。国内的大专院校类型的申请人较多，研究重点多在 NOMA 技术和 SCMA 技术上。

（五）全双工技术

分析全双工技术领域的全球以及中国专利申请的专利申请总量可以发现：在全双工技术领域，全球范围内的已经公开的专利申请总量为 278 项。其中，来自中国的申请量为 101 项，排名第一。中国专利申请中，国内申请人的专利申请量大幅领先国外申请人的申请量。排名前 5 位的国内申请人中，除了华为是企业类型的申请人以外，其余 4 个申请人均为大专院校类型的申请人，表明我国高校在全双工技术的研究上具有较强的技术实力。

四、全球 5G 产业中的竞争者

通过对高通、爱立信、NTT DOCOMO、三星以及华为这几个重点申请人的分析，总结归纳出它们在 5G 关键技术上的关注重点和研发方向。

1. 高通

高通从 2006 年开始提前研发 5G，并将过去在 3G、4G 领域的技术、经验、积累延续到 5G 研发之中，储备了大量成果，5G 研发资金也已经投入了数十亿美元。随着 5G 标准制定的推进，高通从芯片、技术、原型机到工程网络的各个方面都在全面引领 5G 发展。

在大规模天线技术领域，高通提交了内容覆盖波束赋形、信道状态信息及其反馈、导频设计这三种关键技术的提案。在高频段通信技术领域，高通提出了"毫米波移动性"的概念，其中波束追踪和波束切换技术为其近期的研究重点。在新型多载波技术领域，高通明确反对 F－OFDM 和 UFMC 技术，同时主推 WOLA 技术。在新型多址接入技术领域，高通主推 RSMA 多址接入技术。RSMA 实质上是 CDMA 技术，高通已拥有全部的 CDMA 专利。为了继续实施其专利许可战略，高通会努力争取将 RSMA 技术确定为 5G 标准。在编码领域，高通主推的 LDPC 码方案成为 5G 数据信道 eMBB 场景长码方案。

在 5G 无线技术领域，高通拥有三个方面的优势：高通在 OFDM 和芯片领域长期处于引领地位，能够支撑高通在 5G 领域的标准化参与和商业化推进；高通能够完成从终端到基站再到核心网的端到端原型机，推动系统性能和功能的验证，促进标准化，支持制造商与运营商的联合演示，驱动产业的发展；高通有两个重要的团队，一个是着眼于早期技术的研发团队，另外一个是芯片产品开发团队。在芯片与制造商的基站、核心网对接后，高通能从端到端支持运营商优化性能，最大化运营商网络的价值。

以在大规模天线技术领域为例展示其专利申请与提案的关联，参见图 7。其中底色相同的表示涉及同一技术领域，而相互连线的专利申请和提案均涉及相同的技术，公开号为 WO2015176266A1 的专利申请与提案 R1 - 168054、R1 - 168186 均涉及周期性和半静态 CSI，因此 WO2015176266A1 可能是潜在的标准必要专利。

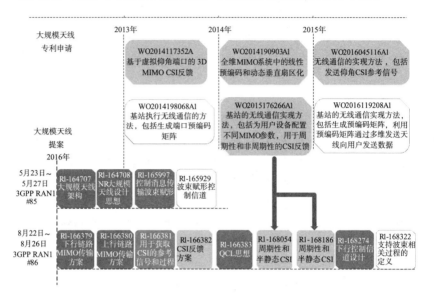

图 7　高通在大规模天线技术领域的专利申请和提案关系

2. 爱立信

爱立信认为 5G 标准并非技术革命，而是 4G 标准的演进，支持将基于其现有的 LTE - FDD 技术演进到 5G，希望将目前占优势的 4G 技术部分延伸到 5G，这样爱立信的专利储备在 5G 时代还可继续发光发热。

在大规模天线技术领域，波束赋形和信道状态信息及其反馈相关的技术是爱立信的重点研究方向。在除大规模天线外的其他技术领域中，爱立信的申请量为零或者不多。

以在大规模天线技术领域为例展示其专利申请与提案的关联，参见图 8。对于信道信息状态 CSI 反馈，爱立信提交了提案 R1 - 164955，其主要是关于基于互易性的信道信息获取，主要使用 SRS

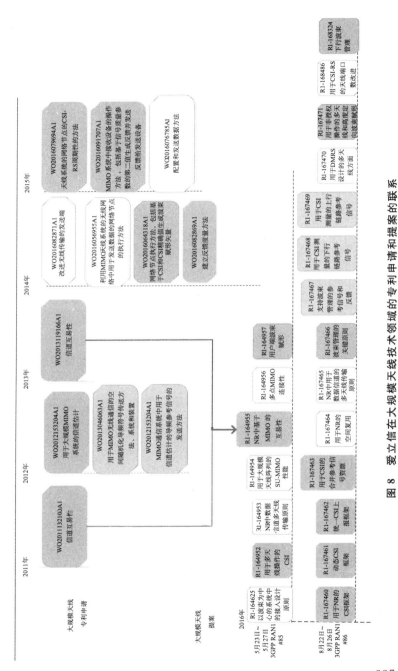

图 8 爱立信在大规模天线技术领域的专利申请和提案的联系

337

(Sounding Reference Signals)。爱立信也针对该项技术申请了相关专利，主要包括 WO2011132100A1 和 WO2013119166A1。图 8 体现了爱立信的专利申请和提案的关联度。其中，专利申请 WO2013046063A1、WO2012153204A1，提案 R1－167467、R1－167468、R1－167469 均涉及参考信号，即导频设计；专利申请 WO2016064318A1，提案 R1－164957、R1－167466 均涉及波束赋形。

3. NTT DOCOMO

2014 年 9 月，NTT DOCOMO 发布了关于 5G 的白皮书，并计划在 2020 年借助东京奥运会的契机，推出 5G 商用服务。

在大规模天线技术领域，NTT DOCOMO 的专利申请主要涉及波束赋形、导频设计这两种关键技术，提案覆盖了波束赋形、CSI 获取及其反馈、导频设计这三种关键技术。其中，NTT DOCOMO 提交了 3 件涉及参考信号或同步信号的发明专利申请。这 3 件申请与其提交的一项提案内容一致，由此可以推测提交的这 3 件专利为潜在的标准必要专利。在新型多址技术领域，NTT DOCOMO 拥有自己创新的技术：非正交多址 NOMA 技术。

以在大规模天线技术领域为例展示其专利申请与提案的关联，参见图 9。其中，专利申请 WO2013161587A1、JP2015041817A1、WO2014208141A1 涉及参考信号或同步信号的发送，而提案 R1－165180 正是涉及同步和参考信号，因此可以推测上述专利为潜在的标准必要专利。

4. 三星

三星在 5G 无线关键技术领域的专利申请和提案数量在通信企业属于领先地位。其中，三星的全球申请量位居第一，其专利申请涉及范围广，数量大，专利布局全面。并且三星在 3GPP 会议上 5G 无线技术相关的提案数量为 353 个，仅次于华为，位列第二。

在大规模天线技术领域，三星在波束赋形、信道状态信息及其反馈以及导频设计三个重要技术分支均有重要专利布局。三星在混合波束赋形方向实力最强，提出的提案较多。在高频段通信技术领域，三星的研究起步较早，申请量和授权量均占有绝对优势，并且其专利申请覆盖了高频段通信技术的全部分支，专利布局合理。在

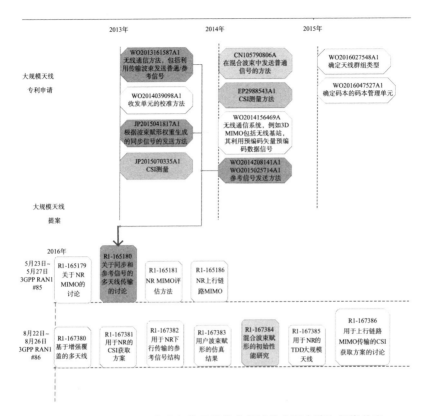

图 9 NTT DOCOMO 在大规模天线技术领域的专利申请和提案关系

新型多载波技术领域，三星在提案中提出：F‐OFDM 和 WOLA 的性能相似，与 WOLA 相比，滤波长度和加窗长度相同的情况下 F‐OFDM 需要 4 倍的计算复杂度。在新型多址技术领域，三星的专利申请和提案均涉及 NOMA。

以在大规模天线技术领域为例展示其专利申请与提案的关联，参见图 10。图中相同底色的专利申请和提案涉及相同的技术，可能成为标准必要专利。针对混合波束赋形，三星提出一系列专利申请，其中比较重要的有 US2013039445A1、CN104303477A、WO2013191517A1、CN105210306A、EP2992618A1。上述申请都是潜在的标准必要专利。

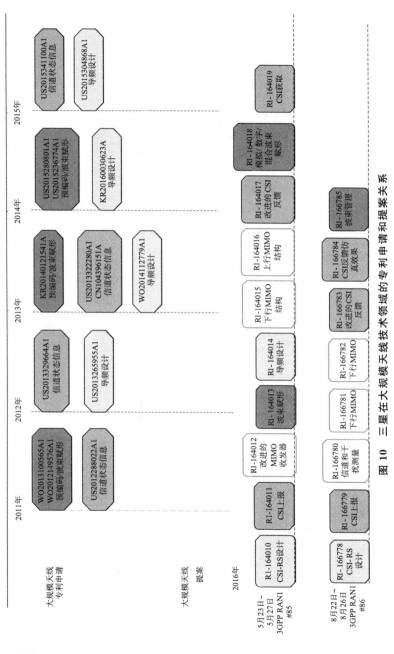

图 10　三星在大规模天线技术领域的专利申请和提案关系

5. 华为

华为在 5G 无线接入技术领域涉及的关键技术广泛，而且每个关键技术领域华为都有自己主推的技术，并且由于研发提前，因此技术成熟。再者，华为在 3G、4G 的专利储备，使得其在 5G 标准制定中也拥有一定的话语权。总体上看，华为在 5G 时代，已经在全球处于领先地位。

在大规模天线技术领域，华为的全球专利申请覆盖了波束赋型、信道状态信息及其反馈、导频设计等关键技术。在新型多载波技术领域，华为有自己主推的技术：F－OFDM 技术。在新型多址接入技术领域，SCMA 技术是华为最早研发和提出的非正交多址接入技术。在编码技术领域，3GPP 确定华为主推的极化码为 5G 控制信道 eMBB 场景短码方案。值得一提的是，华为在极化码领域的专利布局具有相当优势，明显领先其他公司。

以在大规模天线技术领域为例展示其专利申请与提案的关联，参见图 11。华为在大规模天线技术领域的专利申请和提案数量均名列前茅，两者均覆盖了波束赋形、CSI 反馈、导频设计等关键技术。其中 CN105337907A 和 R1－167197 均涉及 CSI 的获取，CN104917554A 和 R1－165563 均涉及波束赋形方法，上述专利申请有可能成为标准必要专利。

五、中国 5G 产业发展的整体建议与应对措施

通过对 5G 关键技术产业及其各大技术分支的专利和关键技术进行分析和总结，提炼出适合我国企业和行业主管部门的措施建议，希望对我国未来发展 5G 关键技术产业、提升国内企业自主知识产权能力有所裨益。

（一）针对国内企业的措施建议

在国家层面的扶持下，华为、中兴、大唐等企业非常重视对 5G 关键技术的前瞻性研究，并投入了大量的人力、物力和财力。经过前期研发，我国企业已经在重点技术领域如大规模天线技术、新型多址接入、新型多载波等技术领域的研究中取得了阶段性突

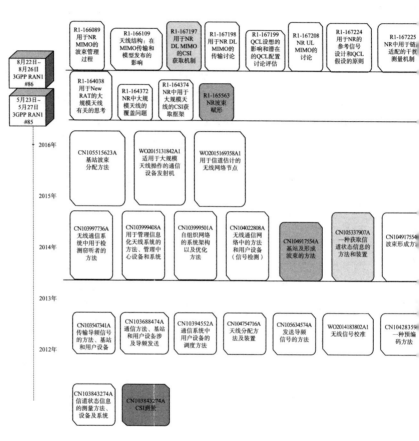

图11　华为在大规模天线技术领

342

| 226 信控制 | R1-167948 NR中用于CSI获取和解调的参考信号 | R1-167965 NR中CSI测量和反馈 | R1-168175 用于波束管理的参考信号 | R1-168176 NR中用于CSI获取和解调的参考信号 | R1-168272 NR中QCL设想 | R1-168360 NR中QCL设想和配置 | R1-168436 NR中QCL设想和配置 | R1-168498 NR中用于CSI测量的参考信号设计 | R1-168536 NR中参考信号设计原则 |

| 79335A 的信 系统 法 | CN105432048A 使用选择性反馈和插值的网格编码量化的系统及方法 | CN105379372A 基站、移动台及其方法（使用双结构预编码中使用极化方向结合空间相关度） | CN105337646A 多天线实现方法、装置及系统 | WO2014206461A1 定义了大规模天线的无线网络节点 | WO2015197110A1 用于无线通信系统的接入节点 | WO2016058119A1 数据干扰消除方法 | WO2016066231A1 用于MIMO的波束赋形 | WO2016074706A1 MIMO下行链路数据流控制装置 |

| 4348763A 于大规模 道信测量 用户终端 | CN105393468A 无线通信网络中的方法和节点（波束赋形） | CN104640222A 多输入输出系统的导频调度方法及协同设备 | US2015036516A1 用于确定激活的窃听者是否干扰传输的方法 | US2015078490A1 准最大似然检测方法 | WO2014183803A1 改进通信系统的方法 | | | |

的专利申请和提案关系

343

破，奠定了我国 5G 研发在国际上的领先地位。但要充分利用原有产业基础，实现在 5G 时代"技术—标准—产业"的整体性突破，仍挑战重重。中国通信企业如何应对可能到来的复杂局面，我们提出如下建议。

（1）加强研发合作，共同突破关键技术。

随着移动通信产业的发展，我国已经逐步建立了具有国际竞争力的移动通信产业链，尤其是华为、中兴、大唐等企业在移动通信系统设备、终端和芯片方面已进入世界前列。国内的企业在 5G 关键技术上各有优势，都有自己倾向的技术，研究方向少有重合。

然而，通信标准在制定过程往往会均衡各方的利益。这从华为在 5G 短码标准上获得突破一事上就能充分体现，这种选择明显是产业利益博弈的需要。为了能够在标准的制定上占据优势，获得话语权，我国企业之间应当加强交流合作，共享研发资源。

（2）开展专利布局，完善风险预案。

在 5G 开局的时候，国内通信企业已经充分重视，深度介入标准的制定和形成过程，并在提交标准提案的同时在国内进行相关内容的专利申请，做好各个标准潜在技术在国内的提前布局；但在海外专利布局方面与国外通信企业相比还存在较大差距，这使得我国企业在开拓海外市场时仍面临较大的专利诉讼风险。从专利情报分析的角度建议我国企业：关注移动通信领域活跃的专利持有公司的专利储备情况；关注重点通信企业的专利流向，包括爱立信、诺基亚、三星、高通等公司的专利权属转移信息，关注这些公司自身成立的专利授权管理公司以及有合作的专利授权管理公司的知识产权状况；分析重点企业在 5G 关键技术上的专利布局情况；沿着 4G 演进路线及早布局专利，建议通信专利基础薄弱的企业收购一批标准必要专利以增强专利防御力；分析诉讼案件及风险专利，及时跟踪和分析在美国、欧洲、印度等国家/地区已发生或进行中的专利纠纷案件，及早关注涉案专利以及涉案专利在其他国家/地区的同族专利。

（3）借鉴 4G 经验，实现合作共赢。

中国要在 5G 标准制定中赢得优势，需要吸取 4G 标准制定时美国英特尔和高通之间相互竞争的教训，避免国内产业内耗，跟上欧洲的脚步，集合国内的通信产业力量，积极参与到 5G 标准制定中去。此外，国内企业应有针对性地与国外重点通信企业或研究机构加强合作，增强技术研发实力。通过合作还能够使我国企业获得多方的支持，增加我国企业所主导的技术进入标准的可能性，实现合作共赢。

（二）针对行业主管部门的措施建议

通过分析 5G 的整体需求与关键技术特点，我国拥有优势的 TDD 和波束赋形等技术将会在 5G 中发挥更大的作用。然而，我国 5G 发展仍然面临一些挑战。为顺利实现我国 5G 发展目标，应从如下几个方面大力推进 5G 工作。

（1）加大科研投入，突破 5G 关键技术。

以 IMT-2020（5G）推进组为平台，加快突破 5G 无线和网络关键技术、系统设计方案，尽早攻克 5G 核心芯片、高频器件等薄弱环节。

对于大规模天线技术，建议通过引导在该技术上具备优势的国内企业、高校和科研院所，加强互相沟通，共享研究资源，充分发挥高校和科研院所的技术优势，积极推进大规模天线的标准化。

对于高频段通信技术，高频段通信将是 5G 的必然选择，尽早开展中高频率的规划讨论，有利于我国在全球 5G 竞争中，如标准化、研发和产业化方面占据领先地位。

对于新型多载波技术，在国内申请中来自高校和科研院所的申请占了很大的比重。国家应当推动企业与科研机构的交流，发挥各自的优势，促进国内申请人在该技术上的突破。

对于新型多址技术，目前国内多家企业都提出了自己的新型多址方案和标准提案，彼此之间的研究方向没有重合。国家应当协调国内企业在该技术上的研发方向，更有效地帮助国内企业争取在全球通信技术 5G 标准中的利益。

对于全双工技术，目前已提出了多种改进的技术方案，但所取得的效果并不明显。我国企业、高校和科研院所应当将研究重点放在 TDD＋上，充分发挥我国企业从 TD－SCDMA 到 TD－LTE 长期在 TDD 领域积累的技术、标准与产业优势，实现对 5G 标准的引领。

（2）深化务实合作，推动 5G 标准统一。

在加大科研投入、突破 5G 关键技术的同时也要积极开展国际合作，最终促成 5G 技术标准的统一。在这个过程中，一是要理顺自主创新和国际合作的关系；二是要积极做好专利储备工作，在国际市场的竞争中占据主动位置的同时，能够防御来自外国企业的"攻击"；三是要加大 5G 研发的开放性，通过组织开展多种形式的技术交流活动，共同参与并推动 5G 技术标准的研究和制定。

（3）强化频率统筹，加快 5G 频率规划。

在 5G 时代主导权的竞争中，取得与国家战略利益相符合的频谱配置话语权并形成全球统一的 5G 工作频段至关重要。深入开展 5G 频率研究与协调，为 5G 发展获取充足的频率资源，包括 6GHz 以下的低频段以及 6GHz 以上的高频段。同时，结合产业需求，为移动互联网、物联网及重点行业应用规划适合的频谱资源，尽快研究并明确 5G 牌照发放，为 2020 年 5G 商用提供支撑，推动形成全球统一的 5G 工作频率。

（4）促进融合发展，构建 5G 产业生态。

深入开展基于 5G 的重点行业应用研究，支持通信企业、行业用户和互联网企业加强合作，大力推动 5G 与车联网、工业互联网等典型行业应用融合技术创新、标准化、产品研发和应用示范，积极探索和推进跨行业共赢发展的新业态和新模式，实现 5G 与相关行业的协调发展。

14nm 及以下超大规模集成电路 FinFET 技术分析和预警研究[*]

郭　雯　陈　燕　陈玉华　孙全亮　姚宏颖　马　克　李　岩

曾宇昕　林婧弘　凌宇飞　沈敏洁　丛　磊　陆　然

陈冬冰　罗慧晶　刘　宁　林　芳　张　跃　杨　燕

一、FinFET 产业发展现状

（一）FinFET 概述

鳍型场效应晶体管（FinFET）是具有鳍状结构的场效应晶体管。相较于前一代的平面晶体管来说，由于其沟道突出衬底而具有3D 的结构，其栅极呈三面环绕状态，因此其制造工艺比平面工艺复杂很多，可以说是晶体管制造领域一次重大的技术变革，对整个集成电路领域的技术发展具有颠覆性的影响。

（二）晶体管行业专利发展历程的规律

对全球晶体管发展的历程（参见图 1）进行总结，结合每个关键工艺节点的核心技术，可以得出晶体管的技术发展路线和规律。

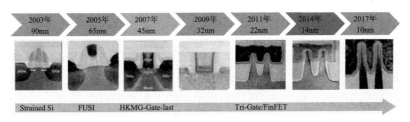

图 1　晶体管发展历程

---

* 本文获第十届全国知识产权优秀调查研究报告暨优秀软课题研究成果评选一等奖。

（1）量产技术需要提前5～10年进行专利布局。

90nm工艺量产于2003年，其关键技术是应力源漏技术。英特尔（Intel）早在1997年就已经对该技术进行了完善的布局。

65nm工艺量产于2005年，其关键技术是全硅化栅极。该技术的原型技术"硅化金属栅极"早在20世纪70年代就出现了，经过近20年的发展，20世纪90年代出现了后来被量产工艺采用的NiSi/CoSi/TiSi材料，因此在2000年左右大量有关FUSI的专利被布局。

45nm工艺量产于2007年，其关键技术是后栅工艺高K金属栅。该技术的原型技术有3个，包括高K介电质、金属栅电极和替代栅工艺，均出现在20世纪90年代，三者相结合后在2003年出现了大量的HKMG工艺的布局专利。

22nm工艺量产于2011年，其关键技术是FinFET技术（英特尔称作Tri-gate），也就是本课题主要研究的内容。该技术发明于1999～2000年，在2004～2007年被大量布局，直至2011年FinFET才被量产。

从这些现象我们看到，晶体管制造领域专利的先导性非常明显，专利技术情报的信息丰富。如果要了解下一步技术的发展方向，完全可以从现有的专利信息中获得动向。

（2）核心技术周边布局有大量包围专利。

当FinFET技术出现的时候，SiGe strained Si、HKMG-GL、多层铜互连等技术都被沿用下来，但是这些技术都需要从2D过渡到3D，因此在FinFET技术出现不久，适应性的技术大量出现，围绕核心技术形成密密麻麻的包围专利，余下的技术空白非常少，使得围绕核心技术寻找替代技术很困难。

（3）大量平面晶体管技术被继承。

晶体管从2D发展到3D可以说是一个划时代的革新。但是即使这样，继承和沿用的技术也远远多于需要改进的技术，因此14nm以下FinFET技术所面临的潜在的专利风险可能是比较大的。那些平面晶体管时代就非常重要的专利，在14nm以下FinFET时代也同样非常重要。

（三）晶体管行业的产业现状

晶体管是集成电路中最基本的电子元件，任何芯片都离不开晶体管。因此虽然业内没有 FinFET 产业或者晶体管产业这样一种说法，但实际上可以把晶体管产业等价于集成电路的制造产业。

（1）集成电路产业的商业模式以 Fabless＋Foundry 为主。

目前来说，集成电路产业以两种商业模式为主（参见图 2）：一种是全产业链的模式，业界称为 IDM（Integrated Device Manufacturer）模式，即一家公司全产业链布局，一手包办集成电路设计、制造、封装/测试、系统应用等这些所有环节；另一种模式业界通常称为 Fabless＋Foundry 模式（也称垂直分工模式），在这种模式下集成电路的设计、制造和封装测试是分开的。

我们国内企业基本上都采用 Fabless＋Foundry 模式。目前国内企业在设计、制造和封装测试环节都拥有排名世界前 5 名的龙头企业。

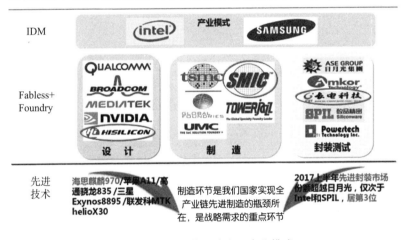

图 2　主要半导体制造企业商业模式

2017 年 9 月华为发布了麒麟（Kirin）970 芯片，其与苹果 A11、高通骁龙 835、三星 Exynos8895 等芯片产品属于同一档次，是当今世界最先进的手机芯片之一。据 Yole 的统计数据，2017 年第三季度长电科技在先进晶元封装方面市场份额占 7.8％，位列全球第三。比较而言，中芯国际（SMIC）在先进制造的领域则落后于世界领先企业较多，这已经成为我国在全产业链制造中最薄弱的环节。中芯国际与 Foundry 领域世界第一的台积电（TSMC）在技术上存在比较大的差距，台积电 28nm 以下制程的销售额占比超过 57％，而中芯国际则仅有 8％。

（2）集成电路高端制造产业竞争激烈，不进则退。

2002～2003 年附近，掌握 130nm 制程的半导体集成电路制造公司有 25 家之多，而经过短短十几年的发展，掌握 14nm 以下 FinFET 技术的公司只剩下 4 家（参见图 3）。

2002~2003 130nm	2004~2006 90nm	2006~2008 65nm	2008~2012 45nm	2010~2012 28nm	2012~2014 20nm	2014~2016 16nm	2017 10nm
MediaTek							
Hitachi							
Rohm							
ON							
Sanyo							
Atmel							
ADI							
Sharp	Sharp						
Cypress	Cypress						
Sony	Sony						
Infineon	Infineon						
TI	TI	TI	TI				
Toshiba	Toshiba	Toshiba	Toshiba				
Freescale	Freescale	SMIC	SMIC				
SMIC	SMIC	Renesas	Renesas				
Renesas	Renesas	Fujitsu	Fujitsu				
Fujitsu	Fujitsu	Panasonic	Panasonic	SMIC		FinFET →	
Panasonic	Panasonic	UMC	UMC	Panasonic			
UMC	UMC	ST	ST	UMC			
ST	ST	IBM	IBM	ST			
IBM	IBM	AMD	AMD	IBM	IBM		
AMD	AMD	GF	GF	GF	GF	GF	
Samsung	Samsung	Samsung	Samsung	Samsung	Samsung	Samsung	Samsung
TSMC	TSMC	TSMC	TSMC	TSMC	TSMC	TSMC	TSMC
Intel	Intel	Intel	Intel	Intel	Intel	Intel	Intel

图 3　集成电路产业竞争格局演变

目前，国内掌握最先进量产技术的集成电路制造企业是中芯国际，而其所掌握的技术停留在 28nm 技术节点，该技术不是 FinFET 技术，因此也可以说我们国内并没有形成自主知识产权的 FinFET 产业。而一旦我们掌握 FinFET 技术，那么势必面临激烈的全球化竞争。

（3）技术、人才、资金和政策是影响集成电路制造产业的关键因素。

技术：集成电路制造产业毫无疑问属于高度的技术密集型产业，技术水平的高低直接制约了企业的生存和发展，而附加值高的业务永远属于最先进的制程。

人才：高端人才也是集成电路制造产业发展所必不可少的。梁孟松团队在三星（Samsung）的 FinFET 研制过程中起到了至关重要的作用，这也被业界认为是三星实现赶超台积电的关键因素之一。

资金：集成电路制造产业是资金高度密集的产业，一条生产线动辄百亿元人民币，资本的投入是不可或缺的。

政策：集成电路制造产业涉及国家信息安全、国家利益，世界各国政府近年来都加强了对集成电路技术或企业收购交易的审查力度，例如美国、德国都出台了针对敏感行业的审查条例，试图通过收购来获得技术、人才越来越难。

（四）FinFET 技术分解

我们将 FinFET 技术分为 4 级共 31 个末级技术分支（参见图 4）。

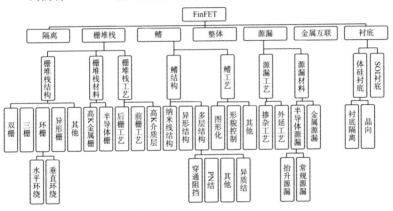

图 4 FinFET 技术分支

本报告中专利数据采集阶段最终结果为截止到 2017 年 6 月 30 日。

二、FinFET 技术领域专利态势分析

（一）全球申请量趋势

如图 5 所示，FinFET 专利申请从 1999 年开始出现，在 2004～2007 年开始集中布局；2011 年英特尔实现 FinFET 产品量产之后，FinFET 被确切地证实为可以实现的下一代技术，这导致其申请量呈现井喷式发展，目前仍然处于持续的增长中。可见该领域已成为

技术发展热点。

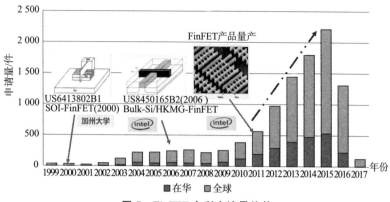

图 5　FinFET 专利申请量趋势

（二）主要的专利申请目标市场和技术来源地

全球专利目标市场和技术来源都是美国排名第一。除第一名外，目标市场的排名依次为中国大陆、韩国和中国台湾；而技术来源排名先后是中国台湾、中国大陆和韩国。这样的专利布局和技术来源与芯片制造产业的分布基本吻合。

（三）主要申请人

FinFET 领域全球主要申请人申请量排名如图 6 所示，可见该领域申请人以国际大公司为主。

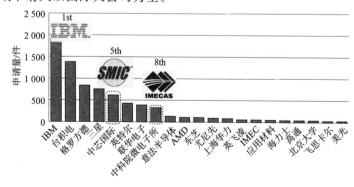

图 6　FinFET 全球主要申请人申请量排名

三、FinFET 技术主题分析

(一) FinFET 技术分支态势分析

各分支的申请量逐年变化:鳍和栅堆栈是最主要的技术分支,两者占 FinFET 总申请量的 70% 以上,各分支的申请量基本都在逐年增加中。

FinFET 各主流技术发展态势参见图 7。

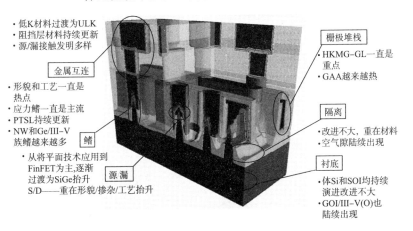

图 7 FinFET 各主流技术

注:3D 模拟图来自:Coventor。

(二) FinFET 技术路线分析

构成 FinFET 的主要技术包括:衬底、隔离、鳍、源漏、栅极堆栈以及金属互连,技术发展路线如图 8 所示(仅以衬底为例)。

衬底技术逐渐统一为体硅衬底。鳍是最重要的分支,有 5 条技术路线:工艺是最主要的研究方向,重点在 SADP、SAQP、伪鳍等曝光技术;各具不同功能的鳍的形貌也在不断进化;2011 年后纳米线、Ge/III-V 族鳍等未来技术布局持续增长;应力鳍一直是研究热点;穿通阻挡层(PTSL)技术在持续的发展中。源/漏技术路线逐渐统一为回填的 SiGe 抬升源/漏:主要有两条技术路线:外延

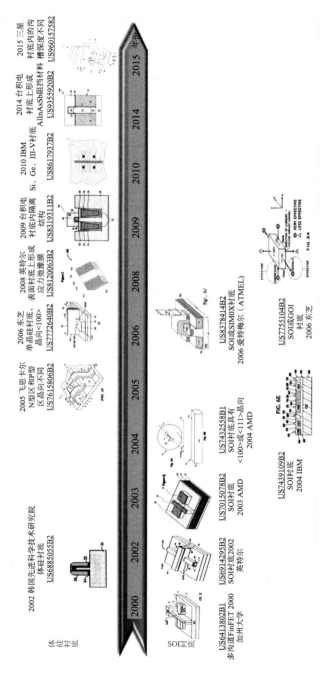

图 8　FinFET 技术发展路线：衬底

源/漏和掺杂源/漏，现在基本上已经统一为外延源/漏中的 SiGe 抬升源/漏技术。

（三）FinFET 基础/核心技术

为了快速、准确地定位核心技术，我们建立了数学模型。采用在人工智能和机器学习领域中较为成熟的"主成分分析法"作为模型的核心算法，首次将其应用到专利分析中。该模型的人工干预程度低，筛选比较客观，并能实现打分排序。

在使用"主成分分析法"建立的数学模型进行筛选之后，对排序结果进行了人工筛选，最终得到 FinFET 各个关键技术点的基础专利和核心专利。

（四）FinFET 领域我国创新主体所面临的风险

FinFET 领域的基础专利申请时间早，国内企业手中缺乏与之对抗的专利，处于被动的地位，除了谋求合作、收购或许可外，难有更好的对策。对于围绕基础专利的核心专利，情况稍好，在某些技术点上，以中芯国际为代表的我国创新主体拥有一定的申请量（参见图 9），可以形成一定的对抗。

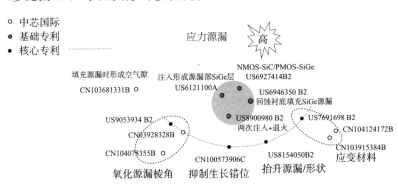

图 9 中芯国际技术风险分析：应力源漏

（1）应力源漏技术布局晚、难以寻找替代方案，侵权风险大。

（2）主要应对策略：许可/收购、专利收储、专利无效。

首先，合作/许可势在必行，我们提供的基础和核心专利列表中的专利都是针对的对象。

其次，专利收储也很有必要，我们通过对各个申请人的申请活力（未决专利数量和授权专利数量对比，参见表1）进行分析后发现，东芝、意法半导体、尤尼先等若干企业已经基本退出该行业的竞争，但是它们手中仍有相当多的核心甚至基础专利，这些专利具有非常大的收储价值。

表1 FinFET 主要申请人活力

申请人	未决专利/件	授权专利/件	总申请量/件
中芯国际	426	155	599
台积电	337	154	502
中科院微电子所	239	87	329
三星	140	31	175
英特尔	113	49	165
联华电子	76	8	85
上海华力	57	25	85
IBM	53	87	139
格罗方德	49	17	60
意法半导体	19	8	28
上海集成电路研究中心	18	1	20
北京大学	17	25	43
高通	15	5	20
英飞凌	10	6	17
尤尼先	8	12	21
清华大学	8	5	13
旺宏	6	6	12
东芝	4	13	20
AMD	2	17	23
海力士	2	11	13

最后，我们也努力寻找能够打破几家公司垄断地位的解决方案，获得了几篇早期专利文献（US4979014、US5844278、JP 昭 64 -27270），它们不仅可以被考虑作为现有技术抗辩的证据，而且有可能对某些基础专利的稳定性造成影响。

（五）FinFET 领域创新主体的布局分析

（1）总体申请态势：英特尔平稳（参见图10），其他公司2011年后布局量激增。

FinFET 技术主要申请人集中在美国、中国和韩国，日本和欧

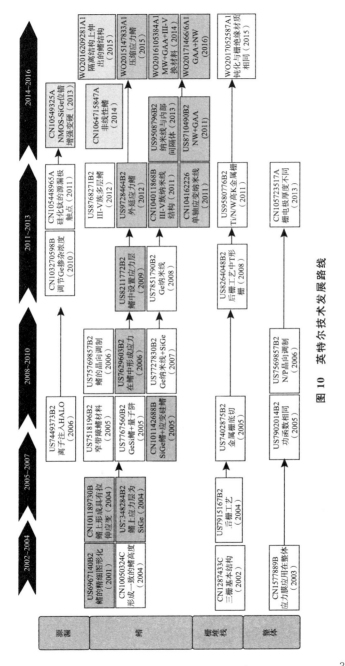

图 10 英特尔技术发展路线

洲企业在该领域布局较少，未进入竞争格局。

（2）全球领先创新主体专利布局路线趋同。

2000～2005 年为第一阶段：在这一阶段 FinFET 技术刚刚被发明出来，是否能成为量产技术前景不明，各个公司都将布局重点放在了将当时的各种平面晶体管技术转用继承到 FinFET 上，使得短期内此类专利被大量布局。

2006～2011 年为第二阶段：在这一阶段 FinFET 成为量产工艺的最主要竞争者，此时各大公司均加强了布局，虽然各有侧重，但是都覆盖面广，不留死角。

2011 年至今为第三阶段：在这一阶段，FinFET 成为量产工艺，各公司申请量大幅上升，并且技术方案逐渐趋同，发明点基本集中在具体的工艺、形貌、参数等细节。

（3）布局建议：集中优势，放弃空白，未来技术不能缺位。

将我国 FinFET 领域的骨干企业中芯国际的专利分布与全球 FinFET 专利分布进行比较（参见图 11），可以看到在一些技术要点上中芯国际布局了相当多的专利，具有一定的竞争实力，但是某些技术要点上基本处于空白。对于布局较多、具有一定竞争力的技术点，可以考虑加大布局形成优势；对于明显的技术空白，在当前 FinFET 专利已经布局严密的情况下不建议强行布局，可以考虑采用收储、许可等其他方式。

但是对于可能成为未来技术的"环栅＋纳米线"，则无论如何不能放弃布局，还要加大布局力度。

（六）晶体管的未来技术

（1）下一代技术最有可能采用 Ge 基沟道和环栅＋纳米线。

我国创新主体已经针对未来技术开始布局，虽然量不算大，但是相比于 FinFET 技术最先出现前的几年，布局力度已经明显加强，并且出现了独创的技术。例如：中科院微电子所提出的 CN104253048A 专利申请，采用体硅鳍直接刻蚀的方案，明显有别于 IBM、英特尔等公司的路线，或许能成为未来弯道超车的关键技术。

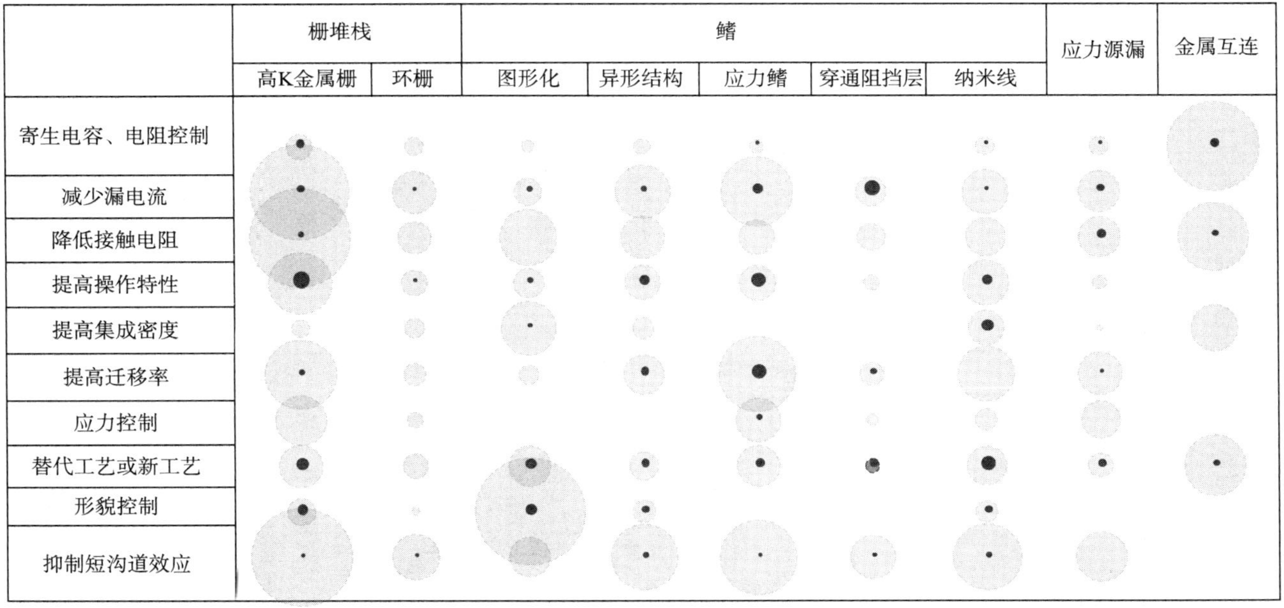

图 11 中芯国际与全球 FinFET 专利布局对比

注：浅灰色圆圈表示国外所有公司专利申请，深灰色圆圈表示中芯国际专利申请。

（2）远景技术众多，难以确定准确的发展方向。

对 2017 年申请的有关晶体管的全部专利进行分析，在剔除常规晶体管、功率晶体管、FinFET 等已经采用的技术之后，至少存在诸如环栅＋纳米线（GAA＋NW）、碳纳米管晶体管（CNT）、石墨烯晶体管（GpnJ）、神经元晶体管、隧道晶体管（TFET）、自旋晶体管（Spin FET）、负温度补偿晶体管（NC－FET）、金属绝缘体晶体管（MITFET）、铁电晶体管（FeFET）等种类的晶体管，以及诸如 Ge 基、III－V 族、II－VI 族、2D－Mx2 等各种不同的沟道材料。各大公司/科研机构都有所侧重地进行了布局。这方面我国落后较多，基本处于尚未开展或刚刚起步的阶段。这些技术到底哪一个能够成为未来的远景发展方向，尚难以给出明确的分析结果。

四、FinFET 重点发明人分析

对 5 家全球重点创新主体的核心创新团队以及国内 3 家主要创新主体进行分析，发现我国主要创新主体在发明人总数、单件申请的发明人数量上较全球重点申请人有很大的差距，这也客观地体现了人才储备上的差距。

面对这样的差距，远景来看自主人才培养是重中之重，但是短时间内引进人才是非常重要的提升手段。我们通过引入专利和非专利数据、采用主成分分析法建立发明人模型的方式，获得了迅速可靠定位 FinFET 领域核心的人才的方法。该方法可以称为发明人挖掘的"四步法"，具体如下。

（1）确定发明人团队与技术的对应关系。

通过大数据分析，在"引力图"中确定单个发明人的申请量，以及不同发明人之间的合作关系。

（2）对领域内重要发明人进行排序。

选用专利指标以及非专利指标，全面评价发明人在 FinFET 领域的实际贡献与重要性，并通过由"主成分分析法"构建的数学模型，对 FinFET 领域的重要发明人进行排序。

（3）确定各技术分支核心人才。

对比各分支的核心团队人员和重要发明人的排序，确定出各个技术分支下的核心人才，以及其拥有的重点专利。

（4）对各分支核心人才进行引进的可行性分析。

在考虑多方面因素后，对引进人才可行性进行分析，获得对我国发展 FinFET 而言有可能引进的人才列表。

五、FinFET 领域成功的模式分析

（一）台积电的运作模式

台积电开创并坚持了 Foundry 模式，在当今垂直分工日益明显的情况下，其重要地位和发展潜力毋庸置疑。台积电具有非常广泛的产学研合作模式，其与科研机构的双向人才交流机制以及联合开发、经费支持、毕业生实验基地等合作模式均值得借鉴。台积电具有广泛的产业链上下游合作，与设备提供商、系统和芯片设计企业均保持紧密合作关系。台积电上述运作模式值得我国骨干企业借鉴。

（二）IMEC 的运作模式

IMEC 具有非常广泛的世界性合作，和超过 20 家的企业/大学联合发表过有关 FinFET 的专利申请。IMEC 拥有世界领先的"先导工艺线"，可以针对量产工艺进行先期研究和验证试验。IMEC 知识产权运营良好，其每年 1.2 亿欧元的收入主要来自授权协议及合约。同时 IMEC 拥有明确的知识产权规则，确保其研究成果高效产业化。IMEC 的多种运作模式适于我国研究机构学习。

六、资金投入分析

（一）集成电路制造业不进则退，加大研发投入势在必行

国内集成电路制造业的龙头企业中芯国际的研发投入与领先企业有很大的差距，加研发投入势在必行。

（二）资金要进行更合理的投入

除了加大投入，同样重要的是对现有有限资金进行更加合理的使用。课题组通过专利数据进行技术投资组合的计算，对中芯

国际在FinFET领域的专利进行了分析，结果如图12所示。

中芯国际在替代工艺、形貌控制、提高操作特性、降低电容电阻等几个方面投入较多，具有一定的竞争力，可以考虑加大投入，力争形成优势技术；在抑制短沟道效应、降低接触电阻、缓解应力等一些方面，技术吸引力弱，相对技术份额也比较低，不宜投入过多的研发精力。

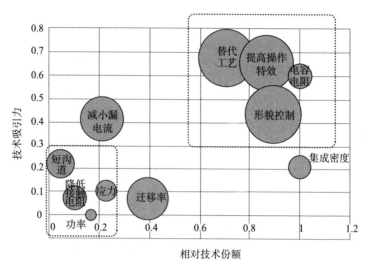

图 12　技术吸引力与技术份额对比

七、措施建议

（一）针对国家层面建议

（1）大基金战略性助力重点领域龙头企业。

大基金带来了长期稳定的资金注入，但是投入比较分散，而这一点与集成电路产业大者恒大的态势不符。我们对韩国的大基金投入方式进行分析后发现：韩国在 20 世纪 80～90 年代将其大基金的95％投入三星、现代等龙头企业，这也使得其龙头企业获得了巨大的成功。我们也应当将更多的资金集中投放。在 FinFET 领域，毫无疑问要投给中芯国际。

（2）制造环节的税收优惠政策应该向封装和设计看齐。

目前，国家税务总局发布的《企业所得税优惠政策事项办理办法》中对于半导体设计、封测以及关键设备进口方面有详细的优惠事项，集中在封测和设计领域。而国内半导体制造业实力还相对薄弱，已经制约了上下游产业协同发展。我们认为对于半导体制造环节，应该给予更优惠的税收减免政策。

（3）建立尖端技术支持机构。

我们也研究了美国的国家投资体系，美国没有以大基金的方式进行投资，而主要是依靠投资高校、研发机构，并促成其研发成果低廉转让企业产业化，FinFET 项目就是美国国防高级研究计划局的资助项目之一。对于我们来说，美国的策略非常地适用，一方面要大力加强国家对科研院所或学术机构在半导体制造方面基础研究的投入，另一方面国家应当出面促进技术成果转化。

（4）专利管理方面重视风险预警和专利分析。

首先，中芯国际已明确在 2019 年即将量产 14nm FinFET，该产品的问世必然带来知识产权风险。国家应出面帮助企业建立起 FinFET 领域知识产权评议机制，对即将量产的产品进行知识产权风险评估，针对无法规避的基础专利也可以利用知识产权评议进行相关的稳定性分析，为企业在市场中取得竞争的有利地位保驾护航。

其次，FinFET 领域目前正处于转型期，各个关键技术的专利正处于大量申请和布局的时间段，2015～2017 年的申请量复合年增长率已达到 18％。国家有必要出面帮助相关企业，按年度开展专项专利分析，及时调整专利布局策略，以免延误重要布局时机以及布局方向出现空缺和偏差。

（二）针对国内企业层面建议

（1）积极收储基础和核心专利。

前面已经提到了收储专利的必要性，国内企业可以根据需要选择适合的技术对专利进行收储。

（2）针对即将上市产品，需要进行风险评估。

目前国内企业在制造 FinFET 的过程中知识产权问题基本无法

规避，在产品推出前，有必要针对性地展开侵权分析，要把预警工作做在前面。同时还要坚持自主研发，针对竞争对手，积极进行专利布局，用替代方法和增加工艺细节等手段包围核心和基础专利。

（3）加强优势技术/不强行布局空白/关注未来热点。

国内龙头企业中芯国际存在优势技术点和空白技术点，对于优势技术要加强布局，对于空白技术则不宜强行布局；但是对于未来的技术热点纳米线和环栅，则必须克服困难，加大布局力度，这是未来能否实现赶超的关键。

（4）积极引进产业优势人才。

FinFET是一个技术壁垒非常高的产业。当我们通过专利作为技术情报突破口获得了相关的技术后，这些技术真正变成产品，还需要人才。因为关键技术中具体的材料选择、参数调控等对细节的把握，掌握在"人"的手中。由于我们国家进入行业时间较晚、关键设备受限等原因，急缺大量的高水平半导体集成电路制造技术人才，因此我们必须把积极引进产业优势人才作为产业发展的战略之一。

（5）加强国内上下游企业联合。

加强制造企业与上下游的设计企业和封测企业的合作，做强联合开发，联合生产，努力向能够提供一站式服务的方向发展。同时还要一并协调国内装备整机和材料厂商，形成完整的全产业链制造能力，努力做到拥有全产业链的完全自主知识产权。

（三）针对基础研究机构建议

（1）立足基础研究，面向未来技术。

从FET发展历史看，量产技术之前10年就会出现原型技术。现在有十几种未来FET可能采用的技术。这么多的技术，企业很难承担起研发的投入与风险，因此科研机构必须站出来。国家也要出面有针对性地协调好分工，把有限的科研资源更有效地利用起来。

（2）贴近产业、面向量产技术。

IMEC作为全球半导体领域的先进基础研究中心，其自身的研发模式和发展运行模式非常适合于我们国内的发展阶段，很有参考价值：首先，开展广泛而深度的合作，与企业和高校开展联合研究，促进科研成果转化；其次，必须掌握组建先进实验工艺线的能力，能够开展量产工艺的先导性研究和验证工作；最后，面对多元的合作，建立健全知识产业运营规则也势在必行。

核电关键技术"走出去"专利布局研究[*]

汤志明　陈　燕　杜江峰　孙全亮　刘庆琳　肖　凯
孙　勐　汪　磊　王伟宁　韩　杰　韩光浩

21世纪初，我国确定积极发展核电能源战略，将"大型先进压水堆及高温气冷堆核电站"列入《国家中长期科学和技术发展规划纲要（2006～2020年)》十大重大专项之一，我国核电产业快速发展，初步形成以"华龙一号"为代表、具有自主知识产权的国产核电品牌。我国核电技术的跨越式发展，极大地促进了能源结构调整和装备制造业的振兴，提高了我国核电产业的国际竞争力。"华龙一号"被誉为国家实施"一带一路"倡议和核电"走出去"战略的一张亮丽的名片。

当今世界核电格局正经历新一轮的"地壳运动"。美国、法国等传统核电强国发展停滞，中国和韩国等新兴核电强国迅速发展。"一带一路"倡议和核电"走出去"战略实施，为国内核电企业深度参与国际竞争提供了难得的机遇。但是我国核电技术、核电产业是在自主创新和引进、消化、吸收、再创新相结合基础上快速发展起来的，国内核电企业全球专利布局意识薄弱，知识产权支撑核电"走出去"尚有欠缺；全球核电领域的核心专利多掌握在美国、法国等老牌跨国核电企业手中，我国核电设计、制造、建造和运行服务等"走出去"面临诸多困难。整体上，我国核电产业面临国内专利多海外专利少、外围专利多核心专利少、专利布局与市场定位不平衡（"两多两少一不"）等制约我国核电"走出去"的关键问题。

＊　本文获第十届全国知识产权优秀调查研究报告暨优秀软课题研究成果评选二等奖。

一、全球核电产业概况和专利分析切入点

核电产业作为技术资金密集型的高技术战略产业，目前全球仅有美国、法国、日本、俄罗斯、中国等少数几个具备完整产业链的核电大国能够参与国际市场竞争。

（一）全球核电产业概况

20世纪70年代以来二代和二代＋核电站通过商业化、标准化、批量化提高了核电市场竞争力，一度形成核电站建设高潮。

1. 全球核电产业在跌宕起伏中徘徊发展

全球核电大国盛极而衰。近几十年来，作为全球第一核电大国的美国核电产业进入漫长的衰退期，投资锐减，人才流失，人员老化，拥有第三代核电压水堆先进技术AP1000的西屋公司濒临破产；2000年以后，欧洲国家弃核，俄韩核电异军突起，国际市场竞争加剧，法国核电在国际市场遭遇前所未有的挑战，"全球第一大核反应堆制造商"阿海珐公司深陷债务危机；2011年福岛事件使日本优先发展核能的能源政策失去民意基础，日本民众"谈核色变"，"去核电化""零核电"成为政党核电政策选项，日本在核电领域扩张战略不得不改弦更张。

发展中国家核电需求旺盛。在美国、法国、日本等核电强国能源消费见顶、需求不旺、发展停滞之际，以中国为代表的发展中国家，尤其是"一带一路"沿线64国能源消费快速增长，电力需求旺盛，成为发展核电的重要市场。

2. 中国核电产业在改革开放中跨越发展

我国核电产业40年与改革开放风雨同行。秦山核电站从筹建到1991年首次并网发电，整整经历了20年。2007年以后随着"积极推进核电建设"能源战略和核电重大专项实施，我国核电市场迅速发展，核电产业实现跨越式发展，成为在建三代压水堆核电站最多的国家，改革开放政策将非能动三代核电从设计蓝图变成现实。

在引进AP1000、EPR等先进核电技术同时，我国通过消化吸收再创新，形成了拥有自主知识产权的"华龙一号"核电品牌，实

现了核电技术的跨越式发展，提高了我国核电产业的国际竞争力。中国核电，正在作为中国制造高技术、高标准、高经济带动性的典型代表，成为国家的一张新名片。

（二）全球核电"走出去"知识产权竞争日趋白热化

随着全球核电产业发展态势的剧烈演变，美、法等核电强国纷纷瞄准国际市场，以"专利先行"制定长期的核电专利布局和知识产权保护策略，传统核电强国与新兴核电大国在全球核电市场竞争日趋激烈，知识产权竞争日趋白热化。

近些年，我国核电行业依托庞大的国内市场，积极实施"技术专利化、专利标准化"，构建国内核电专利群。然而我国核电"走出去"尚处于起步阶段，全球专利布局经验不足，海外专利无论是数量、质量还是布局策略，与传统核电强国相比尚有较大差距，我国核电"走出去"机遇与挑战并行。

（三）核电"走出去"专利布局研究切入点

我国是在建核电站最多的国家，核电市场发展迅速；"核电走出去"和"一带一路"倡议，为我国深度参与国际核电市场竞争提供了良好的机遇。但国内核电产业发展面临核电关键技术创新尚待深化、核电"走出去"尚处于起步阶段、海外专利布局亟需完善等制约我国核电可持续发展和核电"走出去"的关键问题。报告力求在准确把握核电领域专利竞争与布局全景、核电关键技术专利竞争比较研究、核电巨头海外专利布局策略比较、"华龙一号"海外专利布局的机遇与挑战基础上，深入分析我国核电"走出去"发展前景、核电技术研发方向，为进一步完善国内核电产业发展提供政策建议或参考。

二、核电领域专利竞争与布局全景

1990 年 1 月至 2017 年 8 月，核电关键技术全球专利申请53 129 件（合计同族专利 30 236 项），中国专利申请（5 061 件）。

（一）全球专利竞争与布局

中、日、美、法、俄、韩是全球核电领域的重要市场（占

68.7%)和技术原创区域（占 90.9%）；核电技术门槛高，集中程度高，主要涉及日本（13 960 项，占 46.2%）、美国（3 455 项，占 11.4%）、法国（1 349 项，占 4.5%）的核电企业。

1. 专利技术发展趋势

1990 年以来，核电领域历经"技术成熟，发展滞缓""稳步增长，中国崛起""战略调整，申请收缩"三个跌宕起伏的发展阶段。传统核电强国市场需求不旺，研发投入锐减，专利申请稳中有降；发展中国家核电需求旺盛，中国在改革开放中实现了核电技术的跨越式发展。

2. 专利技术区域分布

全球核电专利集中在东亚（中、日、韩）、美、俄、欧洲（法、德、瑞典），其专利申请量占全球总量 95.3%（按优先权计）。美国、法国等老牌核电强国技术基础牢固，实力雄厚，尽管申请量萎缩，但仍占据全球核电产业重要地位。

2005 年以来随着核电专项、创新型国家战略实施，我国核电产业快速发展，专利申请量占全球总量的 13.2%（按优先权计），跃居全球第二；尤其是近几年专利申请量已经超过日本而全球领先。全球核电市场格局呈现传统核电强国份额收缩、中韩强势崛起、发展中国家比例上升等发展趋势。

3. 专利技术领域分布

目前全球申请人重点涉及仪控系统（27%）、本体结构（19%）和燃料元件（16%）。30 年来本体结构年专利申请量从 30%萎缩至不到 10%，燃料元件年专利申请量减少 50%，安全系统和冷却系统年专利申请量增长明显。2010 年以后燃料管理年专利申请量猛增，优化燃料管理成为新研发热点。

4. 专利申请人分布

日本、法国、美国、中国、韩国申请人的专利申请量居前 10 位。日本企业以本国申请为主，阿海珐公司、西屋公司则注重海外专利布局，是中国核电"走出去"的主要竞争对手。

2005 年前，阿海珐公司、西屋公司专利申请量呈下滑趋势；2005 年后中国核电企业携后发优势，专利申请快速增长，远超同期阿海珐公司和西屋公司专利申请量。

阿海珐公司技术相对均衡，重点布局燃料元件、仪控系统和冷却系统，尤其燃料元件专利技术居于领先地位。西屋公司也侧重于燃料元件、仪控系统和冷却系统。中核集团、中广核集团仪控系统遥遥领先。在燃料元件、冷却系统和核电运营方面，两大竞争对手拥有大量核心专利，技术优势明显。

阿海珐公司和西屋公司以 PCT 申请为主要手段，进行全球布局。阿海珐公司以德国、法国等欧洲国家为大本营，以美国为主要对手，进行重点专利布局；以中国、西班牙为重要市场，以日本、韩国为竞争对手，进行针对性专利布局；在亚、美、非等核电市场作预防性专利布局。西屋公司除美国外还在日本、韩国、欧洲进行重点专利布局；以中国、西班牙为重要市场，进行针对性专利布局；在欧、亚、美、非等核电市场进行预防性专利布局。中国核电以本国申请为主、PCT 申请为辅，全球专利布局尚待进一步加强。

（二）中国专利竞争与布局

1. 国内快速增长，国外长期稳定

自 1990 年以来，中国核电专利申请历经国外来华垄断（1990～2000 年，50 件/年）、国内申请上升（2001～2011 年，150 件/年）、高速平稳发展（2012 年至今，600 件/年）三个发展阶段。国内核电自主创新基础薄弱，2005 年后发展速度快；国外核电技术先进，国外来华专利布局长期稳定。

国外来华和国内申请的专利竞争态势已经逆转，国内申请（3 805 件，占中国申请总量 75.2%）已对国外来华申请（1 256 件，占中国申请总量 24.8%）形成压倒性优势。但是，实用新型 1 470 件（占中国申请总量 29%）均为国内申请，PCT 申请 722 件（占中国申请总量 14%）几乎全为国外来华申请。

2. 法美日韩德专利布局持续

国外来华申请（1 256 件）中，法国 403 件，占 32.1%；美国 356 件，占 28.3%；日本 152 件，占 12.1%；韩国 115 件，占 9.2%；德国 114 件，占 9.1%。法、美、日、韩、德五国专利布局持续。

2011 年福岛事件后，日本企业中国申请量明显减少，美国、韩国和德国企业中国申请量明显增多，法国企业中国申请量长期保持稳定。

3. 国外来华申请布局重点突出

国内申请侧重安全系统（18％）、核电运营（16％）；国外来华侧重燃料元件（25％）、燃料管理（18％）、冷却系统（16％）。

国外来华专利布局重点突出。法国侧重燃料元件、燃料管理、冷却系统，美国侧重燃料元件、本体结构、冷却系统，日本侧重冷却系统，韩国侧重燃料元件。我国核电"走出去"需着重研究法国、美国在目标市场的专利布局和布局策略。

4. 本国申请人已形成局部优势

中国专利主要申请人有中核集团（770 件）、中广核集团（633 件）、法国阿海珐公司（390 件）、国家核电（251 件）、美国西屋公司（174 件），我国申请人已对阿海珐公司、西屋公司形成竞争优势。

2005 年以后，中核集团、中广核集团、国家核电携后发优势快速增长；阿海珐公司、西屋公司长期专利布局，阿海珐公司年专利申请量相对均衡，西屋公司年专利申请量前低后增，是国内核电企业需要重点关注的主要竞争对手。

中核集团相对均衡，侧重安全系统、燃料元件；中广核集团侧重核电营运，国家核电侧重安全系统；阿海珐公司、西屋公司侧重燃料元件。燃料元件作为产业关键技术，受到国内外核电企业的普遍重视。

三、核电关键技术专利竞争比较研究

课题组经过对核电领域专利竞争态势和布局全景分析后认为，我国核电"走出去"面临法国阿海珐公司、美国西屋公司的激烈竞争；燃料元件、冷却系统（以蒸汽发生器为例）两家公司占据优势，安全系统（以堆芯捕集器为例）我国核电企业领先。

（一）蒸汽发生器专利竞争比较

阿海珐公司、西屋公司在蒸汽发生器领域进行长期而持续的专利布局。

1. 专利市场价值比较

阿海珐公司蒸汽发生器的同族专利 145 项（合计 539 件），件项比（件数/项数）为 3.72；西屋公司同族专利 99 项（合计 363 件），件项比为 3.67；中国申请人同族专利 99 项（合计 100 件），件项比为 1，差距明显。

2. 专利申请周期比较

2005 年之前，阿海珐公司蒸汽发生器专利申请密集，并持续进行专利技术研发，掌握大量核心专利和基础专利；1990～1996 年、2010～2013 年，西屋公司蒸汽发生器专利申请密集。中国申请人蒸汽发生器 2004 年开始提出少量专利申请，2010 年以后专利申请量快速增长。

3. 专利技术类别比较

阿海珐公司蒸汽发生器专利 145 项，其中维护清洗 55 项（37.9%），探测检查 29 项（20%），整体 27 项（18.6%）；西屋公司蒸汽发生器专利 99 项，其中维护清洗 37 件（37.4%），探测检查 19 件（19.2%），整体 15 件（15.2%）；中国申请人蒸汽发生器专利 99 件，其中探测检查 35 件（35.4%），组成部分 32 件（32.3%），整体 15 件（15.2%）。

4. 专利区域布局比较

阿海珐公司和西屋公司以 PCT 申请为重要手段，进行全球专利布局。阿海珐公司以欧洲、法国为大本营，以美国为主要对手，进行重点专利布局；以德国、中国为重要市场，以日本、韩国为竞争对手，进行针对性专利布局；在亚、美、非等市场作预防性专利布局。西屋公司在美国、日本、欧洲进行重点专利布局；以韩国、中国、西班牙、加拿大为重要市场，进行针对性专利布局；在欧、亚、美、非等市场作预防性专利布局。中国申请人蒸汽发生器专利海外布局空白，亟待加强全球专利布局。

5. 西屋公司 Zephyr 先进探测系统专利布局

西屋公司涡流检测技术根据时间、方案、市场和对手情况开展全球专利布局。前期专利（1991～1995 年）涉及探头传输定位、探头结构、探测系统设置，在美、欧、日等进行专利布局；后期

(2010～2014 年) 强化探头传输定位、探测和分析方法研究, 在美、日、欧、中、韩等国家和地区进行专利布局。

西屋公司持续 20 年研究关键的探头传输定位技术, 专利分布也由早期的少数竞争对手 (欧洲、日本) 扩大到全球主要目标市场 (中国、韩国、加拿大); 对于应用技术 (探测和分析方法), 在新产品上市 (2017 年推出 Zephyr ® 先进探测系统) 前专利先行, 全球布局; 对于基础技术 (如探头结构、探测系统设置), 采用经济的专利申请策略。

(二) 燃料元件专利竞争比较

阿海珐公司、西屋公司在燃料元件领域进行长期而持续的专利布局。

1. 专利市场价值比较

阿海珐公司燃料元件的同族专利 387 项 (合计 1 807 件), 件项比为 4.67; 西屋公司同族专利 167 项 (合计 698 件), 件项比为 4.18; 中国申请人同族专利 250 项 (合计 290 件), 件项比为 1.16, 差距明显。

2. 专利申请周期比较

1990 年以来, 阿海珐公司、西屋公司持续开展燃料元件专利技术研发, 专利申请非常密集, 掌握大量核心专利和基础专利。中国申请人燃料元件 1995 年开始断断续续少量专利申请, 2007 年以后专利申请量快速增长。

3. 专利技术类别比较

阿海珐公司燃料元件专利有 387 项, 其中燃料组件 198 项 (51.2%), 燃料棒制造 126 项 (32.6%); 西屋公司燃料元件专利有 167 项, 其中燃料组件 77 项 (46.1%), 燃料棒制造 55 项 (32.9%); 中国申请人燃料元件专利有 250 项, 其中燃料组件 88 项 (35.2%), 燃料棒制造 116 项 (46.4%)。

4. 专利区域布局比较

阿海珐公司和西屋公司以 PCT 申请为重要手段, 进行全球专利布局。阿海珐公司以欧洲、法国、德国为大本营, 以美国、日本为主要对手，进行重点专利布局；以中国、韩国、西班牙、南非为重要市场，进行针对性专利布局。西屋公司在美国、日本、欧洲、韩国进行重点专利布局；以中国、西班牙、德国为重要市场，进行针对性专利布局；在法国、美国、南非、巴西市场作预防性专利布局。中国申请人燃料元件领域已经在欧美非相关国家少量布局。

（三）堆芯捕集器专利竞争比较

阿海珐公司、西屋公司结束堆芯捕集器领域专利布局。

1. 专利市场价值比较

阿海珐公司堆芯捕集器的同族专利 13 项（合计 66 件），件项比为 5.08；西屋公司堆芯捕集器的同族专利 2 项（合计 9 件），件项比为 4.5；中国申请人堆芯捕集器的同族专利 43 项（合计 55件），件项比为 1.28。

2. 专利申请周期比较

阿海珐公司、西屋公司堆芯捕集器专利申请集中在 20 世纪 90年代，中国申请人 2012 年后大规模研发堆芯捕集器。

四、核电巨头海外专利布局策略比较

分析比较阿海珐公司、西屋公司全球专利布局策略，供我国核电"走出去"学习借鉴。

（一）阿海珐公司专利出海布局策略

重组后的阿海珐公司将"走出去"作为企业发展的重要目标。法国原子能委员会（CEA）作为阿海珐集团（持股 80%）、法国电力公司（持股 87.3%）的控股股东，引导、扶持、支撑阿海珐公司全球专利布局。阿海珐公司主要目标市场包括美国、英国、中国、南非。下文以南非为例介绍阿海珐公司在各个目标市场的专利布局。

阿海珐公司在南非布局具有以下三个特点。一是"全面覆盖、重点突出"，全面覆盖各个技术分支，重点突出冷却系统和元件制造。二是"主辅配合、阶段布局"，蒸汽发生器技术每次升级改进，都会带来组成部件、检测探查、维护清洗技术的重大变化。阿海珐公司南非蒸汽发生器专利布局第二阶段（2000～2010 年），升级改进涉及 9 件组成部件专利（水室封头、管板、上下筒体、管束、分离器等主设备）和 8 件服务技术专利（清洗维护、探测检查），形成一个以蒸汽发生器部件改进为核心、检测维护技术为辅助的专利集群。三是"关键技术、持续布局"，阿海珐公司持续开展蒸汽发生器组件、元件制造（包壳、格架）等关键技术的专利布局，并采取包壳专利布局分工艺、材料两种路线。包壳工艺类技术改进涉及结构、制造工艺，基于包壳结构、涂层、退火工艺研究，阿海珐公司在南非申请了一系列双层包壳、包壳涂层、退火工艺等方面的专利。阿海珐公司从 1990 年起一直持续开展包壳材料类技术改进。

（二）西屋公司专利出海布局策略

西屋公司作为压水堆核电鼻祖，一直重视全球专利布局。西屋公司主要目标市场包括美国、英国、中国、南非。下文以南非为例介绍西屋公司在各个目标市场的专利布局。

西屋公司南非专利布局主要在 2007～2012 年。其中，本体结构、元件制造专利布局在 2007～2009 年，冷却系统、安全系统、仪表控制、燃料管理专利布局在 2010～2012 年，体现出"重点技术先行、辅助技术跟上"的布局思路。本体结构 7 件专利中有三代压水堆非能动设计思路的 AP1000 堆内构件 6 件；元件制造 7 件专利涉及芯块包壳等 6 个技术分支，体现出西屋 AP1000 高性能燃料元件技术路线。西屋公司蒸汽发生器由三菱重工制造，三菱重工 2007～2009 年在南非也申请系列蒸汽发生器专利，体现了西屋公司与合作伙伴三菱重工之间的协同关系。

（三）阿海珐公司与西屋公司专利布局策略比较

阿海珐公司在南非采用"重者恒重、主辅配合、层次分明"专利布局策略，以"全面覆盖、重点突出"兼顾各技术分支又突出冷却系统、元件制造，以"主辅配合、阶段布局"策略形成既有核心技术又有辅助技术的专利集群，以"关键技术、持续布局"策略持续开展蒸汽发生器组件、元件制造（包壳、格架）等关键技术专利布局。西屋公司在南非则采用"重点技术先行、辅助技术跟上"和"协同合作"布局思路。

五、我国"华龙一号"海外专利布局的机遇与挑战

我国核电走出去既有全球核电产业发展态势剧烈演变的战略机遇，又有传统核电强国与新兴核电大国激烈竞争、核电领域知识产权竞争日趋白热化的挑战。

（一）核电"走出去"专利布局现状

中国核电（中核集团、中广核集团、国家核电）海外布局 134 项，其中 PCT 申请 115 项、《巴黎公约》等途径专利申请 19 项。中核集团 2012 年后逐年递减；中广核集团 2006～2012 年少量申请，2013 年后逐年递增；国家核电 2011 年开始申请。中广核集团布局较为广泛，其海外专利 82 项中 71 项进入国家阶段（GB 23 件、EP 13 件、US 11 件）；中核集团布局集中，其海外专利 31 项（GB 22 件、ZA 16 件、AR 15 件）；国家核电海外专利 15 项（GB 7 件、ZA 6 件、US 9 件）。中国核电海外专利覆盖核电领域 7 个技术分支。中国核电在安全系统、仪控系统和燃料元件方面布局相对较多，作为我国三代核电品牌主打的安全系统海外专利布局最多；我国自主研发核电站仪控系统基本突破国外企业的技术壁垒。

（二）目标市场专利布局机遇与挑战

以南非为例介绍中国核电在目标市场（南非、英国、阿根廷）专利布局机遇与挑战。南非三代压水堆核电专利共 335 件，其中阿海珐公司 175 件，西屋公司 29 件，中国申请人 25 件。阿海珐公司在南非持续进行专利布局，总量和覆盖面上都超出西屋公司、中国申请人。

1. 中国申请人南非专利布局存在的问题

中国申请人南非专利布局主要存在以下四个问题：①各技术分支专利布局不平衡，安全系统比例过重，重点不突出。中国申请人侧重安全系统（消氢、堆芯捕集器），其他技术分支量能不足；安全系统内重点不突出，难以有效支撑专利攻防。②重点领域冷却系统和元件制造专利布局严重不足。冷却系统、元件制造作为技术研发和专利布局重点，技术壁垒规避难，专利侵权风险高，专利布局

价值大，需要高度重视，持续布局。③仪表控制专利布局重视不够。仪表控制和燃料管理技术对核电站运营起支撑作用，是整体专利布局有益补充。④专利布局缺乏集中度、前瞻性、连续性。安全系统 13 件申请分属不同技术分支的专利。

2. 中国申请人南非专利布局改进建议

综合考虑南非市场前景、竞争态势，建议防御为主，进攻为辅，平衡布局，增加连贯性。

保持专利布局连续性、一贯性。蒸汽发生器整体设计和组件、元件制造包壳和格架方面，技术壁垒规避难，专利侵权风险高，专利布局价值大，需要高度重视、持续布局。

暂缓堆芯捕集器专利布局，增强重点领域专利布局。阿海珐公司、西屋公司安全系统堆芯捕集器专利申请都集中在 20 世纪 90 年代，中国申请人 2012 年后已布局较多堆芯捕集器专利，应当暂缓堆芯捕集器专利布局，做好评估。立式自然循环蒸汽发生器是主流产品，整体设计、管板流道等部件设计容易交叉、重叠和冲突，蒸汽发生器整体技术和组件技术是专利侵权的热点；压水堆燃料元件的零部件和整体结构基本类似，呈"芯块—包壳—棒整体—格架—组件"组合形式，安全经济，价值又高。

本体结构、安全系统、仪表控制、燃料管理、核电运营以防御性专利布局为主，进攻性专利布局为辅。各企业技术路线不同，应积极防范应对竞争对手侵权和诉讼行为。

六、核电"走出去"专利布局整体建议和应对措施

（1）继续深化国家核电产业改革，加强核电产业发展顶层设计，建立健全统筹国家核电产业发展的体制机制，理顺支撑我国核电走出去的关键环节。

21 世纪初，我国确定积极发展核电能源战略，核电产业获得快速发展，促进了能源结构调整和装备制造业振兴，同时也暴露出核电与相关利益方的深层次矛盾，例如核电与其他电力之间的竞争、核电企业之间的竞争、各种核电技术之间的竞争等。这些深层次矛盾的存在，制约我国核电产业健康、可持续和科学发展。应当

继续深化国家核电产业改革，加强核电产业发展顶层设计，建立健全统筹国家核电产业发展的体制机制，理顺支撑我国核电"走出去"的关键环节和方面，力争形成投融资一体、上下游衔接、政企经协调、产学研结合的核电产业格局，大力促进研发设计、装备制造、核电建设、营运管理、核燃料供应、乏燃料处理等科学发展，以上下游产业协同发展支撑我国核电技术创新和核电"走出去"。

（2）把握核电产业发展的战略机遇期，加快实施核电领域创新驱动发展战略，合理利用专利质量提升工程，大力促进核电高价值专利的创造和保护。

在美、法、日等核电强国能源消费见顶、需求不旺、发展停滞之际，发展中国家尤其是"一带一路"沿线 64 国能源消费快速增长，电力需求旺盛，成为发展核电的重要市场。中国核电应当把握核电产业新一轮"地壳运动"带来的发展机遇期，加快实施核电领域创新驱动发展战略，合理利用专利质量提升工程，大力促进核电高价值专利的创造和保护，逐步在全球目标市场形成覆盖各个技术领域的 PCT 国际专利申请，重点突出蒸汽发生器、元件制造等技术壁垒规避难、专利侵权风险高、专利布局价值大的技术领域，增强关键技术、核心产品专利布局持续性。

（3）立足国际政治经济大环境和我国"一带一路"倡议大格局，精心谋划我国核电"走出去"目标市场和针对性专利申请，着力构建和完善支撑我国核电"走出去"的全球专利布局。

以英国为代表的核电发达国家目标市场，所有竞争对手都已经长期经营，专利布局严密，专利风险巨大；中国核电企业在选择与阿海珐公司加强合作的同时，应当尽快在冷却系统、元件制造等关键技术领域强化研发，围绕核心产品持续进行专利布局。以南非为代表的潜在市场，个别竞争对手布局时间长，专利布局较多，中国核电企业应当根据市场发展需要，在关键节点或核心技术方面加大专利布局力度。以阿根廷为代表的发展中国家核电市场，阿海珐公司、西屋公司专利布局整体较少，但蒸汽发生器方面布局集中仍有潜在风险；中国核电企业应加大燃料元件制造、蒸汽发生器等专利布局力度，燃料元件制造以包壳材料为核心，以格架、管座、燃料组件整体为关键，构建燃料元件领域全方位专利保护网；蒸汽发生器采取技术秘密和专利相结合，以结构部件改进为核心，以探测检查、维护清洗为关键开展专利布局。

（4）密切关注行业领导者的技术研发和专利布局动向，高度重视核电基础性关键技术突破，加强核电辅助性专利技术布局，安全系统技术分支暂缓堆芯捕集器专利布局。

作为核电行业领导者，阿海珐公司整体上采用"重者恒重、主辅配合、层次分明"布局策略，西屋公司整体上采用"重点技术先行、辅助技术跟上""协同合作"布局思路。阿海珐公司蒸汽发生器专利 145 项中维护清洗（55 项，37.9%）、探测检查（29 项，20%）等技术服务专利占 58%，西屋公司蒸汽发生器专利 99 项中维护清洗（37 件，37.4%）、探测检查（19 件，19.2%）技术服务专利占 57%，而中国申请人蒸汽发生器专利 99 件中只有探测检查（35 件，35.4%）。在安全系统方面，西屋 AP1000、阿海珐 EPR、中国"华龙一号"的安全系统设计思路、技术路线各有所长，其中阿海珐公司、西屋公司的堆芯捕集器专利集中在 20 世纪 90 年代之后再未继续申请，而中国申请人 2012 年至今已布局较多堆芯捕集器专利，应当暂缓堆芯捕集器专利布局，做好评估。

（5）持续加强燃料元件技术研发实力和全球专利布局，合作研发包壳材料共性技术，进一步重视格架、管座等燃料组件结构设计，促进我国高性能核燃料整体性能提升。

燃料元件既是纵深防御的实体屏障，又是反应堆的核心部件，对反应堆安全稳定运行、核电厂的安全性和经济性至关重要。高性能燃料组件是全球压水堆核燃料元件的发展趋势，美国、法国等国核电企业进行长期的燃料组件技术研发和专利布局，西屋公司和阿海珐公司全球核燃料市场占有率在 80% 以上。尽管 2011 年以来，我国在高性能核燃料领域取得较多发明专利成果，但是核心专利拥有量、全球专利布局意识等与国外同行差距较大，亟待持续加强燃料元件技术研发实力和全球专利布局，合作研发包壳材料共性技术，进一步重视格架、管座等燃料组件结构设计，促进我国高性能核燃料整体性能提升。

超高清产业关键技术专利分析
与我国超高清产业发展建议[*]

刘伟东

一、研究背景和方法

（一）研究背景

电视行业的发展一直以追求更完美、更清晰的图像和声音为目标。数字化技术的发展加速了电视分辨率的提升。从标清到高清再到超高清，代表了电视领域的整体发展趋势。超高清化是未来电视行业发展的必然方向。

超高清产业涵盖内容制作、视频处理、广播传输、终端播放等多个环节，产业链各个环节的技术已趋于成熟。本文选取超高清电视产业链关键技术为重点研究对象，对相关专利进行筛选分析和深度解读。基于分析结果，为行业研究机构和产业界提供技术借鉴信息和风险评估信息，提高技术创新、风险规避及知识产权运用能力，同时也为我国广播电视主管部门出台相关政策、有的放矢地支持和引导企业创新发展提供数据支撑。

根据超高清产业链涉及的相关技术以及市场现状，设定三级超高清产业技术分解表，具体如表1所示。

表1 技术分解表

一级	二级	三级
内容制作	视频采集系统	
	视频制作	HDR制作与转换
		分辨率转换
		低帧率与高帧率转换
		色域转换
		编辑码率转换

---

[*] 本文获第十届全国知识产权优秀调查研究报告暨优秀软课题研究成果评选二等奖。

一级	二级	三级
内容制作	立体音频采集	
	音频制作	声象方向控制
		混响
		多声道声源转换
	基带接口	
音视频编码	视频编码	编码单元划分
		帧内帧间预测
		熵编码
		滤波
		码率控制
		率失真优化
	立体音频编码	
信号传输	传输数据封装	
	无压缩视频信号的光纤传输	
	基于 MIMO 技术的移动转播	
	基于 IP 技术的视频宽带传输	
	以 MMT 为基础的多路复用传输	
终端图像处理及接口	图像处理引擎	
	终端接口	

视频采集系统：涵盖演播室设备和系统，以及转播车等外场转播系统，并不针对摄像机内部用于成像的光电转换过程的改进。

视频制作：具体涵盖三级分支中用于实现 HDR 节目内容的制作方法、设备和系统，以及用于超高清内容向下兼容的 HDR 与 SDR 相互转换、超高清与高清或标清分辨率的相互转换、低帧率与高帧率相互转换、色域转换以及原码率和代理码率之间的相互转换。

立体音频采集：配合超高清视频的三维立体音频数据的采集，尤其包含 22.2 声道音频的采集。

音频制作：配合超高清视频的三维立体音频数据的后期制作，具体涵盖三级分支中针对三维立体音频声象方向控制、混响技术以及用于向下兼容的多声道声源转换技术。

基带接口：具体针对可用于超高清内容传输的 SDI 接口的改进。

视频编码：针对超高清内容的，具体涵盖三级分支中编码关键步骤的编码单元划分、帧内帧间预测、熵编码和滤波操作，以及针对码率控制和率失真优化的改进。

立体音频编码：针对配合超高清视频的三维立体音频数据的编码，包含立体音频计算、渲染等方面的改进。

传输数据封装：为实现具备 HDR 特性的视频的传输以及再现而对 HDR 元数据进行封装的改进技术。

无压缩视频信号的光纤传输：针对经由光纤传输的未进行压缩的超高清视频信号的传输改进技术。

基于 MIMO 技术的移动转播：在进行移动转播时，从使用多个发射和接收天线的转播单元中无线传输超高清视频素材的技术。

基于 IP 技术的视频宽带传输：使用 IP 宽带技术传输超高清节目内容的技术。

以 MMT 为基础的多路复用传输：基于 MMT（MPEG Media Transport）的多信道传输技术和同步显示技术。

图像处理引擎：针对用于在终端设备再现超高清节目内容的技术，包含终端转码、图像优化、针对 HDR 的适配技术。

终端接口：具体针对可用于超高清内容传输的 HDMI 接口的改进。

（二）研究方法

检索数据基于蜂利大数据平台中的多个数据库及其他相关专利数据库展开。检索日期截至 2017 年 8 月 7 日。由于专利数据公开的滞后性，其中 2016 年以后申请的部分专利还处于未公开的状态。

数据包括：世界知识产权组织（WIPO）全文文本数据以及美国、欧洲专利局（EPO）、日本的专利全文文本数据。

分析方法包括：专利申请历年发展态势分析、专利技术布局分析、专利技术产出实力分析、专利区域布局分析、主要研发团队分析以及法律状态分析等。

二、超高清产业专利态势分析

（一）专利技术现状整体分析

1. 全球历年专利申请量分析

全球超高清技术专利申请量为 5 207 项。在 4 个一级技术分支上，内容制作、音视频编码、信号传输和终端图像处理及接口的专利申请量分别是 2 088 项、1 344 项、487 项和 1 630 项。

图 1 显示出超高清产业全球专利申请量的发展趋势。从图中可以看出，超高清产业专利申请量总体呈现增长趋势，具体可以分为以下 3 个阶段。

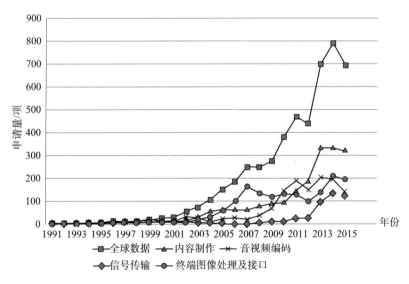

图 1　超高清产业全球专利申请量发展趋势

起步期（1991～1999 年）：这一阶段，超高清产业技术刚刚兴起，大多数技术处于理论阶段，全球专利申请数量较少，平均每年有不到 8 项的专利申请。

缓慢发展期（2000～2009 年）：2000 年开始，超高清产业专利申请进入缓慢发展阶段，超高清产业内容制作、音视频编码、信号传输、终端图像处理及接口各个领域的专利申请均开始增长。

快速发展期（2010 年至今）：2010 年开始，除了终端图像处理及接口方面出现短暂下降随后增长外，其他方面的专利申请均呈现增长，其中内容制作方面的专利申请最多，其次是视频编码和终端图像处理及接口，最后是信号传输。

2. 全球技术主题比例分析

超高清技术的 4 个一级技术分支中，申请量从大到小依次是内容制作、终端图像处理及接口、音视频编码和信号传输。

由图 2 可知，涉及内容制作的专利申请占总全球申请总量的比例为 40%。内容制作二级技术分支中，视频制作的专利申请量占比最高，共有 1 138 项专利，占内容制作申请量的 55%，超过一半；音频制作的专利申请占比排名第二位，为 427 项，占内容制作申请

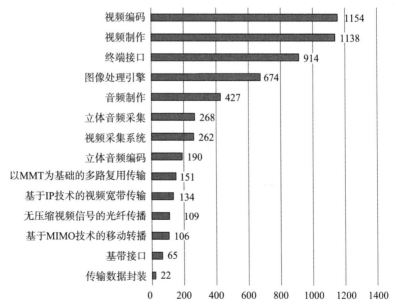

图 2 全球专利超高清技术二级分支技术主题申请量对比

量的 20%；立体音频采集和视频采集系统的专利申请数量接近，各占内容制作申请量的 12%；基带接口专利申请最少，为 65 项，占内容制作申请量的 3%。

涉及终端图像处理及接口的专利申请占总全球申请总量的比例为 31%。终端图像处理及接口二级分支中，图像处理引擎和终端接口的专利申请量分别是 674 项和 914 项。

涉及音视频编码的专利申请占全球申请总量的比例为 26%。音视频编码二级技术分支中，视频编码的专利申请量远高于立体音频编码的专利申请量，视频编码和立体音频编码的专利申请量分别是1 154 项和 190 项，两者的比例约为 6∶1。

涉及信号传输的专利申请占全球申请总量的比例为 10%。信号传输二级技术分支中，以 MMT 为基础的多路复用传输的专利申请量最多，为 151 项；接下来是基于 IP 技术的视频宽带传输，为 134项；无压缩视频信号的光纤传输和基于 MIMO 技术的移动转播数量接近，分别是 109 项和 106 项；传输数据封装的申请量最少，仅为 22 项。

（二）全球技术产出实力现状区域分析

1. 技术产出国家/地区分析

全球超高清技术专利申请量为 5 207 项。图 3 显示出全球主要国家/地区的历年申请量以及其申请量总量占全球总量的份额情况。从数据来看，美国、日本、中国、韩国、欧洲的申请量占据前 5位；在专利申请中位于第一梯队的是美国和日本，其中美国申请量为1 504项，占全球专利申请总量的 29%，日本申请量为 1 416 项，占全球专利申请总量的 27%，美日两国申请量超过了全球申请量的一半。

中国申请量为 965 项，位于第三位，占全球专利申请总量的 19%。韩国和欧洲专利申请相对较少，申请量分别为 508 项和 374项，占全球的份额分别是 10% 和 7%。

2. 主要技术产出国家/地区技术主题分析

图 4 示出了在各二级技术分支上，中国、美国、日本、韩国、

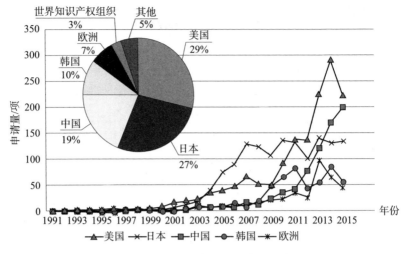

图 3　全球专利产出情况

欧洲这五个国家/地区的专利技术分布情况。就中国而言，除传输数据封装外，中国专利申请在其他分支上均有涉及。中国的专利申请中，视频制作和视频编码数量最多，远超其他各技术分支；其次是图像处理引擎方面的申请较为多；在基于 MIMO 技术的移动转播、以 MMT 为基础的多路复用传输方面的专利申请较少。

（三）专利技术申请目标区域分析

1. 申请目标国家/地区分析

美国是全球最主要的超高清技术专利申请目标国家，共有 2 758 件美国专利申请。中国和日本是仅次于美国的两大专利申请目标国家，分别有 2 635 件中国专利申请和 2 157 件日本专利申请。欧洲和韩国作为专利申请目标国家/地区稍逊一筹，专利申请量相对较少，分别有 1 518 件和 1 385 件。

2. 主要国家/地区技术流向分析

全球范围的专利申请 90％以上集中在中国、美国、日本、韩国和欧洲。五国/地区申请流向表（表 2）除了反映出五国/地区申请量和超高清技术科技实力外，还反映出主要国家和地区对全球各个主要市场的重视程度。五国/地区申请人中，向海外申请专利数量最多的是美国，共2 338件；其次是日本，共 1 757 件；接下来是韩国和欧洲，分别为 711 件和 612 件；最后是中国，仅为 118 件。向海外申请专利与在本国申请专利之比，比值最大的是欧洲，其次为美国、韩国、日本和中国，说明欧洲申请人更加重视海外市场。

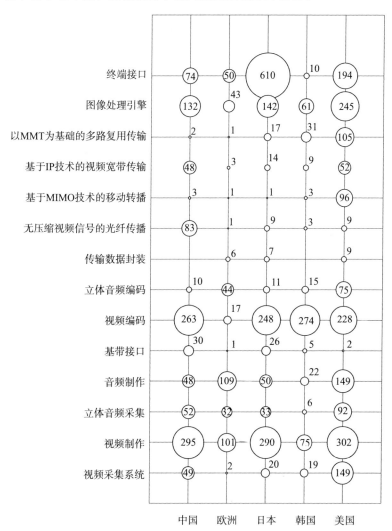

图4　主要技术产出国家/地区二级分支专利产出对比

表2　全球专利五国/地区流向表　　　　单位：件

申请国家/地区	布局国家/地区				
	中国	美国	日本	韩国	欧洲
中国	952	67	9	14	28
美国	678	1205	493	546	621
日本	500	740	1255	197	320
韩国	173	289	108	416	141
欧洲	164	183	146	119	226

（四）在华申请国内外申请人对比分析

1. 历年专利申请量分析

图5示出了中国申请总量、在华申请国内外申请人专利申请量的发展趋势。国内申请人的申请量自2013年起迅速增加。究其原因，主要得益于以下几大利好因素。一是2012年8月，国际电信联盟（ITU）宣布推出UHDTV国际标准ITU－R BT.2020，规定了超高清的制作参数，从而明确了发展超高清的方向；2013年初，H.265视频编码标准公布，大幅提升了超高清内容信源编码的效率，进一步加速了超高清电视技术的推广。二是政策利好，发展超高清电视技术从2014年即成为原国家新闻出版广电总局（以下简称"国家广电总局"）科技规划中的一项重点工作，相关技术实验有序开展，超高清实验频道也已开始筹备。三是重大赛事转播也为

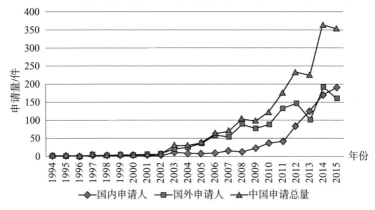

图5　中国申请总量整体发展趋势

超高清产业发展注入强大动力，2014 年巴西世界杯、2016 年里约奥运会超高清转播的实践都促进了各大厂商对技术的验证和改进。

2. 技术主题分布分析

（1）一级分支分析。

图 6 示出了在华申请的国内外申请人在一级分支所包含的 4 个技术主题上申请量的对比。其中，内容制作方面，国内外申请人的申请量均占所有技术主题中的第一位，这与内容制作技术涵盖面广、技术复杂性高有关，国外申请人的申请量高于国内申请人，但占各自总申请量的比例接近。其他技术主题上，国外申请人的申请量由大到小依次为终端图像处理及接口、音视频编码和信号传输；与国外申请人不同，国内申请人在音视频编码方面的申请量高于终端图像处理及接口方面。从数量上看，国外申请人在终端图像处理及接口方面的申请量远高于国内申请人，体现了国外申请人在这方面的优势；国内申请人在音视频编码方面的申请量略高于国外申请人，在信号传输方面与国外申请人基本持平，而国内申请人在音视频编码和信号传输这两方面技术改进起步较晚，这体现了国内申请人在这两方面比国外申请人的技术改进活跃度要高。

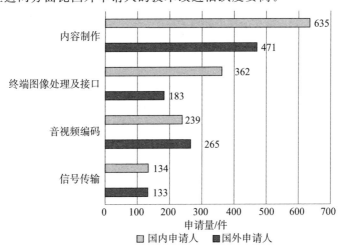

图 6　国内外申请人一级分支技术主题对比

（2）二级分支分析。

图 7 示出了在华申请的国内外申请人在二级分支所包含的 14 个技术主题上申请量的差别。其中，国外申请人的申请量高于国内申请人的技术主题按照差距大小排名依次为：终端接口、音频制作、立体音频采集、基于 MIMO 技术的移动转播、以 MMT 为基础的多路复用传输、视频采集系统、立体音频编码和传输数据封装；国内申请人的申请量高于国外申请人的技术主题按照差距大小排名依次为：视频编码、无压缩视频信号的光纤传输、视频制作、图像处理引擎、基于 IP 技术的视频宽带传输和基带接口。

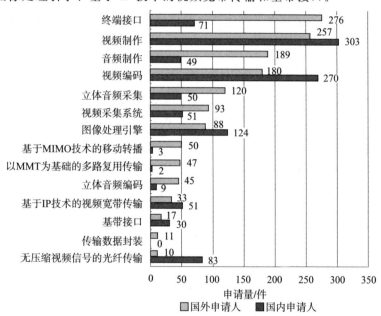

图7　国内外申请人二级分支技术主题对比

（五）主要研发团队

表 3 显示出全球主要申请人的排名。总体上，专利申请量居前 10 位的申请人依次是索尼、LG、三星、松下、杜比、东芝、THOMSON 特许公司、弗劳恩霍夫协会、飞利浦和佳能。前 10 位申请人的申请总量为 2 466 项，占全球申请总量的 47%。

单位：项

表 3 全球主要申请人排名表

排名	全球申请量排名		内容制作		音视频编码		信号传输		终端图像处理及接口	
	申请人	申请量	申请人	申请量	申请人	申请量	申请人	申请量	申请人	申请量
1	索尼	604	索尼	175	三星	154	LG	186	索尼	380
2	LG	325	LG	136	JVC 建伍	91	三星	31	东芝	197
3	三星	308	杜比	136	SK 电信	83	索尼	29	松下	190
4	松下	242	弗劳恩霍夫协会	111	杜比	86	夏普	10	LG	59
5	杜比	235	THOMSON特许公司	89	NTT	59	松下	9	THOMSON特许公司	47
6	东芝	214	三星	85	韩国电子通信研究院	58	韩国电子通信研究院	8	飞利浦	46
7	THOMSON特许公司	147	飞利浦	83	索尼	47	NHK	5	三星	46
8	弗劳恩霍夫协会	140	佳能	81	LG	41	高通	5	硅像公司	28
9	飞利浦	137	诺基亚	40	弗劳恩霍夫协会	31	SK 电信	4	佳能	25
10	佳能	114	高通	39	浙江大学	31	北京德普视讯科技有限公司	4	杜比	24

三、我国超高清产业发展建议

超高清是广播电视领域继数字化、高清化之后的又一重大技术变革，将加速广播电视拍摄制作、传输分发、终端播放等环节技术更新及产业链发展并催生巨大的市场空间。目前超高清发展环境、产业支撑条件、节目业态以及相关技术标准正在逐步完善，尚未形成完备的产业链。基于上文分析结果，提出下面建议供参考。

（1）把握视频编码、视频制作、图像处理引擎等方面的优势，弥补终端接口、音频制作、立体音频采集等方面的劣势，鼓励超高清产业链的参与者积极进行核心关键环节的专利布局。

超高清产业链上的内容提供商、显示终端、拍摄制播、信号传输、编码标准等多方实体应找准自身定位，加强相互之间的沟通和协作，确定各自的研发方向和重点，积极进行相应模块的专利布局。

在国内申请人不具备优势的终端接口、音频制作、立体音频采集、基于 MIMO 技术的移动转播、以 MMT 为基础的多路复用传输、立体音频编码、视频采集系统和传输数据封装方面，结合产业链上的我国企业的发展情况，应引入拥有先进技术的企业，或者开展合作研发，提高国内申请人的研发水平。在视频编码、视频制作、无压缩视频信号的光纤传输、图像处理引擎、基于 IP 技术的视频宽带传输和基带接口这些国外申请人在我国布局尚弱的区域，巩固我国申请人的优势。

（2）重点强化知识产权的运用水平，充分利用进入公知公用领域的技术，提高自身研发起点，防范国外企业的专利壁垒。

目前超高清视频采集、视频编码、视频制作、终端接口、图像处理引擎等分支的研发已经较为成熟。在上述分支的研究中，要注意避开专利壁垒，充分利用进入公知公用领域的技术，从专利角度绘制技术路线图，寻找切实的创新点，提升自身研发起点。要持续关注各技术领域重点申请人，以及时了解技术发展动向。需密切关注的主要申请人如下：

视频采集：索尼、LG、三星、佳能；视频编码：三星、JVC

建伍、SK 电信、NTT；视频制作：索尼、LG、松下、佳能；终端接口：索尼、日立、松下、飞利浦、东芝、索尼；图像处理引擎：索尼、东芝、松下、LG、三星。

（3）加强我国企业的知识产权创造和布局能力，助力企业积极抢占国内和国际两个市场，以此带动我国超高清产业链的完善和发展。

超高清专利技术集中在美国、日本、中国、韩国、欧洲这五个国家/地区中。我国虽然在超高清关键技术领域中拥有了一定数量的专利，但对知识产权的布局能力还远远不能跟上全球产业竞争的步伐。中国申请人的海外申请在这五国/地区中是最少的，并且目前还没有可以带动产业发展的龙头企业出现。

未来应鼓励我国企业提前规划布局，尽快提出一批具有核心竞争力的国际专利申请，为走向海外打下基础。除了继续加强国内市场的专利布局，我国企业还应加大力度着手在欧美、亚太等潜在市场的专利布局。我国企业可以在开拓海外市场时，密切关注主要竞争对手在目标市场的专利布局，防范知识产权风险，注意跨越目标市场的专利壁垒。

（4）密切跟踪超高清标准及相关规范的动态，支持企业积极参与行业、国家和国际标准的研究制定工作。

在超高清领域，谁掌握了技术标准，谁就掌握了游戏规则的主动权。技术标准与专利的捆绑，是当今世界技术标准发展重要趋势。在超高清关键技术领域的每个技术标准的背后都可能存在专利，而专利背后就是巨大的经济利益。

目前，超高清产业国际标准比较完备，ITU、MPEG、SMPTE、DVB 等标准组织所颁布的 UHDTV 标准基本涵盖了产业的各个关键环节。众多的国际巨头都在超高清的不同国际标准上声明了众多专利。通过分析发现，和标准最为相关的专利大部分还掌握在国外申请人手中。

目前国家广电总局已经颁布了 UHDTV 视频编码标准 AVS2，下达了 UHDTV 节目制作及交换、4K 高动态范围、三维立体声等标准研究项目，旨在构建具有我国自主知识产权的超高清技术标准。建议我国企业在攻克超高清关键领域核心技术的同时，积极参与国际和中国标准的制定，从而在竞争中掌握主动权。对于政府而言，要加快国际化认证体系建设，及时跟进国际产业标准，推动超高清产业先进标准体系和专业标准化技术委员会的建设，做好标准建立过程中的服务工作。

基于操作系统（OS）的
人机交互关键技术专利分析和预警[*]

李永红　陈　燕　郭姝梅　孙全亮　杨　洁　董方源

马　克　邓　鹏　冯慧萍　唐宇希　石志昕　李小青

孙　玮　张小凤　褚战星　朱世菡

基于OS的人机交互技术致力于使人和计算机的沟通更简单有效。该技术包括感知信号的获取、感知信息的分析与识别、感知信息的理解和信息表达等，其中信息的识别、理解和表达与操作系统联系较为紧密。

一、产业基本状况及存在的问题

基于OS的人机交互技术经历了从指令行到文字、从文字到图像、从一维到多维的演变。基于视线跟踪、语音识别、手势识别、面部识别、触觉反馈等的新型交互技术是近年来发展的热点。

移动互联时代的需求促进了人机交互技术的发展。目前触控交互技术发展已日渐成熟，人工智能技术的进步使智能语音逐步成为实用的信息交互手段。当前智能语音类应用在语音识别、语义解析、内容问答等方面仍存在一些技术难点亟须突破。

以视线追踪、动作识别为基础的体感交互技术与大数据技术的发展指向相同，微软、苹果、三星、谷歌、华为等国内外企业已有相应的技术积累和专利布局，但实用化情况并不理想。

由于基于OS的人机交互技术具有可见性强、易举证等特点，国外先发企业高筑知识产权壁垒，并通过专利诉讼和许可收益不菲。我国在这一领域企业数量众多但缺乏核心专利。低水平同质化

---

* 本文获第十届全国知识产权优秀调查研究报告暨优秀软课题研究成果评选二等奖。

竞争严重、知识产权风险高始终是我国企业发展面临的严峻问题。

二、基于 OS 的人机交互关键技术产业专利态势分析结论

（一）专利整体态势分析结论

1. 人机交互是各大操作系统进行知识产权保护的重点领域

人机交互是操作系统必备的基本功能，人机交互技术及其应用形式是对操作系统进行知识产权保护的重点对象，这导致基于这些操作系统平台的第三方开发者在进行产品设计和研发时很难完全规避侵权风险。

总体上看，我国在操作系统人机交互技术上具备了较丰富的研发经验和较强的设计能力，并拥有了较坚实的专利基础。表 1 显示了操作系统的人机交互技术领域的全球专利申请概况。表 2 显示了操作系统的人机交互技术领域的中国专利申请概况。

表 1　全球专利申请概况

发展态势	总申请量 130 990 项，峰值 2013 年 15 147 项
	随着新交互技术的出现和移动互联网的兴起，人们开始探索与计算机进行更为友好的交互方式，专利申请量自 2004 年起出现迅猛增长，直至 2013 年到达历史高点，即 15 147 项
主要国家/地区专利申请占比	美国 33％；日本 30％；中国 20％；欧洲 6.45％；其他 10.55％
主要专利申请人	三星（4 234 项，3.23％）；索尼（3 733 项，2.85％）；微软（3 563 项，2.72％）；联想（1 756 项，1.34％）；谷歌（1 541 项，1.18％）；苹果（1 539 项，1.17％）；诺基亚（999 项，0.76％）
主要技术领域（占比）	图像用户界面（51.2％）；语音交互（40.66％）；体感交互（7.68％）；脑机交互（0.44％）
主要专利技术分布	窗口及控件管理、交互对象的控制和操作、虚拟/增强现实显示、多点触控操作、语音识别、语音控制、动作识别、眼球追踪、触觉反馈

表 2　中国专利申请概况

发展态势及申请量	总申请量 51 432 件，峰值 2013 年 7 475 件	
	自 2001 年起涉及操作系统人机交互关键技术的国内专利申请量逐年递增，随着移动终端产业的高速发展，专利申请保持了极高的年增长量，在 2010 年之后国内申请人专利申请量开始超越国外来华专利申请量；国内申请人的专利意识在不断增强，利用专利有效地进行保护、积极的市场竞争已经成为了国内企业的主旋律	
	国内申请	国外来华申请
	29 692 件	21 740 件
区域分布（占各自中国专利申请量的比例）	广东 34.95%；北京 26.62%；台湾 7.67%；上海 7.63%；江苏 5.31%	美国 14%；日本 12%；韩国 6%；欧洲 7%；其他国家/地区 3%
技术分布	图形用户界面 62.18%；语音交互 29.74%；体感交互 7.85%；脑机交互 0.24%	
排名前 10 位的申请人及其申请量	联想 1 918 件 欧珀 1 148 件 中兴 1 133 件 腾讯 1 111 件 华为 791 件 宇龙 661 件 小米 653 件 百度 600 件 富士康 526 件 金立 304 件	三星 1 836 件 微软 1 631 件 索尼 1 409 件 LG 919 件 IBM 590 件 苹果 522 件 松下 508 件 诺基亚 394 件 高通 378 件 谷歌 351 件

2. 全球人机交互相关专利申请目前进入平稳期，中国专利尤其是国内申请人表现活跃，占比逐步增多

如图 1 所示，在全球范围内，操作系统人机交互技术的专利申请量从 1994 年起呈现爆发式增长，并在 2000 年左右到达阶段高峰，其间伴随着 Windows 等图像用户界面操作系统的迅速发展；此后至 2003 年，专利申请量稍有下降，然而很快由于移动互联网的兴起和新交互技术的出现，推动申请量自 2004 年起再次迅猛增长，至 2013 年到达最高点。

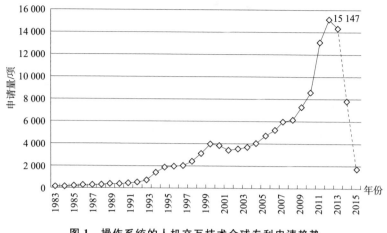

图 1　操作系统的人机交互技术全球专利申请趋势

如图 2 所示，2000 年之前涉及操作系统人机交互领域的中国专利申请量较少，反映了当时国内创新水平较低。随着中国在 2001 年起信息产业的高速发展，特别是近 5 年来随着移动终端产业的高速发展，这一领域的专利申请保持了极高的年增长量。2010 年之后国内申请人申请量超越国外来华申请量，反映出国内申请人的专利意识在操作系统人机交互关键技术的快速发展期内紧跟全球技术创新与专利布局的脚步。

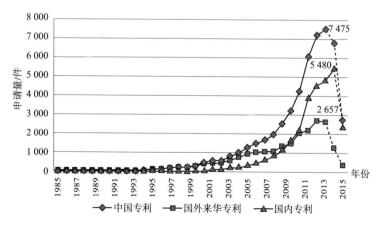

图 2　操作系统人机交互技术中国专利申请趋势

3. 美国、日本、欧洲、韩国是在华专利布局的主要来源国/地区，韩国近期活跃度较高

如图 3 所示，来自美国、日本、欧洲的中国专利申请量居国外来华申请总量的前 3 位，显示出作为传统信息产业强国/地区在操作系统人机交互关键技术领域依然保持技术领先优势，并且重视在中国的专利布局。韩国在华专利申请量最近 5 年已经超过欧洲，三星、LG 这两家韩国企业在中国的专利布局意图非常明显。

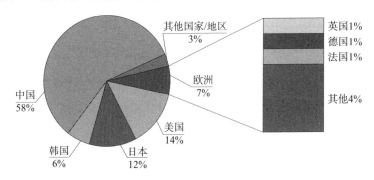

图 3　中国专利申请的来源国家/地区分布

4. 全球专利申请侧重 GUI 和语音交互技术领域，体感交互比重小，脑机交互仍处于萌芽阶段

如图 4 所示，GUI 的申请量占全球专利申请总量的 51.22%，占比最高，接下来依次为语音交互、体感交互、脑机交互。从申请的技术方案可以判断，脑机交互仍处于萌芽阶段，其是否能在现有的计算机硬件及操作系统架构的基础上取得突破仍不明确。

5. 联想、欧珀、华为、小米等为代表的智能移动终端企业申请量已赶超国外来华企业

如表 3 所示，在中国专利申请中，操作系统人机交互技术申请量最大的 10 名国外来华申请人中，美国企业占 50%，可见美国企业重视中国市场和在华专利布局。在人机交互领域，专利质量显得尤为重要。

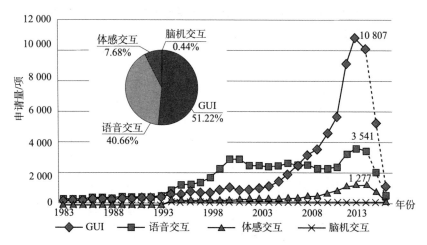

图 4　各技术分支的全球专利申请趋势及占比分布

表 3　中国专利申请量前 10 位的国内外申请人申请情况

国外申请人	中国专利申请量/件	国内申请占比	国内申请人	中国专利申请量/件	国内申请占比
三星	1 836	3.57%	联想	1 918	3.73%
微软	1 631	3.17%	欧珀	1 148	2.23%
索尼	1 409	2.74%	中兴	1 133	2.21%
LG	919	1.79%	腾讯	1 111	2.16%
IBM	590	1.15%	华为	791	1.54%
苹果	522	1.01%	宇龙	661	1.29%
松下	508	0.98%	小米	653	1.27%
诺基亚	394	0.77%	百度	600	1.17%
高通	378	0.74%	鸿海精密	526	1.02%
谷歌	351	0.68%	金立	304	0.59%

（二）GUI 人机交互关键技术

1. GUI 技术国外领先，专利布局严密

基于 GUI 的操作系统人机交互技术的发展有两个阶段：第一

阶段是在桌面操作系统上使用的 WIMP 范式，第二阶段是在移动终端上使用的基于触摸屏的人机交互形式。

依托于微软、苹果这些企业，无论在桌面操作系统平台还是在移动操作系统平台上，美国整体上在 GUI 人机交互技术领域占据领先地位，专利布局严密。中国的专利申请量的快速增长起始时期尽管晚于其他主要国家与地区，但与世界先进技术水平保持了同步发展。

2. GUI 相关专利容易产生诉讼，利益大

与 GUI 相关专利的外部可见性这一特点导致其成为许多专利诉讼的对象。

微软凭借其在 GUI 人机交互技术发展的早期围绕 WIMP 交互方式所布局的专利开展了一系列诉讼和许可谈判，涉及三星、巴诺、LG、富士康等企业。微软与众多移动设备厂商达成专利使用协议，收取高昂的专利许可费用。

苹果作为基于触控操作的 GUI 人机交互技术的领导者，也向其竞争者三星、HTC 等挥舞专利大棒以维护自己的市场优势。

3. 国内移动终端企业 GUI 专利布局密集，但仍存侵权风险

由于国内企业在进入 GUI 人机交互技术领域时该技术已经趋于成熟，外国企业已完成 GUI 交互技术基础专利布局，且 GUI 交互技术具有通用性，因此国内企业的侵权风险不容忽视。例如，在 2016 年 6 月高通起诉魅族的诉讼中，高通将 1 件技术方案简单的与 GUI 中窗口管理技术相关的专利与其他 8 件 CPU 标准必要专利并列。

4. GUI 中的柔性屏交互技术是近期研发和布局的热点，主要申请人都加强了在这一方面的投入

OLED 技术使柔性屏走向实用，以柔性屏作为交互手段的 GUI 技术值得重视。图 5 显示了柔性屏交互领域的全球专利申请的区域分布情况。美国和中国仍然是柔性屏相关专利的主要目标市场国。如果基于柔性屏特性的交互能够为用户带来全新的 GUI 交互体验，则其有可能触发 GUI 人机交互技术的再次迅速增长。

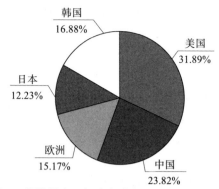

图 5 柔性屏交互领域全球专利申请的区域分布

（三）语音交互关键技术

语音交互长期受到重视，无声交互值得中国企业关注。语音交互包括有声交互和无声交互。无声交互能够分析人的唇部、喉部等的动作，转换成语音，从而分析得到用户想说出的内容。该领域尚处于初级研发阶段。

如图 6 所示，在无声交互领域，各国/地区的技术实力和专利布局并不存在明显差距。在此技术领域，中国应保持高度重视，可在这一技术领域投入相当的研发力量，提早进行专利储备。

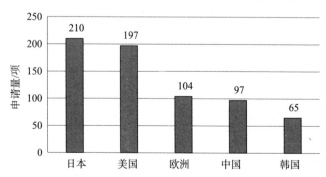

图 6 无声交互领域全球专利申请的区域分布

（四）体感交互关键技术

1. 近 10 年来体感技术专利申请呈现快速增长趋势，专利布局密集

体感交互主要分为动作识别、触觉反馈以及眼球跟踪 3 个技术分支。3个技术分支中每一分支的全球前10位的主要申请人均为外国企业。从图7可以看出，近5年申请活跃度最高的是眼球跟踪技术，而动作识别和触觉反馈也保持了很高的申请活跃度。

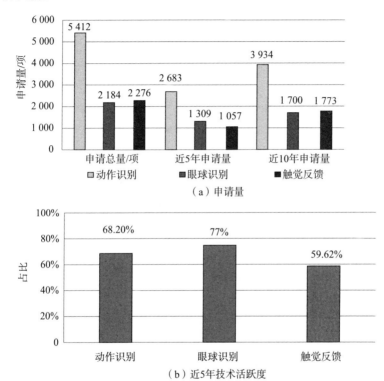

图 7　体感交互下各技术分支的全球专利申请活跃度

2. 国内体感技术发展态势良好，需重视专利布局

如图8所示，国内触觉反馈相关申请占比较少，国外企业占据了该领域的主要专利申请份额。这为国内相关企业和技术的进一步发展敲响了警钟，国内企业应当提前进行专利布局。

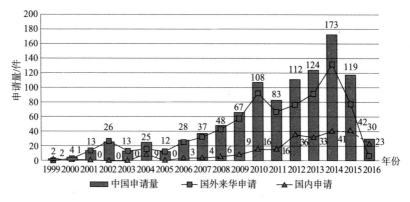

图 8　触觉反馈相关的中国专利申请变化趋势

三、主流操作系统主导者人机交互创新模式结论

（一）主流操作系统专利技术分布及发展路线

1. 操作系统主导者的专利技术分布

图 9 中气泡大小代表了主流操作系统主导者在触控支持、对象控制、窗口管理、语音控制、体感交互分支的专利申请相对数量，百分数指示了 2011～2015 年的申请活跃度。

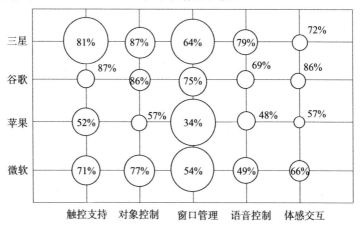

图 9　2011～2015 年主要操作系统创新主体各技术分支的专利申请情况

2011～2015 年，微软在触控支持、对象控制、窗口管理、语音控制方面技术积累深厚，对于体感交互这一新型人机交互技术的研究也表现了较高的关注；苹果的专利申请集中于对象控制和体感交互；谷歌的申请活跃度超过了微软和苹果，将有助于其在今后的市场竞争中获得更主动的地位；三星不仅专利申请量引人注目，专利申请活跃度也很高。体感交互、语音交互仍是主流操作系统主导者今后的研发重点。

2. Android 系统主导者的专利技术发展路线

如图 10 所示，在 Android 的发展初期就支持多点触控、语音交互等交互方式，但谷歌对以上交互方式的专利布局不足，为后续 Android 系统的专利诉讼埋下了隐患。面临苹果发起的专利诉讼，Android 阵营提出了多项意在规避苹果的多点触控核心专利的专利申请。出于对新型人机交换技术的前瞻性与预见性，谷歌对语音控制、体感交互的研发和专利布局投入了较大力量。

3. iOS 系统主导者的专利技术发展路线

如图 11 所示，在 iOS 的高速发展之初，苹果申请了多点触控核心专利，并围绕它进行了多层次的专利布局，为通过专利诉讼限制竞争对手、获取经济利益打下了坚实的基础。由于 Siri 采用的是苹果收购的技术，苹果在语音交互方面的专利布局不够完善，在有关专利诉讼中也处于被动防守地位，这促使苹果加大了语音交互技术的研发投入和专利布局。

2013 年迄今，苹果通过收购 PrimeSense 体感交互公司来增强体感交互方面的技术实力与专利布局，以适应市场对新型 OS 人机交互技术的需求。

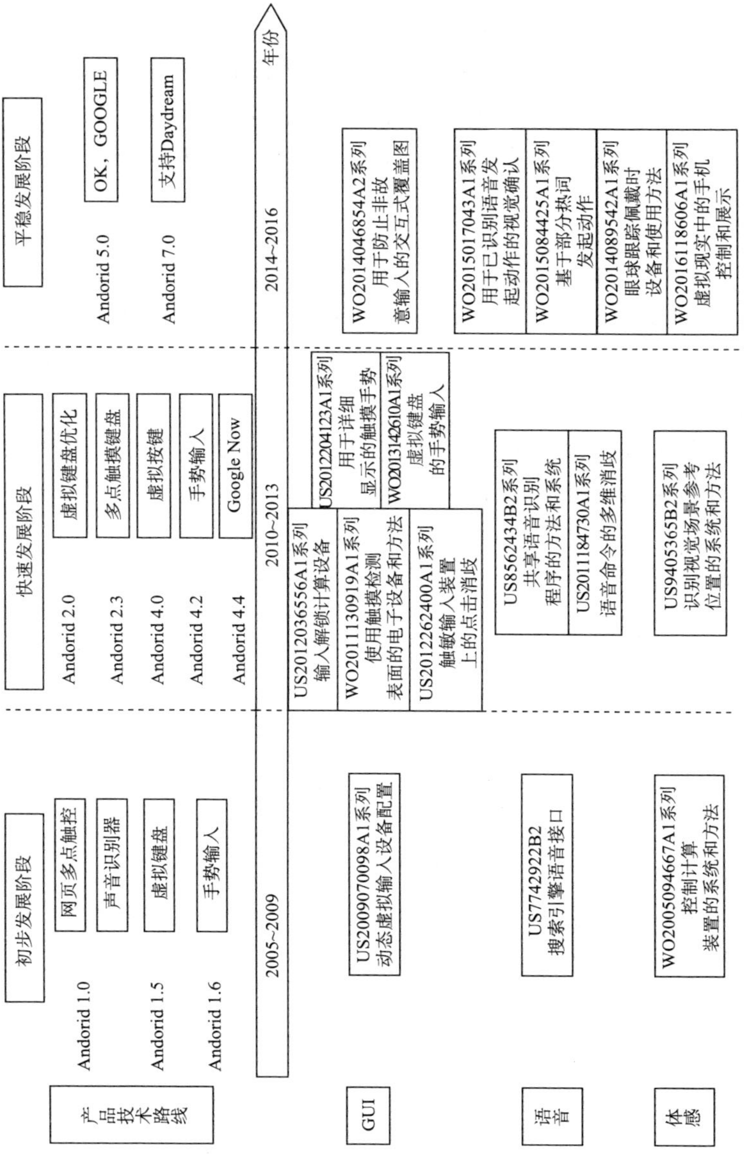

图 10 谷歌操作系统的人机交互技术发展过程

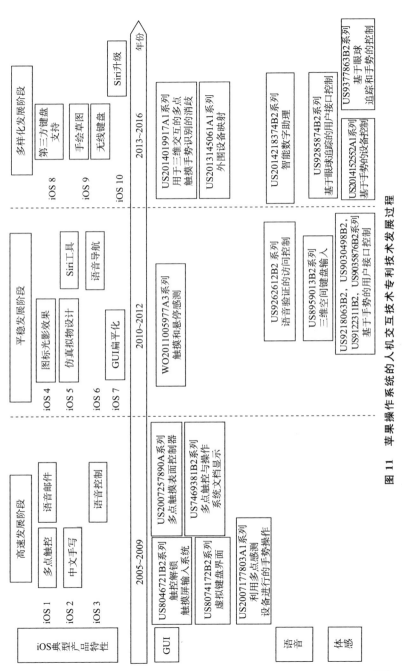

图 11　苹果操作系统的人机交互技术专利技术发展过程

4. Windows 系统主导者的专利技术发展路线

如图 12 所示，在 Windows 的发展初期，微软在人机交互方面仅申请了少量与显示界面上的图形绘制相关的专利，之后微软加强了对 GUI 技术的专利布局力度。随着移动互联时代的到来，微软也在触控交互领域开始专利布局，并且其桌面时代 GUI 方面的专利申请的撰写具有应用领域广泛的特点，使得微软操作系统虽然未在移动终端市场取得优势地位，但也分享了新兴移动终端市场的部分红利。另外，微软一直非常专注于语音控制方面的专利布局。

2012 年至今，微软仍持续对操作系统 GUI 进行研究；随着体感产品 Kinect、语音产品 Cortana 的推出，微软在这两个领域的专利布局趋向立体化、多层次，在未来的市场竞争中保持优势地位。

（二）主流操作系统主导者专利布局策略

三大主流操作系统主导者一方面通过自主研发获得人机交互方面的核心专利或外围专利，另一方面也积极通过收购等方式获得新型的技术和专利积累。

1. Android 主导者的专利布局策略

Android 阵营的专利布局策略是通过技术研发和专利并购的方式获得大量核心技术，注重主要目标市场国的专利布局，使得 Android 系统的人机交互相关的专利储备日益庞大，促进了整个 Android 系统的迅猛发展，最终在移动时代获得了主导性的市场地位。

2. iOS 系统主导者的专利布局策略

苹果以基础专利为中心，围绕其进行庞大且可持续发展的专利布局，通过自主技术研发和收购的方式在目前的人机交互的热点领域进行专利布局，有目的地收购人机交互下的某个技术分支具有突出实力的小创新公司。苹果的专利布局策略的另一个显著特点是融合所收购公司的的专利，利用所收购公司的开发团队和相关专利开发新产品。

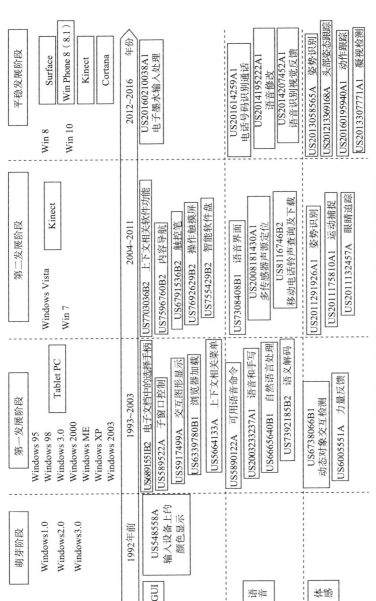

图 12　微软操作系统的人机交互技术专利技术发展过程

3. Windows 系统主导者的专利布局策略

微软在 Windows 的人机交互技术领域积极布局大量基础专利，再借由相关专利的许可从使用其他操作系统的企业获得巨大的经济利益。微软不仅采用全方位立体化的专利布局，而且采用诉讼来维护自己在操作系统中的地位，并通过并购手段弥补自身技术的不足。

（三）主流操作系统专利运用策略

1. Android 系统的专利运用策略

在基于 OS 的 GUI 技术方面，Android 阵营的主要成员的核心专利少，诉讼风险高。因此，Android 阵营的主要成员进行专利申请主要是为了规避竞争对手的专利诉讼。Android 阵营的企业较少以 GUI 相关专利为武器对其他操作系统主导者发起攻击，主要采取防御策略，通过积累大量核心及外围专利，避免其他操作系统主导者的攻击。

2. iOS 系统的专利运用策略

在 iOS 的 GUI 技术领域，苹果针对多点触控及虚拟键盘技术相关的核心专利，从国家/地区布局、技术完善性和应用完整性三个方面来进行专利布局，通过专利诉讼限制竞争对手，占据市场优势地位。

在 iOS 的语音交互领域，苹果从纽安斯等知名语音公司引进技术人才，收购语音交互创新公司以期弥补其专利布局的缺陷。

3. Windows 系统的专利运用策略

在 Windows 的 GUI 技术领域，微软申请的专利的主要特点是针对利用 GUI 技术的方法本身，并不限定其应用的具体操作系统，从而很容易利用上述专利发起专利诉讼，以维护 Windows 系统的生态。

在语音交互领域，微软针对语音交互的专利申请布局到了应用的各个方面，且收购了多家语音交互的创新公司，进一步丰富了自身在语音交互领域的专利储备。

根据以上分析，三大操作系统的人机交互特点如表 3 所示。

表 3　三大操作系统的人机交互特点

创新主体	操作系统特点	基于 OS 的人机交互产品	基于 OS 的人机交互技术	基于 OS 的人机交互领域专利布局特点	人机交互发展方向
微软	封闭	各版本 Windows 中的 GUI；Cortana 语音助手；Kinect	基于 WIMP 方式的 GUI；基于语音的交互技术	常规 GUI 专利布局数量大，布局严密；触控技术有所布局，优势不明显；语音技术积极布局，通过收购获得一批相关技术及专利；直接投入体感技术开发，通过收购	保持对语音交互的关注；加大对体感交互的投入
苹果	封闭	iPhone 中的多点触控；iPhone 中的 Siri 助手	基于触控的 GUI；基于语音的交互技术	基于触控的人机交互专利布局早，掌握基础专利；语音技术以收购为主，专利布局较弱	在操作系统内核层面加大对语音交互、体感交互技术的支持
谷歌	开放	Android 移动终端的触控支持；Google Now	基于触控的 GUI；基于语音的交互技术	针对 Android 内核使用者在 UI 开发中的专利风险进行规避设计和布局；通过收购、并购方式获得触控、语音相关技术及专利	在操作系统内核层面加大对新一代交互技术的支持

四、措施建议

（一）针对政府建议

（1）为企业提供知识产权信息支持，明确潜在的专利风险。

在操作系统人机交互产业中，诉讼、许可、并购经常发生。中小型企业缺少可靠、稳定地了解这些信息的来源。主管知识产权的政府部门可从收集整理人机交互领域的诉讼、许可、并购信息入手，发挥掌握数据资源的信息优势，筛选并解读其中涉及的专利以向相关企业公布，以便于企业了解竞争形势，及早发现可能面临的专利风险。

（2）针对国内企业申请量较大的、申请技术主题同质化明显的多点触控 GUI 人机交互领域，建立便于企业查询的公开专利信息数据库。

在相对较为成熟的人机交互技术领域，国内企业专利申请量有同质化倾向。建议主管知识产权的政府部门建立便于企业查询的专门数据库，使企业能够有较为简便的措施避免递交授权前景不大的类似申请。

（二）针对企业建议

（1）企业应重视 GUI 等成熟技术的专利价值，积极进行技术布局。

GUI 人机交互技术最重要的价值在于其带来了用户黏性。在当前操作系统环境下所作的面向应用场景的专利布局有可能延续到新的操作系统。因此，当国内企业着手构建独立的操作系统产业生态时，即使操作系统内核技术与国内企业当前普遍使用的 Android 内核有了较大差别，涉及 GUI 人机交互技术的专利布局仍可能继续有效，为自主操作系统平台真正进入市场铺平道路。尽管 GUI 人机交互专利的技术水平低于操作系统内核等技术，但这也导致有能力参与市场竞争和创新的主体多，它们的专利申请以能够满足庞大的用户群体的使用习惯和偏好为基础，所请求保护的技术方案实用价值高，有可能成为国内外其他竞争者模仿的对象，当发生专利诉

412

讼时可以作为与对方谈判的筹码，从而发挥保护自主操作系统产业生态的作用。

（2）企业应用型专利撰写应突出交互场景，弱化平台和交互工具的特性。

从微软、苹果所发起的基于人机交互技术的专利诉讼可以看出，高质量的应用型专利申请的技术方案在撰写上要突出交互所处的场景，应尽量弱化交互所基于的操作系统平台的特性、交互工具本身的特性，将使用者在交互过程中执行的步骤与操作系统平台及交互工具实现所述步骤区分开。

（3）抓住语音交互、体感交互、柔性屏交互等新兴技术竞争者彼此差距小的时机，先于产品进行专利布局。

以 GUI 为基础的新型交互技术、语音交互技术及体感交互技术都处于理论研究逐渐向实用过渡的阶段，在此基础上多种交互方式相互融合的多通道人机交互技术也逐渐完善。

例如，可通过形变进行交互的柔性屏有可能是继触摸屏之后导致 GUI 人机交互技术出现新的变革的交互工具，三星对此进行了大量专利布局，其中可能出现类似苹果在触控屏交互中"滑动解锁"这样高价值的专利。

应用型人机交互技术专利的技术门槛不高，关键在于对应用场景的预见和设计。国内企业一方面可通过在基于触控的 GUI 技术的研发和专利申请上积累的经验，发掘新的应用场景进行专利布局；另一方面可以通过分析三星已公开的专利申请，针对基于柔性屏形变的 GUI 人机交互技术填补其专利申请空白或者围绕其基础性专利进行包围布局。